Paul Ackermann

Ragnar Müller

BÜRGERHANDBUCH

Politisch aktiv werden
Öffentlichkeit herstellen
Rechte durchsetzen

4. komplett überarbeitete und erweiterte Auflage

W0181040

WOCHEN SCHAU VERLAG

Impressum

Bibliografische Information der Deutschen Nationalbibliothek

Die Deutsche Nationalbibliothek verzeichnet diese Publikation in der Deutschen Nationalbibliografie; detaillierte bibliografische Daten sind im Internet über http://dnb.d-nb.de abrufbar.

©   WOCHENSCHAU Verlag
     Dr. Kurt Debus GmbH
     Schwalbach/Ts. 2016

www.wochenschau-verlag.de

Umschlaggestaltung: Klaus Ohl, Wiesbaden.

Titelbild: Fotolia / Zoe

Gesamtherstellung: Wochenschau Verlag

Gedruckt auf chlorfreiem Papier

ISBN 978-3-89974897-0

„Demokratie heißt, sich in die eigenen Angelegenheiten einmischen."
Max Frisch (1911–1991), Schriftsteller

Dieses Zitat könnte das Motto des Bürgerhandbuchs sein. Es macht deutlich, dass es einerseits Aufgabe des Bürgers ist, seine eigenen Interessen zu vertreten, dass aber andererseits Demokratie auch seine „eigene Angelegenheit" ist: Sowohl Eigeninteresse als auch Gemeinsinn sind gefragt.

Dieses 1998 zum ersten Mal erschienene Handbuch wurde in seiner vierten Auflage komplett überarbeitet und wesentlich erweitert. Die Bürgerinnen sollen in die Lage versetzt werden, ihre Rechte und Mitwirkungsmöglichkeiten nicht nur im politischen System Deutschlands, sondern auch im Europäischen Mehrebenensystem sowie in der Weltgesellschaft wahrzunehmen. Außerdem wird die zunehmende Digitalisierung von Politik und politischem Engagement berücksichtigt. Aus 10 wurden 14 Bausteine, in denen zentrale politische Handlungsfelder vorgestellt werden. Die Bausteine enthalten Basisinformationen, um sich politisch sachkundig zu machen, sowie 99 (statt bisher 66) Tipps zum Tun, um selbst aktiv zu werden.

Den „idealen Bürger" gibt es nicht; es werden verschiedene Bürgerrollen vorgestellt – vom Staatsbürger über den Netzbürger bis zum Weltbürger. Das Spektrum der Beteiligungsmöglichkeiten bleibt offen und umstritten. Die Bausteine bieten daher keine Patentrezepte, jedoch notwendiges Orientierungswissen für politisches Handeln an, das je nach Situation und Problemstellung modifiziert werden kann.

Zahlreiche Querverweise machen deutlich, dass alle Bausteine bzw. politischen Handlungsfelder zusammenhängen. Insgesamt geht es darum, die komplexen politischen Systeme durchschaubarer zu machen und das Handlungsrepertoire der Bürger zu erweitern. Bewusst kurz gehaltene Literaturhinweise sollen den wissenschaftlichen Hintergrund andeuten und dem Benutzer eine Weiterarbeit ermöglichen. Neu in diesem Zusammenhang sind die Tipps zum Surfen im Internet. Auf Verständlichkeit und Praxisnähe wurde besonderer Wert gelegt.

Paul Ackermann   Ragnar Müller

Zum Nutzen und zur Nutzung dieses Buches

Mit diesem Buch erhalten Sie unmittelbar nutzbares Grundlagenwissen – ergänzt um viele handlungsorientierte Tipps – zum Thema, wie Sie in unserer Demokratie zu Ihrem Recht kommen und Ihre Interessen durchsetzen bzw. einbringen können.

14 Bausteine: Die zentralen politischen Handlungsfelder sind in 14 Kapitel unterteilt.

Basiswissen: Jedes Kapitel enthält neben einer Kurzeinführung die wichtigsten Grundinformationen.

Tipps zum Tun: Sie finden in jedem Kapitel Tipps zum Tun. Sie sind von 1 bis 99 durchnummeriert und können mit Hilfe des Inhaltsverzeichnisses auch einzeln nachgeschlagen werden.

Marginalienspalte: Die Randspalten enthalten Lesestichworte zu den daneben stehenden Abschnitten und Zitate zur jeweiligen Thematik.

Kastentexte: Hier finden Sie Gesetzesartikel, Originaltexte und kurze Auszüge aus einschlägigen wissenschaftlichen Texten.

Illustrationen: Anschauung und Anstöße bieten die Karikaturen, Schaubilder, Fotos, Tabellen und Grafiken.

Nutzen Sie die zahlreichen Erschließungsmöglichkeiten. Sie können sowohl die Kapitel im Gesamtzusammenhang lesen als auch einzelne Handlungsaspekte auf unterschiedliche Art erschließen:

Inhaltsverzeichnis: Das Inhaltsverzeichnis bietet sowohl über die Basisinformationen als auch über die Tipps zum Tun aller Kapitel einen strukturierten Überblick.

Register: Das Stichwortverzeichnis am Ende des Buches ermöglicht die gezielte Information zu Einzelfragen.

Literaturhinweise: Literaturhinweise und Links am Schluss jedes Bausteins helfen bei der Vertiefung einzelner Themenfelder.

1. Vom Staatsbürger zum Weltbürger

Bürgerrollen im 21. Jahrhundert

„Neben den Parteien und anderen demokratischen Institutionen existiert (...) eine zweite Stütze unserer Demokratie: die aktive Bürgergesellschaft. Bürgerinitiativen, Ad-hoc-Bewegungen, auch Teile der digitalen Netzgemeinde ergänzen mit ihrem Engagement, aber auch mit ihrem Protest die parlamentarische Demokratie und gleichen Mängel aus."

Joachim Gauck (*1940),
Bundespräsident der Bundesrepublik Deutschland
in seiner Antrittsrede

Kurzübersicht

In der Einführung geht es um grundlegende Merkmale der verschiedenen Bürgerrollen (Staats-, Unions-, Welt-, Wirtschafts- und Netzbürgerin), um die Bestimmungen zur deutschen Staatsangehörigkeit sowie darum, was eine aktive Bürgergesellschaft ausmacht. Hierzu stellen wir die verschiedenen Formen der politischen Beteiligung im Überblick dar, die in den nachfolgenden Bausteinen vertieft betrachtet werden.

1.1 Bürgerrollen, Bürgergesellschaft

Woher kommt der Begriff „Bürger"?

Der Begriff des Bürgers ist zu einem Sammel- und Allerweltsbegriff geworden. Neben dem Bürger im politischen Sinn spricht man auch von Klein-, Groß-, Mut-, Wut-, Spieß- und Bildungsbürgern. Das deutsche Wort Bürger kommt von Burg und wurde bereits im 12. Jahrhundert im Sinne von Burg- bzw. Stadtbewohner verwendet. Historisch gesehen entwickelte sich das Bürgertum aus dem Stand der Stadtbewohner eines Landes. Im ausgehenden Mittelalter bezeichnete der Begriff die städtische Oberschicht, also Handwerker und Kaufleute. Mit dem Aufkommen der Industrialisierung kämpfte des Bürgertum gegen den Absolutismus, für wirtschaftliche Freiheit und Rechtsstaat. Es war im 19. Jahrhundert Träger des wirtschaftlichen und technischen Fortschritts und vertrat in Deutschland den Gedanken der nationalen Einheit.

Rolle der Bürgerin im 21. Jahrhundert

Im Zeitalter der Nationalstaaten war der Bürger (und später auch die Bürgerin) in erster Linie Staatsbürger mit entsprechenden Rechten (z. B. Wahlrecht, Grundrechte) und Pflichten (z. B. Steuer- und Wehrpflicht). Seit Mitte des 20. Jahrhunderts hat sich die Rolle der Bürgerin immer weiter ausdifferenziert. Neben lokale und nationale Ebene sind europäische und globale Ebene, neben die „reale" ist die „virtuelle" Welt des Internet getreten (und beide Welten waren rasch nicht mehr zu trennen). Die Rolle als Verbraucher hat sich im Zuge der wirtschaftlichen Globalisierung und angesichts globaler Probleme als hochpolitisch erwiesen. Wenn wir heute von der Bürgerrolle in der Demokratie sprechen, müssen wir also zumindest folgende Dimensionen in den Blick nehmen:

- Staatsbürgerin
- EU-Bürger
- Weltbürgerin
- Wirtschaftsbürger
- Netzbürgerin

Diese Bürgerrollen existieren natürlich nicht unabhängig voneinander, sondern überschneiden und bedingen sich. So ist die Staatsbürgerin eines EU-Mitgliedstaats automatisch auch Unionsbürgerin, manche Netzbürger fühlen sich als Nutzer einer globalen Kommunikationsinfrastruktur einem weltbürgerlichen Ethos verpflichtet und alle Staatsbürger sind (zumindest) als Verbraucher auch Wirtschaftsbürger, kaufen Waren aus aller Welt und sind damit mitverantwortlich, wenn diese Waren unter menschenunwürdigen Bedingungen hergestellt wurden.

Bürgerrollen überschneiden sich

In der Bundesrepublik Deutschland unterscheiden wir drei verschiedene Ebenen, auf denen die Bürger am politischen Entscheidungsprozess teilnehmen können: die kommunale Ebene (Gemeinde und Landkreise), die Ebene der Bundesländer und die Bundesebene. Die politischen Rechte und Einflussmöglichkeiten der Bürger werden in den verschiedenen Verfassungen der jeweiligen Ebene geregelt. Diese Dimension bildet den Schwerpunkt der Darstellung im vorliegenden Bürgerhandbuch.

Die Bürgerschaft ist „selber ein Staatsorgan, das von umfassendste von allen …"
Dolf Sternberger (1907-1989), Politikwissenschaftler

Staatsbürger der Bundesrepublik Deutschland

Da die EU kein Staat ist, sondern ein (besonders enger) Zusammenschluss von mittlerweile 28 Staaten, sprechen wir im europäischen Kontext nicht von Staats- sondern von Unionsbürgern. Wer Staatsbürgerin eines Mitgliedstaats ist, hat automatisch auch die Unionsbürgerschaft und damit zusätzliche Rechte und Einflussmöglichkeiten. Wer in Deutschland lebt, ohne deutscher Staatsbürger zu sein („EU-Ausländer"), darf als Unionsbürger bei Kommunal- und Europawahlen wählen und gewählt werden. Politik wird heutzutage nicht mehr vorrangig in den nationalen poli-

Bürgerin der Europäischen Union

Karikatur: Gerhard Mester

Globalisierung ist die „Intensivierung weltweiter sozialer Beziehungen, durch die entfernte Orte in solcher Weise miteinander verbunden werden, dass Ereignisse an einem Ort durch Vorgänge geprägt werden, die sich an einem viele Kilometer entfernten Ort abspielen, und umgekehrt."

*Anthony Giddens (*1938), britischer Soziologe*

Weltbürger

Kosmopolitismus

tischen Systemen gemacht, sondern im Europäischen Mehrebenensystem. Hier wirken die drei genannten Ebenen in Deutschland und die europäische Ebene zusammen und bilden eine neuartige politische Handlungseinheit, die nicht einfach zu durchschauen ist. Aber ohne die europäische Ebene einzubeziehen, lässt sich Politik heute nicht mehr verstehen. Um das Europäische Mehrebenensystem geht es in Baustein 2.

Die Globalisierung von Wirtschaft und Politik sowie globale Probleme wie der Klimawandel haben uns alle zu Weltbürgern gemacht. Uns betrifft, was in entlegenen Gegenden der Welt passiert, und umgekehrt hat das, was wir tun oder lassen, Auswirkungen auf Menschen und die Umwelt weltweit. Diese Bürgerrolle unterscheidet sich von den beiden bisherigen dadurch, dass es sich nicht um ein formales Verhältnis mit definierten Rechten und Pflichten handelt. Es bleibt uns selbst überlassen, ob wir die Rolle als Weltbürger annehmen und wie wir sie ausfüllen. Was globale Politik betrifft, so haben sich neben der UNO eine Fülle von internationalen Organisationen gebildet, die nicht nur auf die Weltpolitik, sondern auch auf die Politik in den einzelnen Nationalstaaten einwirken. Außerdem wird die internationale Politik, die früher allein Sache der Regierungen war, zunehmend beeinflusst von global tätigen Unternehmen und von der globalen Zivilgesellschaft, von Nichtregierungsorganisationen wie Greenpeace oder Amnesty International, in denen sich die Weltbürger organisiert haben (siehe Baustein 9).

Ergänzend zu unserem funktionalen Verständnis definiert der Duden den Weltbürger (Kosmopolit) im Sinne der philosophisch-politischen Ideologie des Kosmopolitismus als jemanden, „nach dessen Anschauung alle Menschen gleichwertige und gleichberechtigte Mitglieder einer die ganze Menschheit umfassenden Gemeinschaft sind und die Zugehörigkeit zu einer bestimmten Nation von untergeordneter Bedeutung ist" (www.duden.de/rechtschreibung/Weltbuerger). Seit 1948 gibt es eine Weltbürgerbewegung, aus der verschiedene Institutionen hervorgegangen sind, sowie eine soziale Bewegung mit dem Ziel der Etablierung einer Weltbürgerschaft.

Quelle

„Mancher hält die dritte Dimension (Weltbürger) für eine Utopie, in Wahrheit ist sie längst gelebte Wirklichkeit. Belegt wird sie nicht bloß durch die üblichen Global Players, durch die Unternehmensberater und Topmanager, aber auch Politiker, Wissenschaftler und Künstler, die um die Welt ‚jetten', oder durch mittelständische Unternehmer, die aus regionaler Verwurzelung einen Weltmarkt beliefern. (...) Nicht ganz so spektakulär, gleichwohl hinreichend sichtbar und erfahrbar lebt auch der gewöhnliche Bürger in der dritten Dimension: Sowohl die ökonomische als auch politische Verflechtung hat das Wirtschafts- und Staatsbürgersein in globale Bezüge gestellt, die etwa durch den Tourismus und die Internationalisierung des Bildungs- und Ausbildungswesens sowie von Kultur und Medien enorm verdichtet werden."

[Höffe 2004, S. 14]

Wenn auch Formeln wie „global denken – lokal handeln" der Komplexität der internationalen Wirtschaftsbeziehungen nicht immer gerecht werden, bieten sich dem Bürger als Verbraucher doch beträchtliche Einflussmöglichkeiten auf die globalisierte Wirtschaft. Wie schon bei der Rolle als Weltbürgerin, bleibt es jeder Einzelnen überlassen, wie sie diese Rolle ausfüllt. Nachhaltiger Konsum stellt dabei sicher ein wichtiges, aber keinesfalls das einzige Instrument dar, das zur Verfügung steht (siehe Baustein 14). So wird es beispielsweise für gut ausgebildete Arbeitskräfte bei der Berufswahl immer wichtiger, ob ein Unternehmen auch unter ethischen Gesichtspunkten ein attraktiver Arbeitgeber ist. Auch bei der Wahl der Geldanlage werden ethische Aspekte für viele Menschen bedeutsamer. Außerdem erlaubt das Web 2.0 jedem, öffentlich auf eine kritikwürdige Unternehmenspraxis hinzuweisen. Solche Kritik wird, zumal sie sich in den sozialen Netzwerken viral verbreiten kann, von Unternehmen in der Regel sehr ernst genommen. Hier wird auch deutlich, wie sich die Rollen als Wirtschafts-, Welt- und Netzbürger überschneiden.

Wirtschaftsbürgerin

„Im Juni 2005 beschwerte sich der professionelle US-Blogger Jeff Jarvis in seinem Blog ‚buzzmachine' über seinen neuen DELL-Computer. Er hatte beim Kauf zusätzlich für einen Service bezahlt, der garantieren sollte, dass der PC durch einen Techniker im Falle eines Problems bei ihm zu Hause repariert würde. Die Firma DELL war offenbar nicht in der Lage, diesen Service zur Verfügung zu stellen. Nach einigen Auseinandersetzungen mit DELL begann Jeff Jarvis in seinem Blog über das Problem zu berichten. In seinem zweiten Posting über den mangelhaften Kundenservice von DELL kreierte Jeff Jarvis den Begriff ‚DELL Hell'. Eine Abfrage bei Google ergab vier Wochen nach Beginn der Weblog-Debatte (...) 3,5 Millionen Treffer. Inzwischen hatten sich unzählige weitere unzufriedene Kunden der Diskussion im Blog von Jeff Jarvis, aber auch auf weiteren Kommunikationsplattformen angeschlossen. Eine Diffusionsanalyse der Kommunikationsbeziehungen in der Netz-Community zur Servicequalität von DELL zeigt, dass erstens Weblogs die Kommunikationsstrukturen rund um das Issue Kundenzufriedenheit bei den Produkten und Services des Unternehmens DELL dominieren und zweitens 37 Prozent aller Verlinkungen

Quelle

der Informationsströme (...) auf den Blogger Jeff Jarvis zurückgehen. Fazit: Die beschriebenen Besonderheiten (...) ermöglichen es einem einzelnen Kommunikator, im Netz ein Thema zu setzen und ein Unternehmen zeitweilig kräftig unter Druck zu setzen."

[Miriam Meckel, Aus Vielen wird das Eins gefunden – wie Web 2.0 unsere Kommunikation verändert; in: Aus Politik und Zeitgeschichte 39/2008, S. 20]

Netzbürger

Während wir alle Wirtschaftsbürger sind, bilden die „echten" Netzbürger (noch) so etwas wie eine digitale Vorhut. Zusammenfassend bezeichnet man sie häufig als „Netzgemeinde". Netzbürger versuchen, verantwortungsvoll im gesellschaftlichen Raum des Internet mitzuwirken. Laut der ARD/ZDF-Onlinestudie 2012 sind 76 % der Deutschen online. Das bedeutet aber, dass rund ein Viertel der Deutschen als „Offliner" gar keine Chance hat, die Rolle als Netzbürger auszufüllen. Und auch für die meisten der drei Viertel „Onliner" sind Internet, Web und die sozialen Medien „Neuland" (Angela Merkel), dem sie sich – auch aufgrund alarmistischer Berichterstattung über die Gefahren des Web (2.0) – mit Skepsis nähern. Naturgemäß kümmern sich Netzbürger in erster Linie um Netzpolitik, um Fragen des Datenschutzes, der Netzneutralität oder des Urheberrechts im digitalen Zeitalter. Zu den wichtigsten deutschsprachigen Website der Netzgemeinde zählt das Blog Netzpolitik.org, dessen Gründer und Chefredakteur, Markus Beckedahl, neben Sascha Lobo und Mario Sixtus zu den bekanntesten Vertretern der deutschen „Netzgemeinde" zählt.

Bourgeois – Citoyen – Cosmopolit

Otfried Höffe führt zu drei der genannten Bürgerrollen aus: „Wo die Bürgertugenden und die Bürgergesellschaft blühen, ist das Gemeinwesen nicht länger der Inbegriff von öffentlichen Ressourcen, deren sich die Bürger für ihre privaten Interessen bedienen, und die öffentlichen Gewalten erscheinen nicht länger als eine Obrigkeit. Die Menschen, die bislang nur im staatsrechtlichen Sinn Bürger, im politisch-sozialen Sinn aber noch Untertanen sind, wandeln sich zu Bürgern im emphatischen Sinn, zu Staatsbürgern, die ihr Gemeinwesen aktiv mitgestalten. (...) Selbst hochengagierte Staatsbürger genügen jedoch alleine nicht für das Florieren eines Gemeinwesens. Eine vielerorts verbreitete Aversion gegen eine zweite, auf den Erwerb konzentrierte Bürgerrolle, den Bourgeois, ‚vergißt' die materiellen und finanziellen Voraussetzungen: daß die Amtsinhaber alimentiert sein wollen, daß die bürgerschaftlich engagierten Citoyens (...) sich selber zu ernähren haben; nicht zuletzt müssen sie jenen finanziellen Mehrwert ‚produzieren', der als Steuer öffentliche Aufgaben finanziert. Der deshalb erforderliche Wirtschaftsbürger relativiert die politischen Institutionen ein zweites Mal, jetzt nicht zugunsten der Personen, sondern die gesamte politische Sphäre zugunsten eines vorpolitischen (...) Raumes. Der globale Handlungsbedarf schließlich fordert eine dritte Rolle heraus, erneut nicht als Alternative, sondern als Ergänzung, den Cosmopolite, den komplementären, nicht exklusiven Weltbürger."

[Höffe 2004, S. 10-11]

Der Zielbegriff der Bürgergesellschaft wird von unterschiedlichen wissenschaftlichen und politischen Richtungen verwendet. Ohne auf die unterschiedlichen ideologischen Hintergründe einzugehen, lassen sich unter anderem folgende Gemeinsamkeiten in den Zielen feststellen:

- Absage an Gewalt als Instrument des politischen Konfliktaustrags;
- mehr Bürgerbeteiligung durch Erweiterung des Bürgerdialogs und Konsultationen;
- mehr Einflussmöglichkeiten auf die politischen Beratungs- und Entscheidungsprozesse;
- mehr bürgerschaftliche Verantwortungsübernahme;
- mehr Selbsthilfeaktionen, soziales Engagement und Gemeinschaftsinitiativen angesichts des überforderten Sozialstaates.

Häufig wird statt Bürgergesellschaft der Begriff Zivilgesellschaft verwendet, insbesondere wenn es um die Rolle des Weltbürgers geht („globale Zivilgesellschaft"). „Ob Bürger- oder Zivilgesellschaft genannt: gemeint ist die Zwischenebene und zugleich das Verbindungsglied zwischen der Privatsphäre von Familie und privatrechtlicher Ökonomie und den staatlichen Instanzen wie Parlament, Gericht, öffentliche Verwaltung und Parteien. (...) Im genannten Zwischenbereich engagieren sich die Bürger nicht für ihre privaten, sondern für öffentliche Interessen, ohne ein staatliches (...) Amt auszuüben." [Höffe 2004, S. 91]

Bürgergesellschaft

„Ob theoretisch unterfüttert oder schlicht praktiziert – durch Individualismus und Engagement, durch Partizipation, Vertrauen und wenig Bürokratie ausgezeichnet, wendet sich die Bürgergesellschaft gegen einen Staat, der die Bürger zu gängeln neigt und dabei nicht nur seine Legitimation überdehnt, sondern sich auch vorhersehbar überfordert. Durch die Bürgergesellschaft wird die angeblich entpolitisierte Gesellschaft partiell politisiert und spiegelbildlich die Verantwortung für das Gemeinwohl partiell entstaatlicht."

Quelle

[Otfried Höffe (2009), Ist die Demokratie zukunftsfähig? Über moderne Politik, C. H. Beck, München, S. 90]

„Hier brauchen wir die Kultur einer Mitmachgesellschaft und keine Zuschauerkulisse. Staatliche Solidarität ist gut; sie sollte aber genügend Raum lassen für Initiativen des Gemeinsinns durch den einzelnen."

*Roman Herzog (*1934), ehemaliger Bundespräsident, 1995 anlässlich der Eröffnung der Kampagne Gemeinsinn 1994-1999*

1.2 Staatsangehörigkeit, Staatsbürgerschaft, Unionsbürgerschaft

Abstammungs- und Territorialprinzip

Staatsangehörigkeit wird entweder nach dem Abstammungsprinzip *(ius sanguinis* = Blutsrecht) durch die Staatsangehörigkeit der Eltern oder nach dem Territorialprinzip *(ius soli* = Bodenrecht) erworben. In Deutschland gilt das Abstammungsprinzip: Jeder, der von einem Deutschen abstammt, besitzt die deutsche Staatsangehörigkeit. In den USA und den meisten europäischen Ländern ist dagegen der räumliche Aspekt maßgebend. Wenn ein Kind auf dem Staatsgebiet der USA geboren wird, besitzt es die US-amerikanische Staatsbürgerschaft.

Staatsangehörigkeit

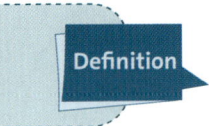

Unter Staatsangehörigkeit ist das Rechts- und Schutzverhältnis zwischen dem Staat und seinen Angehörigen, das mit den besonderen Rechten und Pflichten eines Staatsbürgers verbunden ist, zu verstehen. Hierzu gehören in liberal-demokratischen Systemen wie der Bundesrepublik Deutschland vor allem die Grundrechte und das Wahlrecht.

Der Erwerb der deutschen Staatsbürgerschaft durch Geburt setzt voraus, dass im Falle des ehelichen Kindes ein Elternteil Deutscher, im Falle des nichtehelichen Kindes die Mutter Deutsche ist.

Reform des Staatsangehörigkeitsrechts

Im Jahr 2000 wurde das deutsche Staatsangehörigkeitsrecht grundlegend reformiert. Diese Reform spiegelt die Wandlung Deutschlands zu einem Einwanderungsland wider und bedeutete einen Wendepunkt in der deutschen Rechtsgeschichte. Der bisherige Grundsatz, dass jemand, der die deutsche Staatsangehörigkeit nicht besitzt, auch keine deutschen Kinder zur Welt bringen kann, ist durchbrochen worden.

ius soli für die zweite Einwanderergeneration

Kinder ausländischer Eltern, die in Deutschland geboren sind, erhalten mit ihrer Geburt automatisch die deutsche Staatsangehörigkeit, wenn ein Elternteil seit mindestens acht Jahren mit legalem Aufenthalt und Wohnsitz in Deutschland lebt. Allerdings erben diese Kinder auch die Staatsangehörigkeit ihrer Eltern, werden also Doppelstaater. Nach dem Erreichen der Volljährigkeit müssen sie sich bis zum 23. Lebensjahr zwischen ihren beiden Pässen entscheiden. Wer den Stichtag versäumt, verliert mit 23 automatisch die deutsche Staatsbürgerschaft.

Kritik am Optionszwang

Dieses Optionsmodell steht in der Kritik. Die Kritiker führen ins Feld, dass das Ziel der Vermeidung doppelter Staatsangehörigkeit es nicht rechtfertige, den jungen Erwachsenen eine Entscheidung gegen die deutsche oder ihre andere Staatsangehörigkeit abzuverlangen, sie gewissermaßen zu „Deutschen auf Abruf" zu machen, zumal potenzielle Probleme einer doppelten Staatsangehörigkeit wie doppelte Wehr- oder Steuerpflicht gelöst seien und hybride Identitäten und Loyalitäten im Zeitalter der Globalisierung zum Alltag gehörten. Integrationspolitisch sei die Regelung kontraproduktiv, zudem entstehe ein immenser bürokratischer Aufwand. Darüber hinaus sei der Optionszwang ungerecht, da er nur bestimmte Gruppen betreffe, denn bei „EU-Ausländern", Schweizern oder Kindern aus binationalen Ehen wird die Mehrstaatigkeit genauso anerkannt wie bei Menschen aus Ländern wie dem Iran oder Syrien, deren Staatsangehörigkeit man nicht „kündigen" kann.

Zum Weiterlesen: Das Online-Dossier „Migration" auf der Website der Bundeszentrale für politische Bildung enthält unter anderem einen ausführlichen Abschnitt zum Thema „Die doppelte Staatsbürgerschaft": www.bpb.de/gesellschaft/migration/dossier-migration.

Einen weiteren Weg, um die deutsche Staatsangehörigkeit zu erhalten, stellt die Einbürgerung dar. Ausländer haben unter anderem unter folgenden Bedingungen das Recht auf Einbürgerung: | Einbürgerung

- acht Jahre lang rechtmäßiger Wohnsitz in Deutschland,
- Bekenntnis zum Grundgesetz,
- keine Verurteilung wegen größerer Straftaten,
- ausreichende Deutschkenntnisse.

Wer die deutsche Staatsangehörigkeit (oder die eines anderen EU-Mitgliedstaates) besitzt, ist damit gleichzeitig auch Unionsbürger. Die Unionsbürgerschaft löst jedoch die nationale Staatsbürgerschaft nicht ab, sondern ergänzt sie. Im AEUV (Vertrag über die Arbeitsweise der Europäischen Union) sind in Art. 20 ff. die Rechte der Unionsbürger festgelegt. Sie umfassen unter anderem das | Unionsbürgerschaft

- aktive und passive Wahlrecht bei Kommunal- und Europawahlen,
- Petitionsrecht beim Europäischen Parlament,
- Recht, sich an den Europäischen Bürgerbeauftragten zu wenden,
- Niederlassungs- und Aufenthaltsrecht in allen EU-Staaten.

1.3 Formen politischer Beteiligung im Überblick

Reflektierter Zuschauer, Aktivbürger, interventionsfähiger Bürger

Die politische Bildung beschäftigt sich seit Ende der 1990er Jahre intensiv mit den Bürgerrollen bzw. mit den Formen des politischen Engagements. Dabei werden folgende Bürgerleitbilder diskutiert. Der „reflektierte Zuschauer" entspricht der klassischen repräsentativen Demokratie. Er muss so viel über die Zusammenhänge des politischen Lebens wissen, dass er sie beurteilen und bei den Wahlen überlegt die Abgeordneten wählen kann. Der „Aktivbürger" orientiert sich am Modell der direkten Demokratie und strebt durch eine möglichst breite und dauerhafte politische Beteiligung ein Höchstmaß an Mitbestimmung an. Da ein umfassendes politisches Dauerengagement in einer komplexen Demokratie, wie es das Europäische Mehrebenensystem darstellt, nur in Grenzen möglich ist, wurde der Typ des „interventionsfähigen Bürgers" entwickelt. Er erkennt, wann seine politische Einmischung notwendig ist und wo und wie sie wirksam werden kann. Unser Bürgerhandbuch legt sich nicht auf ein bestimmtes Bürgerleitbild fest, sondern liefert für unterschiedliche Bürgerrollen das notwendige Sachwissen und das entsprechende Handlungsrepertoire.

[nach: Paul Ackermann (1998), Bürgerrolle in der Demokratie als Bezugsrahmen für politische Bildung; in: Breit, Gotthard / Schiele, Siegfried, Handlungsorientierung im Politikunterricht, Wochenschau Verlag, Schwalbach/Ts., S. 13-34; vgl. dazu auch: Breit, Gotthard / Massing, Peter (2001), Die Rückkehr des Bürgers in die politische Bildung, Wochenschau Verlag, Schwalbach/Ts.]

„Menschen, deren Leben durch eine Entscheidung berührt und verändert wird, müssen an dem Prozess, der zu dieser Entscheidung führt, beteiligt sein und gehört werden."

John Naisbitt (*1929), Zukunftsforscher

Unter politischer Partizipation versteht man nach Max Kaase alle Handlungen, die Bürger einzeln oder in Gruppen freiwillig mit dem Ziel unternehmen, Entscheidungen auf verschiedenen Ebenen des politischen Systems zu beeinflussen oder selbst zu treffen. In den folgenden Bausteinen dieses Buches beschäftigen wir uns mit den wichtigsten Formen politischer Beteiligung. Einen Überblick bietet das folgende Schaubild. Die Zahlen verweisen auf die Kapitel, in denen die jeweilige Form der politischen Beteiligung vertieft behandelt wird.

„Auf der einen Seite schwinden gesellschaftliche Integrationskräfte von Parteien, Verbänden und Kirchen, auf der anderen Seite entwickelt sich anscheinend eine rege Zivilgesellschaft mit postkonventionellen Partizipationsformen, um Einfluss auf Politik und Gesellschaft zu nehmen. Irgendwo dazwischen finden wir auch viel ziellosen Verdruss einer typischen Misstrauensgesellschaft. Dies alles wird – sollte es sich verstetigen – unser Zusammenleben nachhaltig beeinflussen."

[Franz Walter: Bürger in Bewegung. Zur Einführung; in: Marg u. a. 2013, S. 8]

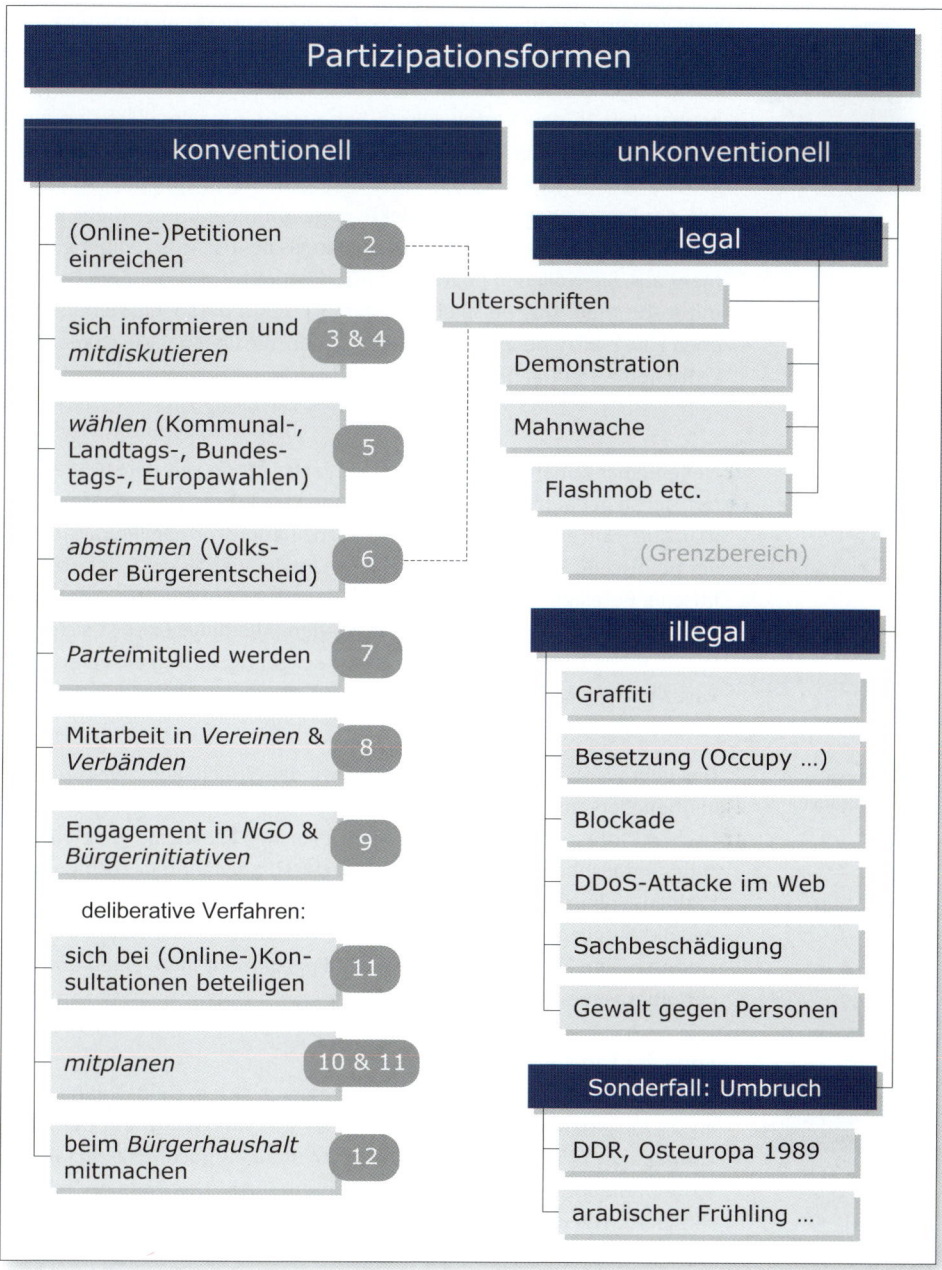

Partizipationsformen

konventionell

- (Online-)Petitionen einreichen — 2
- sich informieren und *mitdiskutieren* — 3 & 4
- *wählen* (Kommunal-, Landtags-, Bundes- tags-, Europawahlen) — 5
- *abstimmen* (Volks- oder Bürgerentscheid) — 6
- *Partei*mitglied werden — 7
- Mitarbeit in *Vereinen* & *Verbänden* — 8
- Engagement in *NGO* & *Bürgerinitiativen* — 9

deliberative Verfahren:

- sich bei (Online-)Kon- sultationen beteiligen — 11
- *mitplanen* — 10 & 11
- beim *Bürgerhaushalt* mitmachen — 12

unkonventionell

legal

- Unterschriften
- Demonstration
- Mahnwache
- Flashmob etc.
- (Grenzbereich)

illegal

- Graffiti
- Besetzung (Occupy ...)
- Blockade
- DDoS-Attacke im Web
- Sachbeschädigung
- Gewalt gegen Personen

Sonderfall: Umbruch

- DDR, Osteuropa 1989
- arabischer Frühling ...

© Ragnar Müller, Gesellschaft Agora

Quelle

„Viele Bürgerinnen und Bürger beschäftigen sich nur selten mit Politik. Die wenigen Interessierten beschränken sich zumeist aufs Zuschauen. Nur ein geringer Teil wird politisch aktiv, doch ist hier eine Veränderung zu beobachten. In den letzten Jahren hat zwar der regelmäßige und langfristige Einsatz für Belange der Allgemeinheit bzw. das Gemeinwohl abgenommen. Dagegen hat das kurze Engagement für Ein-Punkt-Anliegen wie der Protest gegen Großprojekte zugenommen. Immer mehr Bürgerinnen und Bürgern reicht das Zuschauen als politische Beteiligung nicht mehr aus. Sie wollen in politische Entscheidungsprozesse eingreifen und mitbestimmen. Das Beispiel Stuttgart 21 zeigt, dass Großdemonstrationen eine politische Teilnahme ermöglichen, die über das Zuschauen mit kritischem Verstand hinausgeht."

[Gotthard Breit, Politische Beteiligung durch Politikunterricht?; in: Weißeno / Buchstein 2012, S. 254]

Zunahme und Ausdifferenzierung von Partizipation

Neben einer Zunahme der politischen Partizipation seit den 1960er Jahren, der so genannten „partizipatorischen Revolution" (Max Kaase), kann man auch von einer Erweiterung der Partizipationsformen (Pluralisierung der politischen Partizipation) sprechen. Um die Vielfalt der Spielarten politischer Beteiligung zu ordnen, sind in der öffentlichen und wissenschaftlichen Diskussion Typen entwickelt worden. Allerdings erweist sich eine typologische Unterscheidung als relativ schwierig, da sich die Palette der Partizipationsformen ständig verändert und erweitert und daher deren Grenzen fließend sind.

Konventionell und unkonventionell

Die gebräuchlichste Unterscheidung ist dabei diejenige zwischen konventionellen und unkonventionellen Formen der Beteiligung am politischen Prozess. Zu den *konventionellen* Formen zählen die in der Verfassung vorgesehenen, daher auch „verfasst" genannten Formen wie Wahlen, Volksabstimmungen, Bürgerentscheide auf Gemeindeebene sowie die Mitgliedschaft in Parteien oder Verbänden. Hierzu kann man im weiteren Sinn auch das ehrenamtliche Engagement in Vereinen und Bürgerinitiativen rechnen.

Ende der Ego-Gesellschaft?

Quelle

„Laut aktuellem ‚Freiwilligensurvey' engagieren sich in Deutschland mehr als 23 Millionen Menschen ehrenamtlich. Das sind 36 Prozent der Bevölkerung über 14 Jahre. Und zwei Millionen mehr als noch vor zehn Jahren", schreibt die Journalistin Nina Apin in ihrem Buch „Das Ende der Ego-Gesellschaft. Wie die Engagierten unser Land retten" (München 2013, S. 14), das ehrenamtlich Tätige – vom Sterbebegleiter bis zur Bürgerstifterin – porträtiert. Allerdings, so Siegfried Schiele, „stimmt es bedenklich, dass dieses ehrenamtliche Engagement weitgehend neben den politischen Institutionen herläuft" (Siegfried Schiele, Demokratie in Gefahr?, Schwalbach/Ts. 2013, S. 96).

Zu den *unkonventionellen* Formen gehören Demonstrationen, Boykott-Aktionen, Blockaden, Unterschriftenaktionen oder Sit-ins. Dabei ist die Grenze zwischen legalen und illegalen, ja sogar gewaltsamen Formen durchaus fließend. In der Regel sind sie informell, also nicht durch gesetzliche Regelhaftigkeit, sondern durch gesellschaftliche Vereinbarung gestaltet. Zum Bereich der unkonventionellen Partizipation kann man die Protestformen in der Umbruchphase in der DDR und Osteuropa Ende der 1980er Jahre oder die Umwälzungen in den arabischen Staaten seit 2008 rechnen. *Swen Hutter* und *Simon Teune* unterscheiden in ihrem Aufsatz „Politik auf der Straße: Deutschlands Protestprofil im Wandel" (Aus Politik und Zeitgeschichte 25-26/2012) folgende Protestformen:

Verschiedene Formen des Protests

- appellative Proteste: z. B. Unterschriftensammlungen;
- demonstrative Proteste: z. B. Demonstrationen, Kundgebungen, Mahnwachen;
- konfrontative Proteste: z. B. Blockaden, Besetzungen, unangemeldete Demonstrationen, leichte Sachbeschädigungen;
- gewalttätige Proteste: z. B. schwere Sachbeschädigungen, Brand- und Sprengstoffanschläge, Angriffe auf Personen

Darüber hinaus wären Protestformen zu nennen, die mit Internet und Web 2.0 hinzugekommen sind, etwa so genannte „Shitstorms" (massive, sich viral auf Webplattformen verbreitende Kritik an einer Person, Entscheidung, Institution, einem Produkt oder Unternehmen) oder DDoS-Attacken (Distributed Denial of Service), bei denen – gleichsam als Online-Demonstration oder virtuelles Sit-in – ein Server lahmgelegt wird. So wurde beispielsweise im Mai 2012 im Rahmen der Blockupy-Proteste die Website der Stadt Frankfurt durch Anonymous attackiert und war zeitweise nicht mehr erreichbar.

Protestformen im Web

In diesem Zusammenhang spielt auch der Begriff des zivilen Ungehorsams eine Rolle, nach dem gerechtfertigt sein soll, als ungerecht eingeschätzte Gesetze oder solche, die einen Unrechtsstaat stützen, bewusst und öffentlich zu übertreten.

Ziviler Ungehorsam

Im Gegensatz zu direktdemokratischen Instrumenten wie Bürgerentscheiden oder Volksabstimmungen sind die *deliberativen* Verfahren nicht gesetzlich vorgeschrieben. Das lateinische Wort deliberare bedeutet abwägen, beratschlagen, überlegen. „In deliberativen, d.h. dialogorien-

Deliberative Verfahren

tierten Verfahren werden Bürgerinnen und Bürger, zivilgesellschaftliche Akteure und Entscheidungsträgerinnen und -träger frühzeitig im politischen Prozess zusammengebracht" (Nanz/Fritsche 2012, S. 11). Zu diesen Verfahren gehören unter anderem Bürgergutachten, Planungszelle, Zukunftswerkstatt, Mediation, Online-Konsultation und Bürgerhaushalt (siehe Bausteine 12 und 13).

Ungleiche Beteiligung   Insgesamt kann man feststellen, dass sowohl das Ausmaß als auch die Vielfalt der skizzierten Formen politischer Beteiligung zugenommen haben. Allerdings werden diese von den verschiedenen Bevölkerungsgruppen sehr unterschiedlich wahrgenommen. Es ist schwieriger, sozial schwächere Gruppen für diese Formen politischer Beteiligung zu mobilisieren.

Bürgerbeteiligung und soziale Ungleichheit

Die Ergebnisse empirischer Untersuchungen belegen, „dass die Bürgerinnen und Bürger, die über kognitive Ressourcen (Bildung, Einkommen) verfügen, sich häufiger an alternativen Partizipationsformen beteiligen. (...) Protest und weiteres unkonventionelles politisches Handels stellt nicht nur keinen Chancenausgleich zwischen unterprivilegierten und vom politischen und wirtschaftlichen Prozess frustrierten Bürger/-innen und wohlhabenden, besser ausgebildeten Landsleuten her. Vielmehr verstärkt sich die soziale Ungleichheit um eine politische Komponente und verleiht denjenigen mehr Gewicht und Gehör im politischen Willensbildungsprozess, die ohnehin schon über bessere Einflussmöglichkeiten und -ressourcen verfügen."

[Susanne Pickel: Das politische Handeln der Bürgerinnen und Bürger – ein Blick auf die Empirie; in: Weißeno / Buchstein 2012, S.54 f.]

Zum Weiterlesen:

Nanz, Patrizia / Fritsche, Miriam (2012), Handbuch Bürgerbeteiligung. Verfahren und Akteure, Chancen und Grenzen, Schriftenreihe der Bundeszentrale für politische Bildung Bd. 1200, Bonn (kann unter www.bpb.de heruntergeladen werden).

Zum Vertiefen:

de Nève, Dorothée / Olteanu, Tina (Hrsg.) (2013), Politische Partizipation jenseits der Konventionen, Verlag Barbara Budrich, Opladen u. a.

Gerhardt, Volker (2007), Partizipation. Das Prinzip der Politik, C. H. Beck, München.

Höffe, Otfried (2004), Wirtschaftsbürger, Staatsbürger, Weltbürger. Politische Ethik im Zeitalter der Globalisierung, C. H. Beck, München.

Kornelius, Bernhard / Roth, Dieter (2004), Politische Partizipation in Deutschland. Ergebnisse einer repräsentativen Umfrage, Verlag Bertelsmann Stiftung, Gütersloh.

Landeszentrale für politische Bildung Baden-Württemberg (Hrsg.) (2013), Bürgerbeteiligung in Deutschland und Europa, Deutschland & Europa, Heft 65.

Marg, Stine / Geiges, Lars / Butzlaff, Felix / Walter, Franz (Hrsg.) (2013), Die neue Macht der Bürger. Was motiviert die Protestbewegungen?, Rowohlt Verlag, Reinbek bei Hamburg.

Pohl, Kerstin / Massing, Peter (Hrsg.) (2013), Politische Partizipation. Theoretische Konzepte und empirische Befunde, Politische Bildung Heft 3/2013.

Roth, Roland (2010), Bürgermacht. Eine Streitschrift für politische Partizipation, edition Körber-Stiftung, Hamburg (auch erhältlich als Lizenzausgabe für die Bundeszentrale für politische Bildung, Schriftenreihe Bd. 1229, Bonn 2012).

Sittler, Walter / Leipold, Gerd (2013), Zeit, sich einzumischen. Vom Taksim-Platz nach Island. Begegnungen auf dem Weg ins Anthropozän, sagas.edition, Stuttgart.

Steinbrecher, Markus (2009), Politische Partizipation in Deutschland, Nomos, Baden-Baden.

Weißeno, Georg / Buchstein, Hubertus (Hrsg.) (2012): Politisch Handeln. Modelle, Möglichkeiten, Kompetenzen, Schriftenreihe der Bundeszentrale für politische Bildung Bd. 1191, Bonn.

Wochenschau (2011), Demokratie und politische Beteiligung, Themenheft für Sek. I, Heft 4/2011, Wochenschau Verlag, Schwalbach/Ts.

Zum Surfen:

Der „Wegweiser Bürgergesellschaft" ist ein umfangreiches Online-Angebot der Stiftung Mitarbeit zu allen Themen rund um Bürgerbeteiligung: www.buergergesellschaft.de.

Website des Bundesnetzwerks Bürgerschaftliches Engagement: www.b-b-e.de.

Aktive Bürgerschaft: Kompetenzzentrum für Bürgerengagement der Volksbanken Raiffeisenbanken: www.aktive-buergerschaft.de/aktive_buergerschaft.

Online-Dossier „Deutsche Demokratie" der Bundeszentrale für politische Bildung, besonders das Kapitel „Politische Beteiligung": www.bpb.de/politik/grundfragen/deutsche-demokratie.

Aus Politik und Zeitgeschichte, Heft 44-45/2011 („Demokratie und Beteiligung") und Heft 25-26/2012 („Protest und Beteiligung"): www.bpb.de/shop/zeitschriften/apuz/.

Datenreport 2013 auf der Website der Bundeszentrale für politische Bildung: www.bpb.de/nachschlagen/datenreport-2013, Kapitel: „Demokratie und politische Partizipation".

2. Deutsche und europäische Demokratie

Ein Mehrebenensystem für Bürgerbeteiligung

„Demokratie ist die Regierung des Volkes durch das Volk für das Volk."
(„government of the people, by the people, for the people")

Abraham Lincoln (1809–1865), ehemaliger US-Präsident

Kurzübersicht

Dieses Kapitel fasst die Rahmenbedingungen knapp zusammen, in denen sich die Bürgergesellschaft bewegt. Sie bilden die Grundlage für die Handlungsfelder, die in den folgenden Bausteinen des Buches aufgezeigt werden. Dabei gehen wir vom Europäischen Mehrebenensystem aus, befassen uns mit den wichtigsten EU-Organen und stellen anschließend den Rahmen dar, den das deutsche Grundgesetz der Bürgerbeteiligung steckt. Neben den Grundrechten bilden die vier Verfassungsprinzipien (Demokratie, Bundesstaat, Sozialstaat und Rechtsstaat) den Kern des Grundgesetzes.

Quelle

„Die Mitgliedschaft in der EU hat unmittelbare Folgen für alle Dimensionen des Politischen in Deutschland, für die Institutionen des Landes ebenso wie für die politische Willensbildung und die Produktion materieller Politik. Das politische System der Bundesrepublik existiert selbstverständlich weiter, aber verstehen kann man sein Funktionieren heute nur noch, wenn man es als europäisches Regierungssystem betrachtet (Roland Sturm / Heinrich Pehle)."

Verflechtung der Ebenen

Andere Politikwissenschaftler, wie der Europa-Experte Rudolf Hrbek, sprechen von einem „Verflechtungssystem", das alle Ebenen — von den Gemeinden über Bundesländer und Nationalstaaten bis hin zur EU-Ebene im engeren Sinn — umfasst. Die Ebenen sind vielfältig miteinander verflochten, so nehmen beispielsweise die Bundesländer und auf der Bundesebene vor allem Bundesregierung, Bundestag und Bundesrat Einfluss auf die Entscheidungen der EU-Organe. In Art. 23 des Grundgesetzes heißt es ausdrücklich: „In Angelegenheiten der Europäischen Union wirken der Bundestag und durch den Bundesrat die Länder mit. Die Bundesregierung hat den Bundesrat und den Bundestag umfassend und zum frühestmöglichen Zeitpunkt zu unterrichten." Der Begriff Verflechtung bezieht sich dabei nicht nur auf die politischen Institutionen, sondern auch auf inhaltliche Politikbereiche wie Wirtschafts-, Agrar- oder Umweltpolitik, die wesentlich von der EU mitgestaltet werden. So müssen sich z. B. die Gemeinden bei ihren Planungen nach den Verordnungen der EU zum Natur- und Landschaftsschutz richten. Die Bundesländer erhalten von der EU Zuschüsse für die regionale Landwirtschaft usw.

2.1 Die Besonderheit der Europäischen Union

Schnabeltier sprengt die Kategorien

Das Gemälde von John Lewin aus dem Jahr 1808 stammt aus Australien und zeigt ein Schnabeltier. Es ist hier abgebildet, weil ein guter Weg, die EU besser zu verstehen, darin besteht, sie als ein Schnabeltier zu sehen.

http://commons.wikimedia.org/wiki/File: Platypus_by_Lewin.jpg

Was heißt das? Es bedeutet, dass man die EU nicht so genau einordnen kann, genau wie das Schnabeltier: Die Zoologen des 18. Jahrhunderts ordneten nämlich alle Tiere, die Eier legen, in die Kategorie „Reptilien" ein. Alle Tiere, die ihre Jungen säugen, kamen dagegen in die Kategorie „Säugetiere". Das Besondere am Schnabeltier ist nun, dass es Eier legt *und* die Jungen säugt. Damit hat es das Kategoriensystem der Zoologie gesprengt. Als Ende des 18. Jahrhunderts die ersten ausgestopften Exemplare aus Australien in London, dem damaligen Zentrum der Wissenschaft, eintrafen, hielt man sie für Fälschungen. Schließlich wurde extra eine neue Kategorie erfunden, die Monotremata.

Bei der EU verhält es sich ganz ähnlich. Die Politik kennt die beiden grundlegenden Kategorien „internationale Organisationen" und „nationale politische Systeme" (oder einfach „Staaten"). Wie das Schnabeltier umfasst die EU Elemente *beider* Kategorien und sprengt dadurch das Kategoriensystem. Sie ist also zum einen eine internationale Organisation – sie besteht ja aus Staaten – *und* sie ist gleichzeitig in vielerlei Hinsicht wie ein nationales politisches System. So verfügt die EU etwa über ein direkt gewähltes Parlament und ein Rechtssystem, das es in dieser Form im Bereich der internationalen Politik sonst nirgends gibt. Wie die Zoologen haben auch die Politikwissenschaftler versucht, das Problem mit ihrem Kategoriensystem zu kaschieren. Sie nennen die EU deshalb ein „Gebilde sui generis". Aus dem Lateinischen übersetzt bedeutet das: Gebilde eigener Art. Es ist eine Verlegenheitsbezeichnung, die eigentlich nichts aussagt.

EU als Schnabeltier der Politik

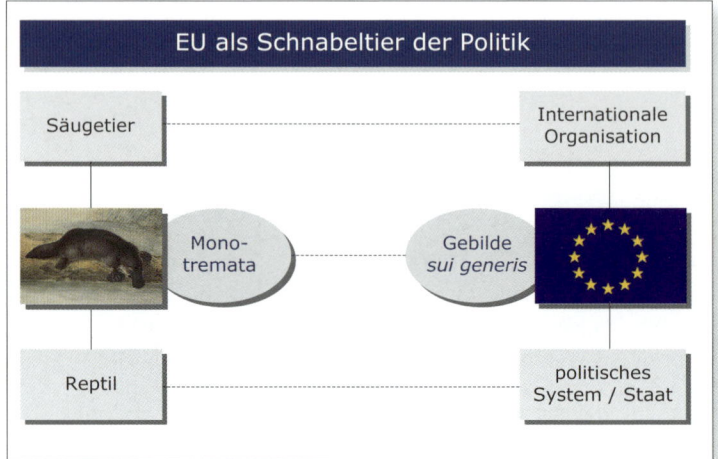

EU als Schnabeltier der Politik

Säugetier — Monotremata — Reptil

Internationale Organisation — Gebilde *sui generis* — politisches System / Staat

© Ragnar Müller, Gesellschaft Agora

Kein Modell zur Einordnung von Informationen

Aus dieser eigenartigen Zwitterstellung zwischen den grundlegenden Kategorien resultieren viele der Probleme, die wir bei der Beschäftigung mit der EU haben. Wir haben kein Modell im Kopf, das uns einzuordnen hilft, was wir in der Zeitung oder im Web über die EU lesen. So kann es auch passieren, dass wir gar keine Lust mehr haben, einen Artikel zur EU überhaupt erst zu lesen. Das ist ein wichtiger Grund dafür, dass die Menschen in Europa nur unzureichend über europäische Politik Bescheid wissen, obwohl die EU mittlerweile überragende Bedeutung besitzt. Hinzu kommt, dass leider nach wie vor unzählige Legenden, Mythen und Vorurteile über die EU verbreitet werden und sie für vieles als Sündenbock herhalten muss.

Die EU als Sündenbock

Quelle

Aus den Anfangsjahren der Gemeinschaft stammt der viel zitierte Satz: „Wenn die Sonne lacht, war's der Mitgliedstaat, bei Regen und Schnee war's die EG." Der damalige Fraktionschef der europäischen Sozialdemokraten (und heutige Präsident des Europäischen Parlaments), Martin Schulz, wird mit den Worten zitiert (Stuttgarter Zeitung vom 9.6.2005): „Wir haben jetzt die Quittung für all die Jahre bekommen, in denen sich die Regierungen mit den Erfolgen der europäischen Politik geschmückt haben und die Schuld an Fehlschlägen auf Brüssel geschoben haben." Robert Menasse schreibt in seinem Buch „Der Europäische Landbote" (Wien 2012, S. 15): „Das Lächerliche an den Formulierungen, mit denen eine skeptische bis ablehnende Haltung gegenüber der EU in der Regel ausgedrückt wird, ist, dass sie Sachverhalte auf europäischer Ebene als bedrohlich oder skandalös beschreiben, die auf nationaler Ebene als völlig selbstverständlich und vernünftig wahrgenommen oder zumindest hingenommen werden. Was auf nationaler Ebene einfach ‚Gesetzgebung' heißt, wird im europäischen Einigungsprozess pejorativ zum ‚Regulierungswahn'.“

2.2 Europäisches Mehrebenensystem

Die Probleme bei der Beschäftigung mit der EU fangen schon bei den zentralen EU-Organen an: Europäische Kommission – Europäisches Parlament – Rat der EU (Ministerrat). Außer beim Parlament sind schon die Bezeichnungen ungewohnt. Wer ist denn hier eigentlich die Regierung? Dann gibt es ja auch noch den Europäischen Rat. Nein, der Europarat gehört nicht zur EU, das ist eine eigene internationale Organisation.

Organe der EU

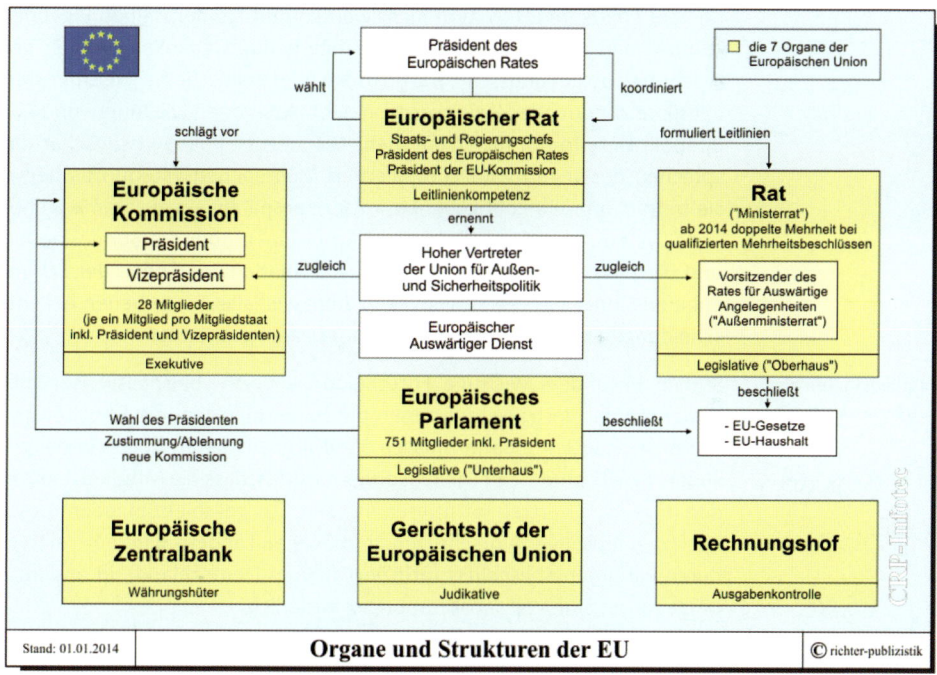

Organe und Strukturen der EU

Die gute Nachricht ist, dass die Art und Weise, wie das EU-System Entscheidungen trifft, im Grunde ganz einfach ist: Der Rat entscheidet auf Vorschlag der Kommission unter Mitwirkung des Parlaments. Die schlechte Nachricht ist, dass das Zusammenspiel dieser drei Entscheidungsorgane unzählige Ausprägungen annehmen kann. Vor allem die

Entscheidungsdreieck

Mitwirkung des Parlaments unterscheidet sich ganz erheblich von Fall zu Fall. In manchen Fällen wirkt es lediglich beratend mit, in mehr und mehr Fällen ist es aber zum gleichberechtigten Mitspieler aufgestiegen. Das bedeutet, dass Rat und Parlament beide einem Gesetzesvorhaben zustimmen müssen, damit es beschlossen werden kann.

Rat der EU

Im Rat sitzen die Minister der Mitgliedstaaten. Geht es um Umweltpolitik, setzt sich der Rat aus den Umweltministern der Regierungen der Mitgliedstaaten zusammen. Entsprechendes gilt für die anderen Politikbereiche (Wirtschaftspolitik, Außenpolitik, Agrarpolitik etc.). Das heißt aber, dass die nationalen Regierungen (Exekutive) im EU-System zum Gesetzgeber (Legislative) werden.

Dieses Beispiel macht schon deutlich, dass man mit den alten Kategorien der Politik im EU-System nicht weit kommt. Zu demselben Ergebnis kommt man auch, wenn man sich lange genug Gedanken darüber gemacht hat, ob der deutsche, französische oder polnische Umweltminister in Brüssel Innen- oder Außenpolitik macht. Kategorien wie Innen- und Außenpolitik greifen einfach nicht mehr. Die meisten Politikwissenschaftler sprechen deswegen vom Europäischen Mehrebenensystem. Das heißt, sie betrachten alle Politikebenen im EU-Europa als ein zusammengehöriges System: Von den Städten und Kommunen über die Bundesländer und die nationale Ebene bis hin zur supranationalen Ebene der EU im engeren Sinne. Das ergibt deswegen Sinn, weil alle diese Ebenen bei Entscheidungen und ihrer Umsetzung eng zusammenarbeiten.

Mitgliedstaaten als Herren der Verträge

Stehen besonders wichtige Entscheidungen an − beispielsweise eine Änderung der Verträge, auf denen die EU beruht, oder die Erweiterung um neue Staaten −, dann müssen alle Mitgliedstaaten noch einmal gesondert zustimmen. Der Fachausdruck dafür ist, dass die Mitgliedstaaten den jeweiligen Vertrag ratifizieren müssen. Das geschieht in jedem Land nach den jeweiligen Vorschriften. In manchen Ländern wird ein Vertrag durch Parlamentsbeschluss ratifiziert (z. B. in Deutschland), in anderen hingegen ist eine Volksabstimmung erforderlich.

Erweiterung: Von 6 auf 28

Konkret bedeutet das für einen Beitrittskandidaten, dass neben den EU-Organen (Kommission, Rat und Parlament) auch *alle* Mitgliedstaaten zustimmen müssen, bevor der Staat der EU beitreten kann. Trotz dieser schwierigen Erfordernisse hat es immer wieder Erweiterungsrunden gegeben. Die EU wurde in den 1950er Jahren von sechs Staaten gegründet, mittlerweile umfasst sie 28 Mitgliedstaaten. Außerdem befinden sich sieben weitere Staaten Südosteuropas im Beitrittsprozess (Albanien, Bosnien-Herzegowina, Kosovo, Mazedonien, Montenegro, Serbien und die Türkei).

http://eeas.europa.eu/delegations/switzerland/press_corner/focus/focus_items/20140501_de.htm

| 1952 | 1973 | 1981 | 1986 | 1995 | 2004 | 2007 | 2013 |

Kandidatenländer und potenzielle Kandidatenländer

Eines ist aber gleich geblieben in rund 60 Jahren EU-Entwicklung: Frieden war von Anfang an das wichtigste Ziel der Zusammenarbeit und ist es bis heute geblieben. Nach dem Zweiten Weltkrieg stand die Versöhnung der ehemaligen Kriegsgegner (vor allem Deutschlands und Frankreichs) im Vordergrund, heute geht es um Frieden und Stabilität in ganz Europa (Erweiterungs- und Nachbarschaftspolitik) und der Welt.

Integration als erfolgreiche Friedensstrategie

Hierzu zählt in der heutigen Welt auch die Gestaltung der Globalisierung. Selbst den großen Mitgliedstaaten würden dazu die Möglichkeiten fehlen, wenn sie auf sich allein gestellt wären. Die EU insgesamt aber bildet wirtschaftlich und politisch einen bedeutsamen Faktor und kann ihr Gewicht bei internationalen Verhandlungen mit Erfolg in die Waagschale

Gestaltung der Globalisierung

Vertrauen in die EU-Organe

	2002	2007	2012
Europäisches Parlament			
Vertrauen in der EU gesamt	59	55	44
Vertrauen in Deutschland	58	52	45
Rat der EU			
Vertrauen in der EU gesamt	45	44	36
Vertrauen in Deutschland	41	43	35
Europäische Kommission			
Vertrauen in der EU gesamt	53	50	40
Vertrauen in Deutschland	47	46	39

Quelle: Eurobarometer - http://ec.europa.eu/public_opinion/)

werfen. Deshalb und weil sich die europäische Integration als sehr erfolgreiche Friedensstrategie erwiesen hat, bildet die EU ein Vorbild für andere Weltregionen, auch wenn sie – unter anderem als Folge der so genannten „Eurokrise" – bei den Unionsbürgern selbst immer weniger Zustimmung findet.

2.3 Vorbehalte gegenüber der Europäischen Union

Gibt es ein Demokratiedefizit?

Was ist mit dem „Demokratiedefizit", das immer beklagt wird, sobald von „Brüssel" die Rede ist? Bei näherem Hinsehen ist die Frage, ob es ein solches Demokratiedefizit der EU gibt, gar nicht so einfach zu beantworten. Erstens haben wir gesehen, dass politische Entscheidungen in Europa nicht einfach in „Brüssel" getroffen werden, sondern in einem vielfach verflochtenen Mehrebenensystem. Zweitens müssen wir berücksichtigen, dass die EU ein Schnabeltier ist. Was heißt das für die Frage nach der Qualität europäischer Demokratie? Es bedeutet, dass es zwei Antworten auf diese Frage gibt. Betrachtet man die EU als eine internationale Organisation, dann kommt man zu dem Ergebnis, dass es kein Demokratiedefizit gibt. Im Gegenteil: Keine andere internationale Organisation ist demokratisch so gut legitimiert wie die EU mit ihrem direkt gewählten Parlament. Betrachtet man die EU dagegen als politisches System (wie Deutschland, Ungarn oder Polen), dann lassen sich Defizite erkennen. Da die EU beides ist – internationale Organisation und politisches System – und gleichzeitig über beides hinausweist, gibt es keine eindeutige Antwort.

Keine eindeutigen Antworten

„Darum hat es etwas gleichermaßen Lächerliches wie auch Tröstliches, dass sich nun, durch die Krise der EU, eine so vehemente Kritik an Demokratiedefiziten manifestiert. Diese Kritik ist insofern lächerlich, weil sie in der Regel von der kauzigen Ansicht ausgeht, dass Demokratie zuvor in den Nationalstaaten geradezu auf ideale Weise verwirklicht war und erst jetzt durch die Preisgabe von nationalen Souveränitätsrechten an ‚Brüssel' zerstört wird und irgendwie verschwindet. Aber es ist tröstlich, dass Demokratie und die Frage, wie sie organisiert sein müsste, endlich doch diskutiert werden. Das ist die Diskussion der Zukunft."

[Robert Menasse (2012), Der Europäische Landbote. Die Wut der Bürger und der Friede Europas oder Warum die geschenkte Demokratie einer erkämpften weichen muss, Paul Zsolnay Verlag, Wien, S. 68]

Dasselbe gilt übrigens für viele andere Fragen, etwa für die ebenfalls vielfach beschworene mangelnde europäische Identität. Verkürzt könnte man hier sagen, dass die europäische Identität im Vergleich mit der NATO-, OSZE- oder Weltbank-Identität hervorragend abschneidet, gegenüber der deutschen, französischen oder dänischen Identität aber abfällt. Es zeigt sich, dass die Schnabeltier-Analogie uns bei wichtigen Fragen zu einem angemesseneren Urteil verhelfen kann, indem sie uns davor bewahrt, die EU unreflektiert am Maßstab des eigenen politischen Systems zu messen und dadurch zu scheinbar eindeutigen Antworten zu kommen, die sich bei näherem Hinsehen allerdings als falsch erweisen.

Europäische Identität

In den folgenden Bausteinen zu den verschiedenen Formen und Möglichkeiten der Bürgerbeteiligung versuchen wir, der Realität des Europäischen Mehrebenensystems gerecht zu werden. Das ist nicht immer einfach, da wir alle – Bürgerinnen, Politiker, Journalisten – ein anderes, nationalstaatliches Modell des politischen Systems im Kopf haben. „Brüssel" ist nicht einfach eine zusätzliche Ebene, die hinzutritt. Andererseits lassen sich EU-spezifische Elemente der Bürgerbeteiligung benennen, allen voran die Wahlen zum Europäischen Parlament, aber auch die Möglichkeit, über Parteien und Interessengruppen Einfluss zu nehmen oder eine Europäische Bürgerinitiative zu starten. Außerdem verfügen alle Unionsbürger bei den Kommunalwahlen in allen Ländern der EU über das aktive und passive Wahlrecht. So kann eine Deutsche, die in Frankreich wohnt, dort nicht nur den Gemeinderat wählen, sondern auch Bürgermeisterin werden. Alle diese Aspekte werden in den jeweiligen Bausteinen aufgegriffen. Als Faustregel für die Bürgerbeteiligung gilt aber, dass die Möglichkeiten zur Partizipation mit zunehmender Entfernung vom Wohnort abnehmen.

Bürgerbeteiligung in der EU

2.4 Das Grundgesetz regelt das Verhältnis von Bürger und Staat

„Der Staat bildet sich aus dem Grunde, weil kein Mensch sich selber genug ist. Wir alle haben einander nötig."

Platon (447-347 v. Chr.), Philosoph

Welche grundlegenden Rechte haben die Menschen nach der deutschen Verfassung? Wie werden verbindliche Entscheidungen in Staatsorganen wie Parlament und Regierung, aber auch auf der Länder- und Gemeindeebene getroffen, und welche Möglichkeiten haben die Bürgerinnen, diese zu beeinflussen? Die wichtigsten Antworten auf diese Fragen gibt uns die Verfassung, die in der Bundesrepublik Deutschland „Grundgesetz" genannt wird.

Staat und Verfassung

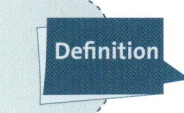

Definition

Der Staat ist die politische Organisation eines Volkes. In der Regel wird er durch die Kennzeichen Staatsgebiet – Staatsvolk – Staatsgewalt definiert. Die Verfassung bestimmt die politische Grundordnung, also das „Wesen" eines Staates, die in der Regel in einer Urkunde niedergelegt ist. In ihr wird das Grundverhältnis des Staates zu seinen Bürgern geregelt, also z. B. ob und wie das Volk sich selbst regieren kann und welche Aufgaben die verschiedenen Staatsorgane wie Parlament und Regierung haben.

In der deutschen Verfassung, dem Grundgesetz, definiert sich die Bundesrepublik Deutschland als „demokratischer und sozialer Bundesstaat", in dem „alle Gewalt vom Volke" ausgeht.

Grundgesetz für Gesamtdeutschland

Die Verfassung der alten Bundesrepublik, die den westdeutschen Teilstaat umfasste, trat am 23. Mai 1949 in Kraft. Sie wurde bewusst Grundgesetz genannt, um ihre Vorläufigkeit zu betonen. Die Bezeichnung Verfassung sollte erst dann verwendet werden, wenn die beiden deutschen Staaten

Tausende Menschen feiern am 23.5.2009 in Berlin den 60. Geburtstag der Bundesrepublik Deutschland

picture alliances – dpa

wiedervereinigt wären. Die Vereinigung der DDR mit der Bundesrepublik am 3. Oktober 1990 wurde in der Form des Beitritts der fünf neu gebildeten Bundesländer zur Bundesrepublik Deutschland vollzogen. Dabei hatten sich die Vertragspartner auch zur „Übernahme der Verfassung in Form des Grundgesetzes" bereit erklärt, das sich in vierzig Jahren bewährt hatte.

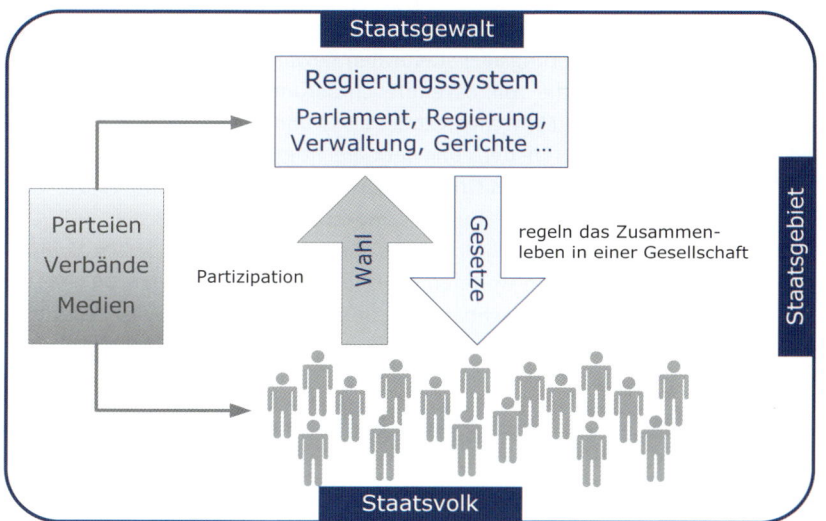

Man bezeichnet die Gesamtheit der Institutionen und Organisationen sowie deren Beziehungen und Zusammenhänge, in denen verbindliche politische Entscheidungen für alle Bürger getroffen und durchgesetzt werden, als politisches System. Das Wort System kommt aus dem Griechischen und bezeichnet eine Einheit, die aus mehreren Elementen zusammengesetzt ist, die sich gegenseitig beeinflussen. Wenn sich ein Element verändert, kann dies Auswirkungen auf das Gesamtsystem haben. Ein offensichtliches Beispiel hierfür im politischen System wären Wahlen und ihre Folgen. Wenn die Bürgerinnen bei Bundestags- oder Landtagswahlen anderen Parteien als den in der laufenden Legislaturperiode gewählten die Mehrheit im Parlament geben, wirkt sich dies nicht nur auf die Parteien und das Parlament, sondern auch auf die Besetzung anderer Staatsorgane wie der Regierung aus.

Bürger und politisches System

2.5 Grundrechte haben Vorrang

Am Anfang des Grundgesetzes stehen die Grundrechte. Nach den Erfahrungen der nationalsozialistischen Diktatur, die keine individuelle Freiheit

Menschenwürde als
Ziel und Maß-
stab der Politik

anerkannte und bedingungslosen Gehorsam gegenüber dem „Führer"
forderte, sollten die Grundrechte, besonders die Garantie der Menschenwürde, als Ziel der Politik bewusst hervorgehoben werden.

Grundrechte im Grundgesetz
GG Art. 1 (Schutz der Menschenwürde)

(1) Die Würde des Menschen ist unantastbar. Sie zu achten und zu schützen ist Verpflichtung aller staatlichen Gewalt.

(2) Das Deutsche Volk bekennt sich darum zu unverletzlichen und unveräußerlichen Menschenrechten als Grundlage jeder menschlichen Gemeinschaft, des Friedens und der Gerechtigkeit in der Welt.

(3) Die nachfolgenden Grundrechte binden Gesetzgebung, vollziehende
Gewalt und Rechtsprechung als unmittelbar geltendes Recht.

Neben den Grundrechten, die im Grundgesetz in Art. 1-19 aufgeführt
sind, finden sich in weiteren Artikeln noch Bestimmungen, die eine mit
Grundrechten vergleichbare Bedeutung haben, wie z. B. gleicher Zugang
zu öffentlichen Ämtern (GG Art. 33) oder der Schutz vor willkürlicher Ver-
haftung (GG Art. 104).

Grundrechte und
Menschenrechte

In Art. 1 ist sowohl von Grundrechten als auch von Menschenrechten die
Rede. Beides hängt sehr eng zusammen. Das folgende Schaubild versucht,
das Verhältnis der beiden Arten von Rechten darzustellen. Während die
Menschenrechte universal sind, aber in der Regel nicht vor einem Gericht
eingeklagt werden können, gelten die Grundrechte nur für die Staatsbürger eines Staates und können vor Gericht eingeklagt werden.

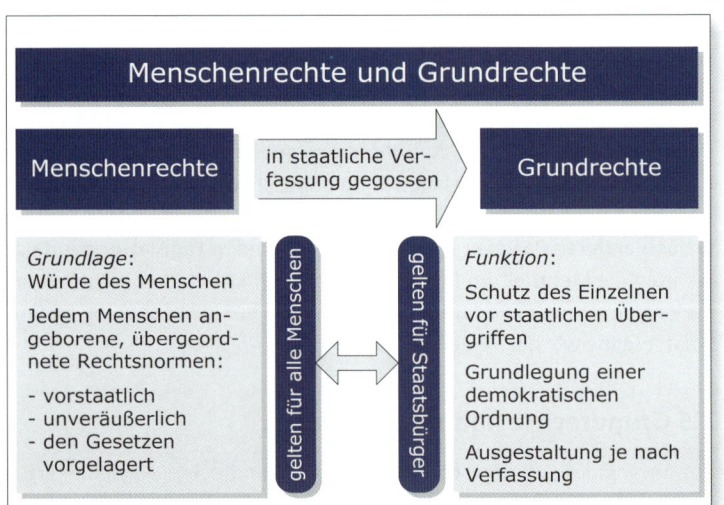

©Ragnar Müller, Gesellschaft Agora

Die Funktion der Menschenrechte wird im zentralen Dokument des internationalen Menschenrechtsschutzes, der Allgemeinen Erklärung der Menschenrechte von 1948 so beschrieben:

„Da die Anerkennung der angeborenen Würde und der gleichen und unveräußerlichen Rechte aller Mitglieder der Gemeinschaft der Menschen die Grundlage von Freiheit, Gerechtigkeit und Frieden in der Welt bildet, da die Nichtanerkennung und Verachtung der Menschenrechte zu Akten der Barbarei geführt haben, die das Gewissen der Menschheit mit Empörung erfüllen (...), da ein gemeinsames Verständnis dieser Rechte und Freiheiten von größter Wichtigkeit für die volle Erfüllung dieser Verpflichtung ist, verkündet die Generalversammlung diese Allgemeine Erklärung der Menschenrechte als das von allen Völkern und Nationen zu erreichende gemeinsame Ideal ...“

Menschenrechte als Ideal

Im Grundgesetz ist sehr viel von Grundrechten die Rede, aber relativ wenig von Pflichten. In Art. 33 wird nur allgemein betont, dass jeder Deutsche die gleichen staatsbürgerlichen Rechte und Pflichten hat. Ausdrücklich wird von der „Wehr- und Dienstpflicht" in Art. 12a gesprochen (die Wehrpflicht wurde allerdings ausgesetzt). Nach Art. 6 Abs. 2 haben die Eltern die Pflicht zur Erziehung und Pflege ihrer Kinder. Art. 14 Abs. 2 spricht von der sozialen Verpflichtung des Eigentums. In den Länderverfassungen ist der Pflichtgedanke zum Teil etwas stärker betont. Die rheinland-pfälzische Verfassung überschreibt das entsprechende Kapitel mit „Grundrechte und Grundpflichten". In der bayerischen Verfassung heißt es in Art. 118 Abs. 1: „Die Gesetze verpflichten jeden in gleicher Weise".

Grundpflichten

Nicht zuletzt ist der Bürger zu Abgaben gegenüber dem Staat, also zur Zahlung von Steuern, Gebühren (z. B. für die Benutzung öffentlicher Einrichtungen) oder Beiträgen (z. B. Straßenanliegerbeiträge) verpflichtet. Nach der Abgabenordnung, dem grundlegenden Steuergesetz, sind Steuern gemäß § 3 Abs. 1 „Geldleistungen, die nicht eine Gegenleistung für eine besondere Leistung darstellen und von einem öffentlich-rechtlichen Gemeinwesen zur Erzielung von Einnahmen allen auferlegt werden."

Steuerpflicht

Auch auf europäischer Ebene sind die Grund- und Menschenrechte festgeschrieben, und das gleich doppelt: erstens durch den 1949 gegründeten Europarat sowie zweitens durch die Charta der Grundrechte der EU. Der Schutz der Menschenrechte in Europa bildet den Kern der Arbeit des in Straßburg ansässigen Europarats, dem 47 Staaten angehören. Das wichtigste diesbezügliche Abkommen ist die 1950 unterzeichnete Europäische Menschenrechtskonvention (EMRK). 1959 wurde der Europäische Gerichtshof für Menschenrechte gegründet, der über die Einhaltung der EMRK wacht.

Grundrechte auf europäischer Ebene

Europarat: EMRK

EU: Charta der
Grundrechte

Weil durch die EMRK ein wirksamer Schutz der Grundrechte auf europäischer Ebene vorhanden war, widmete sich die – ursprünglich als Wirtschaftsgemeinschaft gegründete – EU diesem Bereich zunächst nicht. Erst im Jahr 2000 wurde die Charta der Grundrechte, die sich weitgehend an die EMRK anlehnt, feierlich verkündet. Die EU wollte die Grundrechte als Kern der europäischen Identität besonders hervorheben. Mit Inkrafttreten des Vertrags von Lissabon im Jahr 2009 wurde die Charta rechtsverbindlich.

2.6 Verfassungsprinzipien: Demokratie, Rechtsstaat, Sozialstaat, Bundesstaat

Die Rahmenbedingungen des deutschen politischen Systems werden in Art. 20 formuliert, der deswegen auch „Kern der Verfassung" oder „Verfassung in Kurzform" genannt wird. Art. 20 ist in Verbindung zu sehen mit Art. 1 des GG, der die Unantastbarkeit der Menschenwürde zur obersten Norm erklärt, und ist wie dieser unveränderbar (Art. 79). Neben den genannten vier Verfassungsprinzipien wurde 1994 zusätzlich der Umweltschutz als zentrale staatliche Aufgabe aufgenommen (Art. 20a).

Verfassung in
Kurzform

GG Art. 20 (Verfassungskern)
(1) Die Bundesrepublik ist ein demokratischer und sozialer Bundesstaat.
(2) Alle Staatsgewalt geht vom Volke aus. Sie wird vom Volke in Wahlen und Abstimmungen und durch besondere Organe der Gesetzgebung, der vollziehenden Gewalt und der Rechtsprechung ausgeübt.
(3) Die Gesetzgebung ist an die verfassungsmäßige Ordnung, die vollziehende Gewalt und die Rechtsprechung sind an Gesetz und Recht gebunden.
(4) Gegen jeden, der es unternimmt, diese Ordnung zu beseitigen, haben alle Deutschen das Recht zum Widerstand, wenn andere Abhilfe nicht möglich ist.

Repräsentative
Demokratie

Mit dem Satz „Alle Staatsgewalt geht vom Volke aus" legt das Grundgesetz die Demokratie als Staatsform für die Bundesrepublik fest. Das Wort Demokratie kommt aus dem Griechischen und bedeutet „Herrschaft des Volkes". Nicht ein einzelner Mensch, z. B. ein König (Monarchie), oder eine Gruppe besonders mächtiger Bürger, wie z. B. die Adeligen (Aristokratie), sollen die Entscheidungen fällen, sondern das Volk, d. h. alle wahlberechtigten Bürgerinnen und Bürger. Allerdings ist die Form der direkten Demokratie, in der alle Wahlberechtigten über alle Gesetze oder die Besetzung von Ämtern entscheiden, in einem so großen und bevölkerungsreichen Staat wie Deutschland zumindest auf Bundesebene nur schwer

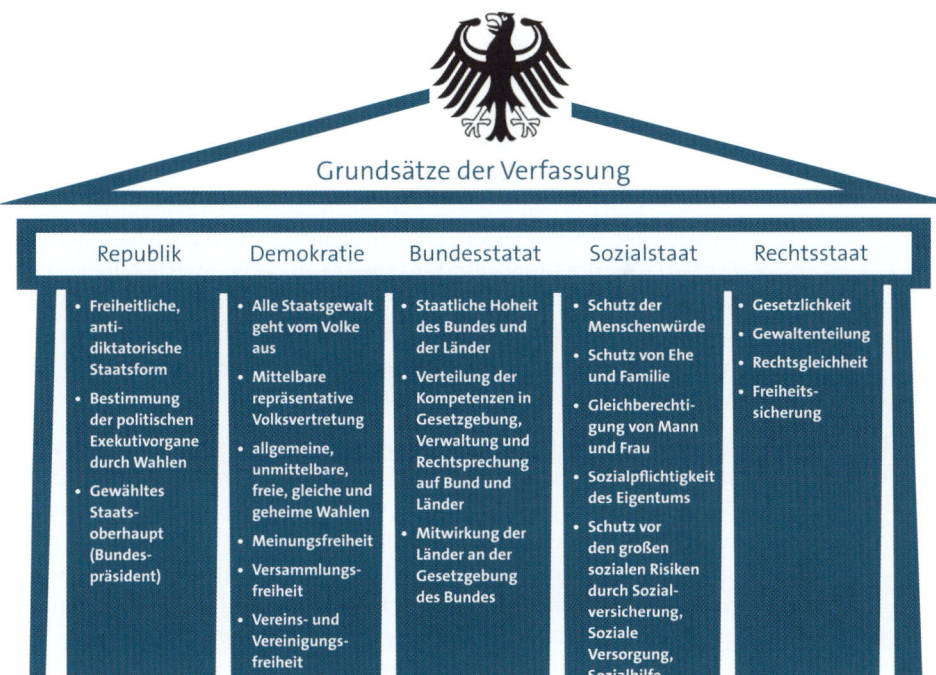

Aus der Abbildung:

Grundsätze der Verfassung

Republik	Demokratie	Bundesstatat	Sozialstaat	Rechtsstaat
• Freiheitliche, anti-diktatorische Staatsform • Bestimmung der politischen Exekutivorgane durch Wahlen • Gewähltes Staats-oberhaupt (Bundes-präsident)	• Alle Staatsgewalt geht vom Volke aus • Mittelbare repräsentative Volksvertretung • allgemeine, unmittelbare, freie, gleiche und geheime Wahlen • Meinungsfreiheit • Versammlungs-freiheit • Vereins- und Vereinigungs-freiheit	• Staatliche Hoheit des Bundes und der Länder • Verteilung der Kompetenzen in Gesetzgebung, Verwaltung und Rechtsprechung auf Bund und Länder • Mitwirkung der Länder an der Gesetzgebung des Bundes	• Schutz der Menschenwürde • Schutz von Ehe und Familie • Gleichberechti-gung von Mann und Frau • Sozialpflichtigkeit des Eigentums • Schutz vor den großen sozialen Risiken durch Sozial-versicherung, Soziale Versorgung, Sozialhilfe	• Gesetzlichkeit • Gewaltenteilung • Rechtsgleichheit • Freiheits-sicherung

durchzuführen. Das Volk kann durch Wahlen, für die die Parteien jeweils ihre Kandidaten aufstellen, Vertreter (Repräsentanten) in die Parlamente entsenden. Sie treffen in seinem Auftrag politische Entscheidungen. Man spricht daher auch von Parteiendemokratie. Den Parteien wenden wir uns ausführlich im Baustein 7 zu.

Nach Art. 20 des Grundgesetzes wird die Staatsgewalt vom Volke durch Wahlen und Abstimmungen ausgeübt. Abstimmungen sind jedoch auf Bundesebene nur in der Frage der Neugliederung der Bundesländer möglich. Dagegen konnte nach der Weimarer Verfassung das Volk durchaus über Gesetzesvorlagen oder außenpolitische Fragen mitentscheiden. Diese Möglichkeiten hat man im Grundgesetz nicht vorgesehen, weil dessen Verfasser befürchteten, die Volksabstimmungen würden zu sehr durch Propaganda beeinflusst und könnten unter den „Druck der Straße" geraten. In der aktuellen Debatte werden Volksabstimmungen dagegen eher als Chance gesehen, das Interesse und die Beteiligung der Bürger zu stärken. Diesem Thema widmen wir uns im Baustein 6.

Keine Volksab-stimmungen auf Bundesebene

Wehrhafte De-mokratie

Im Gegensatz zur Weimarer Verfassung wurde im Grundgesetz versucht, die freiheitlich-demokratische Grundordnung stärker zu sichern. In Art.

79 steht, dass der vorher schon erwähnte Verfassungskern (Art. 1 und 20) unantastbar ist. Diese „Ewigkeitsklausel" bedeutet also, dass die Verfassungsprinzipien unter keinen Umständen geändert werden können. Auch sonstige Änderungen des Grundgesetzes müssen hohe Hürden überwinden, sie bedürfen der Zustimmung von zwei Dritteln des Bundestages und des Bundesrates. Außerdem können verfassungsfeindliche Parteien und Vereinigungen verboten werden (siehe Bausteine 7 und 10). Die Verfasser des Grundgesetzes sahen es als die wichtigste Aufgabe der neuen Verfassung an, dass sich so etwas wie das Scheitern der Weimarer Demokratie und das Abgleiten in die nationalsozialistische Diktatur nie wiederholen dürfe. Dieses „Nie wieder!" bildet die Staatsräson der Bundesrepublik Deutschland.

„Das Beste an der Demokratie (ist), dass nur sie geeignet ist, den Rechtsstaat zu schützen."

Gustav Radbruch (1878-1949), Rechtswissenschaftler

Rechtsstaat

Angesichts der Erfahrungen mit dem nationalsozialistischen Unrechtsstaat hat man im Grundgesetz auf die Ausgestaltung des Rechtsstaates besonderen Wert gelegt. Damit ist vor allem der rechtlich gebundene, in seiner Macht beschränkte, der Willkür entsagende Staat gemeint. Wer sich in seinen Rechten verletzt fühlt, hat die Möglichkeit, Gerichte anzurufen, die dann eine Entscheidung fällen. Diese Rechtssicherheit wird ergänzt durch den Gesichtspunkt der Rechtsgleichheit: Gesetze gelten für alle gleichermaßen; alle sind vor dem Gesetz gleich. Wir haben bereits aufgezeigt, dass den Grundrechten, die in ihrem Wesensgehalt unantastbar sind, eine Vorrangstellung eingeräumt wurde.

Gewaltenteilung

Damit die staatlichen Organe gegenüber den Bürgern nicht zu mächtig werden und nicht unter die Verfügungsgewalt eines Einzelnen oder einer Gruppe geraten können, geht das Grundgesetz vom Grundsatz der Gewaltenteilung aus. Die gesetzgebende und die vollziehende Gewalt sowie die Rechtsprechung sind auf verschiedene Organe verteilt. Diese sollen sich gegenseitig kontrollieren und beschränken. Allerdings gibt es in der Verfassungswirklichkeit auch die für parlamentarische Systeme typischen Verbindungen und Verschränkungen zwischen Parlament und Regierung.

Sozialstaat

Das Prinzip des „sozialen Staates" (Art. 20 Abs. 1) wird im Gegensatz zu anderen Verfassungsprinzipien im Grundgesetz kaum weiter ausgeführt. Durch das so genannte Sozialstaatsgebot ist der Staat verpflichtet, für soziale Sicherheit und Gerechtigkeit zu sorgen. Als politische Maßnahmen in diese Richtung gelten z. B. das Kindergeld, die Ausbildungsbeihilfen für sozial Schwache oder das Wohngeld. Nicht zuletzt hat jede Person, die sich aus eigenen Mitteln nicht helfen kann, Anspruch auf staatliche Unterstützung. Auch die einzelnen Bürger können von staatlicher Seite

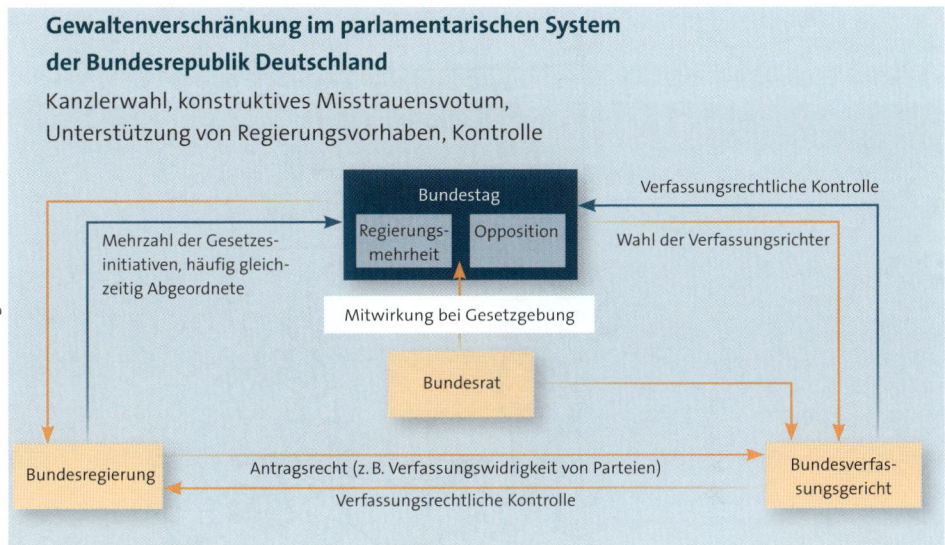

Gewaltenverschränkung im parlamentarischen System der Bundesrepublik Deutschland

Kanzlerwahl, konstruktives Misstrauensvotum, Unterstützung von Regierungsvorhaben, Kontrolle

Bundestag

Regierungs-mehrheit — Opposition

Verfassungsrechtliche Kontrolle

Wahl der Verfassungsrichter

Mehrzahl der Gesetzes-initiativen, häufig gleich-zeitig Abgeordnete

Mitwirkung bei Gesetzgebung

Bundesrat

Bundesregierung

Antragsrecht (z. B. Verfassungswidrigkeit von Parteien)

Verfassungsrechtliche Kontrolle

Bundesverfas-sungsgericht

© Grafik: Wochenschau Verlag

gezwungen werden, sich vor Lebensrisiken wie z. B. Krankheit, Pflegebedürftigkeit im Alter oder Arbeitslosigkeit zu schützen bzw. zu versichern. Die Fülle der entsprechenden Maßnahmen und Einrichtungen werden als „soziales Netz" bezeichnet, das den Einzelnen in Notlagen auffangen soll.

„Männer und Frauen sind gleichberechtigt", heißt es in Art. 3 des Grundgesetzes. Um der mangelnden tatsächlichen Gleichberechtigung zu begegnen und die noch bestehende Benachteiligung der Frauen in der Gesellschaft zu beseitigen, wurde 1994 durch Verfassungsänderung folgender Satz hinzugefügt: „Der Staat fördert die tatsächliche Durchsetzung der Gleichberechtigung von Frauen und Männern und wirkt auf die Beseitigung bestehender Nachteile hin."

> „An der Stellung, welche die Frauen in einem Land einnehmen, kann man sehen, wie klar und frei die Luft eines Staates ist."
> *Luise Otto-Peters (1819-1895), Frauenrechtlerin*

Durchsetzung der Gleichberechtigung von Mann und Frau

In der politischen Öffentlichkeit wurde und wird darüber diskutiert, ob soziale Grundrechte wie das Recht auf Arbeit, Bildung oder eine menschenwürdige Wohnung, die in einigen Länderverfassungen verankert sind und in der DDR-Verfassung enthalten waren, auch in das Grundgesetz aufgenommen werden sollen. Neben der Frage der Durchsetzbarkeit dieser Rechte und der daraus erwachsenden hohen finanziellen Verpflichtungen wird dagegen eingewandt, dass der Staat durch solche Grundrechte zu ständigem Eingreifen in die Marktwirtschaft gezwungen wäre.

Soziale Grundrechte

Der Name Bundesrepublik drückt schon aus, dass es sich um einen Zusammenschluss mehrerer Länder handelt. Nach Art. 79 Abs. 3 kann die

Bundesstaat

GRUNDGESETZ, ART.3(2)
MÄNNER UND
FRAUEN SIND
GLEICHBERECHTIGT

Karikatur: Peter Leger

bundesstaatliche Ordnung nicht geändert werden. Kennzeichen des Bundesstaates ist die Aufteilung der Staatsgewalt zwischen Gesamtstaat und mehreren Gliedstaaten. Auch in den Bundesländern gilt das Prinzip der repräsentativen Demokratie. Sie haben Parlamente, Regierungen und eigene Verwaltungen. Auf Bundesebene sind die Länder durch den Bundesrat vertreten, der zusammen mit dem Bundestag die Aufgabe der Gesetzgebung hat. Im Gegensatz zur Bundesebene gibt es in allen Bundesländern die Möglichkeit von Volksbegehren und Volksabstimmungen, von der zunehmend Gebrauch gemacht wird (siehe Baustein 6).

kommunale
Selbstverwaltung

Am häufigsten kommt die einzelne Bürgerin in der Gemeinde oder Stadt sowie den Landkreisen mit dem politischen System in Form der Verwaltung in Berührung. Sie stellen jedoch nicht nur eine Ebene der Verwaltung dar, sondern auch die Ebene, auf der die Bürger am ehesten über Angelegenheiten selbst entscheiden können. Man spricht daher von kommunaler Selbstverwaltung (Kommune = Gemeinde).

Die deutschen Länder

Einwohnerzahl **in Millionen**

Hamburg 1,7

Schleswig-Holstein 2,8

Bremen 0,7

Mecklenburg-Vorpommern 1,6

Nieder-sachsen 7,8

Berlin 3,4

Nordrhein-Westfalen 17,6

Branden-burg 2,4

Hessen 6,0

Sachsen 4,1

Rheinland-Pfalz 4,0

Sachsen-Anhalt 2,3

Saarland 1,0

Thüringen 2,2

Baden-Württemberg 10,6

Bayern 12,5

Kiel • Schwerin •
Hamburg •
Bremen • Berlin •
Hannover • Potsdam •
Magdeburg •
Düsseldorf •
Dresden •
Erfurt •
Wiesbaden •
Mainz •
Saarbrücken •
Stuttgart •
München •

100 km

Quelle: Statistisches Bundesamt   Stand Ende 2012   © Globus 6384

picture alliances – dpa

GG Art. 28 Abs. 2 (Kommunale Selbstverwaltung)

Den Gemeinden muss das Recht gewährleistet sein, alle Angelegen-heiten der örtlichen Gemeinschaft im Rahmen der Gesetze in eigener Verantwortung zu regeln (...).

§§

Auch in den Kommunen haben wir eine repräsentative Demokratie. Die Bürgerschaft kann ihre Vertreter in Gemeinderat und Kreistag wählen. Auch die Bürgermeister und Landräte werden – von wenigen Ausnahmen abgesehen – vom Volk direkt gewählt. Daneben erlauben die Gemeinde-

Bürgerbeteiligung auf kommunaler Ebene

verfassungen aller Bundesländer Bürgerbegehren und Bürgerentscheide. Damit können die Bürger, wenn eine in der Gemeindeordnung vorgeschriebene Mindestzahl von Berechtigten sich an Abstimmungen beteiligt, über kommunale Projekte wie etwa Verkehrsprobleme oder den Bau einer Stadthalle selbst entscheiden (siehe Baustein 6).

2.7 Einstellungen der Bürger zu Politik und Demokratie

*Von der Unter-
tanenmentalität
zum Aktivbürger*

Aus der Geschichte wissen wir, dass die Weimarer Republik unter anderem deswegen gescheitert ist, weil ein großer Teil der Bevölkerung der parlamentarischen Demokratie skeptisch, wenn nicht sogar ablehnend gegenüberstand („Demokratie ohne Demokraten"). In verschiedenen empirischen Untersuchungen über die politische Kultur in Deutschland wurde auch das politische Selbstverständnis der Bürgerinnen erfasst. Daraus ergibt sich, dass sich in den 1950er Jahren die meisten Menschen in der Bundesrepublik dem Staat gegenüber mehr als passive Untertanen sahen. Politik wurde und wird zum Teil noch als schmutziges Geschäft angesehen, in das man sich nicht einmischen soll. Auch die Tatsache, dass sich in der Demokratie Parteien und Interessengruppen um die besten Lösungen streiten müssen, wurde und wird zum Teil nicht verstanden.

Politische Kultur

„Unter politischer Kultur verstehen wir, vereinfacht ausgedrückt, die subjektive Sicht der Bürgerinnen und Bürger auf die Politik in allen ihren institutionellen, personellen und inhaltlichen Erscheinungsformen. Diese subjektive Größenordnung des Politischen ist deshalb bedeutsam, weil die Stabilität politischer Ordnungen nicht nur in arbeitsfähigen und leistungsstarken Institutionen gründet, sondern auch auf Staatsbürger angewiesen ist, die gegenüber den Institutionen loyal eingestellt und den politischen Akteuren wohlgesonnen sind."

[Everhard Holtmann (2012), Der Parteienstaat in Deutschland.
Erklärungen, Entwicklungen, Erscheinungsbilder,
Schriftenreihe der Bundeszentrale für politische Bildung Bd. 1289, Bonn, S. 13]

*Bereitschaft zur poli-
tischen Beteiligung*

Die Frage, ob die Einstellungen der Bürger nach mehr als 60 Jahren des Bestehens der Bundesrepublik demokratischer geworden sind, lässt sich nicht abschließend beantworten. Wissenschaftliche Untersuchungen deuten darauf hin, dass das politische Interesse und das Vertrauen in die Demokratie als Regierungsform zugenommen haben. Auch die Bereitschaft, sich in die Politik einzumischen, ist gestiegen. Allerdings sind die Bürgerinnen eher bereit, sich in Bürgerinitiativen in ihrer lokalen Umgebung zu engagieren als in den politischen Parteien. Große und lang an-

Demokratiezufriedenheit in Deutschland 1976-2008

Anteil der Befragten in Prozent, die mit dem Funktionieren der Demokratie in Deutschland „eher zufrieden" als unzufrieden waren.*
Nur Befragte mit deutscher Staatsbürgerschaft

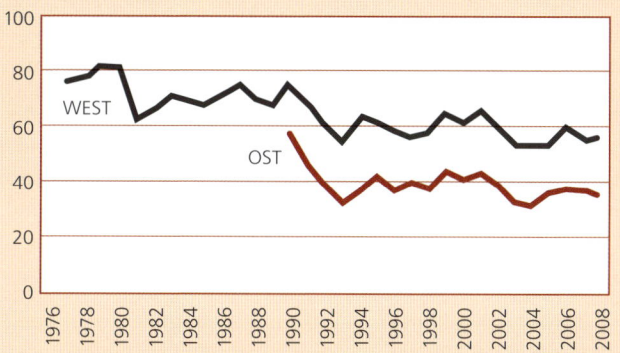

* Datenbasis: Forschungsgruppe Wahlen – ZDF Politbarometer 1977-2008

Zustimmung zur Staatsform der Demokratie

Frage: „Halten Sie die Demokratie für die beste Staatsform in Deutschland?"

Antwortanteile in Prozent der Befragten*

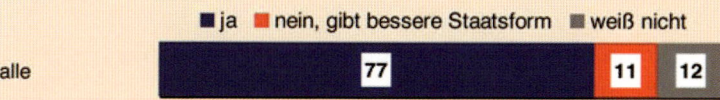

* repräsentative Telefonbefragung, durchgeführt von der Forschungsgruppe Wahlen im November/Dezember 2008; 2002 befragte Erwachsene

❙ Darstellung: Bertelsmann Stiftung (Hrsg.), Demokratie und Integration in Deutschland – Ergebnisse einer repräsentativen Befragung in Deutschland; in: http://www.bertelsmann-stiftung.de/bst/de/media/xcms_bst_dms_27957_27958_2.pdf (Gütersloh 2009), S. 5 ❙

haltende Protestbewegungen in den letzten Jahren (z. B. „Stuttgart 21")
zeigen, dass den herkömmlichen parlamentarischen Verfahren teilweise
erschreckend wenig Vertrauen entgegengebracht wird.

Laut einer Umfrage der Bertelsmann Stiftung aus dem Jahr 2011 antworteten 81% der Befragten auf die Frage „Wünschen Sie sich mehr politische
Beteiligungsmöglichkeiten für die Bürger?" mit Ja (16% mit Nein). Auf die
Frage „Wären Sie bereit, sich über Wahlen hinaus an politischen Prozessen zu beteiligen?" antworteten 60% mit Ja (39% mit Nein). Festzuhalten
bleibt, dass Bürgerbeteiligung – insbesondere bei Großprojekten – auf allen politischen Ebenen ganz oben auf der Tagesordnung angekommen ist.

**Institutionenvertrau-
en in Deutschland**

Laut dem GfK Global Trust Report 2013 genießt in Deutschland die Polizei das höchste Vertrauen (81%), gefolgt von der Justiz (65%) und den
Nichtregierungsorganisationen (59%), die vor allem bei den Jugendlichen
hoch im Kurs stehen. Ähnliche Werte erzielen Verwaltung (58%) und Mi-
litär (57%), weit weniger Vertrauen haben die Deutschen in die Regierung
(34%), die Parteien landen abgeschlagen auf dem letzten Platz (16%).

**Gründe für das
geringe Vertrauen in
Politiker und Parteien**

Bei einer 2010 durchgeführten Bevölkerungsbefragung durch den Son-
derforschungsbereich 580 der Deutschen Forschungsgemeinschaft (Universitäten Jena und Halle-Wittenberg) wurden den Befragten folgende
Ursachen für den Vertrauensverlust vorgeschlagen (in Klammern dahinter die Zustimmungswerte in Ost-/Westdeutschland):

- überzogene Versprechungen von Politikern (91% / 91%)
- schlechtere wirtschaftliche Situation (73% / 76%)
- weniger fähige Politiker (71% / 78%)
- Berufspolitiker ohne Erfahrung in anderen Arbeitsbereichen (69% /
  60%)
- Art der Berichterstattung über Politik (64% / 70%)
- weniger Anerkennung von Autorität (61% / 57%)
- zu große Erwartungen seitens der Bevölkerung (57% / 60%)
- geringe Handlungsspielräume der Politiker (52% / 45%)

Verfassungsbeschwerde beim Bundesverfassungsgericht

T1

TIPPS ZUM TUN

Jeder Bürger kann, wenn er sich durch Gesetzgebung, Verwaltung oder Rechtsprechung in einem Grundrecht verletzt fühlt, Verfassungsbeschwerde beim Bundesverfassungsgericht erheben, sofern er zuvor den ordentlichen Rechtsweg ohne Erfolg durchlaufen hat. In Art. 93 Abs. 4a des Grundgesetzes heißt es dazu:

Das Bundesverfassungsgericht entscheidet:
über Verfassungsbeschwerden, die von jedermann mit der Behauptung erhoben werden können, durch die öffentliche Gewalt in einem seiner Grundrechte oder in einem seiner in Art. 20 Abs. 4, 33, 38, 101, 103 und 104 enthaltenen Rechte verletzt zu sein.

Die näheren Bedingungen werden durch das Bundesverfassungsgerichtsgesetz geregelt. Darin heißt es unter anderem: „Ist gegen die Verletzung der Rechtsweg zulässig, so kann die Verfassungsbeschwerde erst nach Erschöpfung des Rechtsweges erhoben werden." Das Bundesverfassungsgericht ist also ausschließlich letzte Instanz des Bürgers. Erst wenn die verschiedenen Gerichtsinstanzen nicht mehr helfen können, ist der Weg zum Verfassungsgericht nach Karlsruhe frei.

Das Bundesverfassungsgericht hat eigens Kammern mit drei Richtern eingesetzt, die bei jeder Eingabe prüfen, ob sie zulässig ist. Die meisten Beschwerden werden schon von dieser Instanz als unzulässig abgelehnt. Das Verfahren beim Bundesverfassungsgericht ist kostenfrei. Stellt das Bundesverfassungsgericht aufgrund der Beschwerde eine Grundrechtsverletzung fest, dann wird die angefochtene Gesetzesbestimmung oder Maßnahme für nichtig erklärt.

Bundesverfassungsrichter bei der Urteilsverkündung

picture alliances – dpa

Das Bundesverfassungsgericht hat ein Merkblatt ins Internet gestellt, das über rechtliche Grundlagen, Voraussetzungen und formale Anforderungen einer Verfassungsbeschwerde informiert: www.bundesverfassungsgericht.de/organisation/vb_merkblatt.html.

Beispiel: Bundesverfassungsgericht schützt Meinungsfreiheit

Eine in der Öffentlichkeit sehr umstrittene und heute fast klassische Entscheidung des Bundesverfassungsgerichts war das so genannte Soldatenurteil. Ein Kriegsdienstverweigerer hatte während des Golfkrieges 1991 einen Aufkleber mit der Aufschrift „Soldaten sind Mörder" an seinem Auto angebracht. Dass es sich dabei um einen Satz des 1935 verstorbenen Dichters Kurt Tucholsky handelt, wurde durch dessen faksimilierte Unterschrift verdeutlicht. Es befanden sich noch weitere Aufkleber auf dem Auto. Der Kriegsdienstverweigerer war vom Amtsgericht, Landesgericht und Oberlandesgericht u. a. wegen „Volksverhetzung" verurteilt worden. Das Bundesverfassungsgericht gab seiner Verfassungsbeschwerde statt und hob die vorausgegangenen Urteile mit der Begründung auf, die Aussage „Soldaten sind Mörder" sei durch das Grundrecht auf Meinungsfreiheit gedeckt. Dieses Grundrecht sei zwar nicht vorbehaltlos gewährleistet. „Wenn es um Beiträge zum geistigen Meinungskampf in einer die Öffentlichkeit berührenden Frage geht, spricht jedoch die Vermutung für die Zulässigkeit der freien Rede", heißt es in der Urteilsbegründung.

T2

TIPPS ZUM TUN

Massenverfassungsbeschwerde

„Allgemein handelt es sich bei Massenverfassungsbeschwerden um Verfassungsbeschwerden, die über konventionelle Individualbeschwerden hinausgehen. Einzelne Akteure, die sich in ihren Grundrechten verletzt sehen, suchen nach Gleichgesinnten, um dagegen anzugehen. Die Intention dazu, den recht aufwendigen und fachlich anspruchsvollen Weg einer Verfassungsbeschwerde zu gehen, kann dabei sowohl von Einzelpersonen, Netzwerken und Initiativen, aber auch von Organisationen wie Parteien, Vereinen oder Verbänden ausgehen. Neben einer Teilung der Ressourcen (Geld, Zeit, Kompetenz) können dabei allerdings noch weitere Faktoren als Beweggründe für dieses Vorgehen vermutet werden, z. B. eine erhoffte höhere Wirkungsmacht durch Öffentlichkeit und das Erzeugen einer öffentlichen Stimmung oder Meinung."

[Christian Schreier (2013), Protest bis zur letzten Instanz – Massenverfassungsbeschwerden beim Bundesverfassungsgericht; in: de Nève, Dorothée / Olteanu, Tina (Hrsg.), Politische Partizipation jenseits der Konventionen, Verlag Barbara Budrich, Opladen u. a., S. 39]

Als erste Massenverfassungsbeschwerde gilt die Initiative gegen Vorratsdatenspeicherung im Jahr 2008, die von rund 34.000 Personen unterstützt wurde. Das entsprechende Gesetz wurde 2010 vom Bundesverfassungsgericht als nicht mit dem Grundgesetz vereinbar bewertet.

Vorratsdatenspeicherung

Das Bündnis „Europa braucht mehr Demokratie", das maßgeblich von dem Verein „Mehr Demokratie" getragen wird, hat 2012 Verfassungsbeschwerde gegen den Europäischen Stabilitätsmechanismus (ESM) und den Europäischen Fiskalpakt eingelegt. Die Initiative, die von rund 37.000 Bürgern unterstützt wird, fordert, dass beide Gesetzesvorhaben durch einen Volksentscheid nach Art. 146 des Grundgesetzes verabschiedet werden müssen. Durch den ESM soll durch Notkredite und Bürgschaften verhindert werden, dass überschuldete Mitgliedstaaten der Eurozone zahlungsunfähig werden. Auch beim Europäischen Fiskalpakt geht es um einen Abbau und stärkere Kontrolle der Verschuldung der Einzelstaaten durch die EU. Über diese Verfassungsbeschwerde beim Bundesverfassungsgericht ist noch nicht entschieden.

„Europa braucht mehr Demokratie"

Weitere Beispiele und Informationen: Rath, Christian (2013), Der Schiedsrichterstaat. Die Macht des Bundesverfassungsgerichts, Verlag Klaus Wagenbach, Berlin (oder als Lizenzausgabe der Bundeszentrale für politische Bildung, Schriftenreihe Band 1345, Bonn).

Verfassungsbeschwerde auf der Ebene der Bundesländer

In elf Bundesländern gibt es die Möglichkeit der Verfassungsbeschwerde. Dazu zählen Baden-Württemberg, Bayern, Rheinland-Pfalz und Sachsen. Allerdings ist deren Ausgestaltung sehr unterschiedlich.

Klage beim Gerichtshof der EU in Luxemburg

Der einzelne Bürger kann gegen Rechtsakte von EU-Organen beim Gerichtshof der EU klagen. Für EU-Bürger stehen folgende Klagevarianten zur Verfügung: Nichtigkeitsklage, Schadenersatzklage und Beamtenklage. Er hat auch die Möglichkeit, sofern er zuvor den ordentlichen Rechtsweg im nationalen Bereich ohne Erfolg durchschritten hat, beim Gerichtshof der EU zu klagen, wenn er sich in seinen Grundrechten beeinträchtigt fühlt. Im Einzelfall kann das Vorabentscheidungsverfahren von Bedeutung sein: Nationale Gerichte können sich an den Gerichtshof der EU mit einer Rechtsfrage wenden, die dieser verbindlich mit einem Urteil beantwortet, wie es in den folgenden Fällen geschehen ist.

T 3

T 4

TIPPS ZUM TUN

Beispiel:
Soldatinnenurteil

Gerichtshof der EU

Beispiel: Fußball
im Fernsehen

Im Januar 2000 hatte der Gerichtshof auf Klage einer Deutschen zu entscheiden, der die Verwendung im Bereich der Instandsetzung (Elektronik) in der Bundeswehr verweigert worden war. Art. 12a des Grundgesetzes besagte, dass Frauen „auf keinen Fall Dienst mit der Waffe leisten dürfen". Daraus folgte, dass das deutsche Soldatengesetz nur den Zugang zum Sanitäts- und Musikdienst erlaubte. Der Gerichtshof entschied: Der vollständige Ausschluss von Frauen aus allen bewaffneten Einheiten der Bundeswehr widerspricht der EU-Richtlinie zur Gleichbehandlung von Mann und Frau. Aufgrund dieses Urteils beschlossen die Abgeordneten des Deutschen Bundestages eine Neufassung des Art. 12a. Frauen dürfen jetzt „auf keinen Fall zum Dienst mit der Waffe verpflichtet werden".

Der Gerichtshof der EU entschied 2013, dass die Fußballverbände FIFA und UEFΛ ihre Übertragungsrechte an Endrundenspielen bei Welt- und Europameisterschaften nicht exklusiv an private Bezahlsender verkaufen dürfen. Mit dem Recht auf Information begründete der Gerichtshof, dass Sportereignisse von gesellschaftlicher Bedeutung für ein breiteres Publikum zu sehen sein sollten.

T 5

TIPPS ZUM TUN

Klage beim Europäischen Gerichtshof für Menschenrechte in Straßburg

Der 1959 gegründete Europäische Gerichtshof für Menschenrechte tagt seit 1998 ständig. Er überwacht die Einhaltung der Europäischen Menschenrechtskonvention von 1950. Hier können auch einzelne Personen Klage führen, wenn sie sich in ihren Grundrechten durch einen oder mehrere Staaten verletzt sehen und alle innerstaatlichen Rechtsmittel im eigenen Land ausgeschöpft worden sind. Sämtliche Beschwerden sind schriftlich auf dem Postweg an folgende Adresse zu richten:

The Registrar
European Court of Human Rights
Council of Europe
67075 Strasbourg cedex
Frankreich

Beispiel: Recht
auf Eigentum
wird geschützt

In der ehemaligen sowjetisch besetzten Zone, der späteren DDR, wurde im Rahmen der Bodenreform Hunderttausenden Ostbürgern, darunter vielen Vertriebenen, Land gegen Entgelt zugeteilt. Das Land der so genannten Neubauern wurde vielfach in Landwirtschaftliche Produktionsgenossenschaften eingebracht, blieb jedoch deren Eigentum und konnte vererbt werden. Aufgrund des vom deutschen Bundestag 1992 verabschiedeten Zweiten Vermögensrechtsänderungsgesetzes wurden die Erben von Bodenreformland enteignet, die weder zum 15. März 1990 noch in der Zeit davor mindestens zehn Jahre in der Landwirtschaft tätig waren. Nach dem Urteil des Europäischen Gerichtshofes für Menschenrechte aus dem Jahre 2004 durfte der deutsche Gesetzgeber den Erben der Bodenreformbauern „nicht ihr Eigentum entziehen, ohne sie angemessen zu entschädigen". Die bisherigen Eigentümer hatten den Gerichtshof in Straßburg angerufen, nachdem sie vor deutschen Gerichten mit ihrem Anliegen gescheitert waren.

picture alliances – dpa

Europäischer
Gerichtshof für
Menschenrechte

Im Jahr 2009 erklärte der Europäische Gerichtshof für Menschenrechte die in Deutschland übliche nachträgliche Verlängerung der Sicherungsverwahrung für unrechtmäßig. Sie soll die Allgemeinheit vor gefährlichen Straftätern schützen. Nach dem Urteil verstößt diese Praxis gegen das Recht auf Freiheit (Art. 5 Abs. 1) und das Rückwirkungsverbot (Art. 7 Abs. 1) der Europäischen Menschenrechtskonvention, wenn ein Sicherungsverwahrter, der mit maximal 10 Jahren rechnen musste, nachträglich zur weiteren Sicherungsverwahrung bestimmt wird, obwohl er keine Straftat begangen hat.

Beispiel:
Menschenrechte
auch für Straftäter

Petitionsrecht beim Bundestag und den Länderparlamenten

Zu den ältesten verfassungsmäßigen Rechten eines Bürgers gehört das Petitionsrecht, das sowohl im Grundgesetz als auch in den Landesverfassungen verankert ist. Es gilt für jedermann, unabhängig von Wohnsitz, Alter oder Staatsangehörigkeit. Der Adressat der Petition, also der Bundestag, die Landtage oder die Behörden, müssen diese entgegennehmen, sachlich prüfen und schriftlich beantworten.

T 6

TIPPS ZUM TUN

GG Art. 17 (Petitionen)
Jedermann hat das Recht, sich einzeln oder in Gemeinschaft mit anderen schriftlich mit Bitten oder Beschwerden an die zuständigen Stellen und an die Volksvertretung zu wenden.

Eine Petition kann eine Bitte, also ein Vorschlag für eine politische oder gesetzgeberische Maßnahme, oder eine Beschwerde sein. So kann beispielsweise ein Verwaltungsakt beanstandet werden. Aus dem Tätigkeitsbericht, den der Petitionsausschuss des Bundestages jedes Jahr vorlegt, geht hervor, dass dieses Recht intensiv wahrgenommen wird. Mehr als 15.000 Petitionen werden jährlich beim Bundestag eingereicht.

Deutscher Bundestag
Petitionsausschuss
Platz der Republik 1
11011 Berlin

Online-Petitionen

Seit 2005 können Petitionen auch online über ein Internetformular beim Petitionsausschuss des Deutschen Bundestages eingereicht werden. Zugleich wurden öffentliche Petitionen möglich gemacht. Wenn eine solche öffentliche Petition innerhalb von vier Wochen von 50.000 oder mehr Bürgerinnen unterstützt wird, berät in der Regel der Petitionsausschuss darüber öffentlich, wobei der Antragsteller Rederecht bekommt. Auf der Webseite mit dem Formular zum Einreichen einer Petition (mit oder ohne Veröffentlichung) steht auch ein Forum zur Verfügung, um bei veröffentlichten Petitionen mitdiskutieren und sie elektronisch mitzeichnen zu können: https://epetitionen.bundestag.de/.

„Bei Petitionen zeigt sich, dass das Internet als Plattform einen strukturellen Wandel einleiten kann: Ein ehemals individuelles Beschwerde-Instrument für Bürgerinnen und Bürger wird zu einem wichtigen Baustein politischer Öffentlichkeit."

[Wolfgang Schulz, Direktor des Humboldt Instituts für Internet und Gesellschaft]

Beispiel: Netz-neutralität

Im Jahr 2013 reichte ein Tübinger Student eine öffentliche Online-Petition (Nr. 41.906) ein: „Der Deutsche Bundestag möge ein Gesetz beschließen, das Internetanbieter („Provider") verpflichtet, alle Datenpakete von Nutzern unabhängig von ihrem Inhalt und ihrer Herkunft gleich zu behandeln. Insbesondere sollen keine Inhalte, Dienste oder Dienstanbieter durch diese Provider benachteiligt, künstlich verlangsamt oder gar blockiert werden dürfen." Die Petition wurde von 76.530 Personen mitgezeichnet und bekam zudem ein großes öffentliches Echo. Hintergrund für diesen Antrag waren Pläne der Telekom, das monatliche Datenvolumen bei Flatrate-Tarifen zu beschränken. Nach Ansicht der Kritiker würde damit ein grundlegendes Prinzip der Internetarchitektur, die Netzneutralität, verletzt. Durch die Petition gelangte das Thema Netzneutralität, das zuvor nur in netzpolitischen Kreisen eine Rolle spielte, in das Bewusstsein einer breiteren Öffentlichkeit. Häufig sind es netzpolitische Themen, die zahlreiche Mitzeichner finden, so beispielsweise eine Petition gegen die Indizierung und Sperrung von Internetseiten, der entsprochen wurde (Nr. 3.860 vom 22.04.2009, 133.778 „Unterschriften"), oder eine Petition für das Verbot der Vorratsdatenspeicherung (Nr. 17.143 vom 15.03.2011, 64.704 „Unterschriften").

Petitionsrecht beim Europäischen Parlament

Die Bürger können auch beim Europäischen Parlament, in allen Angelegenheiten, die die Europäische Union betreffen, Petitionen einreichen (Art. 227 des Vertrags über die Arbeitsweise der Europäischen Union). Diese werden vom Petitionsausschuss des Europäischen Parlaments geprüft. In zahlreichen Fällen konnte dieser in Zusammenarbeit mit der Kommission und den Mitgliedstaaten Abhilfe schaffen. Es gab sogar Verfahren gegen einzelne Mitgliedstaaten wegen Vertragsverletzungen auf der Grundlage von Petitionen. Das Online-Formular findet sich auf der Webseite des Europäischen Parlaments: www.europarl.europa.eu. Die Postadresse lautet:

Europäisches Parlament, Petitionsausschuss, Sekretariat
Rue Wiertz, 1047 Brüssel, Belgien

T 7

TIPPS ZUM TUN

Europäischer Bürgerbeauftragter

Vom Europäischen Parlament wird seit 1995 ein Europäischer Bürgerbeauftragter („Ombudsmann") gewählt, an den sich die Unionsbürgerinnen bei Verstößen gegen das EU-Recht wenden können. Er kann nur Beschwerden über die Tätigkeiten der Organe und Einrichtungen der EU, nicht aber nationaler oder regionaler Behörden entgegennehmen. Die Beschwerden können online eingereicht werden (www.ombudsman.europa.eu) oder postalisch mit einem Formular, das auf der Webseite heruntergeladen werden kann. Die Postadresse lautet:

Der Europäische Bürgerbeauftragte
1 Avenue du Président Robert Schuman, B.P. 403, 67001 Strasbourg cedex
Frankreich

T 8

TIPPS ZUM TUN

Der Beschwerdeführer muss nicht persönlich von dem gerügten Verhalten betroffen sein, es ist also auch eine so genannte Popularbeschwerde möglich. Der Bürgerbeauftragte ist berechtigt, eigene Untersuchungen durchzuführen, um die von den Antragstellern genannten Probleme zu durchleuchten.

Angesichts des verflochtenen Mehrebenensystems ist es für die Bürger nicht immer einfach, die verschiedenen Zuständigkeiten auf der nationalen oder europäischen Ebene abzugrenzen. Um die Interessen der Unionsbürger besser zu schützen, ist es dem Bürgerbeauftragten auch gestattet, z. B. mit dem Petitionsausschuss des Bundestages zusammenzuarbeiten.

Zum Weiterlesen:

Marschall, Stefan (2011), Das politische System Deutschlands, 2. Aufl., UVK Verlagsgesellschaft, Konstanz.

Zum Vertiefen:

Andersen, Uwe / Woyke, Wichard (Hrsg.) (2013), Handwörterbuch des politischen Systems der Bundesrepublik Deutschland, 7. Aufl., Springer VS, Wiesbaden.

Informationen zur politischen Bildung, Bundeszentrale für politische Bildung, Bonn (kostenlose Bestellung unter www.bpb.de), besonders folgende Hefte:
Heft 318: Föderalismus in Deutschland; Heft 305: Grundrechte; Heft 297: Menschenrechte. Heft 295: Parlamentarische Demokratie; Heft 284: Demokratie; Heft 279: Europäische Union

Model, Otto / Creifelds, Carl (2012), Staatsbürger-Taschenbuch. 33. Aufl., C. H. Beck, München (auch erhältlich als Lizenzausgabe für die Bundeszentrale für politische Bildung, Schriftenreihe Bd. 1271, Bonn).

Rudzio, Wolfgang (2011), Das politische System der Bundesrepublik Deutschland, 8. Aufl., VS Verlag für Sozialwissenschaften, Wiesbaden.

Schmidt, Manfred G. (2011), Das politische System Deutschlands. Institutionen, Willensbildung und Politikfelder, 2. Aufl., C. H. Beck, München (oder als Lizenzausgabe der Bundeszentrale für politische Bildung, Schriftenreihe Bd. 1150, Bonn).

Sturm, Roland / Pehle, Heinrich (2012), Das neue deutsche Regierungssystem. Die Europäisierung von Institutionen, Entscheidungsprozessen und Politikfeldern in der Bundesrepublik Deutschland, 3. Aufl., Springer VS, Wiesbaden.

Tiemann, Guido / Treib, Oliver / Wimmel, Andreas (2011), Die EU und ihre Bürger, UTB, facultas wuv, Wien.

Weidenfeld, Werner (2013), Die Europäische Union, 3. Aufl., W. Fink, Stuttgart.

Wochenschau (2011), Die EU, Basisheft für Sek. I, Heft 3/2011,
Wochenschau (2010), Das politische System Deutschlands, Basisheft für Sek. II, Heft 1-2/2010,
Wochenschau (2013), Das politische System der BRD, Basisheft für Sek. II, Heft 4-5/2013, alle Wochenschau Verlag, Schwalbach/Ts.

Zum Surfen:

Online-Dossier „Deutsche Demokratie" der Bundeszentrale für politische Bildung: www.bpb.de/politik/grundfragen/deutsche-demokratie.

Online-Dossier „Die Europäische Union" der Bundeszentrale für politische Bildung: www.bpb.de/internationales/europa/europaeische-union.

Die deutsche Sprachversion der offiziellen Website der Europäischen Union: http://europa.eu/index_de.htm.

3. Sich Informationen beschaffen

Zeitung – Fernsehen – Google – Blogs

„Information ist der Kitt der Gesellschaft."
Norbert Wiener (1894–1964),
Begründer der Kybernetik

„Wir ertrinken in Informationen,
aber dürsten nach Wissen."
John Naisbitt (*1929), Trendforscher

Kurzübersicht

Die Fähigkeit, sich selbständig zu informieren, ist die Grundvoraussetzung für politisches Urteilen und Handeln und damit auch grundlegend für die folgenden Bausteine. Techniken der Informationsbeschaffung und -bewertung, die je nach Bedarf kombiniert und variiert werden müssen, stehen im Vordergrund dieses Kapitels. Um Informationen einordnen zu können, müssen wir wissen, woher sie kommen, wer sie macht, bearbeitet, weitergibt. Mit Internet und Web 2.0 verändert sich die Art und Weise, wie Informationen erstellt, verbreitet und gefunden werden können, grundlegend.

3.1 Wer in der Politik mitreden und mitmachen will, braucht Informationen

Informationen als Voraussetzung für politische Beteiligung

Wer das politische Geschehen verfolgen und beurteilen will, braucht Informationen. Wer an Wahlen und Abstimmungen in der Demokratie teilnehmen, sich in politischen Organisationen oder vor Ort in der Gemeinde engagieren will, braucht ebenfalls Informationen. Die Bürgerinnen müssen sich selbständig Informationen beschaffen,

- um zu wissen, welche Probleme gelöst werden sollen und welche Vorschläge dazu gemacht werden;
- um die wirtschaftlichen, gesellschaftlichen und politischen Zusammenhänge zu begreifen;
- um zu erkennen, wo ihre eigenen Interessen liegen;
- um sich ihre eigene Meinung bilden zu können.

Meilensteine der Informations- und Kommunikationstechnik

1450	Buchdruck		1920	Rundfunk
1605	Zeitung		1954	Fernsehen
1829	Fotografie		1981	PC
1840	Telegraf		1989	Internet
1876	Telefon		1993	World Wide Web
1895	Film		2005	Web 2.0

Medien als Politikvermittler

Wenn wir uns Informationen beschaffen wollen, sind wir auf Kontakte, auf die Kommunikation mit anderen Menschen angewiesen. Neben der

Kommunikationsform des direkten Informationsaustausches zwischen Menschen durch Sprache, Gestik und Schrift konnte durch die Erfindung des Buchdrucks um 1450 unser Wissen einer breiteren Öffentlichkeit zugänglich gemacht werden. Im Zeitalter des Web 2.0 hat potenziell jeder eine Druckerpresse in Form des Smartphones in der Hosentasche und kann damit Informationen veröffentlichen. Da sich politische Entscheidungsprozesse – mit Ausnahme von kleineren Gemeinden – in der Regel nicht im persönlichen Erfahrungsbereich der Bürger abspielen, sind diese wesentlich auf die Massenmedien als Politikvermittler angewiesen. Allerdings spielen die „persönlichen Öffentlichkeiten" jenseits der traditionellen Massenmedien eine immer größere Rolle. Zu denken wäre hier vor allem an soziale Medien wie Facebook oder Twitter.

Massenmedien und soziale Medien

Massenmedien sind jene Kommunikationsmittel, die mit Hilfe von Techniken, Einrichtungen und/oder Systemen mit ihren Informationen und Aussagen gleichzeitig eine große, aber zahlenmäßig nicht genau bestimmbare Anzahl von Menschen erreichen, ohne dass die Kommunikationspartner in direktem Kontakt stehen.

Quelle

Der unscharfe Begriff **„soziale Medien"** lässt sich nach Jan-Hinrik Schmidt durch zwei zentrale Merkmale eingrenzen: „bessere Möglichkeiten, Inhalte online zu veröffentlichen und zu bearbeiten sowie besserer Austausch mit anderen" (S. 11). Entscheidend für das Verständnis ist, „dass soziale Medien einen neuartigen Raum zwischen der massenmedialen und der interpersonalen Kommunikation schaffen und einnehmen" (S. 11). Der Autor unterscheidet vier „Gattungen" von sozialen Medien (S. 11-14):

- Netzwerkplattformen (= Soziale Netzwerke, Platzhirsch: Facebook)
- Multimediaplattformen (YouTube für Videos, Flickr für Fotos, Slideshare für Präsentationen etc.)
- Blogs (inkl. Microblogs, Platzhirsch: Twitter)
- Wikis (allen voran Wikipedia)

„Journalistische Medien schaffen gesellschaftliche Öffentlichkeit für Themen von breiter Relevanz, soziale Medien ermöglichen persönliche Öffentlichkeiten, in denen Menschen mit ihrem sozialen Umfeld in Kontakt bleiben können" (S. 28).

[Jan-Hinrik Schmidt (2013), Social Media, Springer VS, Wiesbaden]

Die Freiheit, sich zu informieren, wie man will, ist keineswegs selbstverständlich. So war z.B. während der nationalsozialistischen Diktatur das Hören von ausländischen Radiosendern verboten. Auch in der DDR war es nicht ohne weiteres möglich, westliche Zeitungen zu lesen. Auch heute

„Meinungsfreiheit ist eine Farce, wenn die Information über Tatsachen nicht garantiert ist."

Hannah Arendt (1906-1975), Philosophin

Informations- und
Meinungsfreiheit

gibt es in vielen Staaten keine Informationsfreiheit. China beispielsweise betreibt einen enormen Aufwand für die (in Anlehnung an die „Great Wall of China" spöttisch so genannte) „Great Firewall", die das Internet für chinesische Nutzer zensiert.

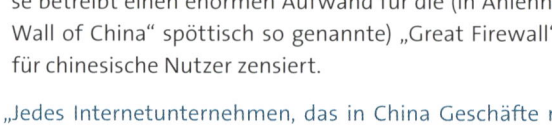

„Jedes Internetunternehmen, das in China Geschäfte machen will, egal, ob ausländisch oder inländisch, hat den genauen Anweisungen des Regimes zu folgen – und sich damit an der Zensur zu beteiligen. Täglich, bisweilen stündlich geben staatliche Stellen Dekrete heraus, welche Begriffe zu sperren seien. Hunderttausende Zensoren durchforsten das Netz, suchen und löschen regimekritische Kommentare. Filtersoftware sperrt Seiten, manche sind nie aufrufbar, etwa jene tibetischer Exilgruppen, andere sind nur vorübergehend nicht zugänglich. Im Herbst erst ließen die Behörden Hunderte Blogger festnehmen, angeblich, um Gerüchte im Netz zu bekämpfen."

[Angela Köckritz: „Baidu. Eine Zensur findet statt";
Zeit Online vom 15.12.2013]

Die Informationsfreiheit ist eng verbunden mit der Meinungs- und Pressefreiheit und dem Verbot der Zensur; dies soll die freie Meinungsbildung in der Demokratie garantieren. Die Massenmedien tragen dazu bei, indem sie die unterschiedlichen Meinungen, die in der Öffentlichkeit vertreten werden, übermitteln und selbst dazu Stellung nehmen. Dazu kommt noch die wichtige Aufgabe der Kontrolle und Kritik der politischen Institutionen und Organisationen.

Grundrecht auf freie
Meinungsäußerung

„Die Qualität einer
Demokratie bemisst
sich vor allem auch
durch die Vielfalt und
Freiheit von Fernsehen,
Radio und Presse."

*Siegfried Schiele (*1939),
politischer Bildner*

Dass diese Freiheiten zu den wichtigsten Grundrechten gehören, hat das Bundesverfassungsgericht immer wieder deutlich gemacht, zuerst im wegweisenden „Lüth-Urteil" von 1958: „Das Grundrecht auf freie Meinungsäußerung ist als unmittelbarster Ausdruck der menschlichen Persönlichkeit in der Gesellschaft eines der vornehmsten Menschenrechte überhaupt (...). Für eine freiheitlich-demokratische Staatsordnung ist es schlechthin konstituierend, denn es ermöglicht erst die ständige geistige Auseinandersetzung, den Kampf der Meinungen, der ihr Lebenselement ist (...). Es ist in gewissem Sinn die Grundlage jeder Freiheit überhaupt."

GG Art. 5 (Meinungs-, Informations- und Pressefreiheit)
(1) Jeder hat das Recht, seine Meinung in Wort, Schrift und Bild frei zu äußern und zu verbreiten und sich aus allgemein zugänglichen Quellen ungehindert zu unterrichten. Die Pressefreiheit und die Freiheit der Berichterstattung durch Rundfunk und Film werden gewährleistet. Eine Zensur findet nicht statt.

(2) Diese Rechte finden ihre Schranken in den Vorschriften der allgemeinen Gesetze, den gesetzlichen Bestimmungen zum Schutze der Jugend und in dem Recht der persönlichen Ehre.

Karikatur: Gerhard Mester

3.2 Woher bekommen wir die Informationen? oder: Nachrichten werden gemacht

Während es in früheren Jahrhunderten – zumindest für einen Großteil der Bevölkerung – nicht leicht war, an Informationen heranzukommen, steht den Bürgerinnen heute eine Fülle von Informationsquellen zur Verfügung. Diese Entwicklung hat sich mit dem Internet noch einmal enorm verstärkt. Informationen in ungekanntem Ausmaß sind immer und überall nur noch einen Mausklick entfernt. So stehen wir heute vor dem umgekehrten Problem: Aus der Informationsknappheit früherer Zeiten ist im „Informationszeitalter" ein Überfluss geworden. Zu lernen, wie mit dieser Informationsflut umzugehen ist, stellt eine zentrale Herausforderung für die kommenden Jahre dar.

Überfluss an Informationen

„It's not information overload. It's filter failure."
Clay Shirky (*1964), Web 2.0-Experte

Hinzu kommt, dass die sozialen Medien das ungefilterte Veröffentlichen von Inhalten aller Art erlauben. Während man im Zeitalter von Büchern und mehrbändigen Enzyklopädien ziemlich sicher sein konnte, dass die dort angebotenen Inhalte, wenn auch häufig schnell veraltet, sorgfältig durch Experten geprüft worden waren, ist man heute auf sich selbst gestellt. Da jeder im Web publizieren kann, müssen wir viel mehr als früher kritische Informationskonsumenten werden und selbst die Aufgabe der Überprüfung übernehmen, wie das früher Herausgeber oder Redakteure

ungeprüfte Informationen

getan haben. Hierbei handelt es sich um eine Fähigkeit, die erlernt werden kann und muss – gerade auch von den digital natives, die mit digitalen Technologien aufgewachsen sind und denen diesbezüglich häufig das Problembewusstsein fehlt.

Quelle

Hans N. Weiler schreibt in seinem Essay „Bildung im Zeitalter ihrer technischen Reproduzierbarkeit": „Moderne Technologien machen Informationen unbegrenzt und überall verfügbar – allerdings weitgehend beliebig, ungeordnet und unbewertet. Damit aus solch grenzenloser Information sinnvolles Wissen werden kann, bedarf es der Vermittlung analytischer, kritischer und normativer Fähigkeiten, die in der zeitgenössischen Bildungslandschaft jedoch eine eher marginale Rolle spielen."

[in: Schlüter, Andreas / Strohschneider, Peter (Hrsg.) (2009), Bildung? Bildung!
26 Thesen zur Bildung als Herausforderung im 21. Jahrhundert, Berlin-Verlag, S. 93]

Nachrichten und Kommentar

Auch die Nutzung der „traditionellen" Medien (Zeitungen, Zeitschriften, Fernsehen, Radio) zur politischen Meinungsbildung erfordert es, dass wir darüber Bescheid wissen, wie sie gemacht werden. Nur ein Bruchteil dessen, was den Medien an Informationen und Meinungsäußerungen zur Verfügung steht, kommt beim Leser, Zuhörer und Zuschauer an. Nicht alle Meldungen, die von Nachrichtenagenturen, Korrespondenten und Redakteuren beschafft wurden, können veröffentlicht werden. Man kann daher Journalisten als „Schleusenwärter" oder „Torhüter" bezeichnen, d.h. sie können entscheiden, welche Informationen aus dem Nachrichtenstrom durchgelassen werden. Nachrichten werden also gesiebt, gefiltert und bearbeitet. Eine Nachricht kann nie ganz objektiv sein, in ihr steckt – wenn auch in unterschiedlichem Maße – bereits eine Meinung. Neben den Nachrichten bieten die Massenmedien ihren Lesern auch Kommentare an, durch die Journalisten ihre subjektive Meinung zu bestimmten Informationen vermitteln. Verantwortungsvolle Medien versuchen, Tatsachen und Meinungen so gut wie möglich auseinanderzuhalten. Sie unterscheiden daher bewusst – z.B. durch Überschrift, Schriftbild, Platzierung oder beim Fernsehen durch Personenwechsel – Nachricht und Kommentar.

Konstruktion von Wirklichkeit

„Pressefreiheit ist die Freiheit von zweihundert reichen Leuten, ihre Meinung zu verbreiten."

Paul Sethe (1901-1967), Journalist

Grundsätzlich müssen wir uns klarmachen, dass die Massenmedien für uns eine eigene Wirklichkeit konstruieren. Aus der Vielzahl der Ereignisse, die passieren, und der Meinungen, die geäußert werden, müssen sie auswählen, weglassen, hervorheben. Dazu kommt noch, dass die Massenmedien, vor allem das Fernsehen, durch bestimmte journalistische Präsentationsformen die Informationen lebendiger, lockerer, farbiger, also unterhaltender machen wollen, so dass der Informationskern schwer zu erkennen ist. Man spricht von Infotainment.

Die Medienlandschaft in Deutschland (2012)

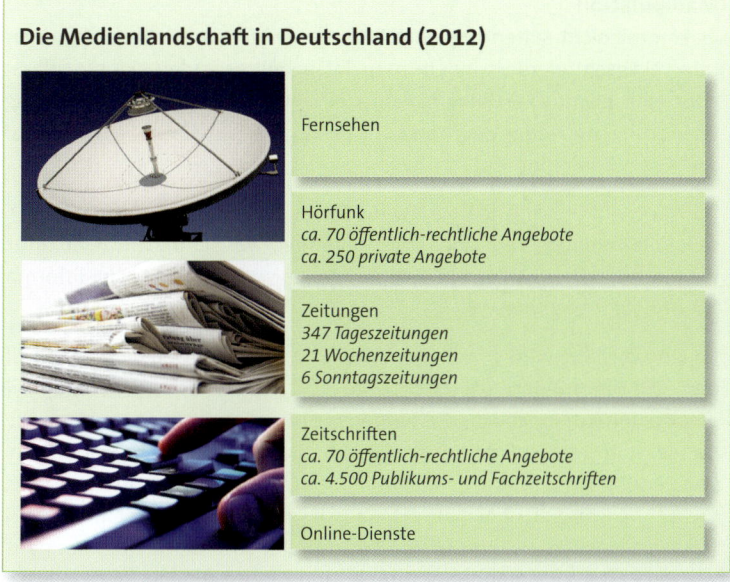

Fernsehen

Hörfunk
ca. 70 öffentlich-rechtliche Angebote
ca. 250 private Angebote

Zeitungen
347 Tageszeitungen
21 Wochenzeitungen
6 Sonntagszeitungen

Zeitschriften
ca. 70 öffentlich-rechtliche Angebote
ca. 4.500 Publikums- und Fachzeitschriften

Online-Dienste

© Wochenschau Verlag. © Fotos: Fotolia.com

Frage: Haben Sie gestern ... genutzt (und dabei Informationen über das Zeitgeschehen in Politik, Wirtschaft und Kultur aus Deutschland und aller Welt gelesen/gesehen/gehört)?

Basis: Alle Befragte (n=3.076; 70,10 Mio. Personen ab 14 Jahre)

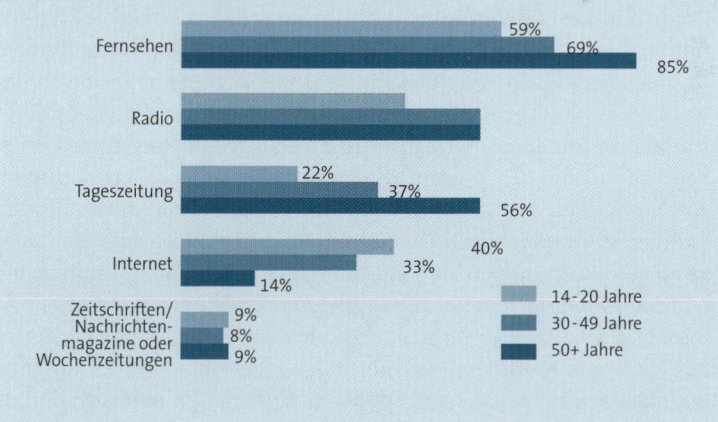

Fernsehen 59% / 69% / 85%
Radio
Tageszeitung 22% / 37% / 56%
Internet 40% / 33% / 14%
Zeitschriften/Nachrichten-magazine oder Wochenzeitungen 9% / 8% / 9%

14-20 Jahre
30-49 Jahre
50+ Jahre

Ecke, Dr. Oliver: Informierende Mediennutzung gestern – Alter. In: TNS infratest Mediaresearch, Relevanz der Medien für die Meinungsbildung, Empirische Grundlagen zur Ermittlung der Wertigkeit der Mediengattungen bei der Meinungsbildung. 15.7.2011. S. 10 – Im Auftrag der Bayerischen Landeszentrale für neue Medien

© Wochenschau Verlag

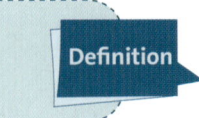

Definition

Manipulation

Es kommt nicht selten vor, dass Informationen, Nachrichten, Kommentare verfälscht werden, indem man Tatsachen verändert oder weglässt oder eine bestimmte Bildauswahl trifft, eine bestimmte Aufmachung wählt, um Leser oder Zuschauer einseitig zu beeinflussen. Man spricht dann von Manipulation.

Da Nachrichten offensichtlich *gemacht* werden, ist es notwendig zu wissen, wer dahinter steht, woher sie kommen, wer sie macht, bearbeitet, weitergibt. Daher wollen wir kurz auf einige wichtige politische Informationsquellen eingehen.

Presselandschaft in Deutschland

Im Grundgesetz wird von Pressefreiheit gesprochen, weil die Presse seit dem 19. Jahrhundert das wichtigste politische Informationsorgan bildet. Auch heute noch sind Zeitungen wichtige Informationsquellen. Die Presse ist in Deutschland privatwirtschaftlich organisiert. Eine hohe Zahl von Zeitungen mit starker lokaler Bindung, eine vielfältige überregionale Presse, Wochenzeitungen und Magazine mit akzentuierter politischer Tendenz, ein großes Zeitschriftenangebot und das Fehlen einer nennenswerten Partei- und Hauptstadtpresse sind kennzeichnend für die Presselandschaft in Deutschland.

„Die einzige wirkliche Gefährdung der Pressefreiheit in westlichen Demokratien ist wirtschaftlicher Natur."

Züricher internationales Presseinstitut 1975

Pressekonzentration

Zukunft des Qualitätsjournalismus?

Das Grundproblem der Presse besteht darin, dass sie einerseits ein gewinnorientiertes Unternehmen ist, andererseits aber eine öffentliche Aufgabe hat. Steigende Kosten für Herstellung und Vertrieb, Investitionen für neue Drucktechniken, die Konkurrenz durch Online-Medien und andere Faktoren führten zu einer Reduzierung der Zahl der Zeitungen (Pressekonzentration). Nachrichten sind von einem ehedem knappen Gut zu etwas geworden, das im Überfluss vorhanden ist. Damit wird der Kern des bisherigen Geschäftsmodells von Zeitungen in Frage gestellt. Zeitungen finanzieren sich in der Regel nur zu rund 30% aus dem Verkauf, während die Anzeigenerlöse etwa 70% ausmachen. Seit Jahren gehen jedoch aufgrund sinkender Auflagen und der Konkurrenz durch Online-Werbung die Werbegelder der Tageszeitungen zurück. So mussten 2012 mit der Financial Times Deutschland und der Frankfurter Rundschau zwei renommierte Zeitungen Insolvenz anmelden. Die Auflage der Tageszeitungen in Deutschland sank von 1989 bis 2013 von rund 30 Millionen verkaufter Ausgaben auf knapp 18 Millionen. Besonders problematisch ist die Tendenz zu Zeitungsmonopolen und damit auch Informationsmonopolen auf der lokalen Ebene, wo die Gefahr der Abhängigkeit von Inserenten besonders groß ist.

Aber nicht nur wirtschaftlich sondern auch journalistisch sind die Tageszeitungen durch die Online-Medien bedroht. Die Nachrichtenmedien im

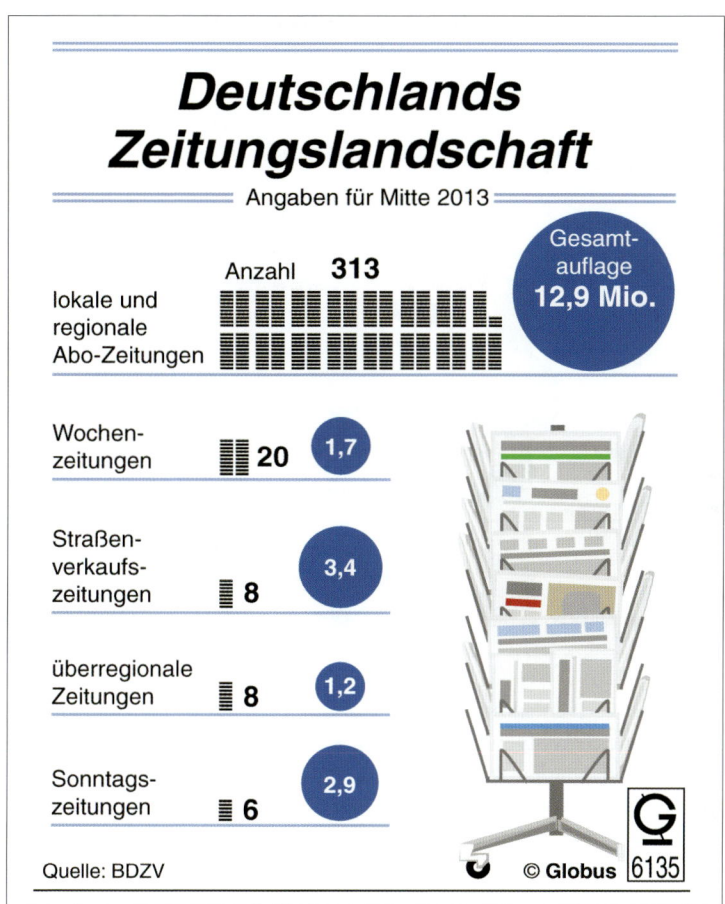

Netz sind schneller, farbiger. Videos und Podcasts ergänzen Texte und Bilder. Die Zeitungen reagierten mit eigenen Internetauftritten und digitalen Zusatzangeboten. Durch diese Entwicklung wird die Unterscheidung zwischen Printmedien und audiovisuellen Medien abgelöst. Eine offene Frage bleibt, wie der Qualitätsjournalismus als wichtiges Element einer demokratischen Öffentlichkeit angesichts des „Zeitungssterbens" gerettet werden kann. Lässt sich investigativer Journalismus noch finanzieren?

Bei Hörfunk und Fernsehen haben wir in der Bundesrepublik seit den 1980er Jahren öffentliche und private Programmanbieter. Bis dahin waren sie, im Gegensatz zu den meisten anderen Staaten, ausschließlich öffentlich-recht-

Rundfunk und Fernsehen

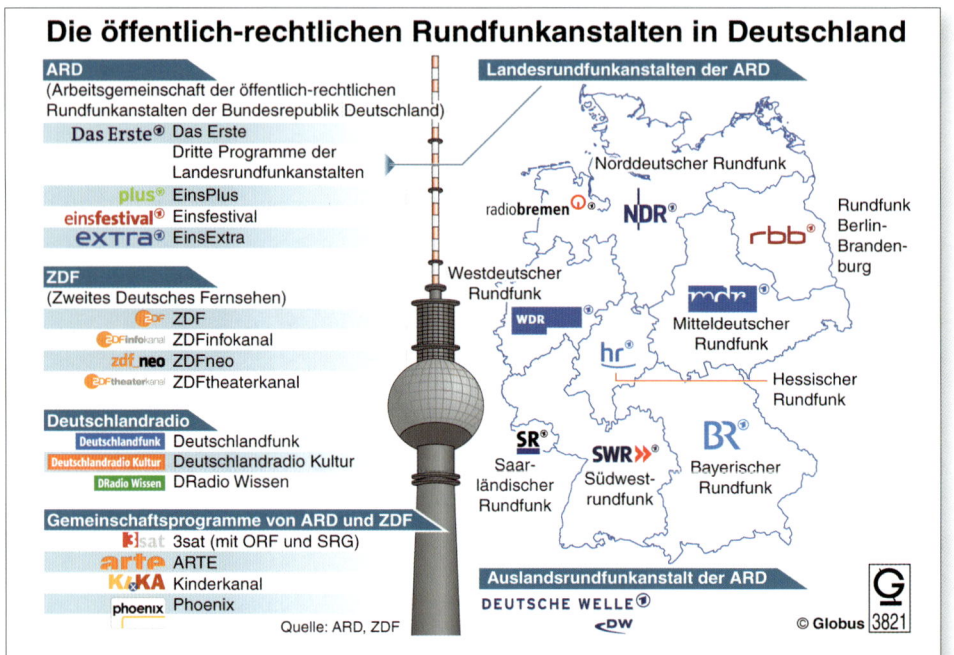

Die öffentlich-rechtlichen Rundfunkanstalten in Deutschland

Quelle: ARD, ZDF

picture alliances – dpa

lich organisiert. Entsprechend den Grenzen der Bundesländer, die für den Medienbereich weitgehend zuständig sind, oder mehrere Länder zusammenfassend, wurden Rundfunk- und Fernsehanstalten als Anstalten des öffentlichen Rechts organisiert und über Gebühren und Werbeeinnahmen finanziert. Die Länderrundfunkanstalten sind in der „Arbeitsgemeinschaft der öffentlich-rechtlichen Rundfunkanstalten der Bundesrepublik Deutschland" zusammengeschlossen (ARD). Durch einen Staatsvertrag der Bundesländer wurde 1969 das Zweite Deutsche Fernsehen (ZDF) gegründet.

Ausgewogenheit des Programms

Im Gegensatz zur Presse sind die Rundfunkanstalten durch Gesetz zur Objektivität und Neutralität verpflichtet, was jedoch in der Praxis schwer zu realisieren und zu kontrollieren ist. Ihren Leitungsgremien gehören Vertreter der „politischen, weltanschaulichen und gesellschaftlichen Gruppen" an. Dabei ist es schwierig, die Repräsentanz der gesellschaftlichen Gruppen auszumachen. Insgesamt ist jedoch eine zunehmende Einflussnahme der Parteien, die gegenüber anders gearteten Meinungen immer empfindlicher reagieren, festzustellen. Wegen der von den Parteien ständig vorgetragenen Forderung nach „Ausgewogenheit des Programms" besteht die Gefahr, dass engagierte Meinungen einem parteipolitischen Proporzdenken zum Opfer fallen und einer profillosen Berichterstattung weichen.

Als der Hörfunk- und Fernsehempfang über Kabel und Satellit in den 1980er Jahren möglich wurde, beschlossen die Bundesländer 1987 in einem Staatsvertrag das Nebeneinander von privatem und öffentlichem Rundfunk und Fernsehen, wobei dem öffentlich-rechtlichen Rundfunk und Fernsehen die Aufgabe der Grundversorgung mit politischen Informationen und kulturellem Unterhaltungsangebot zugeschrieben wurde. Im Gegensatz zu den öffentlich-rechtlichen Rundfunkanstalten, die sich zu einem großen Teil aus Gebühren finanzieren, sind die privaten Sender fast ausschließlich von Werbeeinnahmen und damit von Einschaltquoten abhängig. Sie setzen daher mehr auf Unterhaltung. Auch die Nachrichten und Informationen werden möglichst „unterhaltsam" angeboten („Infotainment"). Der Kampf um einen möglichst hohen Zuschaueranteil („Quote") hat dazu geführt, dass sich ARD / ZDF und die Privaten in ihrer Programmgestaltung annähern.

> „Mit Schlagzeilen erobert man Leser. Mit Informationen behält man sie."
>
> *Lord Northcliffe (1865-1922), Journalist*

Privater Rundfunk und privates Fernsehen

Die internationale Verflechtung der Volkswirtschaften („Globalisierung") hat auch im Medienbereich Prozesse der Internationalisierung und Konzentration verstärkt, so dass die Medienwelt von einigen multinationalen Konzernen beherrscht wird. Beispielhaft seien Rupert Murdochs News

Internationalisierung und Konzentration

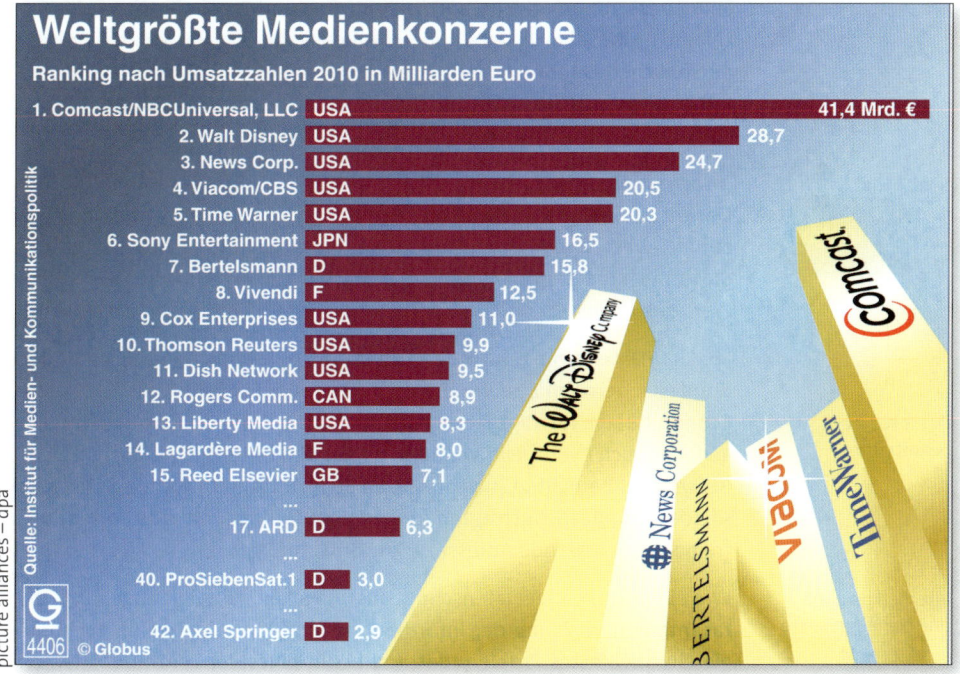

Weltgrößte Medienkonzerne

Ranking nach Umsatzzahlen 2010 in Milliarden Euro

Rang		Land	Umsatz
1.	Comcast/NBCUniversal, LLC	USA	41,4 Mrd. €
2.	Walt Disney	USA	28,7
3.	News Corp.	USA	24,7
4.	Viacom/CBS	USA	20,5
5.	Time Warner	USA	20,3
6.	Sony Entertainment	JPN	16,5
7.	Bertelsmann	D	15,8
8.	Vivendi	F	12,5
9.	Cox Enterprises	USA	11,0
10.	Thomson Reuters	USA	9,9
11.	Dish Network	USA	9,5
12.	Rogers Comm.	CAN	8,9
13.	Liberty Media	USA	8,3
14.	Lagardère Media	F	8,0
15.	Reed Elsevier	GB	7,1
...			
17.	ARD	D	6,3
...			
40.	ProSiebenSat.1	D	3,0
...			
42.	Axel Springer	D	2,9

Quelle: Institut für Medien- und Kommunikationspolitik

picture alliances – dpa

4406 © Globus

Corporation oder Silvio Berlusconis Fininvest genannt. Auch deutsche Medienmultis wie der Bertelsmann-, Springer- oder Holtzbrinck-Konzern sowie der Burda-Verlag gehören zu den Schrittmachern dieser Entwicklung. Sie sind in verschiedenen Medienbereichen und Ländern engagiert. Den größten Anbieter auf dem deutschen Medienmarkt bildet der Bertelsmann-Konzern mit den Privatsendern RTL, RTL 2, Super RTL und VOX. Insgesamt schreitet der Konzentrationsprozess bei den Massenmedien sowohl im nationalen als auch im internationalen Rahmen voran.

3.3 Informationsgesellschaft, Internetrecherche und Schutz der Privatsphäre

Angst vor dem „gläsernen Bürger"

Die technische Infrastruktur der Informationsgesellschaft, vor allem die zunehmende Vernetzung der Daten, machen den „gläsernen Bürger" möglich. Jeder hinterlässt im alltäglichen Leben, nicht nur bei der Benutzung von Online-Diensten aller Art, sondern auch beim Einkauf mit der Kreditkarte oder durch Arztbesuche Datenspuren, die in Datenbanken gespeichert werden und zur Erstellung eines Nutzungs- oder Persönlichkeitsprofils dienen können. Angesichts der Entwicklung der Datenverarbeitung gewinnt das Recht des Bürgers auf informationelle Selbstbestimmung höchste Aktualität. Gemeint ist die Befugnis des Einzelnen, grundsätzlich selbst über die Preisgabe und Verwendung seiner persönlichen Daten zu bestimmen. Es ist daher Aufgabe der Politik, die Informationsgesellschaft auch datenschutzgerecht zu gestalten.

Informationsgesellschaft

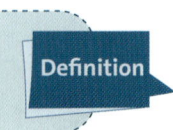

Definition

Darunter versteht man eine Gesellschaftsform, die zunehmend bestimmt wird durch neue Informations- und Kommunikationstechniken, die immer stärker miteinander vernetzt werden. Wissen und Information werden zu den wichtigsten Faktoren des gesellschaftlichen Fortschritts.

Datenschutz-beauftragte

Für den Datenschutz, also den Schutz der Privatsphäre, gibt es in den Bundesländern, im Bund und auf europäischer Ebene jeweils besondere Datenschutzbeauftragte, die jedes Jahr einen Datenschutzbericht vorlegen, der auch eventuelle Verstöße gegen den Datenschutz enthält. Jede Bürgerin ist berechtigt, sich an diesen Beauftragten zu wenden. Die Website des „Bundesbeauftragten für den Datenschutz und die Informationsfreiheit" hat folgende Adresse: www.bfdi.bund.de.

Internetkonzerne und Geheimdienste

Wie ein zeitgemäßer Datenschutz aussehen könnte, stellt angesichts der rasanten Entwicklung der Informations- und Kommunikationstechnologie ein ungelöstes Problem dar und bildet eines der zentralen Themenfelder der Netzpolitik. Ging es dabei zunächst um Schutzmechanismen gegen die „Datensammelwut" der großen Internetkonzerne (vor allem Facebook und Google), hat die Debatte durch die Enthüllungen des Whistleblower Edward Snowden seit Mitte 2013 eine neue Wendung erhalten. Es wurde nach und nach bekannt, in welch unvorstellbarem Ausmaß Geheimdienste wie die US-amerikanische National Security Agency Daten aller Art speichern („NSA-Affäre").

Diese Enthüllungen haben das diffuse Unbehagen vieler Bürger gegenüber der neuen digitalen Welt weiter verstärkt. Das Dilemma besteht darin, dass uns das Internet auf der einen Seite fantastische Möglichkeiten bietet, um Inhalte zu teilen, (gemeinsam) zu erstellen und zu finden. Auf der anderen Seite wissen wir, dass die häufig „kostenlosen" Dienste, die wir hierfür nutzen, „unsere" Daten erfassen und weiterverarbeiten. Wir bezahlen also gewissermaßen mit unseren Daten, ohne zu wissen, was genau mit ihnen geschieht. Dilemma

Das gilt auch für ein zentrales Feld der Webnutzung, für die professionelle Internetrecherche, die zu einer Schlüsselqualifikation geworden ist. Was versteht man eigentlich darunter? Häufig wird darunter verkürzt das Suchen nach Inhalten verstanden, das sich mittlerweile weit überwiegend bei Google abspielt. Das ist aber zu kurz gedacht. Professionelle Recherche umfasst nämlich nicht nur das Finden der benötigten Informationen, sondern schließt das systematische Festhalten dieser Informationen mit ein und fragt auch danach, wie wir auf dem Laufenden bleiben können. Internetrecherche

Und noch ein zweiter Punkt fällt häufig unter den Tisch. Überlegen Sie sich, welches Bild Sie vor Augen haben, wenn Sie an den Vorgang des Recherchierens denken? Wenn es Ihnen geht wie den meisten, dann sehen Sie eine Person, die alleine vor dem Bildschirm sitzt. Recherchieren gilt zu Unrecht immer noch als Einzelsportart. Das wird unserer Welt nicht mehr gerecht. Wir verfügen mit dem Web (2.0) über eine globale Plattform zum Sammeln, Austauschen und gemeinsamen Erstellen von Informationen aller Art. Da kann es nicht überraschen, dass sich auch und gerade die Art und Weise grundlegend ändert, wie wir Informationen recherchieren. Man könnte von Recherche 2.0 sprechen. Was heißt das? Es bedeutet, dass wir nicht mehr darauf beschränkt sind, uns alleine vor dem Rechner die notwendigen Informationen zu beschaffen, sondern dass wir mit Personen aus aller Welt in Verbindung stehen (können), die vergleichbaren Fragestellungen nachgehen. Recherche 2.0

Es gibt also zwei sich ergänzende Wege, um Informationen zu finden, festzuhalten und um auf dem Laufenden zu bleiben: einmal den herkömm- Maschinen und Menschen lichen Weg über Maschinen (Suchhilfen wie Google, Bing oder Worldcat und ihre Algorithmen) und zum zweiten über Menschen. Recherche im Web 2.0-Zeitalter lässt sich nicht mehr vom Aufbau und der Pflege eines Personal Learning Networks trennen. Im Rahmen dieses Buches können wir natürlich nur erste Hinweise dazu geben, wie professionelles Recherchieren im Internet heute aussieht. Eine auch nur annähernd befriedigende Darstellung würde ein eigenes Buch erfordern. In den folgenden Tipps zum Tun versuchen wir, Ihnen einige praxisnahe Vorschläge zu unterbreiten.

Suchmaschinen: Google alleine reicht nicht

Schätzungen zufolge werden in Deutschland 96% (!) der Suchanfragen an Google gerichtet. Google ist aber nur eine von (grob geschätzt) 500.000 Suchhilfen im Internet. Wie jede andere Suchmaschine verwendet Google komplexe Algorithmen, um die Suchergebnisse aus dem Index zu generieren und anzuordnen. Suchen wir ausschließlich bei Google, verlassen wir uns einzig und allein auf diese Algorithmen. Andere Suchmaschinen würden uns andere Ergebnisse auf unsere Anfragen erbringen. Außerdem kann natürlich nur das gefunden werden, was Google im eigenen Index gespeichert hat. Dabei handelt es sich nur um einen kleinen Teil dessen, was an Informationen verfügbar ist. Grundsätzlich gilt, dass wir immer mehrere Suchhilfen verwenden sollten, um durch den Vergleich der Ergebnisse die gefundenen Informationen besser bewerten zu können.

Wichtige allgemeine Suchmaschinen:
Google: www.google.com
Yahoo: http://search.yahoo.com
Bing: www.bing.com
Ask: www.ask.com
Schutz der Privatsphäre:
DuckDuckGo: https://duckduckgo.com

Neben allgemeinen Suchmaschinen gibt es noch andere Arten von Suchmaschinen, die häufig besser für bestimmte Suchanliegen geeignet sind. Neben den Spezialsuchmaschinen für bestimmte Bereiche (z.B. Wissenschaftssuchmaschinen wie Google Scholar oder Literatursuchmaschinen wie Worldcat) und den Deep Web Suchmaschinen (z.B. WorldWideScience), die Bereiche des Webs durchsuchen, die allgemeinen Suchmaschinen nicht zugänglich sind, sind das vor allem Meta-Suchmaschinen, die gleichzeitig den Index mehrerer allgemeiner Suchmaschinen durchsuchen und sich so als Standardsuchinstrument anbieten.

Wichtige Meta-Suchmaschinen:
PolyMeta: www.polymeta.com
MetaCrawler: www.metacrawler.com
Yippy: http://yippy.com
Schutz der Privatsphäre:
Ixquick: www.ixquick.com

T 10

Suchmaschinen: Erweiterte Suche verwenden

Viele Suchmaschinen bieten eine erweiterte Suche (advanced search) an, die es erlaubt, der Suchmaschine genauer zu „sagen", was Sie von ihr wollen. Dadurch lassen sich Recherchen erheblich effizienter durchführen. Werfen Sie beispielsweise einen Blick auf die erweiterte Suche von Google, um einen Eindruck von den mächtigen Filtermöglichkeiten zu bekommen, die dort zur Verfügung stehen: www.google.de/advanced_search.

Beispielsuche mit der erweiterten Suche von Google

„Zur Vorbereitung eines Kolloquiums möchten wir uns über aktuelle Entwicklungen in der EU-Erweiterungspolitik gegenüber den Staaten des Westlichen Balkans informieren. In das Suchfeld bei Google geben wir folgende Suchabfrage ein: / eu enlargement western balkans /. Wir erhalten viel zu viele, nämlich **399.000** Resultate. Nun versuchen wir, die Kommunikation mit der Suchmaschine zu verbessern und wechseln zur erweiterten Suche. Dort belassen wir den Begriff *western balkans* im obersten Eingabefeld (= „Seiten suchen, die alle diese Wörter enthalten"), geben aber eu enlargement in das zweite Feld ein (= „Seiten suchen, die genau dieses Wort oder diese Wortgruppe enthalten"). Die Suchabfrage lautet nun / western balkans „eu enlargement" / und generiert **132.000** Treffer. Das ist rund ein Drittel der ursprünglichen Summe, aber immer noch zu viel.

Im unteren Teil der erweiterten Suche lassen sich die Ergebnisse durch Filter eingrenzen. Beim Filter, der festlegt, wo die Begriffe erscheinen sollen, ändern wir die Einstellung von „irgendwo auf der Seite" zu „im Titel der Seite". Wenn unsere Suchbegriffe im Titel der Seite stehen, können wir uns begründete Hoffnung machen, dass die Relevanz der Ergebnisse deutlich höher ausfällt. Die Suchabfrage lautet nun / allintitle: western balkans „eu enlargement" / und erbringt **714** Resultate – ein deutlicher Fortschritt. Nutzen wir noch den Zeitfilter („Letzte Aktualisierung") und grenzen die Suche auf Ergebnisse des letzten Jahres ein, erhalten wir **44** Resultate. Nun können wir uns an die eigentliche Arbeit machen und diese überschaubare Anzahl an aktuellen und relevanten Quellen inhaltlich auswerten.

Dieses kleine Beispiel, in dem nur ein Teil der Möglichkeiten, die eine erweiterte Suche bietet, genutzt wurden, sollte verdeutlicht haben, um wie viel präziser wir unsere Suchanfragen formulieren können, wenn wir dieses Hilfsmittel verwenden. Je nach Suchanliegen und Thematik werden andere als die erwähnten Filter im Vordergrund stehen, immer aber ist die Verwendung der erweiterten Suche dem schlichten Eingeben von Begriffen in das Standardsuchfeld überlegen. Probieren Sie es unbedingt aus!"

[Müller u.a. 2013, S. 19f.]

Open Access: Immer mehr (wissenschaftliche) Informationen sind frei zugänglich

Laut einer von Science-Metrix für die EU-Kommission durchgeführten Studie, die im August 2013 veröffentlicht wurde, waren knapp 50 Prozent der im Jahr 2011 veröffentlichten wissenschaftlichen Artikel im Internet frei verfügbar. Innerhalb weniger Jahre hat das „Open Access Prinzip" den Durchbruch geschafft. So erfreulich das ist, sind damit aber die Probleme noch nicht gelöst, denn die frei verfügbaren Bücher, Zeitschriftenartikel, Ton- und Videodokumente sind über das Internet verstreut und schwer aufzufinden. Hier kommt BASE ins Spiel (= Bielefeld Academic Search Engine, www.base-search.net). Mit dieser Suchmaschine kann man Open Access Dokumente finden.

T 11

TIPPS ZUM TUN

Recherche: Suchmaschinen alleine reichen nicht

In diesem Kapitel war immer wieder die Rede davon, dass es zwei Wege gibt, im Internet an Informationen zu kommen: mit Hilfe von Maschinen und mit Hilfe von Menschen. Ging es bei den bisherigen „Tipps zum Tun" darum, einen maschinell erstellten Index mit Hilfe der jeweiligen Algorithmen für unsere Suchanliegen zu nutzen, wenden wir uns nun dem zweiten Weg zu, denn Suchmaschinen alleine reichen angesichts der Informationsflut nicht mehr aus. Was heißt es, mit Hilfe von Menschen zu recherchieren? Es bedeutet zum einen, dass wir in Sammlungen recherchieren, die von Menschen gemacht wurden. Hierzu zählt unter anderem

T 12

TIPPS ZUM TUN

- die Recherche in Wikipedia: Die Online-Enzyklopädie stellt das nach Google verbreitetste Rechercheinstrument im Internet dar. Es handelt sich um ein faszinierendes Projekt mit dem Ziel, das Wissen der Menschheit frei verfügbar zu machen. Die beispiellose Erfolgsgeschichte der Wikipedia ist zwischenzeitlich gut untersucht. Es sollte aber nicht vergessen werden, dass die Nutzung der Online-Enzyklopädie einige Fertigkeiten erfordert, die über das hinausgehen, was wir von herkömmlichen Lexika gewohnt sind. Eine überschaubare Einführung findet sich z.B. hier: www.dadalos-d.org/web20/wikipedia_verstehen.htm;

Wikipedia

- die Recherche in Social Bookmarking-Diensten wie Diigo oder Delicious: Hier wird nicht das Internet durchsucht, sondern eine Sammlung von Links, die Nutzer festgehalten und mit tags (= Schlagworten) versehen haben, weil sie die jeweiligen Webseiten für empfehlenswert halten. Es handelt sich also um eine vorsortierte

Social Bookmarking

Auswahl. Bei der Recherche profitiert man von der Arbeitsleistung anderer Nutzer und von der „Weisheit der Vielen". Man sucht nicht mit Suchbegriffen, sondern hangelt sich an den tags entlang. So gelangt man beispielsweise sehr schnell zu den wichtigsten Webseiten zu einem Themengebiet.

Dokumentendienste

- die Recherche in Dokumentendiensten wie Scribd oder Slideshare: Hier sucht man nach Dokumenten, die Nutzer in dem jeweiligen Dienst abgelegt haben. Das können kurze Texte, aber auch längere Abhandlungen oder ganze Bücher sein. Wie bei Social Bookmarking-Diensten gibt es viele „Abkürzungen" bei der Recherche, etwa Listen, die andere Nutzer bereits zu einem bestimmten Thema zusammengestellt haben. Auf Slideshare findet man vor allem Präsentationen. Man profitiert davon, dass Andere sich bereits Gedanken zu Gliederung und Vermittlung einer Thematik in Form einer Präsentation gemacht haben.

Recherche mit Hilfe von Menschen bedeutet zum zweiten, dass wir uns ein Netzwerk aufbauen, in und mit dem wir uns Informationen beschaffen sowie diese austauschen und diskutieren: ein Personal Learning Network.

T 13

TIPPS ZUM TUN

Personal Learning Network aufbauen und pflegen

Das Web 2.0 wird zu Recht häufig Soziales Web (oder soziale Medien) genannt. Facebook oder Twitter, die beiden im Moment dominierenden Web 2.0-Plattformen, sowie eine Vielzahl anderer Dienste erlauben es uns, mit Menschen rund um den Globus verbunden zu sein, die unsere Arbeits- und Interessensgebiete teilen. Sie sind dann Teil unseres Personal Learning Networks (PLN), auch wenn wir sie noch nie persönlich getroffen haben. Ein PLN besteht aus denjenigen Menschen, von denen und mit denen wir lernen. Daran ändert auch die Tatsache nichts, dass es sich gerade bei Facebook und Twitter um Dienste handelt, die gerne und laut kritisiert werden, und zwar besonders von denjenigen, die sie noch nie benutzt haben und keine Ahnung davon haben, was auf diesen Plattformen auch passiert (neben all den Belanglosigkeiten und Ärgernissen, die in der Regel im Vordergrund stehen, wenn vom Sozialen Web die Rede ist).

Was man unter einem PLN versteht, wozu es gut ist und wie man es aufbaut und pflegt, erklärt das instruktive Buch „Personal Learning Networks. Using the Power of Connections to Transform Education" von *Will Richardson und Rob Mancabelli* (Solution Tree Press, 2011). Die Basis eines PLN bilden, so die Autoren, die folgenden fünf Dienste:

- der Kurznachrichtendienst Twitter: Auch mit 140 Zeichen lassen sich Diskussionen führen oder sinnvolle Nachrichten übermitteln, und zwar in Form von Links. So kann man beispielsweise seine „Follower" auf Twitter mit einem Tweet auf die neue Studie hinweisen, die man soeben entdeckt hat. Umgekehrt erhält man Hinweise von den (handverlesenen) Menschen, denen man selbst auf Twitter folgt. Wechselseitig nimmt man füreinander die Rolle des Kurators im unüberschaubaren Informationsstrom ein; `Twitter`
- der Social Bookmarking-Dienst Diigo: Hier kann man nicht nur Links als Bookmark (bzw. Favorit) ablegen, sondern auch Gruppen gründen oder beitreten, um künftig gemeinsam Quellen zu den Arbeits- und Interessensgebieten zu sammeln und auch ansonsten voneinander zu profitieren; `Diigo`
- ein RSS Reader wie z.B. Feedly: Per RSS stellt man sich seine persönliche digitale Fachzeitschrift zusammen, indem man (handverlesene) Webseiten oder Dienste abonniert. So findet man Tag für Tag die neuen Meldungen der abonnierten Webseiten automatisch in seinem Reader, bleibt in den jeweils relevanten Gebieten auf dem Laufenden und spart Zeit; `Feedly`
- eine Blog-Software wie z.B. Blogger: Blogger ist neben WordPress die verbreitetste Software zum Erstellen von Blogs, die es innerhalb von wenigen Minuten erlaubt, mit dem (kostenlosen und kinderleichten) Publizieren eigener Beiträge im Web zu beginnen; `Blogger`
- das Soziale Netzwerk Facebook: Auf Facebook erfährt man, dass Tante Trudes Hefezopf geglückt ist, man kann aber auch Parteien, Interessengruppen, Institutionen wie dem Europäischen Parlament, der Stiftung Wissenschaft und Politik (SWP) oder dem Wochenschau Verlag folgen, um über neue Veröffentlichungen informiert zu werden. `Facebook`

Blogs: Eine unterschätzte Informationsquelle

Die ursprüngliche Bezeichnung Weblogs weist darauf hin, um was es sich bei Blogs handelt: Es sind Web-Tagebücher, die allen erdenklichen Zwecken dienen können. Eine Familie kann mit kurzen Texten, Bildern und Videos Freunde und Verwandte in aller Welt über die Entwicklung der Kinder auf dem Laufenden halten. Eine Hobbygärtnerin beschreibt ihre Erfolge und Fehlschläge bei der Aufzucht verschiedener Pflanzen in ihrem Garten. Beliebt sind auch Food-Blogs rund ums Essen und Kochen. Vielleicht haben Sie im Restaurant auch schon Gäste gesehen, die ihr Gericht als erstes fotografiert haben („Foodies"). Doch es gibt auch Blogs, die eine

T 14

TIPPS ZUM TUN

hervorragende und hochaktuelle Informationsquelle für die jeweilige Thematik bieten. Für praktisch jedes Wissensgebiet gibt es von Wissenschaftlern oder Redaktionsteams betriebene Blogs.

- Erwähnt hatten wir schon den Blog netzpolitik.org, der die erste Anlaufstelle für alle Themen rund um Netzpolitik darstellt: https://netzpolitik.org.
- Auch der eben zitierte Bildungsexperte Will Richardson bloggt schon seit 12 Jahren: http://willrichardson.com.
- Interessant sind die zunehmenden Wechselwirkungen zwischen „traditionellen" Medien und der „Blogosphäre". So gibt es Blogs, die Zeitungen „überwachen", wie z.B. den BILDblog (www.bildblog.de), oder
- Blogs von unabhängigen Journalisten (http://gutjahr.biz) sowie
- Blogs im Rahmen der Online-Angebote bedeutender Nachrichtenmagazine wie Zeit Online (www.zeit.de/blogs/index) oder Spiegel Online (www.spiegel.de/blog).

In aller Regel lassen sich Blogs per RSS abonnieren. Blogs zu den eigenen Arbeits- und Interessengebieten findet man z.B. mit Hilfe von IceRocket (www.icerocket.com) oder Twingly (www.twingly.com/search).

Informationsmanagement: Rechercheergebnisse festhalten

T 15

TIPPS ZUM TUN

Zu einer professionellen Internetrecherche gehört nicht nur, dass man mit Hilfe unterschiedlicher und jeweils angemessener Suchhilfen die benötigten Informationen *findet*, man muss die Ergebnisse auch systematisch *festhalten*. Es geht also darum, wie sich Inhalte und Links so ablegen lassen, dass man sie wieder findet. Das ist natürlich das wichtigste Ziel des webbasierten Informationsmanagements, aber es ist nicht das einzige. Daneben kann wichtig sein, dass Sie von überall her auf Ihre Informationen zugreifen oder dass Sie diese mit anderen teilen können. Zum Festhalten von Links stehen eine Fülle von Diensten zur Verfügung, die von sehr einfachen Online Bookmarking-Diensten wie Google Bookmarks bis hin zu Diigo reichen, das zusätzlich viele soziale Funktionen bietet. Auch zum Festhalten von Inhalten gibt es ein reichhaltiges Angebot. Hier hat sich in den letzten Jahren **Evernote** als ein herausragender Dienst etabliert, der es Ihnen erlaubt, alle Arten von Inhalten zu speichern und damit ein eigenes Archiv aufzubauen. Außerdem werden die Inhalte über alle Endgeräte hinweg synchronisiert. Probieren Sie es aus!

Checkliste zur Bewertung von Internetquellen

T 16

Es versteht sich von selbst, dass auch und gerade Informationen, auf die man im Internet stößt, einer kritischen Prüfung unterzogen werden müssen. Anhaltspunkte dafür bietet die folgende Checkliste:

Autor / Herausgeber / URL

- Ist der Autor des Textes angegeben?
- Handelt es sich dabei um einen Fachmann für das betreffende Gebiet?
- Wer betreibt den Server?
- Wer ist der Domaininhaber (siehe www.denic.de)?
- Gibt es ein vollständiges Impressum?
- Handelt es sich um eine private Website oder um den Internetauftritt einer Firma oder Organisation?
- Handelt es sich um eine vertrauenswürdige Organisation?
- Was lässt sich über die Person oder Institution in Erfahrung bringen?

Links

- Wohin führen die Links auf der Seite?
- Welche anderen Seiten haben auf diese Seite verlinkt (Suchabfrage bei Google: link:wochenschau-verlag.de)?

Inhalt / Layout

- Ist die Seite gut strukturiert und professionell?
- Gibt es viele Rechtschreibfehler?
- Sind die Texte sachlich?
- Soll informiert werden oder geht es um persönliche Meinungen?
- Gibt es Werbung? Wird diese klar vom Inhalt getrennt?
- Ist die Seite aktuell?
- Gibt es Belege und Quellenangaben?
- Sind die Informationen plausibel?
- Gibt es Kommentare von Nutzern?

Nach der weitgehend formalen Prüfung anhand der genannten Kriterien müssen die Informationen inhaltlich geprüft werden, indem man sie mit Informationen aus anderen Quellen **vergleicht**.

Bewusster Umgang mit den eigenen Daten

Bei allem, was man im Internet macht, ist die Sorge um den Schutz der Privatsphäre ein ständiger Begleiter. Diese grundlegende Problematik lässt sich nicht lösen, man kann aber mehr oder weniger sorgsam mit den eigenen Daten umgehen. Tipps zu diesem und vielen anderen verwandten Themen rund um Internet und Web 2.0 bietet die hervorragende Website klicksafe.de: www.klicksafe.de. Die folgende Aufzählung zeigt das Themenspektrum:

Kommunizieren
- Soziale Netzwerke
- Facebook
- Cyber-Mobbing
- Instant Messenger
- Chat
- Smartphone und Apps
- Spam

Spielen
- Computerspiele

Problematische Inhalte
- Pornografienutzung
- Rechtsextremismus
- Gewaltdarstellung
- Verherrlichung von Essstörungen

Technische Schutzmaßnahmen
- Jugendschutzfilter
- Den PC schützen

Downloaden
- Urheberrecht
- Tauschbörsen

Datenschutz
- Grundlagenwissen
- Datenschutz-Dossier

Suchen & Recherchieren
- Suchmaschinen
- Wikipedia

Einkaufen im Netz
- Abzocke im Internet
- Werbung

Sich informieren aus erster Hand – Interview und Expertenbefragung

T 18

Durch ein **Interview** möchte man Informationen, Meinungen oder Material zu einem Thema bei Experten, Betroffenen oder bei politischen Entscheidungsträgern sammeln.

- Die Qualität eines Interviews hängt von der gründlichen Vorbereitung, vor allem vom Aussagewert der Fragen ab. Nur so können Sie feststellen, ob Ihr Gesprächspartner wichtige Gesichtspunkte oder Fakten – sei es absichtlich oder unabsichtlich – weglässt.
- Aus der Fülle an Informationen müssen Sie Zusammenhänge, Wechselwirkungen, Bedeutsamkeiten herausarbeiten. Wenn Sie vorher schon Vermutungen darüber haben – man nennt dies Hypothesen –, müssen Sie Fragen stellen, von denen Sie annehmen können, dass deren Beantwortung anzeigt, ob Ihre Hypothesen zutreffen oder nicht.
- Erarbeiten Sie ein Konzept, in welcher Reihenfolge Sie die Fragen stellen wollen. Formulieren Sie die wichtigsten Fragen schriftlich.
- Vermeiden Sie es, die Antworten in einer Ihnen genehmen Richtung zu deuten. Bleiben Sie offen, aber lassen Sie sich auch nicht von Ihren Fragen abbringen.
- Sollten Sie die Ergebnisse des Interviews veröffentlichen, vergewissern Sie sich, dass die von Ihnen bearbeitete Endfassung vom Gesprächsteilnehmer gebilligt wird.

Da es sich bei **Expertenbefragungen** um eine Sonderform des Interviews handelt, gelten für sie auch die oben aufgeführten Hinweise. Experten sind Fachleute, die sich intensiv mit einem Problem beschäftigt haben und über praktische Erfahrungen verfügen. Sie müssen sich genau überlegen, wann und wo die Befragung stattfinden und wer sie durchführen soll. Sie können z.B. einen Experten allein oder mit einer Gruppe in seinem Büro aufsuchen oder auch öffentlich in einer Versammlung oder einer Gruppe (z.B. Bürgerinitiative, Arbeitskreis einer Partei) befragen. Im letzteren Fall sollten Sie einen Gesprächsleiter bestimmen, der wie der Experte durch die Sitzordnung deutlich als solcher zu erkennen sein sollte. Natürlich ist es auch möglich, Fachleute mit unterschiedlichen Standpunkten – z.B. Vertreter von Gewerkschaften und Unternehmerverbänden – gemeinsam zu befragen. Dabei ist es auch möglich, zu der Expertenbefragung die Presse einzuladen.

T 19

Staatliche Behörden müssen Auskunft geben – Parteien und Verbände treiben Öffentlichkeitsarbeit

In der Bundesrepublik Deutschland gibt es bei Bundes-, Landes- und Gemeindebehörden Pressestellen, die Journalisten und Bürgerinnen Auskunft geben. Die Bundesländer haben die Behörden gesetzlich zur Auskunftserteilung verpflichtet. Allerdings neigen diese Pressestellen dazu, vor allem angenehme Nachrichten zu verbreiten und unangenehme zurückzuhalten, so dass ihre Informationen mit Vorsicht zu genießen sind. Auch hier muss man jeweils fragen: Welche Interessen stehen dahinter? Dasselbe gilt auch für die Informationsmaterialien der Parteien und Verbände, die in der Regel bereitwillig zur Verfügung gestellt werden, und für deren Internetauftritte. Doch lassen sich aus dem Vergleich der verschiedenen Standpunkte wichtige Erkenntnisse gewinnen.

T 20

Sachbücher – Je komplizierter die Sache, desto intensiver die Beschäftigung

Da politisch-gesellschaftliche Probleme in der Regel sehr komplex sind, ist zur intensiven Beschäftigung nach wie vor die Lektüre von Büchern und Zeitschriften unentbehrlich. Für den Bereich der Politik bieten die Bundeszentrale für politische Bildung (www.bpb.de) und die Landeszentralen für politische Bildung zu geringen Kosten Bücher, Zeitschriften und Informationsmaterialien an. Die genannten Institutionen sind zur Überparteilichkeit verpflichtet. Allerdings gibt es bei der Darstellung gesellschaftlich-politischer Probleme keine absolute Objektivität. Zur Vertiefung der in diesem Kapitel angesprochenen Themen finden sich beispielsweise im Buchangebot der Bundeszentrale für politische Bildung u.a. folgende empfehlenswerte Titel:

- *Dörner, Andreas / Vogt, Ludgera (Hrsg.)* (2012), Unterhaltungsrepublik Deutschland. Medien, Politik und Entertainment, Schriftenreihe Bd. 1258, Bonn.
- fluter, Jugendmagazin der BpB, Nr. 31: Medien (2009).
- fluter, Jugendmagazin der BpB, Nr. 46: Internet (2013).
- *Hachmeister, Lutz (Hrsg.)* (2008), Grundlagen der Medienpolitik. Ein Handbuch, Schriftenreihe Bd. 695, Bonn.
- *Informationen zur politischen Bildung* (2011): Massenmedien, Heft 309.
- *Passig, Kathrin / Lobo, Sascha (2013),* Internet – Segen oder Fluch, Schriftenreihe Bd. 1315, Bonn.

Den Inhalt von Presse- und Fernsehberichten/-reportagen erfassen

Berichte in der Presse und im Fernsehen erheben den Anspruch, die Adressaten relativ umfassend und objektiv zu informieren. Eine besondere Form des Berichts stellt die Reportage dar. Sie ist ein tatsachenbetonter, aber persönlich gefärbter Erlebnisbericht, der erkennen lässt, was der Reporter denkt, empfindet, erlebt. Sie beginnt meistens mit einer anregenden Überschrift und einem das Interesse weckenden Vorspann und endet gewöhnlich mit einer Pointe oder Folgerung. Zum Hauptteil einer Reportage gehören Bilder, Personen, Situationen, um die es geht.

Mit den folgenden Fragen können sowohl die Berichterstattung über Fakten (A) als auch über das Ereignis selbst (B) und dessen Hintergründe und Zusammenhänge (C) erfasst und analysiert werden. Dieses Frageschema bietet sich auch an, wenn man die Berichte in verschiedenen Medien vergleichen will.

Der Bericht will mitteilen

A. Faktenberichterstattung
- was sich ereignet hat,
- wo,
- wann,
- wie,
- weshalb etwas passiert ist,
- wer an dem Ereignis beteiligt war.

B. Ereignisberichterstattung
- wie das Ereignis verlaufen ist,
- wie die einzelnen Aspekte des Ereignisses zusammenhängen,
- welche Folgen das Ereignis hat,
- was dem Ereignis vorausgegangen ist.

C. Hintergrundberichterstattung
- in welchem sozialen,
- historischen,
- politischen und
- kulturellen Zusammenhang das Ereignis steht.

[nach H.J. Bucher (1986), Pressekommunikation, Tübingen]

T 22

TIPPS ZUM TUN

Karikaturen interpretieren

In allen Medien stößt man auf Karikaturen. In ihnen werden Menschen, ihre Handlungen oder Probleme bewusst verzerrt und überspitzt – wohlwollend oder kritisch – zeichnerisch dargestellt. Politische Karikaturen nehmen in der Regel politische Zustände, Probleme, Personen und Anliegen aufs Korn. Bei der Interpretation einer Karikatur sollten folgende Gesichtspunkte beachtet werden:

- Welche Personen und Sachverhalte werden dargestellt?
- Was fällt Ihnen besonders auf?
- Welche zeichnerischen Mittel hat der Karikaturist angewandt?
- Was kritisiert er? Was lobt er?

Wichtig ist, die Hauptaussage der Karikatur zu erkennen. Sammeln Sie alle Gedanken, die Ihnen zu dem dargestellten Problem einfallen. Versuchen Sie, das Thema der Karikatur mit eigenen Worten zu beschreiben.

Karikatur: Klaus Stuttmann

T 23

TIPPS ZUM TUN

Diagramme und Schaubilder analysieren

Da es heute relativ einfach geworden ist, Informationen und Zusammenhänge in (animierten) Diagrammen und Schaubildern aufzuarbeiten, werden diese verstärkt eingesetzt.

Diagramme sind grafische Umsetzungen von Statistiken und Tabellen, um eine bessere Veranschaulichung zu erreichen. Man unterscheidet verschiedene Formen von Diagrammen, so z.B. Blockdiagramme, Kreisdiagramme oder Kurvendiagramme, die je nach Eignung für die Darstellung eines Sachverhalts eingesetzt werden. Durch die häufig gekonnte grafische Umsetzung der Zahlen erwecken die Grafiken den Anschein von Objektivität. Umso wichtiger ist es, sie kritisch zu prüfen:

- Auf welchen Zeitraum bezieht sich das Diagramm?
- Auf welche Bezugsgröße ist das Diagramm ausgelegt?
- Beginnt die Darstellung bei Null?
- Ist die Darstellung durchgehend linear oder werden Überhöhungen vorgenommen?
- Welche Vergleichsgrößen werden genannt?

Nicht zuletzt werden in den Überschriften oder im Begleittext Interpretationshilfen gegeben, in denen häufig eine ganz bestimmte Tendenz zu erkennen ist. *Beispiel*: Die beiden folgenden Diagramme veranschaulichen die Entwicklung der Wahlbeteiligung bei Bundestagswahlen:

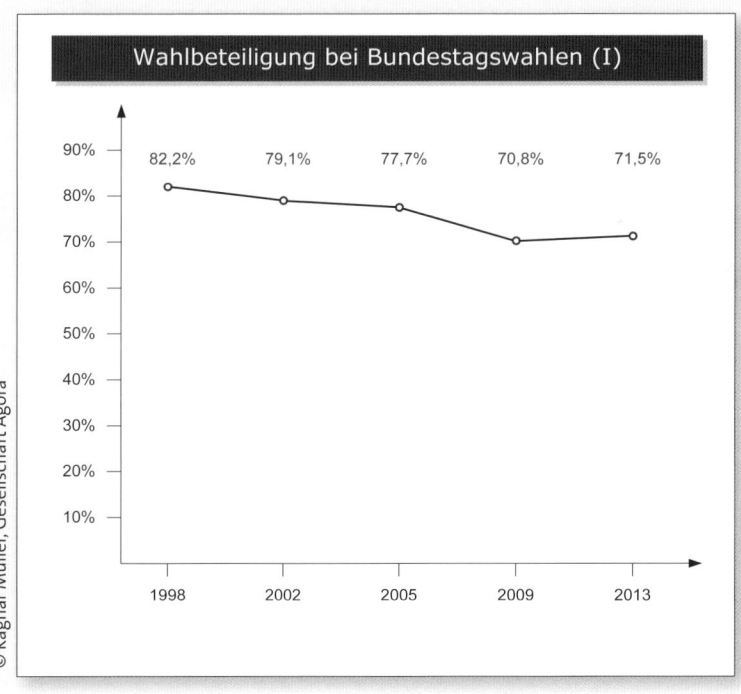

Wahlbeteiligung bei Bundestagswahlen (II)

90%

82,2%   79,1%   77,7%   70,8%   71,5%

80%

70%

1998   2002   2005   2009   2013

Schaubilder dienen der grafischen Veranschaulichung von Zusammenhängen. Um eine gute Anschaulichkeit zu gewährleisten, werden sie auf das Wichtigste reduziert. Für die Deutung eines Schaubilds ist es unerlässlich herauszufinden, wo sich das (oder ein) Zentrum befindet. Von ihm aus lassen sich die verschiedenen Verflechtungen und wechselseitigen Abhängigkeiten erschließen. Dabei können auch die schriftlichen Informationen hilfreich sein, die meistens hinzugefügt sind. Zur genauen Interpretation ist es notwendig, auf die Vielfalt von Formen, Farben, Linien und Symbolen zu achten, z.B.:

- Was bedeutet ein Pfeil?
- In welche Richtung zeigen die meisten Pfeile?
- Wo kommen sie her?
- Was bedeuten die Farben und Symbole?
- Muss man das Schaubild von links nach rechts, von oben nach unten oder umgekehrt lesen?

Außerdem ist zu überlegen, welche Einflussfaktoren oder Informationen im Interesse der Übersichtlichkeit weggelassen wurden. Wurde dadurch der Zusammenhang zu sehr vereinfacht oder gar verfälscht? *Beispiel*: Das folgende Schaubild liefert eine Erklärung für Terrorismus:

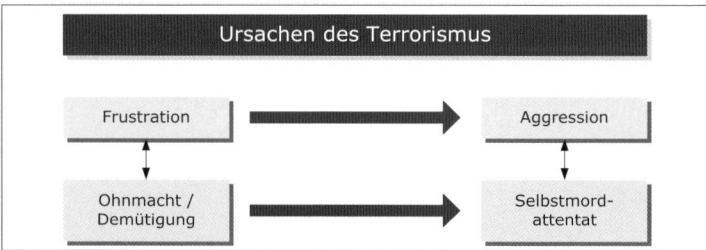

Lügen Bilder nicht? – Die visuellen Gestaltungsmittel der Massenmedien durchschauen

Fotoapparat und Filmkamera haben den Ruf der Objektivität und Unbestechlichkeit, weil sie die Dinge angeblich so aufnehmen, wie sie sind. Wer sich mit dem dokumentarischen Wert von Fotos oder Filmen beschäftigt, erkennt bald, dass mit der Kamera nicht nur Bilder unterschiedlicher Qualität geschaffen werden, sondern auch Manipulationen möglich sind.

Ein Foto ist nichts Starres, sondern ein Werk, das bei näherem Hinsehen eine wertende Vorstellung seines Gegenstandes wiedergibt. Es kommt darauf an, diese vom Fotografen angestrebte Bewertung zu erkennen und festzustellen, mit welchen Mitteln ihm dies gelungen ist. Zu achten ist also auf Vordergrund, Hintergrund, Weiteneinstellung, Lichteffekte, Perspektive und deren jeweilige Auswirkungen auf das Bild.

Fälschungen von Bildern gibt es, seit es die Fotografie gibt. So ließ z.B. Stalin seinen Rivalen Trotzki aus einem Foto herausretuschieren, um die Erinnerung an ihn auszulöschen. Die Techniken der digitalen Bildbearbeitung sind inzwischen so verfeinert worden, dass Änderungen oftmals selbst von Fachleuten nicht mehr festgestellt werden können. Durch die Computertechnik ist es heute möglich geworden, Bilder selbst zu komponieren und dabei Personen zusammenzubringen, die sich nie gesehen, oder sie in Situationen zu versetzen, die sie nie erlebt haben. „Hat Helmut Kohl Madonna geküsst?" hieß eine Fernsehsendung, in der ein konstruiertes Bild des Bundeskanzlers mit dem Popstar gezeigt wurde.

Eine *Großeinstellung*, eine Detailaufnahme, die z.B. den Kopf oder die zitternden Hände eines Menschen oder den Teil eines Gegenstandes zeigt und damit als besonders wichtig herausstellt, kann eine starke emotionale Wirkung haben. Eine *Totale*, die den bildwichtigen Teil in seiner weiteren Umgebung umfasst, will vor allem den größeren Handlungsraum darstellen und kann so Atmosphäre wiedergeben. Über die *Kamerabewegung* kann eine bestimmte Stimmung vermittelt werden. Das Heranfahren an das Objekt kann suggestiv wirken. Schnelle Schwenks sind geeignet, eine Handlung zu dramatisieren. Wenn die Kamera über Augenhöhe ein wenig geneigt wird, wie etwa bei der Nachrichtensprecherin, wirkt dies meistens sympathisch und fast vertraut. Die *Froschperspektive* bewirkt eine starke Verzerrung und lässt Personen übermächtig erscheinen, wogegen der Mensch aus der *Vogelperspektive* recht klein und schwach wirkt.

Auf die Auswahl des Bildausschnitts kommt es an.

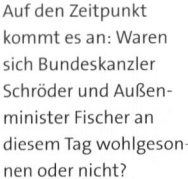

Auf den Zeitpunkt kommt es an: Waren sich Bundeskanzler Schröder und Außenminister Fischer an diesem Tag wohlgesonnen oder nicht?

picture alliances – dpa

Mit diesen gestalterischen Elementen können bestimmte Stimmungsfelder geschaffen werden. Nicht ohne Grund wird die Beleuchtung als Handschrift des Regisseurs bezeichnet.

Sie erlaubt, vorhandenes Bildmaterial digital nachzuarbeiten, um es zu intensivieren oder Unterhaltungseffekte zu erzielen. Es wird daher immer schwerer, zwischen Abbildung, Ästhetisierung und Verfälschung der „Wirklichkeit" zu unterscheiden.

Um Politik für möglichst viele interessant zu machen, stellen Journalisten Details aus dem Privatleben der Politiker, die man zeigen kann, oder Kurioses, über das man schmunzeln kann, in den Mittelpunkt eines Presse- oder Fernsehberichts. So werden z.B. Hobbies von Politikern wie Joggen, Radfahren oder ein Haustier wegen ihres Unterhaltungswerts herausgestellt.

Sprechersendung, Nachrichtenjournal, News Show: Wie werden Nachrichten im Fernsehen präsentiert?

T 25

TIPPS ZUM TUN

Wer verschiedene Nachrichtensendungen im Fernsehen miteinander vergleicht, stellt Unterschiede im Erscheinungsbild fest. Man spricht von Nachrichtenformaten. Die unterschiedlichen Konzepte der Sendungen werden nicht nur von Journalisten, sondern vor allem auch von Psychologen sowie Werbe- und Marketingexperten entwickelt, mit dem Ziel, möglichst viele Zuschauerinnen und Zuschauer an den Fernsehschirm zu locken. Die folgende Typologie soll deutlich machen, wie Nachrichten unterschiedlich „verkauft" werden. In der Wirklichkeit werden Elemente der drei Grundformate vermischt. Mit Hilfe der Typologie ist es uns leichter möglich, die Machart der Sendung zu durchschauen und deren Nachrichten- bzw. Informationswert festzustellen.

Fernsehnachrichten zwischen Information und Unterhaltung

	Sprechersendung	Nachrichten-journal	News Show
Präsentation	Sprecher	Moderator(en) eventuell ergänzt um Sprecher	Moderatoren-team
Journalistische Präsentations-formen	Ereignis- und Ergebnisberichter-stattung	Vertiefung und Interpretation der Nachrichten-lage	Ausweitung des journalistischen Handlungsre-pertoires
Dramaturgie	Reihenfolge der Themen nach abfallender Wich-tigkeit	(beschränkte) dramaturgische Strukturierung	Bewusste dramaturgische Spitzen und Ruhepunkte
Inhalt	Primat von Hard News	Größere Gewichtung von gratifikati-onsbezogenen Inhalten	Achten auf Zuschauerrele-vanz; stärkere Ausprägung von Spot und Soft News

[Andreas Wittwen (1995), Infotainment. Fernsehnachrichten zwischen Information und Unterhaltung, Bern u.a.]

Zum Weiterlesen:

Müller, Ragnar / Plieninger, Jürgen / Rapp, Christian (2013), Recherche 2.0. Finden und Weiterverarbeiten in Studium und Beruf, Springer VS, Wiesbaden.

Zum Vertiefen:

Baumann, Andreas / Gläser, Martin / Kegel, Thomas / Schellmann, Bernhard (2013), Handbuch Medien. Medien verstehen, gestalten, produzieren, 6. Aufl., Europa-Lehrmittel.

Besand, Anja / Sander, Wolfgang (Hrsg.) (2010), Handbuch Medien in der politischen Bildung, Wochenschau Verlag, Schwalbach/Ts.

Informationen zur politischen Bildung (2011): Massenmedien, Heft 309, Bundeszentrale für politische Bildung, Bonn (kostenlose Bestellung unter www.bpb.de).

Moser, Heinz (2010), Einführung in die Medienpädagogik. Aufwachsen im Medienzeitalter, 5. Aufl., VS Verlag für Sozialwissenschaften, Wiesbaden.

Sühl-Strohmenger, Wilfried (Hrsg.) (2012), Handbuch Informationskompetenz, de Gruyter, Berlin/Boston.

Süss, Daniel / Lampert, Claudia / Wijnen, Christine W. (2013), Medienpädagogik. Ein Studienbuch zur Einführung, 2. Aufl., Springer VS, Wiesbaden.

Wochenschau (2013), Medien, Basisheft für Sek. I, Heft 3/2013, Wochenschau Verlag, Schwalbach/Ts.

Zum Surfen:

Thema „Medien" mit vielen Online-Dossiers (u.a. „Krieg in den Medien", „Wikipedia", „Open Data", „Lokaljournalismus") auf der Website der Bundeszentrale für politische Bildung: www.bpb.de/gesellschaft/medien.

Professionelle Internetrecherche und Wissensmanagement für Hochschulen – Tutorials zum Selbststudium: www.recherchieren-im-internet.eu.

4. Die Meinungsbildung beeinflussen

An die Öffentlichkeit gehen

„Ich mag verdammen, was du sagst, aber ich werde mein Leben dafür einsetzen, dass du es sagen darfst."
Evelyn Beatrice Hall (1868–1919),
Schriftstellerin, die 1906 eine Biografie von
Voltaire (1694–1778) verfasst hat, weshalb
dieses Zitat häufig dem französischen Dichter
und Philosophen der Aufklärung
zugeschrieben wird.

„Die Regierungen, welche die Freiheit der Rede unterdrücken, weil die Wahrheiten, die sie verbreitet, ihnen lästig sind, machen es wie die Kinder, welche die Augen zuschließen, um nicht gesehen zu werden."
Ludwig Börne (1786–1837),
Journalist, Literatur- und Theaterkritiker

Kurzübersicht

Die Freiheit der Meinungsbildung und -äußerung, die Möglichkeit, an die Öffentlichkeit zu gehen, bildet die zentrale Voraussetzung für politische Beteiligung auf allen Ebenen und damit eine unverzichtbare Ergänzung für die folgenden Bausteine. Wie eine aktive Bürgergesellschaft besser beteiligt und das Eskalieren von Protesten verhindert werden kann, wird intensiv diskutiert. Die Tipps zum Tun beziehen sich sowohl auf das politische Handeln des Einzelnen als auch von Gruppen und Organisationen.

4.1 Freie Meinungsbildung, Medien, Öffentlichkeit – Grundlagen der Demokratie

Quelle

„Die zwischen den Wahlen liegende, vom Volk ausgehende Mitwirkung an der Meinungs- und Willensbildung ist für die Funktionsfähigkeit der repräsentativen Demokratie von erheblicher Bedeutung. Denn die Staatsorgane werden von dieser Einflussnahme angeregt, informiert, kontrolliert und im Großen und Ganzen im Einklang mit den Meinungen des Volkes gehalten."

[Joachim Detjen (2009), Die Werteordnung des Grundgesetzes, VS Verlag für Sozialwissenschaften, Wiesbaden, S. 228]

„Immer wenn man die Meinung der Mehrheit teilt, ist es Zeit sich zu besinnen."

Mark Twain (1835-1910), Schriftsteller und Humorist

Durch die Medien erfahren die Politikerinnen, welche Probleme die Bürger beschäftigen. Durch sie erfährt die Bevölkerung wiederum, welche Entscheidungen von Parlament und Regierung getroffen werden. Die Medien machen die Diskussion über diese Fragen, an der sich in der Regel Regierung, Opposition, politische Parteien, Verbände und andere Gruppen beteiligen, öffentlich. Darin besteht ihre gesellschaftliche Forums- und Integrationsfunktion. Mit dem Begriff der Öffentlichkeit ist gemeint, dass jeder Zutritt hat, dass sie für jeden zugänglich ist, dass sich jeder an der Diskussion beteiligen kann. Während die Möglichkeiten hierzu begrenzt waren, solange die Massenmedien dominierten, ändert sich das durch die sozialen Medien. Prinzipiell kann nun jeder ohne nennenswerte Hürden an die Öffentlichkeit gehen. Allerdings zersplittert dadurch der Ort der Meinungsbildung in unzählige Teil- und persönliche Öffentlichkeiten, was die erwähnte Integrationsfunktion erschwert.

Öffentliche Meinung – ein unklarer Begriff

Definition

„Unter öffentlicher Meinung versteht man die in der Bevölkerung eines Ortes oder Gebietes vorherrschenden Ansichten über die Angelegenheiten von allgemeinem (öffentlichen) Interesse."

Martin Löffler, Presserechtler, 1991

„Eine öffentliche Meinung ist eine in den Medien als dominant wahrnehmbare Meinung. Als Meinung der Öffentlichkeit und ihrer Akteure spiegelt sie nicht zwangsläufig die Mehrheitsmeinung der Bevölkerung wider."

[Jochen Hoffmann: Glossar; in: Ulrich Sarcinelli (Hrsg.) (1998), Politikvermittlung und Demokratie in der Mediengesellschaft, Schriftenreihe der Bundeszentrale für politische Bildung Bd. 352, Bonn, S. 436]

Der Personenkreis, der die Möglichkeit nutzt, an die Öffentlichkeit zu gehen, äußert sich in „öffentlicher Meinung". Allerdings besteht diese in Wirklichkeit nicht aus einer Meinung, sondern aus einem Spektrum von Meinungen. Die von den Staatsorganen, Parteien, sonstigen Gruppierungen oder Einzelpersonen publizierten Meinungen könnte man eher als „veröffentlichte Meinung" bezeichnen. Diese Freiheit der Meinungsäußerung, die in Art. 5 GG garantiert ist, bildet die Voraussetzung für die Beteiligung der Bürgerinnen am politischen Leben, die unter anderem im Wahlrecht und der Versammlungs- und Vereinigungsfreiheit konkretisiert wird, dem Thema folgender Bausteine.

Veröffentlichte Meinung

„Eine Steigerung, sogar gewisse Vollendung erreicht die herrschaftsausübende Demokratie in ihrer partizipativen Gestalt. Diese beginnt sachlich gesehen mit einer politischen Öffentlichkeit, in der die Bürger auch dort als Träger der Politik agieren können, wo sie nicht direkt wählen oder entscheiden. Infolgedessen hängt die Zukunftsfähigkeit der Demokratie nicht nur von ihren Strukturen und den Berufspolitikern, sondern auch den Bürgern selbst ab. (...) Die für die Öffentlichkeit unverzichtbaren Medien sind nicht bloß ein Forum, auf dem Interessen und Meinungen zu Wort kommen. Sie sind auch eine Arena, in der um Einfluß und Macht gestritten wird, darüber hinaus eine kritische Instanz, vor der sich die gesamte Politik, einschließlich der Gerichtsbarkeit, zu rechtfertigen hat. Da eine funktionierende Öffentlichkeit auch die Opposition zu Wort kommen läßt, trägt sie schließlich zum inneren Frieden bei."

[Otfried Höffe (2009), Ist die Demokratie zukunftsfähig? Über moderne Politik, C. H. Beck, München, S. 82 f.]

„Die Presse muss die Freiheit haben, alles zu sagen, damit gewissen Leuten die Freiheit genommen wird, alles zu tun."

Louis Terrenoire (1908-1992), Journalist und Politiker

Die Medien haben nicht nur die Aufgabe der Information, sondern sie tragen auch selbst zur Meinungsbildung bei. Sie bieten den Bürgern ein breites Spektrum von Meinungen an und nehmen selbst dazu Stellung.

Funktionen der Medien

Bedeutung der Medien in der Demokratie

Das Bundesverfassungsgericht hat diese im „Spiegel-Urteil" von 1966 verbindlich formuliert:

„Eine freie, nicht von der öffentlichen Gewalt gelenkte, keiner Zensur un-
terworfene Presse ist ein Wesenselement des freiheitlichen Staates (...).
Soll der Bürger politische Entscheidungen treffen, muss er umfassend
informiert sein, aber auch die Meinungen kennen und gegeneinander
abwägen können, die andere sich gebildet haben. Die Presse hält diese
Diskussion in Gang (...). In ihr artikuliert sich die öffentliche Meinung; die
Argumente klären sich in Rede und Gegenrede, gewinnen deutliche Kon-
turen und erleichtern so dem Bürger Urteil und Entscheidung."
Entsprechendes gilt auch für Rundfunk und Fernsehen.

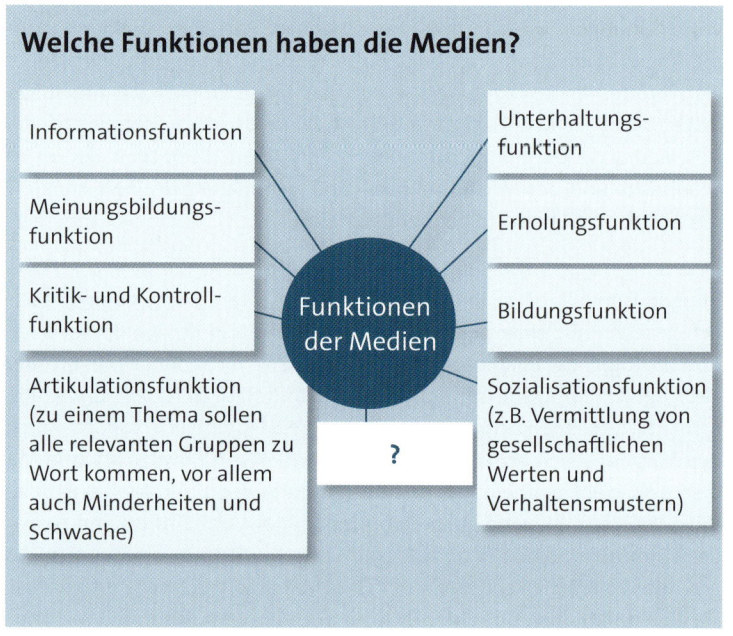

Welche Funktionen haben die Medien?

Informationsfunktion

Unterhaltungs-
funktion

Meinungsbildungs-
funktion

Erholungsfunktion

Kritik- und Kontroll-
funktion

Funktionen
der Medien

Bildungsfunktion

Artikulationsfunktion
(zu einem Thema sollen
alle relevanten Gruppen zu
Wort kommen, vor allem
auch Minderheiten und
Schwache)

Sozialisationsfunktion
(z.B. Vermittlung von
gesellschaftlichen
Werten und
Verhaltensmustern)

?

© Wochenschau Verlag

**Medien als
vierte Gewalt**

Daneben haben die Medien in der Demokratie noch die Aufgabe der Kritik und Kontrolle der Machtträger wie Regierung, Verwaltung, aber auch
Parteien und Verbände. Sie können dadurch nicht nur dazu beitragen, dass
politische Missstände nachträglich aufgedeckt, sondern auch verhindert
werden. Die Medien wirken bei ihrer Kontrollfunktion mit anderen politischen Organen wie der Opposition im Parlament oder den Gerichten
mittelbar zusammen. Sie selbst können nur auf Missstände aufmerksam
machen. Die Konsequenzen daraus müssen die staatlichen Organe selbst
ziehen. Wegen ihrer Bedeutung für die demokratische Meinungsbildung
werden die Medien neben Parlament (Legislative), Regierung (Exekutive)
und Justiz (Judikative) auch als vierte Gewalt bezeichnet.

Die Medien beschränken sich nicht darauf, Informationen und Meinungen zu vermitteln. Sie bestimmen mit, welche Themen in der Öffentlichkeit diskutiert werden, also ob und welche Umweltprobleme oder ob und welche politischen Vorgänge im Mittelpunkt der Diskussion stehen. In den Medien wird also mitentschieden, welche Themen in welcher Rangfolge behandelt werden. Sie legen gewissermaßen mit fest, was auf die Tagesordnung (Agenda) der öffentlichen Diskussion kommt.

Medien als Agenda-Setter

Regierung, Opposition, Parteien, Verbände und andere politische Gruppen versuchen, diesen Prozess der Themenfindung und Meinungsbildung zu beeinflussen. Öffentlichkeitsarbeit gehört zu den wichtigsten Aufgaben dieser Träger der politischen Willensbildung. Alle staatlichen Organe und politischen Organisationen unterhalten technisch und personell gut ausgestattete Pressestellen, die unter anderem mit Presseerklärungen, Pressekonferenzen, Internetauftritten, Facebook-Profilen sowie Twitter- und YouTube-Kanälen die Meinungsführerschaft in bestimmten Bereichen erlangen wollen.

Öffentlichkeitsarbeit

Die Bearbeitung politischer Themen erfolgt in verschiedenen Phasen. In der Anfangsphase können durchaus einzelne Bürgerinnen, Blogger oder kleinere Gruppen, denen es gelingt, auf ein Thema zu setzen und es zu verbreiten, Einfluss auf die Medien ausüben. Wenn durch sie ein Thema in den Blickpunkt der Öffentlichkeit gerückt ist, dann können es die politischen Gruppierungen nicht mehr ignorieren; es wird zum Gegenstand der öffentlichen Auseinandersetzung. Es gibt natürlich auch für Themen in der Öffentlichkeit Ermüdungsphasen, vor allem wenn es nicht gelingt, diskussionswürdige Lösungsansätze zu finden.

Themenkarrieren

Um das Interesse und Echo der Medien zu erreichen, neigen Politiker dazu, sich den Eigengesetzlichkeiten der Medien zu unterwerfen. Die Politikwissenschaft spricht von einer „Medialisierung" der Politik. Die Politik wird als Schauspiel inszeniert, um von den Medien wahrgenommen zu werden. An die Stelle von realem Handeln oder von konkreten Lösungsvorschlägen treten symbolische Handlungen bzw. symbolische Politik.

Medialisierung der Politik

Wenn z. B. der ehemalige Umweltminister Töpfer in den Rhein steigt, um dessen Sauberkeit zu demonstrieren, oder wenn er ein Bäumchen pflanzt, um das Waldsterben zu bekämpfen, dann finden diese Handlungen zwar das Interesse der Medien, weil es etwas zu fotografieren und filmen gibt; diese symbolischen Handlungen tragen aber nichts zur Lösung der Umweltprobleme bei. Ein Beispiel aus jüngerer Zeit wäre der Besuch von Bundeskanzlerin Merkel in Grönland:

Symbolische Politik

inszenierte Politik

picture alliances – dpa

Ähnlich wie durch die Bezeichnung „Infotainment" die Mischung von Information und Unterhaltung deutlich gemacht werden soll, soll der Begriff Politainment auf die Tendenz aufmerksam machen, dass in den Medien Politik unterhaltend dargeboten wird und dass Politiker immer mehr auf Präsentationsformen der Unterhaltung zurückgreifen, um ihre Politik populär zu machen. Auf der anderen Seite bemühen sich auch Unterhaltungssendungen wie z. B. „Wetten dass", auf Politiker und ihre Themen zurückzugreifen, um möglichst hohe Einschaltquoten zu erreichen. Durch die Darstellung der Politik im Unterhaltungsformat besteht die Gefahr, dass komplexe politische Probleme auf Personen, einfache Erzählungen, Anekdoten oder Parolen reduziert werden.

4.2 Chancen der Bürgerbeteiligung an der öffentlichen Meinungsbildung

Ungleiche Chancen trotz sozialer Medien

In der Praxis sind die Chancen, an der Meinungsbildung der Öffentlichkeit mitzuwirken, recht unterschiedlich verteilt. Regierungen, Parteien, Kirchen, Gewerkschaften, Unternehmerverbände und andere große Organisationen haben hier weitaus mehr Möglichkeiten als einzelne Bürgerinnen oder kleinere Gruppen. Das gilt nach wie vor, auch wenn es die sozialen Medien nun prinzipiell jedem erlauben, etwas zu veröffentlichen. Gehör finden Blogger oder Facebook-Gruppen in aller Regel erst dann, wenn die „traditionellen" Medien ihr Thema aufgreifen. Paul Sethe, ein angesehener Journalist in der Nachkriegszeit, hat einmal etwas provokativ geschrieben: „Die Pressefreiheit ist die Freiheit von zweihundert reichen Leuten, ihre Meinung zu verbreiten". Um zu verhindern, dass die Interessen der „Kleinen" unter den Tisch fallen, wird zum Teil ein „anwaltschaftlicher Journalismus" gefordert, der die Standpunkte der „Machtlosen" in die Diskussion einbringen soll.

„Nicht Tatsachen, sondern Meinungen über Tatsachen bestimmen das Zusammenleben."
Epiktet (ca. 50-135), griechischer Philosoph

Trotz dieser Einschränkungen gibt es für einzelne Bürger – vor allem wenn sie sich in Gruppen und Initiativen zusammenschließen – Möglichkeiten, den Prozess der öffentlichen Meinungsbildung zu beeinflussen. Dies gilt vor allem für lokale und regionale politische Initiativen. Dabei geht es insbesondere darum, Themen, die ihnen besonders dringlich erscheinen, in die öffentliche Diskussion einzubringen. Überregionalen Bürgerinitiativen oder sozialen Bewegungen wie der Friedens-, Frauen-, Umwelt- und Anti-Atomkraft-Bewegung ist es sogar gelungen, auf Bundesebene und darüber hinaus den Meinungsbildungsprozess zu beeinflussen.

Soziale Bewegungen

Selbst lokale Initiativen wie die Proteste gegen „Stuttgart 21" können überregional nachhallen. So haben die Proteste in Stuttgart, bei denen es ursprünglich um einen Bahnhof ging, zu einer bundesweiten Diskussion über Protestkultur, Wut- und Mutbürger, Bürgerbeteiligung, direkte Demokratie, Transparenz und das (mangelnde) Vertrauen in repräsentative Verfahren geführt. Als eine Folge der Proteste hat die grün-rote Landesregierung Baden-Württembergs den Posten einer „Staatsrätin für Zivilgesellschaft und Bürgerbeteiligung" eingeführt und mit Gisela Erler besetzt, deren Aufgabe es ist, die Bürgerbeteiligung auszubauen und zu stärken. Zu den ersten Ergebnissen zählt ein Beteiligungsportal im Internet, ein „Leitfaden für eine neue Planungskultur" (http://beteiligungsportal. baden-wuerttemberg.de) und das Netzwerk „Allianz für Beteiligung" (http://allianz-fuer-beteiligung.de).

„Stuttgart 21"

„Ich bin bestimmt kein Revolutionär, aber ich will mich als Bürger dieser Stadt zu Wort melden."

Walter Sittler (*1952), Schauspieler und Wortführer bei den „Stuttgart 21"-Protesten

Politik des Gehörtwerdens

„Mit einer Politik des ‚Gehörtwerdens' will die baden-württembergische Landesregierung dem wachsenden Mitwirkungsbedürfnis dieser engagierten Zivilgesellschaft gerecht werden und verloren gegangenes Vertrauen in die Politik wieder zurückgewinnen. Unser Ziel ist eine Mitmachdemokratie. Als Landesregierung haben wir aus diesem Grund Strategien und Formate entwickelt, die eine Mitwirkung der Bürgergesellschaft auf Augenhöhe mit der Politik ermöglichen. Wir wollen nicht nur dafür sorgen, dass Bürgerinnen und Bürger politische Entscheidungen besser nachvollziehen können und Transparenz hergestellt wird, sondern auch, dass das Wissen und die Kompetenz der Zivilgesellschaft künftig besser genutzt werden. Denn wir sind davon überzeugt: Wenn sich die Politik dem Einfluss und den Ideen aus der Bürgergesellschaft öffnet, erhöht das auch die Chancen auf gute politische Ergebnisse und trägt so nicht zuletzt zu einer spürbaren Qualitätsverbesserung von Politik bei."

Quelle

[Gisela Erler (2013), Gemeinsam gestalten – Bürgerbeteiligung lebt vom Mitmachen; in: Deutschland & Europa Heft 65/2013, Thema: Bürgerbeteiligung in Deutschland und Europa, S. 10]

Internet und
Partizipation

Das Web 2.0 wird in den deutschen Medien häufig „Mitmach-Web" genannt. Eine viel zitierte Definition spricht von einer „Architektur der Partizipation" (Tim O'Reilly). Sind damit die Probleme rund um Bürgerbeteiligung nicht gelöst? Genau diese Hoffnung begleitete das Internet von Anfang an. Die „Twitter-Revolution" im Iran 2009 und die „Facebook-Revolution" in Ägypten 2011 schien dieser optimistischen Sicht recht zu geben. In Deutschland gelang es der „Netzgemeinde", Gesetzesvorhaben zu verhindern („Zensursula") und Minister zu stürzen („GuttenPlag"). Allerdings war gleichzeitig nicht zu übersehen, dass die Freiheit des Netzes gleich von mehreren Seiten bedroht war. Zum einen entwickelten sich in sehr kurzer Zeit monopolartige Marktpositionen (Google, Facebook), zum zweiten konnte die technische Infrastruktur auch zu staatlichen Überwachungszwecken missbraucht werden. Dass dies — nicht nur in repressiven Regimen — auch tatsächlich geschieht, wurde der Weltöffentlichkeit 2013 durch die Enthüllungen von Edward Snowden bekannt („NSA-Affäre").

Quelle

„Die ‚Wutbürger' von Stuttgart und anderswo treten selbst- und machtbewusst auf. Viele von ihnen verfügen über Sachkenntnisse. Andere besitzen eine eher naive Vorstellung von den umstrittenen politischen Problemen und Prozessen. In jedem Fall wird die Sicht nicht ‚von oben' vorgegeben. Die Protestierer haben eigene Informationsmöglichkeiten. Die neue Beteiligungskultur ist ohne die selbstständige Nutzung des Internets nicht erklärbar. Auf elektronischem Wege tauschen die Demonstranten Informationen aus, stärken sich gegenseitig in ihrem Protestwillen, stellen Öffentlichkeit her und mobilisieren andere."

[Gotthard Breit (2012), Politische Beteiligung durch Politikunterricht?; in: Weißeno, Georg / Buchstein, Hubertus (Hrsg.), Politisch Handeln. Modelle, Möglichkeiten, Kompetenzen, Schriftenreihe der Bundeszentrale für politische Bildung Bd. 1191, Bonn, S. 248]

Gemischte Bilanz

Die Bilanz der digitalen Medien hinsichtlich politischer Partizipation fällt gemischt aus: „Positive Stimmen prophezeien, dass sie politische Prozesse transparenter machen, Macht- und Medienmonopole brechen und marginalisierten Gruppen Gehör verschaffen können. Kritiker warnen hingegen vor Vereinzelung und Desinformation, aber auch vor der bloßen Simulation von Teilhabe und Fehlformen wie dem ‚Clicktivism', bei denen sich Partizipation im Anklicken eines Buttons erschöpfe, ohne wirkliche gesellschaftliche Veränderungen zu bewirken."

[Jan-Hinrik Schmidt (2013), Soziale Medien und das Partizipationsparadox; in: Deutschland & Europa Heft 65/2013, Thema: Bürgerbeteiligung in Deutschland und Europa, S. 46]

Tipps zum Tun

Die folgenden Hinweise gelten sowohl für Einzelne als auch für Gruppen und Organisationen, die auf die politische Meinungsbildung Einfluss nehmen. Voraussetzung ist die Informationsbeschaffung (Baustein 3). Nur wer gut informiert ist, kann andere von seinem Anliegen überzeugen.

Mit einem Leserbrief öffentlich Stellung nehmen

T 26

Da Leserbriefe häufig gelesen werden, bieten sie dem Einzelnen oder mehreren Bürgerinnen die Möglichkeit, einem größeren Publikum ihre Meinung zu bestimmten Problemen kundzutun und auf diese Weise auch auf die politische Meinungsbildung Einfluss zu nehmen. Wenn Sie einen Leserbrief schreiben wollen, sollten Sie folgende Hinweise beachten:

- Fassen Sie sich kurz, damit Ihr Brief nicht von der Redaktion, die dazu berechtigt ist, gekürzt wird.
- Konzentrieren Sie sich auf wenige Argumente, die dazu noch gut begründet und gegliedert sein sollten.
- Schlagen Sie selbst eine Überschrift vor und setzen Sie die stärksten Argumente an den Schluss.
- Geben Sie Ihre Anschrift an und unterschreiben Sie den Leserbrief handschriftlich.

Mit einem „offenen Brief" an die Öffentlichkeit appellieren

T 27

Mit einem offenen Brief wenden sich ein Bürger oder mehrere Bürgerinnen an politische Gremien wie z. B. den Gemeinderat, Bundestag oder an Persönlichkeiten des öffentlichen Lebens, um auf ein Problem aufmerksam zu machen oder sich für eine Sache einzusetzen. Oft steht ein offener Brief am Beginn einer gemeinsamen Initiative. Offen wird der Brief deswegen genannt, weil sein Text zugleich den Medien, vor allem der Presse angeboten wird. Dadurch zum einen „öffentlicher Druck" auf den Adressaten des Briefes ausgeübt, zum anderen wird die Leserschaft zur Solidarität mit den Unterzeichnern aufgefordert. In der Regel empfiehlt sich folgender Aufbau:

- Anlass des Briefes, Darstellung der Dringlichkeit des Problems;
- Stellungnahme und Kritik der Unterzeichner;
- Vorschlag zur Lösung des Problems, Forderungen, Appell an die Öffentlichkeit;
- Unterschriften mit Anschrift und gegebenenfalls mit Angabe des Berufs und der öffentlichen Ämter der Unterzeichner.

TIPPS ZUM TUN

TIPPS ZUM TUN

Hörer- und Zuschauerbriefe

Neben Zeitungen und Zeitschriften, die ständige Leserbriefspalten haben, ermuntern zunehmend auch Rundfunk- und Fernsehanstalten ihre Kunden, anzurufen oder an Fernsehsendungen teilzunehmen, ihre Meinung zu bestimmten Fragen oder Wünsche zu äußern, Rätsel zu raten oder sich an Gewinnspielen zu beteiligen. Die Programm-Macher möchten auf diese Weise ihre Klientel fester an ihre Sendungen und Sender binden. Es handelt sich also zum Teil um eine Pseudobeteiligung aus kommerziellen Interessen. Trotz dieser Einschränkung werden Hörer- und Zuschaueräußerungen bzw. Briefe durchaus wahrgenommen. Je besser die Argumente und Anregungen, umso eher haben sie bei den Programm-Machern Einfluss. Es gibt auch Hörer- und Zuschauerbriefe, die Interessen und Anliegen von einer Gruppe vertreten und von dieser organisiert werden. Allerdings wird von den Programmverantwortlichen besonders gründlich geprüft, ob die Proteste und Anregungen zu einseitig interessenbestimmt sind. Für die Form der Briefe gelten die gleichen Regeln und Hinweise wie bei den Leser- und offenen Briefen.

Nichtoffizielle Online-Petition

Eine besondere Form des offenen Briefes oder Aufrufes stellt die nichtoffizielle Online-Petition dar. Sie richtet sich nicht an einen Petitionsausschuss (siehe Tipp zum Tun Nr. 6), sondern an die Öffentlichkeit bzw. an Institutionen und Organisationen des öffentlichen Lebens wie Parteien, Verbände, Unternehmen usw. Eine Online-Petition kann man nicht persönlich unterschreiben wie einen offenen Brief, sondern man trägt seinen Namen auf einer Webseite ein, am besten mit seiner E-Mail-Adresse, weil dadurch die Glaubwürdigkeit der Unterschrift nachgeprüft werden kann. Es gibt aber auch Online-Petitionen, bei denen die Unterzeichner öffentlich sichtbar sind, was eine gewisse Zivilcourage voraussetzt. Vor allem Bürgerinitiativen und Nichtregierungsorganisationen wählen diese Form des Protests. Zu den bekanntesten Plattformen für solche Online-Petitionen zählen:

- Avaaz: www.avaaz.org
- Campact: www.campact.de
- Change.org: www.change.org
- openPetition: www.openpetition.de

Mit einem Flugblatt und einem Informationsstand einen bestimmten Personenkreis erreichen

T 30

TIPPS ZUM TUN

Es gibt Probleme, von denen nur ein bestimmter Personenkreis betroffen ist; wenn z. B. eine bestimmte Straße verkehrsberuhigt werden soll oder in einem Viertel ein Kindergarten fehlt; oder wenn ich für eine bestimmte Bevölkerungsgruppe etwas erreichen will. Dann bietet sich ein Flugblatt als Informationsmittel an. Es steht oft am Anfang einer Initiative, bei der sich mehrere Bürger für eine Sache einsetzen. Deswegen muss neben der Zielgruppe auch das Anliegen, um das es geht, klar und schnell erkennbar sein. Schließlich sollten der oder die Absender sehr deutlich sagen, was ihrer Meinung nach unbedingt geschehen sollte. Ein Flugblatt kann also durchaus Anlass sein, sich mit politischen Fragen auseinanderzusetzen und dazu Stellung zu nehmen, also politisch zu denken und zu handeln. Die Absenderangabe ist nicht nur aus presserechtlichen Gründen erforderlich, sondern weil die Leute wissen wollen, wen sie unterstützen bzw. an wen sie sich wenden sollen. Die meisten Flugblätter werden achtlos weggeworfen, weil sich die Empfänger weder von dem Anliegen noch von der Form des Flugblattes angesprochen fühlen. Wenn Sie mit einem Flugblatt an die Öffentlichkeit gehen, dann achten Sie darauf, dass Sie die **Flugblatt**

- Adressaten klar und auffordernd ansprechen;
- Informationen und Daten angeben, die zum Verständnis des Problems wichtig sind, und den
- Appell zur Unterstützung klar formulieren.

Denken Sie daran, dass in der Regel nicht der Text, sondern die Aufmachung darüber entscheidet, ob Ihr Flugblatt gelesen wird. Daher ist es sinnvoll, den Inhalt durch Bilder, Zeichnungen oder Symbole zu ergänzen.

Oft ist es zweckmäßig, Flugblätter an einem Informationsstand anzubieten, den Sie mit Plakaten schmücken können, um größeres Aufsehen zu erregen. Es genügt dazu ein Tapeziertisch, der in jedem Baumarkt erhältlich ist. Darauf können Sie noch anderes Informationsmaterial bereitlegen. Ein Informationsstand muss von der örtlichen Verwaltung genehmigt werden. **Informationsstand**

„Lebendig kann Demokratie nur bleiben, wenn sie durch weitgehende Mitbestimmungsrechte in allen lebenswichtigen Fragen geübt, zur alltäglichen Lebensform und selbstverständlichen Praxis wird."

[Oskar Negt (2010), Der politische Mensch. Demokratie als Lebensform, Steidl, Göttingen, S. 507]

Mit einem Plakat auf ein politisches Anliegen aufmerksam machen

Das Plakat stellt eines der ältesten politischen Werbemittel dar. Bevor Sie einen Entwurf vorbereiten, müssen Sie sich genau überlegen, was Sie mitteilen wollen. Das Hauptproblem besteht darin, dass Sie dabei die oft sehr komplizierten gesellschaftlichen oder politischen Sachverhalte vereinfachen müssen. Sie müssen Ihr Anliegen gewissermaßen auf den Punkt bringen. Der erste Blick muss genügen, um Aufmerksamkeit zu wecken.

Das folgende beispielhafte Plakat stammt von dem Verein „Digitale Gesellschaft", einer Initiative für eine bürgerrechts- und verbraucherfreundliche Netzpolitik. Es wurde für eine Kundgebung anlässlich des Besuchs von Barack Obama in Berlin im Juni 2013 entwickelt.

© Digitale Gesellschaft e.V.

Hinweise zur Erstellung eines Plakats:
- Verschaffen Sie sich zuerst Klarheit über die angestrebte Botschaft.
- Holen Sie sich Informationen über das Anstoß erregende Problem und diskutieren Sie mit anderen darüber.
- Entwickeln Sie Ideen zur Umsetzung des Themas, machen Sie Entwürfe, erwägen Sie Alternativen.

- Entscheiden Sie sich für eine Plakatidee.
- Legen Sie dann Format, Technik, Farben, Schrift fest.

Im Idealfall umfasst das Plakat 1 Idee (nicht 2) und einen pfiffigen Spruch, ist spannend gestaltet und kann vom Autofahrer an der Ampel begriffen werden.

Eine Pressekonferenz veranstalten

Häufig kann es sinnvoll sein, eine Pressekonferenz durchzuführen, da mit einem Pressebericht mehr Leute erreicht werden können als mit einem Leserbrief. Allerdings muss gesichert sein, dass das Anliegen von allgemeinem Interesse ist und dass es von mehreren Personen bzw. einer schon organisierten Gruppe vertreten wird. Bei der Vorbereitung der Pressekonferenz müssen folgende Gesichtspunkte berücksichtigt werden:

- Welche Zeitungen oder Rundfunkanstalten sollen eingeladen werden? Liste der journalistischen Ansprechpartner z.B. in der Stadt zusammenstellen.
- Vorher klären, ob der vorgesehene Termin nicht schon anderweitig belegt ist.
- In der Regel bietet sich ein Nebenzimmer eines zentral gelegenen Gasthauses an.

In dem Einladungsschreiben sollte nur der Anlass der Pressekonferenz genannt werden. Für deren inhaltliche Vorbereitung ist es sinnvoll, wenn Sie die wichtigsten Argumente und Daten schriftlich zusammenfassen und den Journalisten zur Verfügung stellen. Die zentralen Argumente sollten dann in dem Gespräch mündlich erläutert werden. Falls mehrere Personen beteiligt sind, teilen Sie genau ein, wer welche Argumente darstellt. Geben Sie den Journalisten Gelegenheit für Rückfragen.

Sammeln Sie anschließend die erschienenen Zeitungsbeiträge, um zu kontrollieren, ob Ihr Anliegen richtig aufgenommen wurde. Außerdem können die Presseberichte zukünftigen Gesprächspartnern als Informationsgrundlage dienen.

Pressemitteilungen – Interviews

Vor allem für lokale Initiativen kann es sinnvoll sein, selbst Berichte zu verfassen und diese der Presse anzubieten. In der Art der Formulierung sollten Sie sich an die gängigen Berichte der Journalisten anlehnen. Die

T 32

TIPPS ZUM TUN

T 33

TIPPS ZUM TUN

Einleitungssätze, mit denen Sie das Interesse der Leser wecken wollen, fassen die wichtigsten Aussagen des Artikels zusammen. Beim Bericht selbst beachten Sie die Anforderungen bzw. die W-Fragen, die auch sonst an einen Zeitungsartikel gestellt werden: Wer? Was? Wann? Wo? Wie? Warum?

- Am besten enthält schon der erste Satz Antworten auf die Fragen nach dem „Was" (Anlass der Pressemitteilung) und „Wer" (Informationsquelle).
- Zum Pflichtprogramm zählen weiterhin der Hinweis auf die Aktualität („Wann") und die Antwort auf die Frage nach dem Ort („Wo").
- Nach diesen grundlegenden Informationen folgen Details, Beweggründe und Argumente, also die etwas ausführlicheren Antworten auf die Fragen „Wie" und „Warum", die im ersten Absatz häufig nur angedeutet werden können.

Neben einem Bericht über das Anliegen einer Gruppe gibt es noch andere Gelegenheiten für Presseverlautbarungen, z.B. Kommentierung (Begrüßung oder Kritik) eines Vorschlags der Verwaltung, einer anderen Gruppe, z.B. einer Partei, oder Solidarisierung mit bzw. Distanzierung von anderen Initiativen.

Da die lokalen Rundfunkanstalten an Bedeutung gewinnen, besteht zunehmend die Möglichkeit, sein Anliegen in Form von **Interviews** vorzubringen. Es kann durchaus auch vorkommen, dass Sie von Redakteuren zu mündlichen Stellungnahmen aufgefordert werden.

Überlegen Sie genau, was Sie sagen wollen. Machen Sie sich Stichworte oder formulieren Sie zentrale Aussagen eventuell sogar schriftlich vor. Knappe und präzise Antworten kommen immer am besten an.

Insgesamt sind gute Kontakte zu Journalisten eine wichtige Grundlage für die Öffentlichkeitsarbeit.

T 34

TIPPS ZUM TUN

Gegendarstellungen

In der politischen Arbeit lässt sich nicht ausschließen, dass Ihre Stellungnahme oder Ihr Bericht in den Medien nicht so wiedergegeben werden, wie Sie es sich vorgestellt haben. Überlegen Sie zunächst selbst, was Sie falsch gemacht haben: War alles verständlich und interessant genug? Habe ich das Wichtigste herausgestellt?

Es kann durchaus auch vorkommen, dass ein Sachverhalt völlig falsch dargestellt wurde. Versuchen Sie zunächst, dies z.B. durch ergänzende

Informationen richtigzustellen. Gegendarstellungen dürfen sich nie auf tendenziöse Berichterstattung oder auf einen Kommentar beziehen, sondern nur auf falsche Tatsachenbehauptungen. In den einzelnen Pressegesetzen ist das Recht auf Gegendarstellung genau geregelt.

§ 11 Gegendarstellungsanspruch

(1) Der verantwortliche Redakteur und der Verleger eines periodischen Druckwerkes sind verpflichtet, eine Gegendarstellung der Person oder Stelle zum Ausdruck zu bringen, die durch eine in dem Druckwerk aufgestellte Behauptung betroffen ist. Die Verpflichtung erstreckt sich auf alle Neben- oder Unterausgaben des Druckwerks, in denen die Tatsachenbehauptung erschienen ist.

(2) Die Pflicht zum Abdruck einer Gegendarstellung besteht nicht, wenn

a) die betroffene Person oder Stelle kein berechtigtes Interesse an der Veröffentlichung hat oder

b) die Gegendarstellung ihrem Umfang nach nicht angemessen ist oder

c) es sich um eine Anzeige handelt, die ausschließlich dem geschäftlichen Verkehr dient.

[Auszug aus dem Pressegesetz für Nordrhein-Westfalen;
die anderen Bundesländer haben ähnliche Pressegesetze erlassen]

Mit einer Dokumentation Forderungen belegen

T 35

TIPPS ZUM TUN

Mit einer Dokumentation können Dokumente – also wichtige Schriftstücke, Statistiken, Grafiken, Zeitungsausschnitte, Fotos, Zeichnungen, Flugblätter – zusammengestellt werden, um der Öffentlichkeit ein Problem – z.B. fehlende Kinderspielplätze, mögliche Auswirkungen einer geplanten Straße – vor Augen zu führen. Sie kann darüber hinaus die Aufgabe haben, die bisherigen Bemühungen eines Einzelnen oder einer Gruppe zusammenzufassen. Bevor das Material gesammelt und erstellt wird, sollten Sie sich folgende Fragen genau überlegen:

- Wen wollen Sie erreichen?
- Was möchten Sie mit der Dokumentation erreichen?
- Welche Form soll die Dokumentation haben und wie soll sie finanziert werden?
- Welche Personen, eventuell Experten, stehen Ihnen bei der Erstellung der Dokumentation zur Verfügung?

Wie gestalte ich einen Redebeitrag?

Sowohl bei der Öffentlichkeitsarbeit als auch bei der Tätigkeit in Organisationen, wie z. B. Parteien, Verbänden, Vereinen oder Bürgerinitiativen, ist es notwendig, seine Meinung durch Redebeiträge zum Ausdruck zu bringen. Hierzu ein einfaches Rede-Modell, das je nach Adressat, Situation und Anlass modifiziert und ergänzt werden kann.

- Wer bin ich, warum spreche ich, was veranlasst mich dazu?
- Worin besteht das Problem, um das es mir geht? Wie ist es entstanden, wie sieht es im Moment aus?
- Wie müsste es aussehen, wie lässt sich dieses Problem lösen?
- Welche praktischen Schritte müssen unternommen werden, um die problematischen Zustände zu ändern?

Es gibt unzählige Ratgeber zu diesem Thema. In der Tat kann man sein Redevermögen durch deren Lektüre und vor allem durch Übung spürbar verbessern. Beispielhaft sei das folgende Buch genannt: Klotzki, Peter (2012), So halte ich eine gute Rede. In 7 Schritten zum Publikumserfolg, 2. Aufl., dtv, München.

Präsentationen

Sowohl in Organisationen wie Parteien, Verbänden oder Vereinen als auch bei der Öffentlichkeitsarbeit, etwa im Rahmen von Bürgerinitiativen, stehen wir vor der Frage: Wie bringe ich ein Problem, ein Anliegen und meine Argumente den Zuhörern nahe? Hierbei kommen häufig Präsentationen zum Einsatz, die vom Umfang und der Bedeutung über reine Redebeiträge (siehe vorheriger Tipp zum Tun) hinausgehen. Formal folgen Präsentationen der klassischen Dreiteilung in Einleitung, Hauptteil und Schluss.

Einleitung
- Publikum begrüßen
- sich vorstellen, den persönlichen Bezug zum Thema nennen
- zum Thema hinführen, Interesse und Neugier wecken (durch ein Zitat, eine Frage oder Provokation, durch die Schilderung eines interessanten Falls, durch eine überraschende Statistik, durch das Erzählen einer – auch persönlich gefärbten – Geschichte)
- Thema nennen, dessen Relevanz aufzeigen, gegebenenfalls Betroffenheit erzeugen oder Nutzen aufzeigen
- Überblick über die Gliederung der Präsentation geben

Hauptteil

- verständliche Sprache
- nach Möglichkeit frei sprechen
- auf das Wesentliche beschränken
- Blickkontakt mit den Zuhörern
- dem Publikum so viele Hilfestellungen geben wie möglich:
- gute Gliederung und roter Faden (Leitfrage)
- Vortrag durch Fragen strukturieren
- logisch stringente Argumentation
- Zwischenbilanzen einstreuen
- den roten Faden immer wieder aufnehmen, Einordnung in den Gesamtzusammenhang
- Gliederung immer wieder einblenden oder in Erinnerung rufen
- Vortrag visuell unterstützen (durch einzelne Stichworte und vor allem Bilder)
- so wenig Text wie möglich, auf keinen Fall Fließtext auf den Folien
- Abwechslung schaffen, Spannung erzeugen (Medienwechsel, Tonlage ändern, Pausen bewusst einsetzen etc.)
- dem Publikum auch einmal Zeit zum Durchatmen und Schmunzeln geben
- Geschichten erzählen statt Fakten aneinanderreihen (nichts ist wirksamer und bleibt besser in Erinnerung als Geschichten)

Schluss

- Ankündigung des bevorstehenden Abschlusses erhöht nochmals die Aufmerksamkeit
- Kernaussagen und -argumente der Präsentation zusammenfassen
- am Schluss steht je nach Anlass und Ziel der Präsentation ein Appell an die Zuhörer oder die Überleitung zur Diskussion
- ein „Vielen Dank für Ihre Aufmerksamkeit!" schließt die Präsentation eindeutig ab (dann wissen die Zuhörerinnen, wann sie applaudieren können)

In der Regel empfiehlt es sich, ein Handout auszuteilen. Erstens möchte jeder gerne etwas mit nach Hause nehmen, zweitens erlaubt es Ihnen, den Vortrag von wichtigen, aber langweiligen Details zu entlasten. Diese lassen sich besser im Handout unterbringen. Drittens stellen Sie damit sicher, dass die Zuhörer das Wichtigste zu Hause noch einmal in Ruhe nachlesen können, ohne auf eigene, möglicherweise fehlerhafte Aufschriebe angewiesen zu sein. Das gilt auch und gerade für Journalisten. Entscheidend für den Erfolg einer Präsentation ist die sorgfältige Vorbereitung. Auch der beste Redner kann ohne gewissenhafte Vorbereitung scheitern.

Handout

Vorbereitung

Zielgruppe

Worauf muss man achten, wenn man vor der Aufgabe steht, eine Präsentation zu halten? Der größte Fehler wäre es, sich an den Computer zu setzen und loszulegen. Der erste und entscheidende Schritt ist, dass man sich Gedanken zur Zielgruppe macht. Davon hängt alles weitere ab.

- Für wen wird die Präsentation gehalten? Wenn man sich das klargemacht hat, gilt es, möglichst viele Informationen über die Zielgruppe zu sammeln:
- Was sind Interessen, Wünsche, Bedürfnisse der Zielgruppe?
- Und genauso wichtig: Welche Vorkenntnisse hat die Zielgruppe?

Inhalte

Der nächste Schritt besteht darin, dass man Inhalte sammelt, die man vermitteln will. Und bei der Sammlung von Inhalten muss man immer die Zielgruppe vor Augen haben, d. h. man fragt: Was will ich der Zielgruppe vermitteln? Und man überlegt sich auch schon die Gewichtung der Inhalte: Was sind die zentralen Inhalte für die Zielgruppe, was ist weniger wichtig? Nun nimmt man die Sammlung an zielgruppengerechten Inhalten und bringt sie in eine logisch schlüssige Reihenfolge. Je besser eine Präsentation gegliedert ist, desto besser kann die Zielgruppe folgen und desto größer ist der Erfolg. Jetzt erst kommt der Computer ins Spiel und damit auch eine Präsentationssoftware. Nach wie vor am verbreitetsten ist PowerPoint von Microsoft.

Vorsicht mit PowerPoint

Und hier lauert schon die nächste Gefahr, für die sich im angelsächsischen Sprachraum die Redewendung „death by PowerPoint" eingebürgert hat. Wer kennt das nicht: Der Redner wendet sich vom Publikum ab und seinen Folien zu, um Punkt für Punkt abzulesen, was dort steht. Das mag wie eine Karikatur klingen, bildet aber leider nach wie vor den Alltag in Schulen, Universitäten, Meetings und auf Konferenzen ab. Und es ist ganz einfach nur furchtbar und eine kolossale Zeitverschwendung. Man kann mit Präsentationssoftware wie PowerPoint (Microsoft Office), Impress (Open Office) oder Prezi hervorragende Präsentationen erstellen. Bevor man aber nur den Redetext auf die Folien tippt, sollte man lieber ganz darauf verzichten.

Ratgeber

Es gibt unzählige Ratgeber zur Schlüsselkompetenz Präsentieren, unter denen das 2011 in 30. Auflage (!) erschienene Buch „Visualisieren, Präsentieren, Moderieren" von Josef W. Seifert herausragt (Gabal, Offenbach). Weiterhin zu empfehlen ist:

Hartmann, Martin / Funk, Rüdiger / Nietmann, Horst (2012), Präsentieren. Präsentationen: zielgerichtet und adressatenorientiert, 9. Aufl., Beltz, Weinheim/Basel.

International zählen Nancy Duarte (Bücher: „slide:ology", „resonate" – www.duarte.com) und Garr Reynolds („Presentation Zen" – www.

garrreynolds.com), deren Bücher zwischenzeitlich auch ins Deutsche übersetzt wurden, zu den führenden Experten für multimediale Präsentationen.

Ein sehr wirkungsvoller Weg, seine Präsentationen zu verbessern, besteht darin, von den Besten zu lernen. Dank YouTube und anderen Videoplattformen ist das heute problemlos möglich. Die TED Talks (www.ted.com) sind eine wahre Fundgrube für gelungene Präsentationen. Nebenbei lernt man auch inhaltlich viel Interessantes, wenn man sich die 15 bis 20-minütigen Vorträge anschaut. Zu den Besten zählt sicherlich auch Steve Jobs, der 2011 verstorbene Apple-Chef. Seine Präsentationen neuer Apple-Produkte sind legendär. Sehen Sie sich beispielsweise einmal seine Präsentation an, mit der er 2007 das iPhone vorstellt …

Von TED Talks lernen

Kundgebungen und Demonstrationen

Um gesellschaftlich-politische Ziele in der Öffentlichkeit zu vertreten, können Demonstrationen und Kundgebungen veranstaltet werden. Im Grundgesetz ist diese Möglichkeit ausdrücklich gesichert.

T 38

TIPPS ZUM TUN

GG Art. 8 (Versammlungsfreiheit)
(1) Alle Deutschen haben das Recht, sich ohne Anmeldung oder Erlaubnis friedlich und ohne Waffen zu versammeln.
(2) Für Versammlungen unter freiem Himmel kann dieses Recht durch Gesetz oder auf Grund eines Gesetzes beschränkt werden.

Das Bundesverfassungsgericht hat die Bedeutung der Versammlungsfreiheit immer wieder unterstrichen, zuletzt in einem Urteil vom 12.07.2001: „Das Grundrecht der Versammlungsfreiheit erhält seine besondere verfassungsrechtliche Bedeutung in der freiheitlichen demokratischen Ordnung des Grundgesetzes wegen des Bezugs auf den Prozess der öffentlichen Meinungsbildung. Namentlich in Demokratien mit parlamentarischem Repräsentativsystem und geringen plebiszitären Mitwirkungsrechten hat die Freiheit kollektiver Meinungskundgabe die Bedeutung eines grundlegenden Funktionselements. Das Grundrecht gewährleistet insbesondere Minderheitenschutz und verschafft auch denen Möglichkeiten zur Äußerung in einer größeren Öffentlichkeit, denen der direkte Zugang zu den Medien versperrt ist."

Versammlungsfreiheit als grundlegendes Funktionselement

Versammlungsfreiheit ergänzt Meinungsfreiheit
„Versammlungen (…) können dazu dienen, gemeinsame Angelegenheiten zu erörtern, geistig aufeinander einzuwirken oder — als Kundgebung oder

Demonstration – eine bestimmte politische Meinung der Öffentlichkeit und damit auch den gewählten Repräsentanten in den Staatsorganen kundzutun. Das Versammlungsrecht ergänzt damit das Grundrecht der Meinungsfreiheit durch die Gewährleistung einer kollektiven Meinungsbildung und -verbreitung. Zwar tritt im Verhältnis zur individuellen Meinungsäußerung bei Demonstrationen das argumentative Moment zurück, andererseits drückt der Demonstrationsteilnehmer seine Auffassung in physischer Präsenz und in voller Öffentlichkeit aus (...). Versammlungen müssen friedlich sein. Sie sind von der Verfassung gedacht als Mittel der geistigen Auseinandersetzung, nicht der gewaltsamen Durchsetzung der eigenen Position. Bei politisch motivierten Aufzügen erliegen Demonstranten jedoch nicht selten der Versuchung, Gewalttätigkeiten zu begehen. Wie die Erfahrungen mit diversen Straßenkämpfen zeigen, verdunkeln Konfrontationen mit der Staatsgewalt aber die eigentlich verfolgten Ziele. Versammlungen mit der Absicht politischer Meinungskundgabe können sehr unterschiedliche Gestalt annehmen. Darunter fallen etwa Schweigemärsche, Mahnwachen und Sitzdemonstrationen. Im Grenzbereich zur Unfriedlichkeit befinden sich Sitzblockaden: Einerseits entfalten sie keine Aggressivität, andererseits ist die ihnen eigentümliche Behinderung Dritter nicht unvermeidbare Nebenfolge, sondern Absicht, um die Aufmerksamkeit für das Demonstrationsanliegen zu erhöhen."

[Joachim Detjen (2012), Verfassungswerte. Welche Werte bestimmen das Grundgesetz?, Schriftenreihe der Bundeszentrale für politische Bildung Bd. 742, Bonn, S. 112 f.]

Gesetzliche Vorschriften

Das Versammlungsgesetz, das die Bestimmungen des Grundgesetzes näher ausführt, unterscheidet zwischen Versammlungen in geschlossenen Räumen und Versammlungen unter freiem Himmel, denen Demonstrationen gleichgestellt sind. Für alle Veranstaltungen ist es untersagt, ohne behördliche Ermächtigung Uniformen oder Waffen zu tragen. Außerdem ist es verboten, an Versammlungen und Demonstrationen in einer Aufmachung teilzunehmen, die geeignet und unter Umständen darauf gerichtet

Demonstration gegen die Massenüberwachung durch die NSA. (Berlin, August 2014)

picture alliances – dpa

ist, eine Feststellung der Identität zu verhindern (Vermummungsverbot). Öffentliche Versammlungen unter freiem Himmel und Demonstrationen müssen 48 Stunden vor Bekanntgabe bei der Ordnungsbehörde unter Angabe ihres Gegenstandes angemeldet werden.

Die Ordnungsbehörde – das Rathaus oder auch die Polizei – kann eine Demonstration durch Auflagen einschränken oder bei Gefahr für die öffentliche Sicherheit sogar ganz verbieten. Diese Entscheidung kann aber vor Gericht angefochten werden.

Im Web publizieren

Heute kann jeder im Web publizieren. Das markiert den Übergang vom Lese-Web (Web 1.0) früherer Jahre zum Lese-/Schreibe-Web (Web 2.0), von dem schon mehrfach die Rede war. Dabei stehen den Bürgerinnen eine Fülle von (kostenlosen und technisch anspruchslosen) Möglichkeiten zur Verfügung:

T 39

TIPPS ZUM TUN

- „Bürger-Journalisten" mit ihren *Blogs* knüpfen an die Tradition der Gegenöffentlichkeit an (z. B. Stattzeitungen, Freie Radios).
- Während Blogs für das Verfassen längerer Texte gedacht sind, bieten Mikroblogging-Dienste wie *Twitter* die Möglichkeit, Kurznachrichten zu verfassen.
- Praktisch alles im Web – vom Video im YouTube-Kanal der Europäischen Union bis hin zu den Artikeln in den Online-Ablegern der großen Nachrichtenmagazine – lässt sich *kommentieren*, und davon wird auch rege Gebrauch gemacht. Die Bandbreite reicht von hochinteressanten Beiträgen in der besten Leserbrief-Tradition bis hin zu niveau- und geschmacklosen Beleidigungen. Zu den ungelösten Problemen des Web 2.0 zählt der Umgang mit solchen Kommentaren.
- Stößt man im Web auf einen interessanten Inhalt, kann man ihn *teilen*, z. B. über das Soziale Netzwerk Facebook. Hier genügt ein Klick und der Inhalt erscheint in der eigenen Chronik und wird den Facebook-Freunden angezeigt.
- Stößt man auf eine interessante Website, die man als Bookmark festhalten will, kann man das mithilfe eines *Social Bookmarking-*Dienstes öffentlich machen. So entsteht durch die gemeinsame „Arbeit" vieler Nutzer eine durch tags (= Schlagworte) geordnete Sammlung von Links zu empfehlenswerten Websites.

Die genannten Dienste und Aktivitäten bilden lediglich eine Auswahl der unzähligen Möglichkeiten, die das Web bietet. Eine generelle Beurteilung des Potenzials dieser Instrumente für die politische Meinungsbildung erweist sich als unmöglich.

Unterschiedliche Reichweite

- Während manche **Blogs** und Blogger über eine enorme Reichweite verfügen und – oft im Zusammenspiel mit den „traditionellen" Medien – durchaus in der Lage sind, Themen zu setzen und Gehör zu finden, schreibt die überwiegende Mehrzahl für eine Handvoll Leser.
- Bei **Twitter** kommt es auf die Zahl der „Follower" an: Während Sascha Lobos Tweets (@saschalobo) in die Timeline von mehr als 165.000 Followern gespült werden, muss sich der Autor dieser Zeilen (@RagnarMueller) mit 19 Followern begnügen.

Virale Verbreitung

- Während manche Inhalte von so gut wie niemandem zur Kenntnis genommen werden, verbreiten sich andere Themen über Plattformen wie Twitter, Facebook, YouTube oder die Blogosphäre **viral**. So startete die Organisation Invisible Children im März 2012 mit der Veröffentlichung des Videos „KONY 2012" eine Kampagne, um auf sich selbst und die Verbrechen von Joseph Konys Organisation „Lord's Resistance Army" aufmerksam zu machen. Der rund 30-minütige Film wurde innerhalb von fünf Tagen 70 Millionen Mal aufgerufen.

Zum Weiterlesen:

Franck, Norbert (2012), Praxiswissen Presse- und Öffentlichkeitsarbeit. Ein Leitfaden für
    Verbände, Vereine und Institutionen, 2. Aufl., VS Verlag für Sozialwissenschaften,
    Wiesbaden.

Zum Vertiefen:

Jarren, Otfried / Donges, Patrick (2011), Politische Kommunikation in der Mediengesell-
    schaft. Eine Einführung, 3. Aufl., VS Verlag für Sozialwissenschaften, Wiesbaden.

Meyer, Thomas (2001), Mediokratie. Die Kolonisierung der Politik durch die Medien,
    Suhrkamp, Frankfurt/M.

Moorstedt, Tobias (2008), Jeffersons Erben. Wie die digitalen Medien die Politik verändern,
    Suhrkamp, Frankfurt/M.

Münker, Stefan (2009), Emergenz digitaler Öffentlichkeiten. Die Sozialen Medien im Web
    2.0, Suhrkamp, Frankfurt/M.

Sarcinelli, Ulrich (2011), Politische Kommunikation in Deutschland. Medien und Politik-
    vermittlung im demokratischen System, 3. Aufl., VS Verlag für Sozialwissenschaften,
    Wiesbaden.

Schmidt, Jan-Hinrik (2013), Social Media, Springer VS, Wiesbaden.

Zum Surfen:

Der „Wegweiser Bürgergesellschaft" bietet unter anderem eine Menge hilfreicher Pra-
    xistipps zu den in diesem Baustein angesprochenen Themen: www.buergergesell-
    schaft.de.

Aus Politik und Zeitgeschichte, Heft 7/2012 („Digitale Demokratie") sowie Teile der Hefte
    19/2010 („Lobbying und Politikberatung"), 1-2/2011 („Postdemokratie?") und 38-
    39/2012 („Parlamentarismus"): www.bpb.de/shop/zeitschriften/apuz.

5. Durch Wahlen mitbestimmen

Kernstück jeder Demokratie

SEINE MAJESTÄT, DER WÄHLER

„Ist ja Gottseidank nur einmal in vier Jahren."

Karikatur: Sepp Buchegger

Kurzübersicht

Wahlen sind die wichtigste und für jede Demokratie grundlegende Form der Mitwirkung der Bürgerinnen. Der Baustein erläutert die wichtigsten Aspekte rund um das Wählen auf den vier Politikebenen des Mehrebenensystems. Schwerpunkte der Darstellung sind neben der personalisierten Verhältniswahl bei Bundestagswahlen Ansätze zur Erklärung des Wahlverhaltens sowie der Wahlkampf. Worauf man als Bürger vor der Wahl achten sollte, steht in den Tipps zum Tun.

5.1 Wahlen, Wahlrecht, Wahlgrundsätze

„Wähler entscheiden keine Streitfrage, sie entscheiden nur, wer sie entscheiden wird."

George F. Will (*1941), Journalist

Nach dem Grundgesetz stellen die Wahlen die wichtigste Möglichkeit des Bürgers dar, an der politischen Meinungsbildung teilzunehmen. Die Wähler bestimmen für einen bestimmten Zeitraum Vertreter (Repräsentanten, daher: repräsentative Demokratie), die an ihrer Stelle politisch handeln. So werden Gemeinde- oder Kreisräte, die Abgeordneten der Landtage, des Bundestages und des Europäischen Parlaments gewählt. Trotz mancher Ähnlichkeiten in den Wahlprogrammen der Parteien gibt es Unterschiede zwischen den Parteien und Gruppen, die sich zur Wahl stellen. Mit ihrer Stimme kann die Wählerin zumindest über die Richtung der Politik mitentscheiden.

„The ballot is stronger than the bullet."

(*„Der Stimmzettel ist stärker als die Patrone"*)

Abraham Lincoln (1809-1865, ermordet), ehemaliger US-Präsident

Die gewählten Abgeordneten bestimmen auf Landes- und Bundesebene den Bundeskanzler oder den Ministerpräsidenten, der die jeweiligen Minister bestimmt. Damit ist der Wähler zumindest indirekt an der Regierungsbildung beteiligt. In den meisten Bundesländern können die Bürgerinnen den Bürgermeister oder die Landrätin direkt wählen. Wahlen als Möglichkeit, über Personen zu bestimmen, die im Auftrag anderer handeln, spielen auch in Organisationen wie Parteien, Verbänden, Vereinen und Bürgerinitiativen eine wichtige Rolle.

Der Kampf um das Wahlrecht

Die Möglichkeit, durch Wahlen politisch Einfluss zu nehmen, ist keineswegs selbstverständlich, sondern wurde in lang andauernden politischen Auseinandersetzungen erkämpft. In Deutschland wurde die Forderung nach allgemeinen und freien Wahlen zu Beginn des 19. Jahrhunderts zuerst von liberal und demokratisch orientierten Politikern erhoben – und von den herrschenden Fürsten und Königen als Ausgeburt der Französischen Revolution von 1789 und demokratischer Gleichmacherei zurückgewiesen. So gab es in Preußen von 1849 bis 1918 noch ein Dreiklassenwahlrecht. Die männlichen Wähler wurden nach den von ihnen zu entrichtenden Steuern in drei Gruppen eingeteilt. Die Wähler mit großem Vermögen, deren Stimmen mehr zählten, hatten einen unverhältnismäßig höheren Einfluss auf die Zusammensetzung des Parlaments als die übrigen Wähler.

Frauen waren in vielen Ländern vom Wahlrecht ausgeschlossen; in einigen Kantonen der Schweiz wurde erst in den letzten Jahrzehnten das Stimmrecht für Frauen eingeführt. Der endgültige Durchbruch für das allgemeine und gleiche Wahlrecht – also auch für Frauen – gelang in Deutschland durch die Weimarer Verfassung im Jahr 1919.

Frauenwahlrecht

GG Art. 38 legt für die Wahlen folgende fünf Grundsätze fest. Danach ist die Wahl

Wahlgrundsätze

- *allgemein*: Alle Bürgerinnen und Bürger ab dem 18. Lebensjahr sind wahlberechtigt;
- *unmittelbar*: Die Wahl geschieht ohne Zwischenmänner;
- *frei*: Sie muss ohne Zwang und Kontrolle durchgeführt werden können und es muss eine Auswahl geben (keine Einheitslisten);
- *gleich*: Jede Stimme zählt gleich;
- *geheim*: Die Abgabe der Stimmen erfolgt verdeckt; niemand darf nachprüfen, wie einzelne Personen gewählt haben (Wahlkabinen).

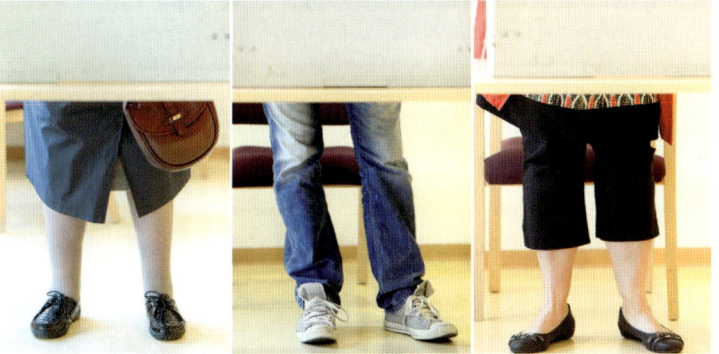

Bürger in der Wahlkabine

picture alliances – dpa

Das Wahlrecht für ausländische Mitbürger ist umstritten. Seit 1992 dürfen Bürgerinnen, die aus den Staaten der Europäischen Union stammen, an Wahlen und Abstimmungen auf kommunaler Ebene teilnehmen. Auch über die Senkung des Wahlalters auf 16 Jahre oder die gänzliche Aufhebung der Altersbeschränkung wird diskutiert. Inzwischen sind junge Menschen ab 16 in manchen Bundesländern bei kommunalen Wahlen wahlberechtigt. Außerdem wird gelegentlich die Einführung eines Eltern- oder Familienwahlrechts gefordert, bei dem Eltern für jedes noch nicht wahlberechtigte Kind eine weitere Stimme abgeben können.

Wahlrecht für Ausländer und Kinder?

Wahlverfahren

Es gibt verschiedene Wahlverfahren, nach denen gewählt werden kann. Die beiden Hauptarten sind das Mehrheitswahlrecht und das Verhältniswahlrecht.

Mehrheitswahlrecht

Beim einfachen Mehrheitswahlrecht wird der Kandidat gewählt, der in einem Wahlkreis die meisten Stimmen erhält. Die Stimmen, welche die Wähler für die anderen Kandidaten abgegeben haben, bleiben somit ohne Einfluss auf die Zusammensetzung des Parlaments. Nach diesem Verfahren wird beispielsweise in Großbritannien gewählt.

Verhältniswahlrecht

Beim einfachen Verhältniswahlrecht geht man dagegen von dem Grundsatz aus, dass jede Partei entsprechend ihrem Anteil an Wählerstimmen – also im Verhältnis der für sie abgegebenen Stimmen – Abgeordnete in das Parlament entsenden kann. Nach diesem Verfahren wurde in der Weimarer Republik gewählt.

5.2 Kommunal-, Landtags-, Bundestags- und Europawahlen

Kommunales Wahlrecht

Das Wahlsystem für die Gemeindevertretung, die in den Bundesländern unterschiedliche Bezeichnungen trägt, ist im Grundsatz ein Verhältniswahlsystem. In den Bundesländern Brandenburg, Hessen, Mecklenburg-Vorpommern, Nordrhein-Westfalen, Saarland, Sachsen-Anhalt und Schleswig-Holstein haben wir starre Listen, die in der Regel von den Parteien oder Wählergruppen aufgestellt werden. Der Wähler kann also die Reihenfolge der Kandidatinnen auf der Liste nicht verändern. Je besser der Listenplatz, desto größer die Chancen für den Kandidaten.

Kumulieren und Panaschieren

Ausgehend von Baden-Württemberg und Bayern wurde in verschiedenen Bundesländern die Möglichkeit eröffnet, die vorgegebenen Listen zu modifizieren. Dem Bürger, der so viele Stimmen hat, wie es im Gemeinderat Sitze gibt, stehen verschiedene Möglichkeiten zur Verfügung, diese zu vergeben:

- Er kann einen Wahlvorschlag unverändert annehmen, indem er die ganze Liste ankreuzt.
- Er gibt innerhalb einer Liste einem Bewerber bis zu drei Stimmen (Kumulieren).
- Er verteilt seine Stimmen auf mehrere Wahlvorschläge (Panaschieren).
- Er verbindet die Möglichkeit des Kumulierens und Panaschierens.

Persönlichkeitswahl

Dieses System bietet mehr Einflussmöglichkeiten für den Wähler. Er ist nicht an Listen gebunden und kann seine besondere Sympathie für einzelne Bewerber kundtun, indem er ihnen zwei oder drei Stimmen gibt.

Dadurch bekommt die Gemeinderatswahl eher den Charakter einer Persönlichkeitswahl. Außerdem wird dadurch erleichtert, dass neben den Parteien auch freie Wählergruppen in die Gemeindevertretung gewählt werden.

Außer in den Stadtstaaten wird der Bürgermeister in allen Bundesländern direkt vom Volk gewählt und zwar in der Regel nach dem Mehrheitswahlrecht. Erreicht kein Kandidat im ersten Wahlgang mehr als 50% der Stimmen, so findet in der Regel eine Stichwahl zwischen den beiden Kandidaten mit den meisten Stimmen statt. Die Parteien haben sich zum Teil gegen die Direktwahl gesträubt, weil dadurch ihr Einfluss eingeschränkt wird und unabhängige Kandidaten bessere Chancen bekommen. Außerdem befürchtet man eine Schwächung der Gemeindevertretung. Auch auf der Ebene der Landkreise hat sich bis auf Baden-Württemberg und Brandenburg die Direktwahl des Landrates durchgesetzt.

Direktwahl von Bürgermeister und Landrat

Lange Zeit bestand in den Flächenbundesländern keine Möglichkeit, Bürgermeister aus politischen Gründen abzuberufen. Seit den 1990er-Jahren können in allen Bundesländern mit Ausnahme von Bayern und Baden-Württemberg Bürgermeister abgewählt werden. Da der Bürgermeister vom Volk gewählt wurde, muss er auch von diesem abberufen werden, und zwar in der Form eines Bürgerentscheides. Allerdings ist der Anteil der notwendigen Stimmen (Quorum) für die Beteiligung am Bürgerentscheid beziehungsweise für die Stimmen zur Abwahl in den einzelnen Bundesländern verschieden. In Baden-Württemberg und Bayern ist eine Abberufung nur infolge von strafrechtlichen und disziplinarischen Vergehen oder bei Dienstunfähigkeit möglich.

Abberufung der Bürgermeister

„Die List des Wahlsystems kommt am besten in der Listenwahl zum Ausdruck, durch die Spitzenpolitiker in ihrer Position bestätigt werden."

*Lothar Schmidt (*1922), Politikwissenschaftler*

Die Parlamente der einzelnen Bundesländer heißen in den 13 Flächenstaaten Landtag, in den Stadtstaaten Hamburg und Bremen Bürgerschaft und in Berlin Abgeordnetenhaus. Sie werden in allgemeiner, unmittelbarer, freier, gleicher und geheimer Wahl für vier oder fünf Jahre gewählt. Dabei gelten verschiedene Formen des Verhältniswahlrechts und die 5%-Klausel, wobei zum Teil regionale Gesichtspunkte bei der Aufstellung der Listen oder der Auszählung eine Rolle spielen. In einigen Bundesländern gibt es Ausnahmen für Minderheiten, etwa in Schleswig-Holstein für den Südschleswigschen Wählerverband oder in Brandenburg für Sorben.

Wahlen auf Landesebene

Der Bundestag wird nach dem so genannten personalisierten Verhältniswahlrecht gewählt. Dieses Wahlverfahren versucht, die Vorteile der beiden grundlegend unterschiedlichen Verfahren der Mehrheits- und Verhältniswahl zu kombinieren. Das reine Verhältniswahlrecht hat den

Bundestagswahlen

Vorteil, dass es das Wahlergebnis möglichst genau in der Sitzverteilung abbildet, allerdings fehlt ihm die Bürgernähe und die persönliche Komponente des Mehrheitswahlrechts, bei dem jede Bürgerin „ihren" Vertreter kennt, weil dieser (zumindest) im Wahlkampf gezwungen ist, sich um die Wähler in seinem Wahlkreis zu bemühen.

Wahl und Regierungsbildung

Außerdem sorgt das Mehrheitswahlrecht in der Regel für eindeutige Regierungsbildungen und Verantwortlichkeit, während beim Verhältniswahlrecht der Zusammenhang von Wahl und Regierungsbildung weniger direkt ist. Häufig schließen sich nach der Wahl zwei oder mehrere Parteien zu einer Regierungskoalition zusammen. Dabei wird ein Koalitionsvertrag vereinbart, der dann die Regierungsarbeit bestimmt. Dieses „Regierungsprogramm" ist aber zum Zeitpunkt der Wahl noch gar nicht bekannt.

Erst- und Zweitstimme

Der größte Nachteil des reinen Mehrheitswahlrechts besteht darin, dass alle Stimmen, die für unterlegene Kandidatinnen abgegeben wurden, unter den Tisch fallen. Außerdem werden kleine Parteien benachteiligt, und neue Parteien haben es schwer, sich zu etablieren. Vor diesem Hintergrund lassen sich die Besonderheiten des personalisierten Verhältniswahlrechts mit Erst- und Zweitstimme besser verstehen. Mit der Erststimme wählt man einen der Direktkandidaten im Wahlkreis. Wer am meisten Stimmen bekommen hat, zieht in den Bundestag ein (relative Mehrheitswahl). Es gibt 299 Wahlkreise, d. h. die Direktkandidaten besetzen die Hälfte der insgesamt 598 Sitze im Bundestag (ohne Überhang- und Ausgleichsmandate). Mit der Zweitstimme wählt man eine Partei und deren Landesliste (Verhältniswahl). Die Zweitstimme entscheidet über die Zusammensetzung des Bundestags. Sie ist deshalb wichtiger als die Erststimme.

Quelle

Personalisierte Verhältniswahl

Dieses Verfahren wird häufig missverstanden und als Mischung von Mehrheitswahl und Verhältniswahl dargestellt. Das ist nicht richtig. Zwar werden die Direktkandidaten und -kandidatinnen nach relativer Mehrheitswahl bestimmt. Wie viele Sitze eine Partei im Bundestag erhält, hängt aber allein (Ausnahme: Überhangmandate) vom Anteil der Zweitstimmen ab. Das bundesdeutsche Wahlrecht ist daher eindeutig ein Verhältniswahlrecht. Durch die direkte Wahl von Abgeordneten in Einpersonenwahlkreisen mit der Erststimme soll die Verbindung zwischen Abgeordneten und Wahlberechtigten gestärkt werden. Man wollte die starke Trennung der Abgeordneten von den Wählerinnen und Wählern, wie sie in der Weimarer Republik die reine Verhältniswahl mit starrer Liste nach sich gezogen hatte, vermeiden. Ob in der Bundesrepublik die Bindung der Abgeordneten an die Wählerschaft im gewünschten Umfang

Die Zweitstimme ist entscheidend

Partei	Erststimme	Zweitstimme
Partei A		
Partei B	○	X
Partei C	○	○
D	○	○
	○	○

Bei der Bundestagswahl hat der Wähler 2 Stimmen
Wahlentscheidend ist die **Zweitstimme**

Mit der **Zweitstimme**
werden die Landeslisten
der Parteien gewählt

Der Anteil der **Zweitstimmen**,
den eine Partei erhält, bestimmt
die Gesamtzahl ihrer Sitze im Bundestag

z. B. Partei A:
Zweitstimmen-Anteil entspricht
190 Sitzen im Bundestag

Wozu dann noch die Erststimme?

Es gibt 299 Wahlkreise, in denen die Parteien
ihre Kandidaten aufstellen können. Mit ihrer
Erststimme entscheiden die Wähler direkt
darüber, welcher Kandidat aus ihrem Wahlkreis
in den Bundestag einzieht. Gewählt ist,
wer die meisten **Erststimmen** erhält.

Alle 299 Wahlkreissieger ziehen
in den Bundestag ein. Damit ist
die eine Hälfte der 598 Sitze
durch Direktmandate vergeben.

z. B. Partei A:
Die Direktkandidaten
der Partei A siegen
in 140 Wahlkreisen
=140 Sitze

Die andere Hälfte wird so verteilt:
Die gewonnenen Direktmandate
werden auf die Zahl der Sitze angerechnet,
die die Parteien entsprechend ihrem
Zweitstimmenanteil gewonnen haben.
Die dann noch verbleibenden Sitze
werden mit Kandidaten von den
jeweiligen Landeslisten besetzt.

Bundestag
598
Sitze

z. B. Partei A: 190 Sitze insgesamt

140	*Sitze durch Direktmandate*
+ 50	*Sitze über Landeslisten*
190	*Sitze*

Eine Partei, die mehr Direktmandate errungen hat,
als ihr Bundestagssitze gemäß ihrem Zweitstimmenanteil
zustehen, erhält auch eine entsprechend höhere Zahl von
Sitzen. Damit erhöht sich auch die Gesamtzahl der Sitze im
Bundestag (**Überhangmandate**).

G
0105
© Globus

picture alliances – dpa

gelungen ist, bleibt fraglich. Auch mit der Erststimme werden mehr Parteien als Personen gewählt. Doch gegenüber der Weimarer Republik ist das Wahlsystem der Bundesrepublik eindeutig mehr auf Personen zugeschnitten. Es wird daher als „personalisierte Verhältniswahl" bezeichnet.

[Karl-Rudolf Korte (2009), Abschnitt „Personalisierte Verhältniswahl" im Dossier „Bundestagswahlen" (www.bpb.de/politik/wahlen/bundestagswahlen) auf der Website der Bundeszentrale für politische Bildung]

Pro und Kontra 5 %-Klausel

Neben der Tatsache, dass die Bürgerinnen bei Bundestagswahlen über zwei Stimmen verfügen, gibt es noch weitere Besonderheiten. So können in den Bundestag nur Parteien einziehen, die mindestens 5 % der Zweitstimmen erhalten oder drei Direktmandate errungen haben. Mit dieser Klausel wird verhindert, dass viele kleinere Splitterparteien mit wenigen Abgeordneten in das Parlament einziehen, wodurch die Bildung einer arbeitsfähigen Regierung erschwert werden könnte. Allerdings gehen durch die 5%-Klausel die Stimmen der Wahler von kleinen Parteien, die an dieser Hürde scheitern, verloren. Außerdem begünstigt sie die Parteien, die bereits im Parlament vertreten sind, und erschwert das Aufkommen neuer Parteien.

Überhangmandate

Eine Folge des Versuchs, mit der personalisierten Verhältniswahl die Vorteile von Mehrheits- und Verhältniswahl zu kombinieren, sind die Überhangmandate. Zu Überhangmandaten kommt es, wenn eine Partei in einem Bundesland durch Erststimmen mehr Direktmandate erringt, als ihr nach dem Zweitstimmenanteil zustehen. Das hat zur Folge, dass sich der Bundestag über die vorgesehene Anzahl von 598 Sitzen hinaus erweitert. Die jeweilige Partei entsendet dann mehr Abgeordnete ins Parlament, als es ihrem Anteil an Zweitstimmen entspricht. Genau das ist bei den bisherigen Bundestagswahlen regelmäßig passiert.

Quelle

Überhangmandate bei Bundestagswahlen seit 1990
1990: 6 für die CDU
1994: 12 für die CDU, 4 für die SPD
1998: 13 für die SPD
2002: 1 für die CDU, 4 für die SPD
2005: 7 für die CDU, 9 für die SPD
2009: 21 für die CDU, 3 für die CSU

Reform des Wahlrechts

In sehr seltenen Fällen kann das Zusammenspiel von Erststimmen, Zweitstimmen und Überhangmandaten dazu führen, dass ein paradoxes Ergebnis eintritt, nämlich ein negatives Stimmgewicht. Dann können mehr Zweitstimmen für eine Partei in einem Bundesland zu weniger Sitzen im Bundestag führen. Deshalb hat das Bundesverfassungsgericht das bestehende Wahlrecht 2008 in Teilen für verfassungswidrig erklärt und den Gesetzgeber zu einer Reform aufgefordert. 2013 hat der Bundestag mit den Stimmen aller Fraktionen außer der LINKEN folgende Lösung beschlossen:

Alle Überhangmandate werden durch Ausgleichsmandate kompensiert. **Ausgleichsmandate** Erhält eine Partei Überhangmandate, dann wird die Gesamtzahl der Sitze im Bundestag so lange erhöht, bis das Größenverhältnis der Fraktionen im Bundestag dem Anteil der Zweitstimmen bei der Wahl entspricht, bis also der (ursprüngliche) Parteienproporz wiederhergestellt ist. Dadurch kann sich die Zahl der Mitglieder des Bundestages (beträchtlich) erhöhen.

Die Bundestagswahl im Jahr 2013 war die erste Wahl nach dieser Reform. **Bundestagswahl 2013** Die befürchtete Aufblähung des Parlaments ist ausgeblieben. Grund dafür war, dass es lediglich vier Überhangmandate gab (2009 waren es 24). Diese führten zu immerhin 29 Ausgleichsmandaten, so dass im 18. Deutschen Bundestag insgesamt 631 Abgeordnete vertreten sind. Dabei erhielt die CDU/CSU 311, die SPD 193, die LINKE 64 und die Grünen 63 Sitze. Die FDP scheiterte mit 4,8% der Stimmen an der 5%-Klausel und

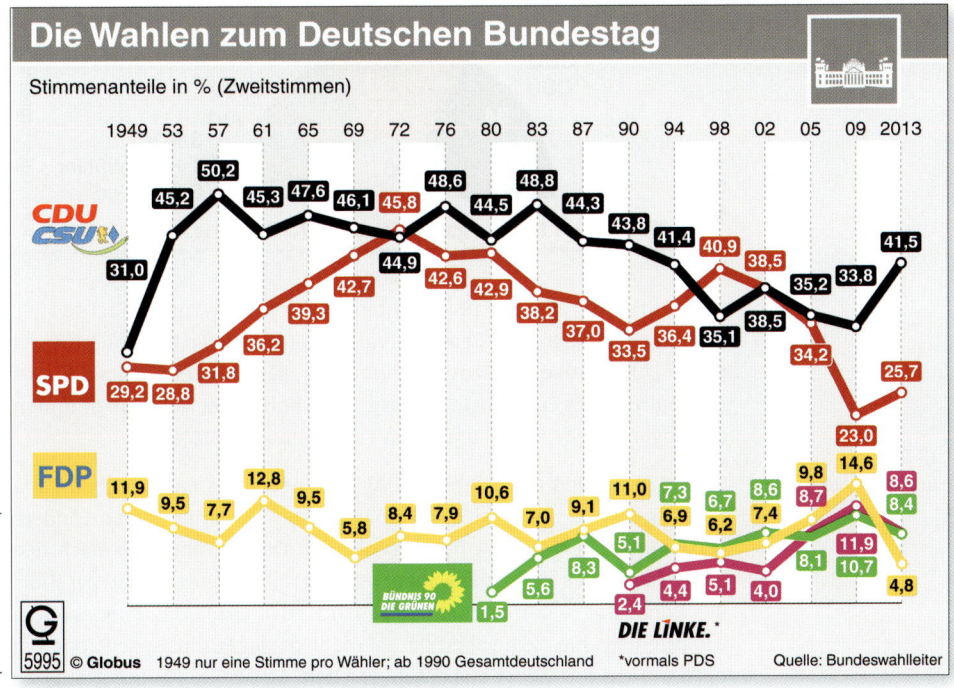

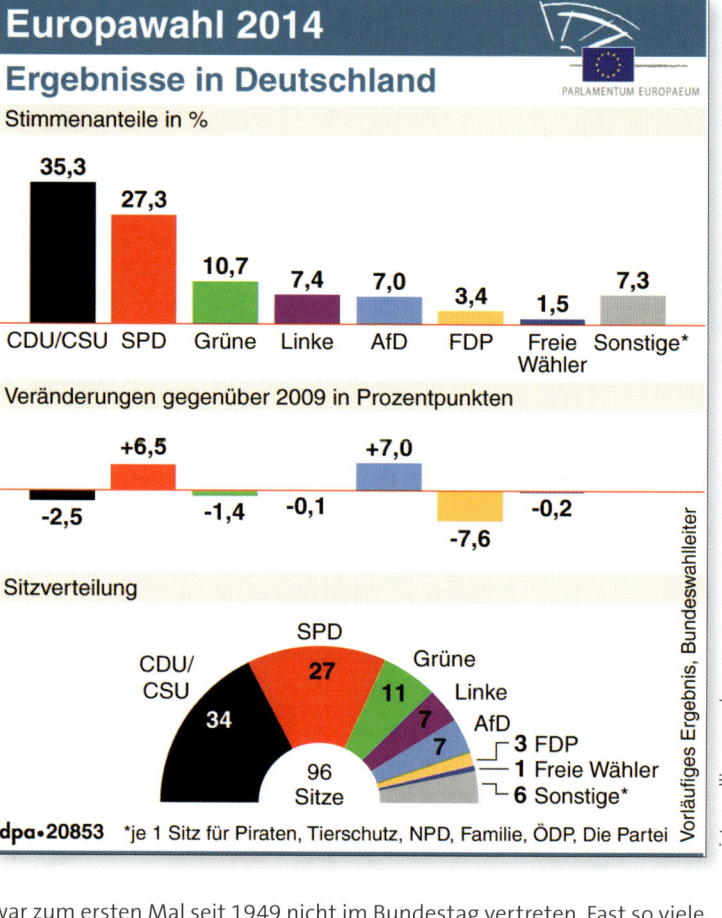

war zum ersten Mal seit 1949 nicht im Bundestag vertreten. Fast so viele Stimmen (4,7%) erhielt die konservative und wirtschaftsliberale Protestpartei „Alternative für Deutschland" (AfD), die sich in erster Linie für die Abschaffung des Euro einsetzte. Insgesamt betrug der Anteil an Stimmen, die wegen der 5%-Hürde unter den Tisch fielen, fast 16%.

Europawahlen   Seit 1979 werden alle 5 Jahre die Abgeordneten des Europäischen Parlaments gewählt. Dabei ist das Wahlverfahren in den einzelnen Ländern der Europäischen Union unterschiedlich. In Deutschland wird nach den Grundsätzen des Verhältniswahlrechts gewählt. Im Unterschied zur Wahl des Bundestages gilt nach einem umstrittenen Urteil des Bundesverfassungsgerichts hier keine Sperrklausel mehr, da das Europäische Parlament nach Ansicht des Gerichts nicht in gleichem Maße wie der Bundestag an der Regierungsbildung beteiligt ist. Obwohl das Europäische Parlament in den letzten Jahrzehnten von einem zunächst nur beratenden Organ zu einem gleichberechtigten Mitspieler bei der Gesetzgebung aufgestiegen ist, werden Europawahlen von den Bürgerinnen nach wie vor als nachrangig angesehen, was sich in einer geringeren Wahlbeteiligung niederschlägt.

5.3 Wahlverhalten, Wählertypen, Wahlkampf

Auf die Frage, wer warum welche Partei wählt, gibt es keine sicheren Antworten, denn meistens sind für die Wahlentscheidung mehrere Gesichtspunkte maßgebend. In der Wahlforschung unterscheidet man folgende Ansätze:

Wahlforschung

Der soziologische Gruppenansatz sieht das Wählerverhalten bestimmt durch sozialen Status, Beruf, Konfession, Stadt- oder Landzugehörigkeit sowie durch die Gruppenbindungen in Primär- und Sekundärumwelten. Man unterscheidet die Primärumwelt wie Familie, Freunde, Kollegen am Arbeitsplatz und die Sekundärumwelt wie Vereine und Verbände, denen der potenzielle Wähler angehört. Innerhalb dieses soziologischen Erklärungsansatzes wird das Wählerverhalten auch auf Konfliktlinien in der Gesellschaft zurückgeführt:

Soziologischer Ansatz

- konfessionelle Konfliktlinie (klerikal – säkular, katholisch – protestantisch)
- wohlfahrtsstaatliche Konfliktlinie (liberal – sozial)
- ökologische Konfliktlinie (Wachstum – Umweltschutz)

In den ersten 30 Jahren der Bundesrepublik waren vor allem die konfessionelle und die wohlfahrtsstaatliche Konfliktlinie wahlentscheidend. In den 1980er Jahren ist die ökologische hinzugekommen, die in den 1990er Jahren noch an Bedeutung gewann. Die Bindungen an Schichten, Organisationen, Konfessionen und soziale Milieus scheinen dagegen an Bedeutung zu verlieren.

Der sozialpsychologische Ansatz sieht die Wahlentscheidung eher als Ergebnis einer individuellen Meinungsbildung. In diesem Zusammenhang spielt die Identifikation mit einer Partei, die sich in der politischen Sozialisation herausgebildet hat, eine wichtige Rolle. Die Wähler richten sich bei ihrer Entscheidung danach, welche Partei oder welche Politiker die von ihnen jeweils als wichtig erachteten Probleme wie Vollbeschäftigung, Umweltschutz oder soziale Gerechtigkeit ihrer Meinung nach am besten lösen können.

Sozialpsychologischer Ansatz

Der ökonomische Ansatz stellt das Kosten-Nutzen-Kalkül des individuellen Wählers in den Vordergrund. Er wählt in der Regel die Partei, von der er sich

Ökonomisch orientierter Ansatz

die meisten Vorteile erwartet. Dabei sind vor allem wirtschaftliche Faktoren entscheidend. Dieser Ansatz geht von einem rationalen Wähler aus.

Ansätze kombinieren   Isoliert betrachtet, kann keiner der drei Ansätze das Wahlverhalten befriedigend erklären. Stefan Marschall vermutet, „dass eine Kombination der drei Modelle zielführender ist. Das heißt, dass sich das konkrete Wahlverhalten als eine komplexe Kosten-Nutzen-Entscheidung verstehen lässt, die vom sozialen Umfeld sowie individuellen Dispositionen geprägt wird."

[Stefan Marschall (2011), Das politische System Deutschlands, 2. Aufl., UVK Verlagsgesellschaft, Konstanz, S. 54]

Die angedeuteten Ansätze zur Erklärung und Beschreibung des Wählerverhaltens widersprechen sich also nicht unbedingt, sondern können sich ergänzen. Außerdem entscheiden sich die Wählerinnen je nach Systemebene unterschiedlich, indem sie bei den Europa-, Bundestags-, Landtags- oder Kommunalwahlen zum Teil unterschiedlichen Parteien ihre Stimmen geben. Insgesamt scheinen die gesellschaftlichen Gruppenbindungen an Bedeutung zu verlieren: Das Wahlverhalten wird individueller und rationaler.

Wählertypen   Die unterschiedlichen Arten von Wählerinnen werden mit folgenden Begriffen beschrieben:

• Stammwähler: Sie entscheiden sich regelmäßig für dieselbe Partei. Ihre Wahlentscheidung ist häufig, wie oben erläutert, durch Bindungen an bestimmte Großgruppen bestimmt.

Karikatur: Thomas Plaßmann

- Nichtwähler: Die Zahl der Bürger, die nicht zur Wahl gehen, hat in den letzten Jahren zugenommen. Dabei spielen, neben technischen Gründen, Unzufriedenheit mit den Parteien oder dem System und Protest gegen aktuelle politische Entscheidungen eine Rolle.
- Wechselwähler: Sie geben ihre Stimme von Wahl zu Wahl verschiedenen Parteien und sind keiner Partei fest zuzuordnen. Man schätzt ihren steigenden Anteil auf bis zu 30% der Wähler.
- Protestwähler: Sie wollen mit ihrem Stimmzettel – zum Teil aus einer augenblicklichen Stimmung heraus – vor allem den etablierten Parteien einen Denkzettel verpassen, indem sie so genannte Protestparteien oder auch links- oder rechtsextreme Gruppierungen wählen.

Alle genannten Wählertypen versuchen die Parteien im Wahlkampf zu erreichen. Natürlich richtet er sich zunächst an die unentschlossenen Wechselwähler, die von den Parteien durch Werbemittel beeinflusst werden sollen. Auch diejenigen, die ursprünglich gar nicht wählen wollten, sollen gewonnen werden. Nicht zuletzt wollen die Parteien ihre Stammwähler mobilisieren und für die Mitarbeit im Wahlkampf gewinnen. **Wahlkampf**

Bei der Wahlwerbung in Deutschland spielen neben den Massenmedien, vor allem dem Fernsehen, die sozialen Medien eine immer wichtigere Rolle. Barack Obamas Kampagne vor seiner Wahl zum Präsidenten im Jahr 2008 gilt als wegweisend. Allerdings darf nicht vergessen werden, dass es bei dieser Wahl um die Direktwahl des Präsidenten ging (präsidentielles System), während sich in Deutschland Parteien um den Einzug in den Bundestag bewerben (parlamentarisches System). **Von Obama lernen?**

Obama als president 2.0

„Obamas ‚Web Blitzkrieg' – wie die Kampagne häufig unschön bezeichnet wird – hat sich einmal dadurch ausgezeichnet, dass er Chris Hughes, einem der Facebook-Gründer, damals 24 (!) Jahre alt, die Konzeption seines Web 2.0-Wahlkampfs übertragen hat (...). Die Kampagne hat mit Erfolg alles verwendet, was das Web 2.0 zu bieten hat: Soziale Netzwerke, Podcasting, Video-Seiten, wobei hier insbesondere YouTube eine große Rolle gespielt hat, mobile Endgeräte wurden intensiv einbezogen, eine eigene Community wurde eingerichtet usw. Die Zahlen sind legendär: Das Obama-Team hatte einen E-Mail-Verteiler mit 13 Millionen Menschen. Über 1 Milliarde E-Mails in 7.000 Variationen wurden an diesen Verteiler verschickt. Außerdem gab es noch 3 Millionen SMS-Abonnenten.
Über die Online-Aktivitäten konnte Obama 3 Millionen Online-Spender mobilisieren, die 6,5 Millionen Mal gespendet haben. Das ergab eine Summe

Quelle

von mehr als 500 Millionen Dollar an Spenden, wobei die durchschnittliche Summe für eine Online-Spende bei rund 80 Dollar lag. Kommentatoren weisen darauf hin, dass deswegen Obamas Wahlkampf weder von mächtigen Lobbygruppen noch seiner eigenen Partei abhängig war und dieses ihm ein bislang unbekanntes Maß an Unabhängigkeit verschafft habe.

Er war in den 15 wichtigsten Sozialen Netzwerken vertreten und hatte dort mehr als fünf Millionen ‚Freunde', allein drei Millionen im wichtigsten Netzwerk Facebook. Das Team hat im eigenen YouTube Channel fast 2000 Videos eingestellt, die 80 Millionen Mal angeschaut wurden. Außerdem wurden auf YouTube 442.000 Videos von Obama eingestellt, die von Nutzern gemacht wurden. All diese Aktivitäten wurden vernetzt, wobei MyBO – quasi als digitales Hauptquartier – das Zentrum bildete.

Das Wahlkampfteam hat nämlich eine eigene, riesige Online-Community aufgebaut: MyBarackObama.com – liebevoll MyBO genannt. Diese Website hatte zu Spitzenzeiten 8,5 Millionen Besucher monatlich. 2 Millionen Menschen haben dort ihr eigenes Profil angelegt und 400.000 Blog-Einträge geschrieben. Über die Online-Community haben sich 35.000 Freiwilligen-Gruppen zusammengefunden und 200.000 Wahlkampf-Events in der realen Welt organisiert.

Das weist auf einen entscheidenden Punkt hin. Auch die ausgefeilteste Nutzung jedweder Technik gewinnt keine Wahlen. All die genannten Elemente waren zweifellos für Obamas Erfolg wichtig. Entscheidend dürfte allerdings gewesen sein, dass die Bürgerinnen sich die Sache zu eigen machten und sich (auch im Web mit den neuen Möglichkeiten des Web 2.0) in einer nie gekannten Weise engagierten: Yes We Can. Dieser Slogan weist eine große Nähe zu dem auf, was das Mitmach-Web ausmacht. Diese inhaltliche Kongruenz und zeitliche Koinzidenz der ‚Philosophien' könnte eine entscheidende Variable gewesen sein, um den (zunächst alles andere als wahrscheinlichen) Sieg Obamas plausibel zu machen."

[Ragnar Müller / Wolfgang Schumann: Politik 2.0;
in: Online-Lehrbuch zum Web 2.0, www.dadalos-d.org/web20/politik_20.htm]

Web 2.0 im Wahlkampf

Untersuchungen der vergangenen Bundestagswahlkämpfe kommen übereinstimmend zu dem Ergebnis, dass zwar flächendeckend verschiedene Web 2.0-Dienste genutzt werden (Facebook, Twitter, YouTube), dass aber die dort vorhandenen Chancen zu Interaktion, Dialog und Responsivität nicht genutzt werden. Die sozialen Medien werden überwiegend als zusätzlicher Kanal zur Verbreitung der üblichen Inhalte genutzt.

Ob in den sozialen Medien oder den „traditionellen" Massenmedien, moderner Wahlkampf ist durch folgende Tendenzen gekennzeichnet:

- Professionalisierung: Die Parteien bedienen sich professioneller Werbeagenturen und Berater, die außerhalb der Parteien stehen; der Apparat der Parteien selbst verliert zunehmend an Bedeutung.
- Personalisierung und Privatisierung: Der Wahlkampf wird immer stärker auf Leistung, Kompetenz und Glaubwürdigkeit der Spitzenkandidaten zentriert, deren Privatleben bewusst miteinbezogen wird.
- Kandidatenwettstreit: Obwohl bei Bundestagswahlen eigentlich die Abgeordneten des Parlaments gewählt werden, die danach den Kanzler bestimmen, werden diese immer mehr zu „Kanzlerwahlen" stilisiert. Der Wettstreit der Kandidaten rückt immer stärker in den Vordergrund des Interesses. Durch die Fernsehduelle der Spitzenkandidaten nach amerikanischem Vorbild, die zuerst mit Gerhard Schröder und Edmund Stoiber im Bundestagswahlkampf 2002 durchgeführt wurden, wurde diese Tendenz, die nun auch bei Landtagswahlen zu beobachten ist, verstärkt.
- Pseudoereignisse anstatt politischer Themen: Im Mittelpunkt des Wahlkampfes stehen nicht mehr in erster Linie politische Sachfragen, über die es zu entscheiden gilt, sondern Ereignisse und die Präsentation von Personen und Themen, welche von den Wahlkampfmanagern bewusst inszeniert werden, damit darüber berichtet wird.
- Medialisierung: Die wichtigste Grundlage für diese Entwicklung bildet die Medialisierung der Wahlkämpfe. Die Öffentlichkeitsarbeit der Parteien richtet sich immer stärker danach, was in den Medien ankommt.

Für die Wählerinnen wird es immer schwieriger, diese Wahlkampfstrategien zu durchschauen.

Tendenzen im Wahlkampf

„Es wird niemals so viel gelogen wie vor der Wahl, während des Krieges und nach der Jagd."

Otto von Bismarck (1815-1898), Reichskanzler

TV Duell im Bundestagswahlkampf 2013

picture alliances – dpa

T 40

Checkliste für bewusste Wähler, oder: Was man sich vor einer Wahl alles überlegen sollte

- Nach welchem Wahlsystem wird gewählt?
- Wie viele Stimmen habe ich und wie werden die Stimmen nach der Wahl verrechnet?
- Welche Parteien waren bisher im Parlament vertreten?
- Wer bildete die Regierung bzw. die Opposition?
- Wie kann sich meine Stimmabgabe auf die Zusammensetzung des Parlaments und die Regierungsbildung auswirken?
- Welche Programmpunkte der Parteien sprechen mich besonders an?
- Welche politischen Streitfragen stehen im Mittelpunkt des Wahlkampfes?
- Von welchen Themen bin ich besonders betroffen?
- Welche Kandidaten stehen zur Wahl?
- Welche Erfahrungen und Kompetenzen haben sie vorzuweisen?
- Zu wem habe ich das meiste Vertrauen?
- Welche Partei habe ich das letzte Mal gewählt?
- Aus welchen Gründen bleibe ich bei der bisherigen Partei bzw. wechsle ich?

T 41

Wahl-O-Mat

Die Bundeszentrale für politische Bildung bietet seit 2002 vor Wahlen den Wahl-O-Mat an: www.bpb.de/politik/wahlen/wahl-o-mat. Es handelt sich um ein Frage-und-Antwort-Tool, das zeigt, welche zu einer Wahl zugelassene Partei der eigenen politischen Position am nächsten steht. Als Hilfsmittel zur Information im Vorfeld von Wahlen hat sich das Tool einen guten Namen gemacht. Alleine vor der Bundestagswahl 2013 wurde es 13,3 Millionen Mal genutzt. Ziel des Wahl-O-Mats ist laut Website, „das politische Interesse und die Wahlbeteiligung bei jungen Wählerinnen und Wählern zu steigern. Er will Politik und politische Inhalte für junge Menschen zugänglich machen. Spielerisch soll er die Unterschiede zwischen den politischen Parteien aufzeigen."

Wie können wir Wahlwerbung durchschauen und beurteilen?

T 42

TIPPS ZUM TUN

Sie kennen die verschiedenen Werbemittel, die von den Parteien im Wahlkampf eingesetzt werden wie z.B. Plakate, Anzeigen in Zeitungen und Fernsehspots. Es gibt einfache Fragen, mit deren Hilfe man die Wahlwerbung der Parteien untersuchen kann. Wir wenden diese Methode hier beispielhaft auf Plakate an. Sie können mit diesen W-Fragen auch andere Werbemittel von Parteien untersuchen.

Wer will etwas mitteilen?

Wer steht hinter dem Plakat? Kurze Charakterisierung der Partei und ihrer derzeitigen Lage, z.B.: Gehört sie der Regierung an oder der Opposition?

Was will die Partei mitteilen?

- Welche Aussage, welche Botschaft für die Wähler enthält das Plakat?
- Welche Wahlversprechen werden gemacht? (Mehr Arbeitsplätze, innere Sicherheit usw.)
- Welche zentralen Wertvorstellungen werden angesprochen? (Parteien versuchen bestimmte Werte und Themen wie Frieden und Umweltschutz für sich zu besetzen.)

Wem will sie etwas mitteilen?

Welche Gruppen werden besonders angesprochen, z.B. Jugendliche, Frauen, Rentner?

Wie wird etwas mitgeteilt?

- Welche Form hat die Werbung? Welche Bilder, welche Schrift und Farben werden mit welcher Absicht verwendet? Welche Gefühle werden angesprochen? (Es werden beispielsweise häufig tief sitzende Ängste wie Angst vor Inflation, Terror oder Krieg bewusst wachgerufen, um dann Wähler davon zu überzeugen, dass die Rettung nur von einer bestimmten Partei kommen kann.)
- Wie wird der Gegner dargestellt? (Parteien neigen dazu, den Gegner herabzusetzen, um selbst in einem besseren Licht zu erscheinen.)
- Wie werden die eigenen Politiker dargestellt? Welche Eigenschaften werden ihnen zugeschrieben? Wie wird z.B. der Kanzlerkandidat präsentiert? (Oft gelten Personen als Programmersatz.)

Welche Absicht wird damit verfolgt?

Will die Partei Stammwähler mobilisieren? Sollen bestimmte Gruppen angesprochen werden? Wird der Gegner angegriffen, um dessen Wähler zu gewinnen?

Was können Parteianhänger und politisch Engagierte im Wahlkampf tun?

Sie können nicht nur ihre eigene Wahlentscheidung genau überdenken, sondern auch als Anhänger einer Partei oder eines bestimmten politischen Zieles im Wahlkampf mit folgenden Aktionen auf die Entscheidung anderer Einfluss nehmen:

- An Wahlveranstaltungen teilnehmen.
- In Wahlversammlungen mitdiskutieren und sich dabei für bestimmte politische Ziele und Personen einsetzen.
- Werbematerial an Informationsständen verteilen.
- Mit Passanten diskutieren.
- Für die Wahlkampfkasse spenden.
- Plakate kleben.
- Einen Aufkleber ans eigene Auto machen.
- Für eine Partei demonstrieren.
- Leserbriefe schreiben.
- Durch Hausbesuche bei Fremden für eine Partei werben.

Mehr Informationen zu diesen Handlungsmöglichkeiten finden sich bei den Tipps zum Tun im Baustein 4 (T 26: Leserbrief, T 30: Flugblatt, T 37: Präsentation usw.).

Nach den Wahlen: Kontaktmöglichkeiten mit den Abgeordneten

Die Abgeordneten aller Parteien bieten auch während der Legislaturperiode Versammlungen an, in denen man sich informieren und aktuelle Fragen diskutieren kann. Bei wichtigen persönlichen Anliegen empfiehlt es sich, die Sprechstunden der Abgeordneten zu nutzen, die sie zum Teil in ihrem Wahlkreisbüro oder auch telefonisch anbieten. Außerdem verfügen praktisch alle Abgeordneten über einen eigenen Internetauftritt mit Kontaktformular, viele sind darüber hinaus auch auf Facebook und Twitter vertreten.

Auch über die Website des Bundestags (www.bundestag.de) kann man „seiner" Abgeordneten eine E-Mail zukommen lassen. Auf www.abgeordnetenwatch.de kann man Fragen an einen Abgeordneten richten. Da hier die Frage (und die unter Umständen fehlende Antwort) öffentlich sichtbar ist, entsteht für den Angesprochenen ein zusätzlicher Druck zu reagieren.

Zum Weiterlesen:

Korte, Karl-Rudolf (2013), Wahlen in Deutschland, Bundeszentrale für politische Bildung, Bonn.

Zum Vertiefen:

Der Bürger im Staat (2013), Bundestagswahl 2013, Heft 3/2013, Landeszentrale für politische Bildung Baden-Württemberg, Stuttgart.

Nohlen, Dieter (2013), Wahlrecht und Parteiensystem. Zur Theorie und Empirie der Wahlsysteme. 7. Aufl., Verlag Barbara Budrich, UTB.

Politische Bildung (2013), Bundestagswahl 2013. Kontinuität und Wandel, Heft 1/2013, Wochenschau Verlag, Schwalbach/Ts.

Schmitt-Beck, Rüdiger (Hrsg.) (2012), Wählen in Deutschland, Politische Vierteljahresschrift Sonderheft 45, Nomos, Baden-Baden.

Wochenschau (2013), Wahlen, Themenheft, Heft 1/2013, Wochenschau Verlag, Schwalbach/Ts.

Woyke, Wichard (2013), Stichwort: Wahlen. Ein Ratgeber für Wähler, Wahlhelfer und Kandidaten, 12. Aufl., Springer VS, Wiesbaden.

Zum Surfen:

Die Startseite zum Thema „Wahlen" im Internetauftritt der Bundeszentrale für politische Bildung gewährt Zugang zu verschiedenen thematisch einschlägigen Online-Dossiers: www.bpb.de/politik/wahlen/.

Die Landeszentrale für politische Bildung Baden-Württemberg hat anlässlich der Bundestagswahl ein Portal zum Thema Wahlen entwickelt: www.bundestagswahl-bw.de.

Aus Politik und Zeitgeschichte, Heft 48-49/2013 („Bundestagswahl 2013") und Heft 4/2011 („Parlamentarismus"): www.bpb.de/shop/zeitschriften/apuz.

6. Abstimmungen

An Sachentscheidungen mitwirken

picture alliances – dpa

Der erste Bundespräsident, Theodor Heuss (1884-1963), bezeichnete Volksabstimmungen bei den Beratungen zum Grundgesetz im Parlamentarischen Rat 1949 als „eine Prämie für jeden Demagogen." Er bezog sich dabei auf seine Erfahrungen als Parlamentarier in der Weimarer Republik, als rechts- und linksextreme Gruppierungen Volksbegehren zur Agitation auf der Straße nutzten.

picture alliances – dpa

Der elfte Bundespräsident, Joachim Gauck (*1940), sagte 2011 in einem Zeitungsbeitrag: „Wir Deutschen müssen heute nicht mehr so besorgt sein wie die Verfassungsväter nach dem Kriege, die im Volk eine jederzeit zu verführende Masse sahen." (Stuttgarter Zeitung vom 19.03.2011).

Kurzübersicht

„Demokratie heißt Entscheidung durch die Betroffenen."

Carl Friedrich von Weizsäcker (1912-2007), Physiker, Philosoph und Friedensforscher

Im folgenden Baustein werden die verschiedenen Möglichkeiten der Bürgerinnen, direkt an politischen Sachentscheidungen mitzuwirken, aufgezeigt. Dabei geht es zum einen darum, die Diskussion über die Einführung solcher Verfahren auf Bundesebene darzustellen, zum zweiten werden die entsprechenden rechtlich-politischen Rahmenbedingungen auf der Ebene der Bundesländer und Gemeinden sowie auf der europäischen Ebene aufgezeigt.

6.1 Sollen Volksabstimmungen auf Bundesebene eingeführt werden?

GG Art. 20, Abs. 2

Alle Staatsgewalt geht vom Volke aus. Sie wird vom Volke in Wahlen und Abstimmungen und durch besondere Organe der Gesetzgebung, der vollziehenden Gewalt und der Rechtsprechung ausgeübt.

Neben Wahlen, in denen Repräsentanten beauftragt werden, für das Volk Entscheidungen zu fällen, gibt es auch die Möglichkeit, dass die Bürger selbst in Abstimmungen über Sachfragen entscheiden. Im Grundgesetz sind Abstimmungen vom Grundsatz her vorgesehen, wenn auch diese Möglichkeit auf den verschiedenen Ebenen des politischen Systems der Bundesrepublik Deutschland unterschiedlich ausgeprägt ist.

Direkte Demokratie in der Schweiz

Ein Blick in die Schweiz, dem Land mit der weitestgehenden Ergänzung der repräsentativen Demokratie durch direkt-demokratische Verfahren, lässt erkennen, dass es ganz unterschiedliche Arten gibt, die Bürgerinnen direkt entscheiden zu lassen. Auf Bundesebene unterscheidet man in der Schweiz zwischen Referendum und Volksinitiative. Ein Referendum ist eine Abstimmung über ein bereits beschlossenes Gesetz. Bei Verfassungsänderungen muss es durchgeführt werden (obligatorisches Referendum), bei einfachen Gesetzen sind 50.000 Unterschriften notwendig, um es in Gang zu setzen (fakultatives Referendum). Eine Volksinitiative geht dagegen von Bürgern, Interessengruppen oder Parteien aus, die 100.000 Unterschriften zusammenbringen müssen. Bekannte Streitfragen, über die auf Bundesebene abgestimmt wurde, waren die Einführung des Frauenwahlrechts 1971 oder die Ablehnung des Beitritts zur UNO im Jahr 1978 (die 2002 revidiert wurde). Auch international sorgten die erfolgreichen Volksinitiativen zu einem Minarettverbot (2009, 58%) und zur „Ausschaffung krimineller Ausländer" (2010, 53%) für Aufsehen. Im März 2013 stimmte eine klare Mehrheit von 68% für die „Initiative gegen Abzockerei", die

„Der Kleinstaat ist vorhanden, damit ein Fleck auf der Welt sei, wo die größtmögliche Quote der Staatsangehörigen Bürger im vollen Sinne sind."

Jacob Burckhardt (1818-1897), Schweizer Kulturhistoriker

Exzesse bei Bonuszahlungen, Abfindungen und Gehältern für Manager börsennotierter Unternehmen unterbinden wollte. Um dies zu erreichen, sollen unter anderem die Rechte der Aktionäre gestärkt werden.

Im Grundgesetz sind Volksabstimmungen auf Bundesebene bewusst auf einen einzigen seltenen Fall, der für den normalen politischen Prozess von nachrangiger Bedeutung ist, nämlich auf die Frage der Neugliederung des Bundesgebietes in Bundesländer beschränkt worden. So wurde das Land Baden-Württemberg 1952 auf dem Wege eines Volksentscheides gegründet. Ein weiterer Versuch, der geplante Zusammenschluss von Berlin und Brandenburg, scheiterte 1996 an der Ablehnung durch die Bevölkerung von Brandenburg in einer Volksabstimmung.

„Die Faszination, die derzeit weithin offensichtlich von der Idee der direkten Demokratie ausgeht, dürfte ihre Wurzeln wesentlich in der misstrauischen Abneigung gegen die Parteien haben."

Peter Graf Kielmansegg (*1937), Politikwissenschaftler

Außer für die Neugliederung des Bundesgebietes sind nach dem Grundgesetz keine Volksabstimmungen auf Bundesebene möglich. Dagegen konnte nach der Weimarer Verfassung das Volk über innen- und außenpolitische Fragen entscheiden. Die Verfasser des Grundgesetzes sahen diese Möglichkeiten bewusst nicht vor, weil Volksabstimmungen aus ihrer Sicht in der Weimarer Republik von extremen Kräften zu Agitationszwecken missbraucht worden waren. Weiter wird argumentiert, die Volksabstimmungen in der nationalsozialistischen Diktatur – nach dem „Anschluss" Österreichs und nach dem Austritt aus dem Völkerbund – hätten nur der Akklamation des bestehenden Unrechtssystems gedient. Insgesamt wollte man verhindern, dass die junge Demokratie der Bundesrepublik unter den „Druck der Straße" gerät.

Situation in Deutschland

Lehre aus der Geschichte

Vor allem nach dem Zusammenbruch der DDR, zu dem das Volk durch seine Demonstrationen unter dem Motto „Wir sind das Volk" beigetragen hatte, und nach der folgenden Vereinigung Deutschlands im Jahr 1990 wurde die Frage der Volksabstimmungen auf Bundesebene in Öffentlichkeit und Wissenschaft intensiv diskutiert. Bundestag und Bundesrat bil-

Diskussion nach der Vereinigung Deutschlands

Im März 1991 findet in Leipzig die letzte sogenannte Montagsdemo statt.

deten eine „Gemeinsame Verfassungskommission", in der unter anderem auch über eine stärkere Beteiligung des Volkes an politischen Entscheidungen beraten wurde. Entsprechende Anträge fanden jedoch nicht die erforderliche Zweidrittelmehrheit im Bundestag.

„Wir wollen mehr Demokratie wagen. Wir wollen eine Gesellschaft, die mehr Freiheit bietet und mehr Mitverantwortung fordert."

Willy Brandt (1913-1992), 4. Bundeskanzler von 1969-1974

Die Frage der Volksabstimmungen auf Bundesebene ist in der politischen Diskussion nach wie vor umstritten. Die Entscheidung des Grundgesetzes für eine „super-repräsentative Verfassung" (Ernst Fraenkel), in der nur ein einziges Organ, der Bundestag, direkt durch Wahlen demokratisch legitimiert wird, und das dieser Entscheidung zugrunde liegende Misstrauen hinsichtlich der demokratischen Reife der Deutschen sei zwar 1949 nachvollziehbar gewesen, so wird häufig argumentiert, zwischenzeitlich habe sich die Lage aber verändert. Die zweite deutsche Demokratie habe sich als stabil erwiesen und seit den 1970er Jahren erfreuten sich demokratische Werte und Verhaltensweisen zunehmender Verbreitung. Es sei also Zeit, Volksabstimmungen auf Bundesebene zu ermöglichen.

Pro und Kontra Volksabstimmungen

Die Argumente in der jahrzehntelangen Debatte für und gegen die Einführung von direkt-demokratischen Verfahren blieben bemerkenswert konstant. Die wichtigsten werden im Folgenden aufgelistet.

Wissenschaftliche Diskussion

Während in der öffentlichen Diskussion häufig von einem Gegensatz zwischen repräsentativer und direkter Demokratie ausgegangen wird, betonen Rechts- und Politikwissenschaftler das Zusammenspiel. So schreibt etwa die ehemalige Bundesverfassungsrichterin Jutta Limbach: „Möglichkeiten der Bürgerbeteiligung an der politischen Willensbildung sind nicht nur ein Mittel gegen Politikmüdigkeit, politische Entfremdung und Apathie. Sie dürften die parlamentarischen Entscheidungsprozesse beleben, indem sie den Abgeordneten Lebenserfahrungen vermitteln sowie ihnen wertvolle intellektuelle und moralische Impulse geben. Formen direkter Demokratie dürften die Politiker zudem empfänglicher für gesellschaftliche Probleme und hellhörig für gesellschaftliche Bedürfnisse machen. Sie dürften insgesamt eher die parlamentarische Demokratie beleben als diese schwächen."

[Jutta Limbach (2003), Die Demokratie und ihre Bürger. Aufbruch zu einer neuen politischen Kultur, C. H. Beck, München, S. 60 f.]

PRO	KONTRA
• sorgt für lebendige öffentliche Debatte, Bürger/-innen sind besser informiert	• Reformen werden erschwert, unpopuläre Entscheidungen blockiert, Entscheidungen werden verzögert und verteuert
• direkter Ausdruck der Volkssouveränität, Demokratie in ihrer reinsten Form	• Bürger/-innen fehlt die fachliche Kompetenz für sachgerechte Entscheidungen
• höhere Legitimation und Akzeptanz von Entscheidungen	• Bürger/-innen stimmen nicht über die Sachfrage ab, sondern wollen der Regierung einen Denkzettel verpassen
• gute Erfahrungen mit mehr Bürgerbeteiligung auf der Länder- und Gemeindeebene	• parlamentarische Demokratie und ihre Verfahren werden ausgehöhlt; das Parlament kann sich aus der Verantwortung stehlen
• bessere Bürgerbeteiligung, dadurch auch Stabilisierung der Demokratie und Wandel der politischen Kultur hin zur „Bürgerdemokratie"	• populistische Parteien werden gestärkt; Gefahr der Polarisierung
• Mittel gegen Machtmissbrauch und Verselbstständigung der „politischen Klasse", Kontrollinstrument der Bürger/-innen	• die Gebildeten haben noch mehr Einfluss, da vor allem sie zur Abstimmung gehen
• begrenzt Einfluss von Lobbyisten und mächtigen Einzelinteressen; weniger „Klientelentscheidungen"	• ein hohes Maß an Willen zur Beteiligung wird vorausgesetzt; ob dieser vorhanden ist, bleibt fraglich
• Abbau der Parteienherrschaft	• Minderheiten können bei reinen Mehrheitsentscheidungen nicht geschützt werden
• Innovationen werden in die Debatte eingebracht, Einbindung der Bürger/-innen führt zu besseren Lösungsansätzen	• komplexe Fragen lassen sich nicht auf die Alternative ja/nein reduzieren; einfache, aber falsche Antworten werden gegenüber sachgerechten Lösungen bevorzugt
• Gründlichkeit ist wichtiger als schnelle Entscheidungen	
• öffentliche und private Debatten über politische Themen werden angeregt	• Gefahr der Manipulation durch mächtige Interessengruppen und Demagogen; verzerrte Medienberichterstattung

Am 23.05.2013 installierte der Verein „Mehr Demokratie" dieses aufblasbare Grundgesetz vor dem Brandenburger Tor. Es machte auf die Unterschriftensammlung des Vereins zu bundesweiten Volksentscheiden aufmerksam.

Der Politikwissenschaftler Peter Graf Kielmansegg gibt zu bedenken, dass die Debatte um Volksabstimmungen in der Regel zu unbestimmt bleibt, denn „die" direkte Demokratie gibt es nicht. Es sind viele verschiedene Abstufungen möglich: „Wenn die Bürger selbst, nach welchen Regeln im Einzelnen auch immer, über das Recht der Initiative verfügen, sich also, anders formuliert, selbst ins Spiel bringen können; wenn sie in Initiativgruppen selbst die Entscheidungsvorlage formulieren können, über die sie als Gesamtheit abstimmen; wenn sie auf alle Materien zugreifen können; und wenn es keine verfassungsgerichtliche Kontrolle dieses Prozesses gibt, dann hat das direkt-demokratische Bauelement in der Gesamtarchitektur das mögliche Bedeutungsmaximum erreicht. Wenn das Recht der Initiative ausschließlich bei den Regierenden liegt; wenn die Entscheidungsvorlagen den Bürgern vorgegeben sind; wenn wesentliche Entscheidungsmaterien – etwa, wie das oft der Fall ist, alle ausgabenwirksamen Entscheidungen – direkt-demokratischen Verfahren nicht zugänglich sind; und wenn außerdem das, was an direkt-demokratischer Entscheidungspraxis bleibt, verfassungsgerichtlicher Kontrolle unterworfen ist, dann ist das direkt-demokratische Bauelement im Verhältnis zu den anderen, dem repräsentativ-demokratischen und dem verfassungsstaatlichen, von bescheidener Bedeutung."

Quelle

[Peter Graf Kielmansegg (2013), Die Grammatik der Freiheit. Acht Versuche über den demokratischen Verfassungsstaat, Nomos, Baden-Baden, S. 117f.]

Wer tiefer in die interessante Diskussion um die Vor- und Nachteile direktdemokratischer Verfahren vordringen möchte, dem seien neben dem eben zitierten Kapitel aus dem Buch von Kielmansegg zwei frei im Internet zugängliche Aufsätze als Einstieg empfohlen:

Merkel, Wolfgang (2011), Volksabstimmungen: Illusion und Realität; in: Aus Politik und Zeitgeschichte, Heft 44-45/2011, S. 47-55, www.bpb.de/apuz/59721/volksabstimmungen-illusion-und-realitaet.

Jung, Otmar (2011), Erfahrungen mit direkter Demokratie in Deutschland und der Schweiz; in: Deutschland & Europa, Heft 62/2011: Politische Partizipation in Europa, S. 18-25. Download der Zeitschrift: www.deutschlandundeuropa.de/62_11/politische_partizipation.pdf.

6.2 Volksentscheide in den Bundesländern

In den Verfassungen der Bundesländer sind Volksbegehren und Volksabstimmungen vorgesehen. Außerdem können die Bundesländer vor allem durch die Gemeindeordnungen die direkt-demokratischen Möglichkeiten politischer Beteiligung regeln. Der Verein „Mehr Demokratie" (www.

„Die Befürworter von Volksbefragungen ermuntern die Wähler, nur kräftig an sich zu denken: mehr Egoismus statt Demokratie."

*Hans Werner Kilz (*1943), Journalist*

mehr-demokratie.de) hat die gesetzlichen Regelungen der Bundesländer für Volksbegehren und Volksentscheide auf Landesebene verglichen und bewertet. Dabei geht es unter anderem um die Hürden für deren Zustandekommen (z. B. Zahl der Unterschriften für ein Volksbegehren) und deren Gegenstände. Umstritten ist z. B., ob Finanzfragen oder die Planung von Großprojekten für eine Volksabstimmung geeignet sind (siehe Bausteine 12 und 13). Jährlich erstellt der Verein ein Ranking der 16 Bundesländer. Verwendet werden die gebräuchlichen Schulnoten von 1 (sehr gut) bis 6 (ungenügend). 2013 sieht das Ergebnis so aus (www.mehr-demokratie. de/fileadmin/pdf/volksentscheids-ranking_2013.pdf):

Rang	Bundesland	Landesebene (50%)	Kommunalebene (50%)	Gesamtnote
1	Hamburg	2,0	2,3	2,15
2	Bayern	3,0	1,7	2,35
3	Bremen	2,7	2,4	2,55
4	Schleswig-Holstein	3,9	1,9	2,90
5	Thüringen	4,0	1,8	2,90
6	Berlin	4,0	2,0	3,00
7	Nordrhein-Westfalen	3,5	2,7	3,10
8	Sachsen	3,8	3,5	3,65
9	Rheinland-Pfalz	4,3	3,7	4,00
10	Hessen	4,5	3,7	4,10
11	Brandenburg	4,3	4,1	4,20
12	Mecklenburg-Vorpommern	4,2	4,3	4,25
13	Niedersachsen	4,3	4,3	4,30
14	Sachsen-Anhalt	4,0	4,8	4,40
15	Saarland	4,7	5,0	4,85
16	Baden-Württemberg	5,3	4,5	4,90

Folgende Beispiele zeigen die Möglichkeiten von Volksabstimmungen auf
Länderebene in verschiedenen Bereichen auf:

In ihrem Koalitionsvertrag vom 17. April 2009 beschloss die Koalitionsregierung aus CDU und Grünen des Hamburger Senats eine umfassende
Schul- und Bildungsreform. In diesem Zusammenhang war geplant, statt
der bisherigen vierjährigen Grundschule eine sechsjährige Primarstufe einzuführen und das Elternwahlrecht abzuschaffen. Dies führte zu
einer intensiven öffentlichen Diskussion und zur Gründung von Bürgerinitiativen. Die Initiative „Wir wollen lernen! Förderverein für eine bessere Bildung in Hamburg e. V." sprach sich dagegen aus und forderte eine
Änderung des entsprechenden Schulgesetzes. Durch eine Volksinitiative
mit 184.500 Unterschriften erreichte die Initiative, nachdem die Schlichtungsverhandlungen gescheitert waren, einen Volksentscheid am 18. Juli
2010. Bei einer Wahlbeteiligung von 39% sprachen sich 54,5% der stimmberechtigten Bürger gegen eine sechsjährige Primarstufe aus.

Volksentscheid über Schul- und Bildungsreform in Hamburg

In Bayern wurde durch einen Volksentscheid vom 4. Juli 2010 ein radikaler Nichtraucherschutz eingeführt. Eine Bürgerinitiative, die später von
der SPD, den Grünen und gemeinnützigen Vereinen unterstützt wurde,
wandte sich gegen das von CSU und FDP beschlossene Gesundheitsgesetz in der Fassung vom 27. Juli 2009, in dem das Rauchverbot in Gaststätten durch viele Ausnahmen gelockert wurde. So war Rauchen in Bier-,
Wein- und Festzelten, in Gaststätten mit weniger als 75 qm Fläche oder
auch in Nebenräumen gestattet. Diese Ausnahmen sollten durch ein
striktes Rauchverbot abgeschafft werden. Für das entsprechende Volksbegehren hatten sich 13,9% der Stimmberechtigten eingetragen. Nachdem damit das entsprechende Quorum von 10% der Stimmberechtigten
erreicht worden war, musste der Landtag über das Volksbegehren abstimmen, der es am 14. April 2010 endgültig mit der Mehrheit von CSU
und FDP ablehnte. Damit war der Weg frei für einen Volksentscheid am 4.
Juli 2010. Bei einer Beteiligung von 37,7% der Wählerinnen stimmten 61%
folgender Fragestellung auf dem Stimmzettel zu: „Stimmen Sie nachfolgend abgedrucktem Gesetzesentwurf des Volksbegehrens ‚Für echten
Nichtraucherschutz' zu?"

Volksentscheid „Für echten Nichtraucherschutz" in Bayern

Bei Stuttgart 21 geht es um ein Verkehrs- und Städtebauprojekt. Dabei
soll der Kopfbahnhof Stuttgart in einen Durchgangsbahnhof umgebaut
und die Zulaufstrecken in Tunnel verlegt werden. In diesem Zusammenhang entsteht ein neuer Bahnhof am Flughafen, der mit der Neubaustrecke Wendlingen-Ulm verbunden werden soll. Das Projekt wurde in
den 1990er Jahren geplant und zehn Jahre später endgültig vom baden-

Volksentscheid über das Projekt „Stuttgart 21" in Baden-Württemberg

Die Tasche einer Gegnerin des Bahnprojektes Stuttgart 21 ist am 05.08.2014 in Stuttgart mit Aufklebern und Ansteck-Buttons verziert. Anlass ist der Baustart am Stuttgarter Hauptbahnhof.

picture alliances – dpa

württembergischen Landtag sowie vom Gemeinderat der Stadt Stuttgart und dem Verband Region Stuttgart beschlossen. Gegen dieses Projekt protestierten seit dieser Zeit mit zunehmender Intensität Zehntausende. Im Zusammenhang dieser Proteste, die weit über Stuttgart hinaus wahrgenommen wurden, entstand der Begriff des „Wutbürgers".

Eine durch den früheren Bundesminister und CDU-Generalsekretär Heiner Geißler geleitete Schlichtung führte zwar zu einer gewissen Versachlichung der Diskussion, aber zu keiner Einigung zwischen Projektbefürwortern und -gegnern. Nach der Landtagswahl vom März 2011 beschloss die neue Landesregierung aus Grünen und SPD eine Volksabstimmung. Dabei ging es um die Frage, ob das Land Baden-Württemberg aus der Finanzierung des Projektes aussteigen soll. Zu den veranschlagten Kosten von 4,3 Milliarden Euro hatte das Land einen Zuschuss von 823 Millionen zugesagt. Bei der im November 2011 durchgeführten Volksabstimmung, an der sich 48,3% der Bürger beteiligten, sprachen sich 58,9% dagegen aus, die Finanzierungsverpflichtungen des Landes bezüglich des Bahnprojektes zu kündigen, stimmten also für das Projekt Stuttgart 21.

Volksentscheid über Stromversorgung in Berlin

Bei einem Volksentscheid in Berlin am 3. November 2013 ging es um die Gründung eines Stadtwerkes zur Produktion und Verkauf von Ökostrom, das sich um die Übernahme des Netzes vom Energiekonzern Vattenfall

Karikatur: Klaus Stuttmann

bewerben sollte. Es stimmten zwar 83 Prozent der Abstimmenden mit Ja, jedoch wurde das Quorum von 25 Prozent aller Stimmberechtigten mit 24,1 Prozent knapp verfehlt.

6.3 Mitentscheidung auf kommunaler Ebene

Auf der kommunalen Ebene gibt es für die Bürgerinnen die meisten Möglichkeiten, Sachfragen mitzuentscheiden (siehe Bausteine 12 und 13). Das einfachste und wohl auch schwächste Instrument, auf Sachentscheidungen in der Gemeinde Einfluss zu nehmen, ist der Bürgerantrag, den es in den allermeisten Bundesländern gibt. Dieser Antrag ist zum Teil zum Einwohnerantrag erweitert worden, um in der Tendenz schon 14-Jährigen diese Möglichkeit zu eröffnen. Mit dem Bürgerantrag kann eine Mindestzahl von Bürgern die Gemeindevertretung verpflichten,

Bürgerantrag, Einwohnerantrag

sich mit einer Angelegenheit zu befassen, eventuell sogar darüber zu entscheiden.

Voraussetzungen und Grenzen

Bei einem Bürgerantrag ist zu beachten, dass er von relativ vielen Bürgern durch Unterschriften unterstützt werden und es sich dabei um eine Gemeindeangelegenheit handeln muss. Schließlich ist der Antrag an bestimmte formale Voraussetzungen wie z. B. Schriftform, Begründung und Finanzierungsvorschlag gebunden. Mit dem Bürgerantrag kann man nur erreichen, dass eine Selbstverwaltungsangelegenheit beraten und eventuell entschieden wird, auf die Entscheidung selbst hat man keinen Einfluss. Sie bleibt dem Gemeinderat vorbehalten. Allerdings können die Bürger damit erreichen, dass ein Problem in der Öffentlichkeit zumindest diskutiert wird. Es ist durchaus auch möglich, dass eine Fraktion der Gemeindevertretung sich des Antrags annimmt und ihn selbst einbringt. In bestimmten Fällen muss man daher überlegen, ob der Weg über die Fraktionen nicht der einfachere ist, weil dadurch die aufwändige Arbeit, Unterschriften zu sammeln, vermieden wird.

Bürgerbegehren, Bürgerentscheid

Mit einem Bürgerbegehren können Bürgerinnen einer Gemeinde erreichen, dass sie selbst durch einen Bürgerentscheid in einer Gemeindeangelegenheit entscheiden dürfen. Bürgerbegehren und Bürgerentscheid bilden das Kernstück direkter Demokratie auf Gemeindeebene. Diese Möglichkeit der Bürgerbeteiligung gibt es in fast allen Bundesländern, wenn auch mit sehr unterschiedlichen Bedingungen und Formen.

Voraussetzungen für ein Bürgerbegehren

Die gesetzlichen Regelungen, die in den Bundesländern unterschiedlich ausgefallen sind, enthalten besondere Verfahrensvoraussetzungen für Bürgerbegehren, auf die zu achten ist:

- Der Antrag muss klar sein und in der Regel mit Ja oder Nein beantwortet werden können.
- Der Antrag muss begründet sein.
- Wenn der Antrag finanzielle Auswirkungen hat, muss ein detaillierter Kostendeckungsvorschlag vorgelegt werden.
- Es sind bestimmte Fristen einzuhalten. Wenn sich z. B. ein Bürgerbegehren gegen einen Beschluss des Gemeinderats richtet, muss es innerhalb eines bestimmten Zeitraumes eingereicht werden.
- Nicht zuletzt sind für den Erfolg eines Bürgerbegehrens – d. h. die daraus folgende Durchführung eines Bürgerentscheides – die Unterschriften eines genau bestimmten Teils der Bevölkerung notwendig.

Abstimmungsgegenstände umstritten

Bürgerbegehren und die folgenden Bürgerentscheide können in der Regel nur über wichtige Selbstverwaltungsangelegenheiten der Gemeinden durchgeführt werden. Was wichtig ist, steht zum Teil in den gesetzlichen Bestimmungen; es gibt auch so genannte Negativkataloge, in denen die Gegenstände – z.B. Finanz-, Haushalts- und Personalangelegenheiten – aufgeführt sind, über die kein Bürgerbegehren oder -entscheid stattfinden darf. Besonders umstritten sind Fragen der Bauleitplanung, über die in sieben Bundesländern Bürgerbegehren ausgeschlossen sind. Die Initiative für einen Bürgerentscheid kann auch von der Gemeindevertretung ausgehen. Sie kann der Bürgerschaft eine strittige Sache zur Entscheidung vorlegen. In der Regel ist dazu eine qualifizierte Mehrheit (z. B. zwei Drittel der Stimmen des Gemeinderats) notwendig. Unabhängig davon, ob ein Bürgerentscheid durch Bürgerbegehren oder durch Ratsbegehren durchgeführt wurde, hat er die Wirkung eines Ratsbeschlusses. Der Bürgermeister und die Verwaltung müssen ihn vollziehen.

In der öffentlichen und wissenschaftlichen Diskussion wird die Beteiligung der Bürgerinnen an Sachentscheidungen auf kommunaler Ebene positiver beurteilt als auf Bundes- und Landesebene. Alle Kommunalverfassungen sehen direkt-demokratische Verfahren vor, allerdings mit unterschiedlichen Beteiligungschancen der Bürger. Der Verein „Mehr Demokratie" hat folgende Übersicht über die Verfahren bei Bürgerentscheiden zusammengestellt:

Verfahren in den einzelnen Bundesländern

Laut eines Berichts des Vereins „Mehr Demokratie" wurden seit Einführung von Bürgerbegehren und Bürgerentscheid im Jahr 1956 deutschlandweit bis Ende 2011 5.929 direkt-demokratische Verfahren durchgeführt. Über die Hälfte davon fanden zwischen 2002 und 2011 statt.

Bürgerbegehren und -entscheid als Instrument eines gewaltfreien Konfliktaustrags

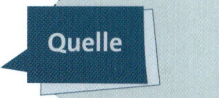
Quelle

Der Politikwissenschaftler Hans-Georg Wehling kommt zu folgender Bewertung: „Ein Bürgerbegehren ist durchweg die letzte Stufe in einem umfassenderen Partizipationsgeschehen. Vorausgegangen sind zuvor andere Partizipationsformen, konventionelle wie auch nichtkonventionelle, erlaubte und manchmal auch unerlaubte. Mithilfe von Bürgerbegehren und Bürgerentscheid können Bürgerinitiativen nicht nur Aufmerksamkeit auf sich lenken und ihren Forderungen Nachdruck verleihen, sie können sogar eine Entscheidung erzwingen, können einen Gemeinderatsbeschluss ‚kippen'. Insofern trägt die Existenz des Instruments dazu bei, Bürgerinitiativen zu kanalisieren in dem Sinne, dass für sie ein effektiver Einflusskanal zur Verfügung steht, sicher aber auch im Sinne von domestizieren: Denn die Wut, die aus der Ohnmacht folgt, kann hier nicht so leicht entstehen. Insofern fördert das Instrument den gewaltfreien Konfliktaustrag."

Hohe Hürden?

Übersicht über die Verfahren bei Bürgerentscheiden (Stand 2/2011)

Bundesland	Themen Anwendungsbereich: +++ weit, ++ eng + punktuell	Bürger- begehren Unterschriftenhürde	Bürgerentscheid Zustimmungsquorum
Baden-Württemberg	++	5-10 %	25 %
Bayern	+++	3-10 %	10-20 %
Berlin (Bezirke)	+++	3 %	10 %
Brandenburg	++	10 %	25 %
Bremen (Stadt)	+++	5 %	20 %
Hamburg (Bezirke)	+++	2-3 %	Nein
Hessen	+++	10 %	25 %
Mecklenburg-Vor-pommern	++	2,5-10 %	25 %
Niedersachsen	++	10 %	25 %
Nordrhein-Westfalen	++	3-10 %	20 %
Rheinland-Pfalz	+	10 %	20 %
Saarland	++	5-15 %	30 %
Sachsen	+++	(5-)15 %	25 %
Sachsen-Anhalt	++	6-15 %	25 %
Schleswig-Holstein	++	10 %	20 %
Thüringen	+++	7 % (bei Amtseintra-gung 6 %)	10-20 %

Nach: Mehr Demokratie e. V., Übersicht Verfahren – Bürgerentscheide;
in: http://www.mehr-demokratie.de/buergerentscheid.html (Zugriff v. 5.7.2011)

Die meisten Gemeindeordnungen, mit Ausnahme von Bayern, sehen die Möglichkeit einer Zuwahl von sachkundigen Bürgern in Ausschüsse von Gemeinderäten vor. Volles Stimmrecht haben sie nur in Nordrhein-Westfalen, Rheinland-Pfalz und Schleswig-Holstein. In den übrigen Bundesländern haben die sachkundigen Mitglieder eine beratende Funktion. Beispielhaft sei hier die entsprechende Bestimmung der Gemeindeordnung von Nordrhein-Westfalen wiedergegeben (§ 58, Abs. 3 GO NRW):

Mitwirkung in der Gemeindevertretung als sachkundiger Bürger

Zu Mitgliedern der Ausschüsse, mit Ausnahme der in § 59 vorgesehenen Ausschüsse (Hauptausschuss, Finanzausschuss, Rechnungsprüfungsausschuss), können neben Ratsmitgliedern auch sachkundige Bürger, die dem Rat angehören können, bestellt werden. Zur Übernahme der Tätigkeit als sachkundiger Bürger ist niemand verpflichtet. Die Zahl der sachkundigen Bürger darf die Zahl der Ratsmitglieder in den einzelnen Ausschüssen nicht erreichen. Die Ausschüsse sind nur beschlussfähig, wenn die Zahl der anwesenden Ratsmitglieder die Zahl der anwesenden sachkundigen Bürger übersteigt. Sie gelten auch insoweit als beschlussfähig, solange ihre Beschlussunfähigkeit nicht festgestellt ist. Die Ausschüsse können Vertreter derjenigen Bevölkerungsgruppen, die von ihrer Entscheidung vorwiegend betroffen werden, und Sachverständige zu den Beratungen zuziehen.

In den Gemeindeordnungen und den entsprechenden Hauptsatzungen der Gemeinden wird zum Teil einzelnen Bürgerinnen oder auch Gruppen die Möglichkeit eingeräumt, der Gemeindevertretung Fragen zu stellen. Um auch Ausländer miteinzubeziehen, haben verschiedene Gemeindeordnungen die Bürgerfragestunde auf alle Einwohner erweitert. Sie bietet damit die Möglichkeit, Anliegen öffentlich und damit pressewirksam vorzutragen.

Bürgerfragestunde

Nach Art. 28 des Grundgesetzes kann in den Gemeinden „an die Stelle der gewählten Körperschaft die Gemeindeversammlung treten." Diese Möglichkeit wird in den verschiedenen Gemeindeordnungen sehr unterschiedlich genutzt. Bürgerversammlungen dienen in der Regel der wechselseitigen Information von Verwaltung und Bürgerinnen, in manchen Bundesländern kann sie auch Empfehlungen aussprechen. In Bayern muss, in Baden-Württemberg soll sich der Gemeinderat binnen dreier Monate mit Empfehlungen einer Bürgerversammlung befassen. In der Regel wird die Einwohner- oder Bürgerversammlung vom Bürgermeister einberufen, in manchen Bundesländern kann dies auch eine bestimmte Anzahl von Bürgern verlangen.

Bürgerversammlung

Ob eine Bürgerversammlung lediglich als Informations- und Selbstdarstellungsveranstaltung der Verwaltung oder auch als Artikulationsforum für die Bürgerinnen genutzt wird, hängt von ihrer aktiven Teilnahme ab. Einzelne Einwohner oder Gruppen haben es selbst in der Hand, ihre Anliegen vorzubringen und öffentlich zur Diskussion zu stellen. Allerdings empfiehlt sich eine gründliche Vorbereitung, um einen möglichen Informationsvorsprung der Verwaltung auszugleichen.

6.4 Europäische Bürgerinitiative

Einführung mit dem Vertrag von Lissabon

Die bisherigen Abschnitte in diesem Baustein haben gezeigt, dass die Möglichkeiten zur Mitentscheidung seitens der Bürger umso größer sind, je näher die politische Ebene dem Wohnort ist. Während die direkt-demokratischen Verfahren auf kommunaler Ebene gut und auf Länderebene in der Regel ordentlich ausgebaut sind, fehlen sie auf der Bundesebene. Die europäische Ebene bricht mit diesem Trend, denn die Europäische Union hat mit dem Lissabonner Vertrag von 2009 die Europäische Bürgerinitiative (EBI) eingeführt. Die Bürgerinitiative ergänzt das Petitionsrecht beim Europäischen Parlament und das Beschwerderecht beim Europäischen Bürgerbeauftragten. Von ihr kann seit 2012 Gebrauch gemacht werden.

§§

EU-Vertrag Art. 11, Abs. 4
Unionsbürgerinnen und Unionsbürger, deren Anzahl mindestens eine Million betragen und bei denen es sich um Staatsangehörige einer erheblichen Anzahl von Mitgliedstaaten handeln muss, können die Initiative ergreifen und die Europäische Kommission auffordern, im Rahmen ihrer Befugnisse geeignete Vorschläge zu Themen zu unterbreiten, zu denen es nach Ansicht jener Bürgerinnen und Bürger eines Rechtsakts der Union bedarf, um die Verträge umzusetzen.

Voraussetzungen und Grenzen

Mit der EBI können EU-Bürgerinnen bewirken, dass sich die Europäische Kommission mit dem betreffenden Thema befasst. Voraussetzung dafür ist, dass in zwölf Monaten mindestens eine Million gültige Unterstützungsbekundungen in (zurzeit) mindestens sieben EU-Mitgliedstaaten gesammelt werden. Natürlich ist der Anwendungsbereich der Bürgerinitiative auf die der Europäischen Kommission zugewiesenen Kompetenzen beschränkt. Werden alle Voraussetzungen erfüllt und beschließt die Kommission, dem Vorschlag zu folgen, dann wird der Gesetzgebungsprozess in Gang gesetzt. Lehnt die Kommission dies ab, haben sich die Initiatoren trotzdem nicht vergeblich bemüht, denn sie haben europaweite Öffentlichkeit für ihr Anliegen erreicht.

Ausgehend von der Webseite http://ec.europa.eu/citizens-initiative/public/ kann man sich zu allen Aspekten rund um dieses europäische Instrument der Bürgerbeteiligung informieren:

- wie man selbst eine Initiative starten kann;
- wie man eine bestehende Initiative unterstützen kann;
- welche laufenden Initiativen es gibt;
- welche Initiativen abgeschlossen wurden;
- welche Initiativen abgelehnt wurden.

Im Dezember 2013 wurde der Kommission die erste erfolgreich durchgeführte Initiative vorgelegt. Sie trägt den Titel: „Wasser und sanitäre Grundversorgung sind ein Menschenrecht! Wasser ist ein öffentliches Gut und keine Handelsware!" Die Initiatoren fassen ihr Anliegen so zusammen: „Wir fordern die Europäische Kommission zur Vorlage eines Gesetzesvorschlags auf, der das Menschenrecht auf Wasser und sanitäre Grundversorgung entsprechend der Resolution der Vereinten Nationen durchsetzt und eine funktionierende Wasser- und Abwasserwirtschaft als existenzsichernde öffentliche Dienstleistung für alle Menschen fördert." Weitere Informationen findet man auf der mehrsprachigen Website der Initiative: www.right2water.eu.

Initiative zum Menschenrecht auf Wasser

Die wichtigsten Ziele der ersten Europäischen Bürgerinitiative

„Diese EU-Rechtsvorschriften sollten die Regierungen dazu verpflichten, für alle Bürger und Bürgerinnen eine ausreichende Versorgung mit sauberem Trinkwasser sowie eine sanitäre Grundversorgung sicherzustellen. Wir stellen nachdrücklich folgende Forderungen:

Quelle

1. Die EU-Institutionen und die Mitgliedstaaten haben die Aufgabe, dafür zu sorgen, dass alle Bürger und Bürgerinnen das Recht auf Wasser und sanitäre Grundversorgung haben.
2. Die Versorgung mit Trinkwasser und die Bewirtschaftung der Wasserressourcen darf nicht den Binnenmarktregeln unterworfen werden. Die Wasserwirtschaft ist von der Liberalisierungsagenda auszuschließen.
3. Die EU verstärkt ihre Initiativen, einen universellen Zugang zu Wasser und sanitärer Grundversorgung zu erreichen."

[http://ec.europa.eu/citizens-initiative/public/initiatives/finalised/details/2012/000003]

Wie sich dieses Instrument auf den europäischen Politikprozess und auf die erst in Ansätzen vorhandene europäische Öffentlichkeit auswirken wird, bleibt abzuwarten. Eine erste Einschätzung bilanziert: „Die Stärke der EBI liegt zweifelsohne in dem Potential, das sie für die Bildung einer

Europäischen Zivilgesellschaft besitzt, und der Chance, dass sich der EU-Bürger aus seiner Zuschauerrolle lösen kann."

[Franz Thedieck (2013), Die Europäische Bürgerinitiative und die Möglichkeiten und Grenzen der Bürgerbeteiligung in der EU; in: Deutschland & Europa, Heft 65/2013, S. 29]

Was man beachten muss, wenn man sich aus der Zuschauerrolle lösen und eine Initiative auf europäischer Ebene starten oder unterstützen möchte, bildet den ersten Tipp zum Tun dieses Bausteins.

Eine Europäische Bürgerinitiative starten oder unterstützen

T 45

TIPPS ZUM TUN

Der erfahrene Europapolitiker Elmar Brok, Vorsitzender des Ausschusses für Auswärtige Angelegenheiten im Europäischen Parlament, hat recht, wenn er sagt: „Eine Million von 500 Millionen EU-Bürgern zu überzeugen, ist eine Herausforderung, aber machbar – entscheidend ist dabei das richtige Projekt." Ein Leitfaden auf der zentralen Website für die Europäische Bürgerinitiative (http://ec.europa.eu/citizens-initiative/files/guide-eci-de.pdf) erklärt unter dem Titel „Sie bestimmen die Tagesordnung" die Vorgehensweise Schritt für Schritt:

1. Bereiten Sie die Initiative vor und bilden Sie einen Bürgerausschuss aus mindestens 7 EU-Bürgerinnen, die in 7 verschiedenen EU-Staaten leben.
2. Melden Sie Ihre Initiative an (die Kommission antwortet innerhalb von zwei Monaten, ob es sich um ein zulässiges Thema handelt, also ob die Kommission für den angestrebten Rechtsakt überhaupt regelungsbefugt ist).
3. Falls Sie Unterstützungsbekundungen (auch) online sammeln wollen, müssen Sie Ihr System zertifizieren lassen (die nationale Behörde antwortet innerhalb eines Monats).
4. Sammeln Sie innerhalb von 12 Monaten in mindestens 7 EU-Staaten mindestens 1 Million Unterstützungsbekundungen (in mindestens 7 Staaten muss dabei eine Mindestanzahl an Unterstützern erreicht werden; diese Zahl liegt beispielsweise für Deutschland bei 74.250).
5. Lassen Sie sich diese Unterstützungsbekundungen von der nationalen Behörde bescheinigen (die Behörde antwortet innerhalb von 3 Monaten).
6. Legen Sie die Initiative der Kommission vor.
7. Die Kommission prüft die Initiative und antwortet innerhalb von 3 Monaten. Hierfür werden Sie von der Kommission empfangen und können Ihr Anliegen vortragen. Außerdem können Sie Ihre Initiative bei einer öffentlichen Anhörung im Europäischen Parlament vorstellen.
8. Beschließt die Kommission, Ihrer Initiative zu folgen, setzt sie das ordentliche Gesetzgebungsverfahren in Gang.

Vorgehensweise in 8 Schritten

Die Hürden sind durchaus beträchtlich, man braucht einen langen Atem und nicht unerhebliche Finanzmittel, um eine solche Initiative zum Erfolg zu führen, vor allem aber braucht man EU-Bürgerinnen, die das Anliegen unterstützen. Eine Initiative zu unterstützen, ist ungleich einfacher. Sie können Ihre Unterstützung online oder ein Papierformular der Organi-

Eine Initiative unterstützen

satoren ausgefüllt und unterschrieben einreichen. Einen Überblick über laufende Initiativen bietet die Website http://ec.europa.eu/citizens-initiative/public.

Die Abstimmungsverfahren kennen und bewerten

In den verschiedenen Bundesländern gibt es unterschiedliche rechtliche Bestimmungen. Es ist daher notwendig, dass Sie sich zunächst über die entsprechenden Bestimmungen sowohl der Landesverfassung als auch der Gemeinde- und Landkreisordnung informieren. Zum Teil gibt es noch ergänzende Bestimmungen in Gesetzesverordnungen oder den Hauptsatzungen der Gemeinde. Der Teufel steckt hier oft im Detail. Entsprechendes Informationsmaterial erhalten Sie on- und offline bei den Innenministerien der Bundesländer, bei den Landeszentralen für politische Bildung und bei den Gemeinden und Landkreisen selbst.

Rechtliche Rahmenbedingungen

Auswahl des richtigen Instruments

Dann ist genau zu überlegen, welches Instrument der Bürgerbeteiligung für Ihr Problem geeignet ist. Manchmal kann es schon genügen, eine Frage mithilfe einer Wortmeldung in der Bürgerversammlung in die öffentliche Diskussion zu bringen. Wenn mehrere von einem Problem betroffen sind, ist es notwendig, sich mit anderen zu besprechen und eventuell zusammenzuschließen, um gemeinsam nach dem geeignetsten Mitwirkungsinstrument zu suchen (Bausteine 8 und 9). Dabei liegt der Gang an die Öffentlichkeit zunächst nahe (Baustein 4). Bei der Ausschöpfung der rechtlichen Möglichkeiten empfiehlt sich ein schrittweises Vorgehen von weniger aufwändigen Verfahren zu den komplizierteren Entscheidungsprozessen.

Erste Anlaufstelle für Informationen zu diesem und den anderen Tipps zum Tun in diesem Baustein bildet der Verein „Mehr Demokratie": www.mehr-demokratie.de.

Vorüberlegungen zu einem Bürgerbegehren/Bürgerentscheid

Bevor Sie ein Bürgerbegehren starten, sollten Sie sich über folgende Fragen klar werden:

- Wie sehen die rechtlichen Bestimmungen aus?
- Zu welcher Frage soll der Bürgerentscheid durchgeführt werden? Die Frage muss klar formuliert sein.
- Liegt die zu entscheidende Frage überhaupt in der Kompetenz der Gemeinde, der Stadt oder des Landkreises? Kann darüber ein Bürgerentscheid stattfinden?
- Ist der Bürgerentscheid überhaupt sinnvoll?
- Ist die Frage von öffentlichem Interesse?
- Können Sie Ihre Pro-Argumente prägnant und klar formulieren?
- Können Sie mit Ihrem Vorschlag die Mehrheit Ihrer Mitbürgerinnen überzeugen?
- Welche Argumente sprechen gegen Ihren Vorschlag?
- Haben Sie überzeugende Erwiderungen?
- Welche Gruppen, Vereine und Parteien könnten Ihr Bürgerbegehren unterstützen?

[zusammengestellt nach einem Merkblatt der Aktion „Mehr Demokratie in Bayern!", 1996]

Der Verein „Mehr Demokratie" stellt sich den idealen Ablauf eines Bürgerbegehrens auf kommunaler Ebene so vor (www.mehr-demokratie.de/buergerentscheid.html):

- Schritt 1: Zu allen Themen, über die sonst der Gemeinderat abstimmt, können Bürger Vorschläge ausarbeiten.
- Schritt 2: Bürgerbegehren – Unterschriften: 3-10%, Frist: mindestens 6 Monate freie Unterschriftensammlung.
- Schritt 3: Gemeinderat behandelt Vorschlag. Initiative hat Rederecht.
- Schritt 4: Eine Informationsbroschüre wird an alle Stimmberechtigten verschickt.
- Schritt 5: Bürgerentscheid – Die Mehrheit entscheidet.

Volksabstimmungen auf Landesebene

Besonders schwierig ist es, auf Landesebene eine Volksabstimmung durch-zuführen. Beispielhaft könnte man die Volksabstimmung in Bayern erwäh-nen, die 1995 über die Frage eines kommunalen Bürgerbegehrens und Bür-gerentscheides durchgeführt wurde. Dabei hatten die Bürger über einen Gesetzentwurf der CSU-Fraktion im bayerischen Landtag und einen Entwurf der Bürgeraktion „Mehr Demokratie in Bayern" zu entscheiden.

Während die CSU von den Spitzenorganisationen der bayerischen Wirt-schaft und allen kommunalen Spitzenverbänden unterstützt wurde, stan-den hinter der Bürgeraktion „Mehr Demokratie in Bayern", deren Entwurf von der Mehrheit der Wähler angenommen wurde, mehr als 50 Parteien und Organisationen, darunter die SPD, Bündnis 90/Grüne und die FDP.

Erheblicher Organi-sationsaufwand

Um einen Eindruck von der Fülle der organisatorischen Vorbereitungen zu vermitteln, geben wir hier den 11-Punkte-Plan zur Vorbereitung des Volksbegehrens und eine Übersicht über die Aufgaben des Landesbüros, das eigens zu diesem Zweck gegründet wurde, wieder:

Aufgaben des Landesbüros
• Produktion und Versand von Infomaterialien
• Regelmäßige Pressearbeit (an ca. 800 Redaktionen)
• Betreuung und Initiierung von Aktionskreisen
• Koordination: z. B. Kontakt zu landesweiten Verbänden und Parteien, Referentenvermittlung, Zusammenführung von Aktiven
• Aktionsrundbriefe an 1.000 Aktive und Gruppen
• Spendenbriefe: Interessenten an den Volksbegehren erhalten regelmäßig Spenden- und Informationsbriefe
• Referate und Veranstaltungen in ganz Bayern
• Aktionen in und um München
• Besondere Arbeiten für das Volksbegehren, z. B. Aufbereitung der Unterschriften zur Beantragung des Volksbegehrens, Betreuung des Verfahrens vor dem Bayerischen Verfassungsgerichtshof, Versand der Eintragungslisten für das Volksbegehren an die Gemeinden etc.
• Besondere Aktionen zur Eintragungsfrist der Volksbegehren: Regionalkonferenzen, Aktionsteams machen Aktionsurlaub in Bayern und unterstützen die regionalen Aktionskreise, Pressetouren
• Werbemaßnahmen, die sich selbst finanzieren (Postwurfsendung, Spendenbriefe, Beilagen/Artikel in Verbandszeitschriften, kostenlose Werbefotos und Anzeigen

[Michael Seipel u. a. (1997), Triumph der Bürger!, München, S. 41]

11-Punkte-Plan zur Vorbereitung der Volksbegehren
- Aktionskreise in Landkreisen und Städten gründen
- Bezirksweite Vernetzung aufbauen
- Unterschriftensammlung für die Volksbegehren fortführen
- Aktionstag durchführen
- Volksbegehren in anderen örtlichen Vereinen vorstellen
- Ehrenamtliche Helfer für die zweiwöchige Eintragungszeit während des Volksbegehrens finden
- Finanzierung für das Volksbegehren durch Privat- und Verbandsspenden sichern
- Kontinuierliche Pressearbeit vor Ort betreiben
- Diskussion in die Gemeinden und Stadträte tragen
- Sich in den Wahlkampf einmischen und Kandidaten zur Stellungnahme zu „Mehr Demokratie" bewegen
- Plan für die Aktionen für die 14-tägige Eintragungsfrist erarbeiten

[Michael Seipel u. a. (1997), Triumph der Bürger!, München, S. 31]

Der Verein „Mehr Demokratie" stellt sich den idealen Weg zu einem Volksentscheid auf Länderebene so vor (www.mehr-demokratie.de/volksentscheid.html):

- Schritt 1: Zu allen landespolitischen Themen dürfen Bürgerinnen und Bürger Vorschläge ausarbeiten.
- Schritt 2: **Volksinitiative** – Unterschriften: 0,25 Prozent, Frist: mindestens 6 Monate.
- Schritt 3: Parlament behandelt Vorschlag. Initiative hat Rederecht. Kompromiss oder Übernahme möglich.
- Schritt 4: **Volksbegehren** – Unterschriften: 3 Prozent, Frist: mindestens 6 Monate freie Unterschriftensammlung.
- Schritt 5: Parlament kann Initiative übernehmen oder Alternativvorschlag mit zur Abstimmung stellen.
- Schritt 6: Eine Informationsbroschüre wird an alle Haushalte verschickt.
- Schritt 7: **Volksentscheid** – Die Mehrheit entscheidet.

Zum Weiterlesen:

Kost, Andreas (2013), Direkte Demokratie, 2. Aufl., VS Verlag für Sozialwissenschaften, Wiesbaden..

Zum Vertiefen:

Heußner, Hermann K. / Jung, Otmar (Hrsg.) (2011), Mehr direkte Demokratie wagen. Volksentscheid und Bürgerentscheid: Geschichte - Praxis - Vorschläge, 3. Aufl., Olzog Verlag, München.

Kost, Andreas (Hrsg.) (2005), Direkte Demokratie in den deutschen Ländern. Eine Einführung, VS Verlag für Sozialwissenschaften, Wiesbaden.

Massing, Peter (Hrsg.) (2005), Direkte Demokratie. Eine Einführung, Wochenschau Verlag, Schwalbach/Ts.

Moeckli, Silvano (2013), Direkte Demokratie. Spieler, Spielverläufe, Spielergebnisse, Rüegger Verlag, Zürich/Chur.

Mörschel, Tobias / Efler, Michael (Hrsg.) (2013), Direkte Demokratie auf Bundesebene. Ausgestaltung direktdemokratischer Verfahren im deutschen Regierungssystem, Nomos Verlag, Baden-Baden.

Paust, Andreas (2005), Arbeitshilfe Bürgerbegehren und Bürgerentscheid. Ein Praxisleitfaden, 2. Aufl., hrsg. von Stiftung Mitarbeit, Bonn.

Schiller, Theo (2002), Direkte Demokratie. Eine Einführung, Campus Verlag, Frankfurt/M. und New York.

Tiefenbach, Paul (2013), Alle Macht dem Volke?. Warum Argumente gegen Volksentscheide meistens falsch sind, hrsg. von Mehr Demokratie e. V., VSA: Verlag, Hamburg.

Wochenschau (2012), Demokratie in der Gemeinde, Heft 4/2012, Wochenschau Verlag, Schwalbach/Ts.

Zum Surfen:

Eine erstaunliche Bandbreite an Informationen zu so gut wie allen in diesem Baustein behandelten Aspekte bietet die Website des Vereins „Mehr Demokratie": www.mehr-demokratie.de.

Im „Wegweiser Bürgergesellschaft" der „Stiftung Mitarbeit" findet man unter anderem Praxishilfen: www.buergergesellschaft.de.

Aus Politik und Zeitgeschichte, Heft 10/2006 („Direkte Demokratie"): www.bpb.de/apuz/29881/direkte-demokratie.

7. Parteien

An der politischen Willensbildung mitwirken

Es macht vielleicht Spaß, auf die Straße zu gehen, aber um nützlich zu sein, um etwas zu erreichen, muss man in unserer Demokratie in Parteien mitarbeiten.

*Stéphane Hessel (1917–2013),
französisch-deutscher Widerstandskämpfer,
KZ-Häftling, Diplomat, Lyriker, Essayist*

Kurzübersicht

Neben Wahlen und Abstimmungen kann der Einzelne auf politische Entscheidungen Einfluss nehmen, indem er sich mit anderen zu Gruppen zusammenschließt. Eine Sonderstellung haben nach dem Grundgesetz die politischen Parteien. Als (ursprünglich) gesellschaftliche Organisationen ragen sie deutlich in den staatlichen Bereich hinein. In diesem Baustein werden die besonderen Chancen der Parteimitglieder, politisch Einfluss zu nehmen, aufgezeigt. Die Tipps zum Tun für Sitzungen gelten natürlich auch für andere politische Organisationen.

7.1 Funktionen im politischen System

„Jede Partei ist für das Volk da und nicht für sich selbst."
Konrad Adenauer (1876-1967), CDU-Vorsitzender, 1949-1963 Bundeskanzler

Innerhalb der politischen Organisationen haben die Parteien eine besondere Stellung. Das zeigt sich schon daran, dass die Parteien in Deutschland in der Verfassung ausdrücklich und an prominenter Stelle – direkt nach dem Grundrechtekatalog (Art. 1-20) – erwähnt werden. Ihre für jede moderne Demokratie unverzichtbare Funktion wird im Grundgesetz hervorgehoben:

GG Art. 21 (Parteien)

(1) Die Parteien wirken bei der politischen Willensbildung des Volkes mit. Ihre Gründung ist frei. Ihre innere Ordnung muss demokratischen Grundsätzen entsprechen. Sie müssen über die Herkunft und Verwendung ihrer Mittel sowie über ihr Vermögen öffentlich Rechenschaft geben.

Aufgaben

Die wichtigsten Aufgaben der Parteien sind:

„Die Vernunft ist niemals das Monopol einer politischen Partei."
Willy Brandt (1913-1992), SPD-Vorsitzender, 1969-1974 Bundeskanzler

- Formulierung politischer Ziele und Lösungen für gesellschaftliche Probleme, unter anderem in Form von Programmen;
- Bündelung und Ausgleich gesellschaftlicher Interessen;
- politische Aktivierung der Bürgerinnen und Bürger;
- Heranbildung von Nachwuchspolitikern und einer politischen Elite;
- Aufstellung von Kandidaten für öffentliche Ämter und Regierungsbildung;
- politische Werbung und Führung von Wahlkämpfen.

Parteienverbot

Zwar ist es jedermann freigestellt, eine Partei zu gründen; diese muss aber sowohl in ihrem Programm als auch in ihren Aktivitäten zum Ausdruck bringen, dass sie die durch das Grundgesetz festgelegte politische Ordnung der Bundesrepublik nicht beeinträchtigen, gefährden oder beseitigen will. Eine verfassungswidrige Partei kann verboten werden, was 1952 bei der neonazistischen Sozialistischen Reichspartei (SRP) und 1956 bei der Kommunistischen Partei Deutschlands (KPD) geschah (siehe Baustein 10).

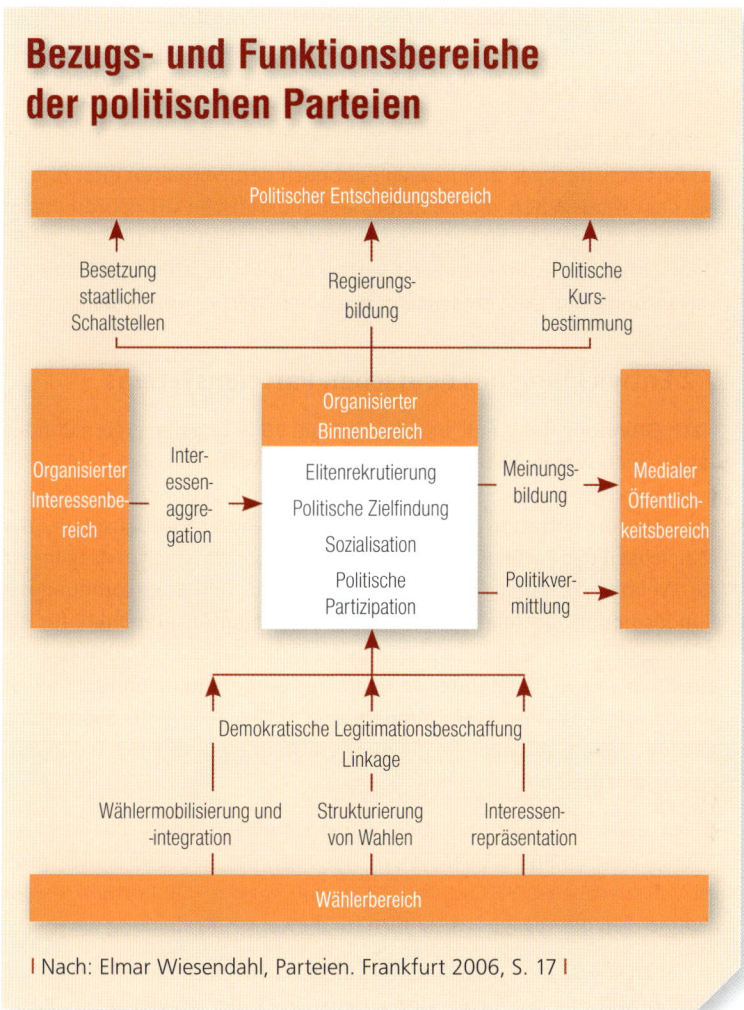

Bezugs- und Funktionsbereiche der politischen Parteien

I Nach: Elmar Wiesendahl, Parteien. Frankfurt 2006, S. 17 I

© Wochenschau Verlag

Im Unterschied zu verfassungswidrigen Verbänden und Vereinen, die durch die Innenminister der Länder oder des Bundes verboten werden können, darf einzig das Bundesverfassungsgericht über ein Parteienverbot entscheiden. Auch hier wird die besondere Rolle der Parteien deutlich. Dass verfassungswidrige Organisationen verboten werden können, stellt eine wichtige Lehre aus der Geschichte dar. Bei der Konzeption des Grundgesetzes wurde darauf geachtet, dass die Demokratie der Bundesrepublik – im Unterschied zur Weimarer Demokratie – wehrhaft ausge-

Lehre aus der Geschichte

staltet wird, sich also gegen Verfassungsfeinde wie die Nazis verteidigen kann. Wichtigstes Ziel war und ist, dass sich so etwas wie die „Machtergreifung" durch die Nationalsozialisten nie mehr wiederholen darf.

§§

GG Art. 21 (Parteien)
(2) Parteien, die nach ihren Zielen oder nach dem Verhalten ihrer Anhänger darauf ausgehen, die freiheitliche demokratische Grundordnung zu beeinträchtigen oder zu beseitigen oder den Bestand der Bundesrepublik Deutschland zu gefährden, sind verfassungswidrig. Über die Frage der Verfassungswidrigkeit entscheidet das Bundesverfassungsgericht.

7.2 Entwicklung des deutschen Parteiensystems

Parteienkonzentration in der BRD

Nach Gründung der Bundesrepublik im Jahr 1949 und den ersten Bundestagswahlen waren im Bundestag 12 Parteien vertreten. Ihre Zahl verringerte sich bald auf 4: CDU, die mit der CSU eine Fraktion bildet, SPD und FDP. Zur Konzentration der Parteien trug neben der 5%-Klausel und der Möglichkeit des Parteienverbots die Tatsache bei, dass sich im Gegensatz zur Weimarer Republik die Wirtschafts-, Sozial- und Staatsordnung der Bundesrepublik als relativ stabil erwies und keine Ansatzpunkte für die Bildung neuer Parteien bot. Erst in den 1980er Jahren ist es den Grünen, die sich als neue Partei unter anderem aus Bürgerinitiativen für Umweltschutz, der Anti-Atomkraft-, Frauen- und Teilen der Friedensbewegung gebildet haben, gelungen, in die meisten Landtage und 1983 in den Bundestag einzuziehen.

Zweieinhalb-Parteiensystem

Davor, zwischen 1961 und 1983, war die Bundesrepublik durch ein stabiles „Zweieinhalb-Parteiensystem" geprägt, das aus den beiden großen Volksparteien CDU/CSU und SPD sowie aus der FDP bestand, die als „Zünglein an der Waage" wesentlich für die Regierungsbildung war.

Einheitspartei in der DDR

In der DDR war die Sozialistische Einheitspartei (SED) die führende und alles bestimmende Partei. Unter dem Druck der sowjetischen Besatzungsmacht hatten sich 1946 in der sowjetischen Besatzungszone die Kommunistische Partei und die Sozialdemokratische Partei zusammengeschlossen, was Sozialdemokraten in den westlichen Besatzungszonen nicht verhindern konnten. Daneben gab es in der DDR unter anderem auch die CDU und die Liberaldemokratische Partei (LDPD). Diese so genannten Blockparteien, weitgehend von der SED abhängig und mit dieser zur Nationalen Front zusammengeschlossen, hatten die Aufgabe, die unterschiedlichen gesellschaftlichen Gruppen der DDR an den sozialistischen Staat heranzuführen.

Die Wiedervereinigung 1989/90 führte zu Veränderungen im deutschen Parteiensystem. CDU und FDP nahmen Teile der ehemaligen Blockparteien der DDR – die Ost-CDU und die LDPD – auf. Aus der ehemaligen DDR-Staatspartei SED ging die „Partei des Demokratischen Sozialismus" (PDS) hervor, die zunächst eine ostdeutsche Regionalpartei blieb und sich dann 2007 mit der westdeutsch geprägten WASG zur neuen Partei „DIE LINKE" zusammenschloss. Die WASG („Wahlalternative Soziale Gerechtigkeit") hatte sich 2005 aus Protest gegen die Politik der rot-grünen Bundesregierung – vor allem gegen die Agenda 2010 – aus Gewerkschaftlern und ehemaligen SPD-Mitgliedern gebildet. Neben dem Bundestag ist „DIE LINKE" in allen ostdeutschen und in einigen westdeutschen Landesparlamenten vertreten.

Neue Partei „DIE LINKE"

Die westdeutschen Grünen schlossen sich 1992 mit Bündnis 90, das sich aus den Bürgerrechtsbewegungen der DDR gebildet hatte, und den Grünen Ostdeutschlands zu einer Partei mit dem neuen Namen „Bündnis 90/Die Grünen" zusammen. Schwerpunkt der grünen Partei blieben allerdings die westdeutschen Bundesländer, wo sie seit 1985 mit der SPD mehrere Landesregierungen bildete und schließlich 1998 bis 2005 auch im Bund zusammen mit der SPD unter Gerhard Schröder regierte. Damit war aus dem Zweieinhalb- ein Fünfparteiensystem geworden, das sich in zwei Lager aufteilte, die sich bei der Regierungsbildung abwechselten: Rot-Grün und Schwarz-Gelb. Die LINKE blieb bei der Regierungsbildung auf Bundesebene bisher ausgeschlossen. Bei der Bundestagswahl 2013 erhielt die FDP nur 4,8% der Stimmen und war damit zum ersten Mal seit Gründung der Bundesrepublik Deutschland nicht im Bundestag vertreten. Fast so viele Stimmen erhielt mit 4,7% die erst im Februar 2013 gegründete Alternative für Deutschland (AfD). Hauptziel dieser wirtschaftsliberal und konservativ orientierten Partei ist die Auflösung der europäischen Währungsunion und die Wiedereinführung nationaler Währungen.

Vom Fünf- zum Vierparteiensystem?

Im September 2006 entstanden die Piraten als Protestpartei, die sich vor allem für mehr Informationsfreiheit, Bürgerrechte und Transparenz in der Politik einsetzten. Den eindeutigen Schwerpunkt der Piraten bildet der mit dem Internet entstandene neue Politikbereich der Netzpolitik. 2012 gelang ihnen der Einzug in das Berliner Abgeordnetenhaus und in die Landtage von Schleswig-Holstein, Saarland und Nordrhein-Westfalen. Diese Erfolge haben dazu geführt, dass die etablierten Parteien damit begonnen haben, Netzpolitik in ihre Programme aufzunehmen. Allerdings ließ die Attraktivität der Piraten, unter anderem wegen innerparteilicher Konflikte, im Jahr 2013 nach. Bei der Bundestagwahl 2013 erhielt die Partei nur 2,2% der Stimmen. Es bleibt abzuwarten, ob sich die Partei dau-

Piraten

Karikatur: Klaus Stuttmann

Neue Kunstrichtung: Ypsilantionismus!

erhaft in der deutschen Parteienlandschaft etablieren kann. Unabhängig davon werden die Debatten um Chancen und Grenzen digitaler Demokratie weitergehen und die Bedeutung der Netzpolitik wird weiter zunehmen.

Alternative für Deutschland (AfD)

Die im Februar 2013 gegründete Partei „Alternative für Deutschland" (AfD) scheiterte, wie bereits erwähnt, bei der Bundestagswahl 2013 an der 5%-Klausel, erhielt jedoch mit ihrem betont antieuropäischen Kurs 2014 bei den Wahlen zum Europäischen Parlament in Deutschland 7,1% der Stimmen. Sie profiliert sich immer mehr als nationalkonservative und wirtschaftsliberale Protestpartei mit rechtspopulistischen Tendenzen und schaffte im gleichen Jahr den Einzug in die Landtage von Sachsen, Thüringen und Brandenburg , wobei sie Stimmen aus allen politischen Lagern bekam. Ihre Mitgliedschaft, zu der auch Rechtsextreme gehören, ist noch sehr heterogen, was zu häufigen innerparteilichen Konflikten führt. Die langfristigen Erfolgsaussichten der AfD sind daher schwer zu beurteilen.

Sind die Parteien alle gleich?

Ein Grund für den Erfolg von AfD oder Piraten liegt, ähnlich wie im Fall des Aufstiegs der Grünen in den 1980er Jahren rund um das damals neue Thema Umweltschutz, darin, dass die Parteien und das Parteiensystem von vielen als verkrustet wahrgenommen wurde. Von den Piraten versprach man sich neuen Wind. Außerdem ist nahezu die Hälfte der Bevölkerung der Meinung, die etablierten Parteien würden sich in ihren politischen Zielen nur unwesentlich unterscheiden. Die Ähnlichkeit der Programme der großen Parteien rührt auch daher, dass sie als Volksparteien möglichst alle Schichten der Bevölkerung mit ihren Programmen ansprechen wollen. Allerdings treten die Programmunterschiede deutlicher hervor, wenn wir einzelne Programmpunkte genauer untersuchen oder deren Stellungnahmen zu aktuellen politischen Tagesfragen vergleichen. Besuchen Sie die Internetauftritte der verschiedenen Parteien und vergleichen Sie selbst!

Parteien im Internet
www.cdu.de - www.csu.de - www.fdp.de - www.gruene.de
www.die-linke.de - www.piratenpartei.de - www.spd.de
Auf den jeweiligen Startseiten der Internetauftritte finden sich auch Links
zu den Facebook-Profilen sowie zu den YouTube- und Twitter-Kanälen der
Parteien.

7.3 Parteimitglieder

Rund 2% der deutschen Wahlberechtigten sind Mitglied in einer Partei.
Stellt man in Rechnung, dass höchstens ein Viertel der Parteimitglieder
als aktiv eingestuft werden kann, ergibt sich, dass der Anteil aktiver Parteimitglieder an der wahlberechtigten Bevölkerung bei nur 0,5% liegt.
Dabei bietet die Mitarbeit in einer Partei in einer ausgeprägten Parteiendemokratie wie Deutschland viele Möglichkeiten der Mitbestimmung.

Die Mitgliederzahlen der Parteien gehen – mit Ausnahme der Grünen –   Sozialstruktur
kontinuierlich zurück, was auch zu einer gewissen Überalterung der Parteien führt, da immer weniger junge Menschen Parteimitglied werden.
Dazu kommt, dass die Parteien die Sozialstruktur der Bevölkerung nicht
mehr widerspiegeln. Bei der CDU/CSU und SPD sind rund ein Drittel der
Mitglieder Akademiker, bei der FDP, den Grünen und den LINKEN sogar
die Hälfte. Dagegen sind Personen mit niedrigerem Bildungsabschluss
wie Arbeiter und Angestellte in der Wirtschaft sowie Frauen unterrepräsentiert. Der Anspruch der großen Parteien, alle Schichten der Bevölkerung zu vertreten, kann somit nur noch in Grenzen verwirklicht werden.

Entwicklung der Parteimitgliedschaften   Mitgliederschwund

	1990	2000	2010	Veränderung	1990-2010
CDU	789.609	616.722	505.314	-284.295	-36,0%
SPD	943.402	734.667	502.062	-441.340	-46,8%
CSU	186.198	181.021	153.890	-32.308	-17,4%
FDP	168.217	62.721	68.541	-99.676	-59,3%
GRÜNE	41.316	46.631	52.991	+11.675	+28,3%
LINKE	280.882	83.475	73.658	-207.224	-73,8%

[Quelle: Niedermayer, Oskar: Parteimitglieder in Deutschland: Version 2011. Arbeitshefte a. d. Otto-Stammer-Zentrum, Nr. 18, FU Berlin 201]

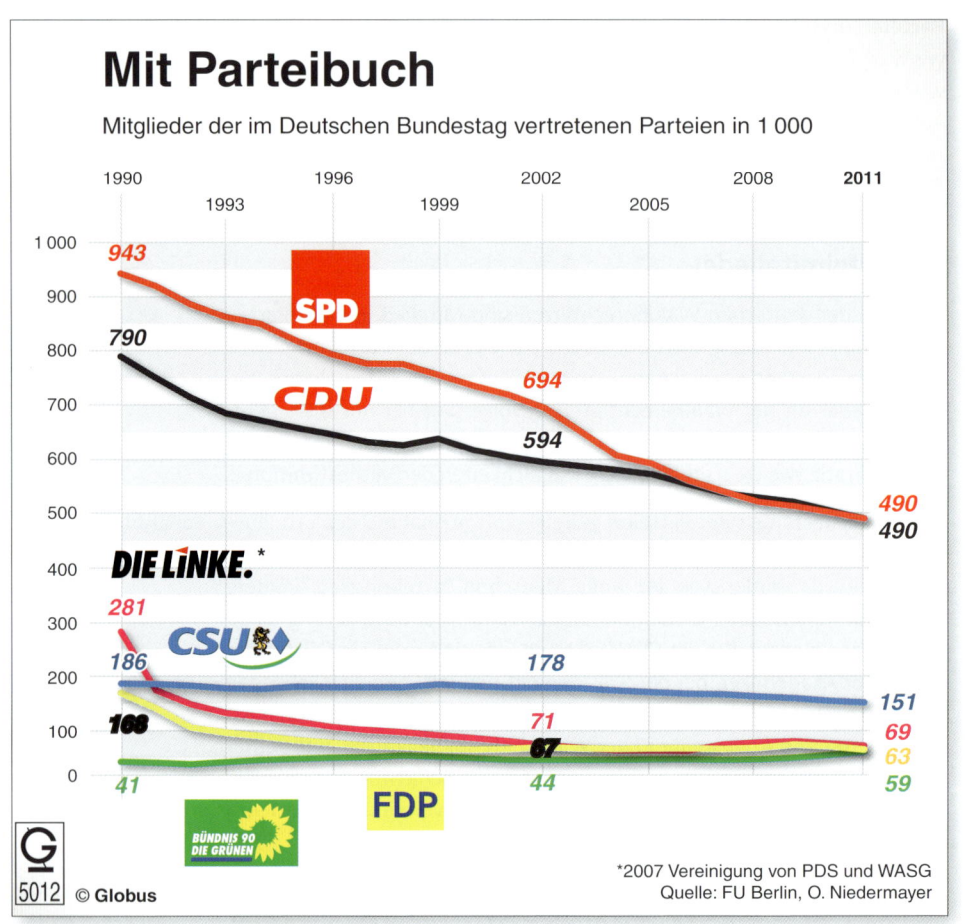

Mit Parteibuch

Mitglieder der im Deutschen Bundestag vertretenen Parteien in 1 000

*2007 Vereinigung von PDS und WASG
Quelle: FU Berlin, O. Niedermayer

© Globus

5012

picture alliances – dpa

Frauenquote

Die Frauen, die in den meisten Parteien eigene Vereinigungen oder Arbeitsgemeinschaften gegründet haben, bemühen sich in den letzten Jahren verstärkt, ihre Zahl nicht nur innerhalb der Partei, sondern auch in Führungspo-
sitionen zu erhöhen. Nach wie vor ist umstritten, ob man den Frauen durch
Parteibeschlüsse von vornherein bestimmte Anteile (Quoten) für Parteigremien und Kandidatenlisten zuweisen sollte, wie es die SPD mit 40% und die
Grünen mit 50% getan haben. Auch die CDU beschloss auf ihrem Parteitag
1996, dass Frauen künftig bei Wahlen zu Parteigremien und bei Kandidatenaufstellungen mit einem Drittel bedacht werden sollen; wird dieses Ziel im
zweiten Wahlgang nicht erreicht, muss das Ergebnis akzeptiert werden.

Das Grundgesetz und das Gesetz über die politischen Parteien schreiben vor, dass die innere Ordnung der Parteien demokratisch sein müsse. Danach sollen alle Mitglieder die gleichen Chancen haben, den Kurs ihrer Partei mitzubestimmen. Organisatorisch haben alle Parteien einen ähnlichen Aufbau mit einer Orts-, Kreis-, Bezirks- bzw. einer Landes- und Bundesebene. Allerdings beteiligen sich nur 25% der Parteimitglieder aktiv am Parteileben, beispielsweise durch Teilnahme an Versammlungen. Für die meisten Mitglieder, die das Alltagsgeschäft den Parteieliten überlassen, ist die Effektivität der Partei, also deren Wahlerfolg, wichtiger als ihre Mitsprache.

Mitbestimmungs-möglichkeiten

Insgesamt besteht in allen Parteien die Tendenz zur Oligarchie, also zur Herrschaft der Wenigen, wie der Soziologe Robert Michels schon 1911 festgestellt hat. Allerdings bestimmen nach neuen Forschungen nicht nur die Parteiführung und die jeweiligen Regierungsmitglieder, sondern auch die mittlere Führungsebene, also Kreisvorsitzende und Landtagsabgeordnete, den Kurs einer Partei mit. Sie können jedoch keineswegs unabhängig von ihren Mitgliedern handeln. Sie bemühen sich in der Regel schon im Voraus, den Wünschen der Parteimitglieder zu entsprechen. Bei Kandidatenaufstellungen für die Bundes- und Landtagswahlen lassen sich die unteren Parteigliederungen nicht ohne Weiteres Kandidaten der Parteispitze aufdrängen.

Tendenz zur Oligarchie

Um die Mitglieder stärker zu aktivieren und die Mitgliedschaft attraktiver zu machen, bemühen sich die Parteiführungen, die Parteimitglieder stärker an Personal- und Sachentscheidungen zu beteiligen. So wurde 1993 bei der Nominierung des Kandidaten für den Parteivorsitz der SPD eine Mitgliederbefragung durchgeführt. In der CDU Nordrhein-Westfalens wurde 2010 von den Mitgliedern über die Nachfolge des Parteivorsitzenden Jürgen Rüttgers abgestimmt. Die Grünen führten 2012 eine Urwahl der beiden Spitzenkandidaten für die Bundestagswahl durch. Bei der Entscheidung über den „großen Lauschangriff" führte die FDP eine Mitgliederbefragung durch. Die Grünen stimmten 2013 darüber ab, welche zehn Themen bei der Bundestagswahl ins Zentrum der Wahlkampfes gestellt werden sollen.

Mehr Mitsprache für Mitglieder

Nach der Bundestagswahl 2013 ließ die SPD ihre Mitglieder darüber entscheiden, ob sie eine Große Koalition mit der CDU/CSU eingehen soll. 369.680 der stimmberechtigten 474.820 Mitglieder (77,9%) beteiligten sich an der Abstimmung. 76% der SPD-Mitglieder haben für die Große Koalition gestimmt.

Mitgliederentscheid über Große Koalition

7.4 Parteienfinanzierung

Mitgliedsbeitrag

Die einfachste Form der Unterstützung einer Partei ist die Bezahlung des Beitrages durch die Mitglieder, der nach Einkommen gestaffelt ist. Da aber die Mitgliedsbeiträge nicht ausreichen, erhalten die Parteien Zuschüsse vom Staat und Spenden von Einzelpersonen, Firmen und Verbänden.

Spenden

Problematisch sind in diesem Zusammenhang vor allem die Spenden. Hier stellt sich die Frage nach der Chancengleichheit der Bürger, die auf die politische Willensbildung Einfluss nehmen, zumal die Zuwendungen auch noch steuerlich begünstigt werden. Der Bundestag hat daher die steuerliche Begünstigung von Parteispenden auf 3.300 Euro pro Person und Jahr begrenzt. Ab 10.000 Euro sind die Spender im Rechenschaftsbericht namentlich aufzuführen, ab 50.000 Euro sofort zu veröffentlichen.

Staatliche Zuwendungen

Um die Parteien von Spenden unabhängiger zu machen, erhalten sie auch staatliche Zuwendungen. Der Umfang der staatlichen Teilfinanzierung hängt einmal von der Zahl der Wählerstimmen für eine Partei ab. Parteien, die bei der letzten Bundestags- oder Europawahl mindestens 0,5% der Stimmen (bei Landtagswahlen 1%) erhalten haben, bekommen für die ersten 4 Millionen Stimmen 85 Cent pro Stimme, für jede weitere Stimme 70 Cent. Dabei werden alle Stimmen aus der letzten Bundestags- und Europawahl sowie die Stimmen aus der jeweils letzten Wahl auf Landesebene zusammengezählt. Zum anderen werden bei den Staatszuschüssen auch Beiträge und Spenden berücksichtigt. Hier bekommen die Parteien jährlich 38 Cent für jeden Euro, den sie als Zuwendung (Mit-

Karikatur: Horst Haitzinger

glieds- und Mandatsträgerbeitrag, Spende) erhalten haben, wobei nur Zuwendungen bis zu einer Höhe von 3.300 Euro berücksichtigt werden. Damit soll auch die gesellschaftliche Verankerung der Parteien gewürdigt werden. Es wird aber noch komplizierter, denn hinzu kommt, dass es eine absolute Obergrenze pro Jahr gibt, die 2011 beispielsweise bei 141,9 Millionen Euro gelegen hat. Überschreitet der Gesamtbetrag für alle Parteien diese Obergrenze, werden die Zuwendungen für die einzelnen Parteien anteilsmäßig gekürzt. Außerdem gibt es noch Obergrenzen für die einzelnen Parteien, denn eine überwiegend staatliche Parteienfinanzierung wurde verboten. Das bedeutet, dass die staatlichen Mittel maximal so hoch sein dürfen wie die von der Partei selbst erwirtschafteten Einnahmen des Vorjahres. Würde eine Partei mehr erhalten, werden die Zuwendungen entsprechend gekürzt.

7.5 Kritik an den Parteien

„Der Hauptgrund für das schlechte Image der Parteien liegt jedoch im Streit, den Parteien im Alltag miteinander austragen. In Deutschland fehlt es an einer gepflegten Streitkultur. Es gibt eine weitverbreitete Harmoniesucht in unserem Land."

Quelle

[Siegfried Schiele (2013), Demokratie in Gefahr?, Wochenschau Verlag, Schwalbach/Ts., S. 29]

Die Kritik an den Parteien hat in Deutschland Tradition. Sie wurden mit den Vorurteilen von der Politik als „schmutziges Geschäft" oder mit der

Parteien-verdrossenheit

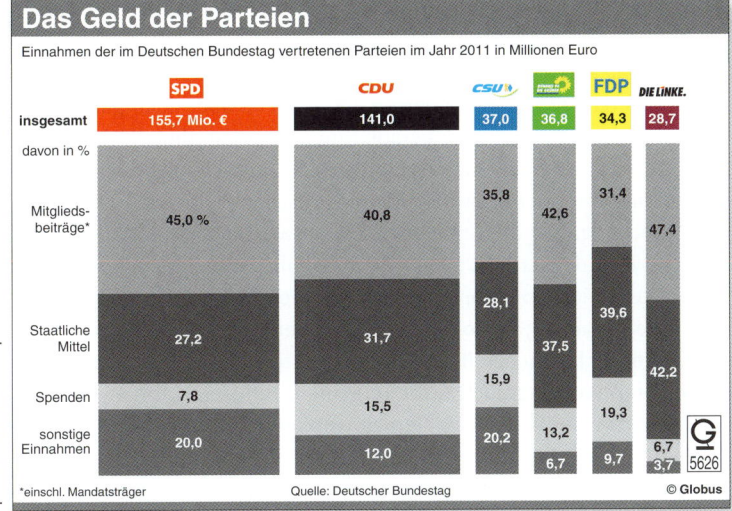

Das Geld der Parteien

Einnahmen der im Deutschen Bundestag vertretenen Parteien im Jahr 2011 in Millionen Euro

	SPD	CDU	CSU	BÜNDNIS 90/DIE GRÜNEN	FDP	DIE LINKE.
insgesamt	155,7 Mio. €	141,0	37,0	36,8	34,3	28,7
davon in %						
Mitglieds-beiträge*	45,0 %	40,8	35,8	42,6	31,4	47,4
Staatliche Mittel	27,2	31,7	28,1	39,6	42,2	
			37,5			
Spenden	7,8	15,5	15,9	13,2	19,3	
sonstige Einnahmen	20,0	12,0	20,2	6,7	9,7	6,7
			6,7			3,7

*einschl. Mandatsträger   Quelle: Deutscher Bundestag   © Globus

5626

Parteimitgliedschaft im „Dritten Reich" in Zusammenhang gebracht. Allerdings scheint die neuere Kritik an den Parteien weniger grundsätzlich oder ideologisch zu sein. Sie ist mehr auf aktuelle Mängel des politischen Geschäftes bezogen. Kritisiert wird vor allem der zunehmende Einfluss der Parteien auf viele gesellschaftliche Bereiche, wie es der frühere Bundespräsident Richard von Weizsäcker formuliert hat: „Er reicht direkt oder indirekt in die Medien und bei der Richterwahl in die Justiz, aber auch in die Kultur, den Sport, in kirchliche Gremien und Universitäten. (...) Und es bekommt auf die Dauer unserer Demokratie gerade deshalb nicht gut, weil wir die Parteien brauchen."

[http://www.zeit.de/1992/26/wo-bleibt-der-politische-wille-des-volkes/seite-2]

„Gegenüber den Parteien werden mittlerweile Vorbehalte laut, die auf fatale Weise an Weimarer Zeiten erinnern."
Heinrich August Winkler (*1938), Historiker

überdehnt und abgekoppelt

Neben dem Einfluss auf die Vergabe von öffentlichen Ämtern – gewissermaßen als „Beute" – wird der großzügige Umgang mit öffentlichen Geldern kritisiert. Außerdem wird eine größere Distanz zwischen der Bevölkerung und der politischen Elite, die auch fast polemisch als politische Klasse bezeichnet wird, festgestellt. Die Bürgerinnen trauen den Parteipolitikern immer weniger zu, aktuelle Probleme wie Umweltschutz, Energiewende oder Finanzprobleme des Staates zu lösen. Regelmäßig rangieren die Parteien an letzter Stelle, wenn in Umfragen nach dem Vertrauen in verschiedene politische Institutionen gefragt wird. Während das Bundesverfassungsgericht mit rund 70% Vertrauen an erster Stelle liegt, erreichen die Parteien lediglich Werte um 15%.

Quelle

„Der Selbstbezüglichkeit der Parteien, mag sie auch den Bürgern einen gewichtigen Grund für berechtigte Parteienkritik geben, steht ja eine Selbstbezüglichkeit der Bürger als Wähler gegenüber, die den Parteien das Leben schwer macht. Und so lässt sich ein Argument auch in der Gegenrichtung entwickeln. Die Bürger messen die Parteien einerseits an Gemeinwohlmaßstäben. Sie erwarten andererseits aber auch ganz selbstverständlich, dass die Politik gerade ihre Interessen ohne Rücksicht auf das Ganze bedient. Dahinter verbirgt sich die – durchaus unreflektierte – Vorstellung von einer Art Arbeitsteilung zwischen Politikern und Bürgern: Die Politiker tragen die Gemeinwohlverantwortung, die Wähler dürfen an sich selbst denken. Mit einer Arbeitsteilung dieses Musters aber kann Demokratie nicht funktionieren. (...). Nur wenn die Wähler die Gemeinwohlverantwortung der Politik zu respektieren und das heißt: auch gegen sich gelten zu lassen bereit sind, hat die Politik den Handlungsspielraum, diese Verantwortung auch wahrzunehmen. Tun sie es anhaltend nicht, bestrafen sie die Parteien für gemeinwohlorientiertes Handeln, so überfordern sie die Politik und also die Parteien hoffnungslos."

[Peter Graf Kielmansegg (2013), Die Grammatik der Freiheit. Acht Versuche über den demokratischen Verfassungsstaat, Nomos Verlag, Baden-Baden, S. 97 f.]

Welche Rechte habe ich als Parteimitglied?

Parteien müssen nicht jeden aufnehmen, der ihnen beitreten will. Sie dürfen jedoch keine allgemeinen Aufnahmesperren gegen bestimmte Gruppen von Personen verhängen (Parteiengesetz § 10 Abs. 1). Allerdings können die Parteien die Mitgliedschaft in der Partei mit der Zugehörigkeit zu bestimmten Organisationen – in jedem Fall mit konkurrierenden Parteien und Organisationen – als unzulässig erklären. Jedes Mitglied hat das Recht, jederzeit aus der Partei auszutreten. Alle Mitglieder einer Partei haben gleiches Stimmrecht (Parteiengesetz § 10 Abs. 2). Der Ausschluss von Mitgliedern muss genau begründet werden und kann nur erfolgen, wenn ein Mitglied „vorsätzlich gegen die Satzung oder gegen Grundsätze und Ordnung der Partei verstößt und ihr damit schweren Schaden zufügt" (Parteiengesetz §10, Abs. 4). Um den Mitgliederschwund zu bremsen und die Mitarbeit in Parteien attraktiver zu machen, bieten Parteien neben der traditionellen Vollmitgliedschaft zunehmend auch unverbindlichere Formen der Beteiligung an. Das trägt der Erkenntnis Rechnung, dass gerade jüngere Menschen sich nicht mehr langfristig an Organisationen binden wollen. Gefragt sind begrenzte oder anlassbezogene Beteiligungsmöglichkeiten, beispielsweise in Form von „Schnuppermitgliedschaften".

T 49

TIPPS ZUM TUN

Wie können einfache Parteimitglieder Einfluss nehmen?

- Teilnahme an Mitgliederversammlungen
- Teilnahme an Personalwahlen
- Übernahme von Ämtern wie Vorsitzende, Beisitzer, Kassiererin
- Bestellung von Delegierten für die nächsthöheren Ebenen und Parteitage
- Mithilfe bei den Wahlkämpfen z. B. durch Plakatekleben
- Diskussion und Beteiligung an Vorentscheidungen über kommunale Probleme wie Verkehrsplanung, Kindergärten, Umweltschutzmaßnahmen
- Aufstellung von Kandidaten für die Kommunal- und teilweise auch für die Landtags- und Bundestagswahlen

T 50

TIPPS ZUM TUN

Wie macht man in einer Partei Karriere?

Es lassen sich zwei grundsätzlich verschiedene Wege unterscheiden: die „Ochsentour" und der „Quereinstieg". Unter der Ochsentour versteht man den (manchmal mühsamen) Aufstieg innerhalb einer Partei (oder auch schon in der Jugendorganisation einer Partei, siehe Kasten) von der untersten Stufe (Ortsverbandsbeisitzerin) über kommunale Ämter und die Landesebene in den Bundestag.

Quereinstieg meint demgegenüber das Überwechseln aus höheren beruflichen Positionen in politische Ämter unter Umgehung der Ochsentour. Ein möglicher Nachteil des Quereinstiegs besteht darin, dass einem dann der „Stallgeruch" fehlt. Darunter ist nach Ulrich von Alemann die durch langjährige Mitgliedschaft erlernte Fähigkeit zu verstehen, die „Seele" der Partei zu verinnerlichen und alle geschriebenen und ungeschriebenen Parteigesetze zu beherrschen.

Alemann nennt folgende typische Stufenfolge einer Parteikarriere (in: Parteien, Reinbek 1995, S. 40 ff.):

1. Stufe: aktiv in Schülergruppen und Jugendorganisation der Partei

2. Stufe: Student, politisch aktiv auf Orts- und Kreisebene sowie auf höherer Ebene in Arbeitsgemeinschaften, möglichst politiknahes bzw. -relevantes Studienfach und entsprechende Nebentätigkeiten

3. Stufe: Politikerexistenz (als Stadtrat, Parteigeschäftsführer oder Vorsitzender einer Parteigliederung); nebenbei Aufrechterhaltung der lokalen Basis

4. Stufe: Gesellenbrief als selbstständiger Politiker durch die Übernahme eines Bundestagsmandats

5. Stufe: Ausübung des Mandats über möglichst vier Wahlperioden (ideales Einstiegsalter: 37 Jahre; ideales Pensionsalter: 53 Jahre)

6. Stufe: nachparlamentarische Karriere, vorzugsweise freiberuflich, im Vorstandsbereich

Jugendorganisationen der im Bundestag vertretenen Parteien:
www.junge-union.de, www.jusos.de, www.julis.de,
www.gruene-jugend.de, www.linksjugend-solid.de

Satzung und Geschäftsordnung: die Verfahrensregeln einer Organisation kennen

T 52

TIPPS ZUM TUN

Die innere Ordnung von Organisationen wie Parteien, Vereinen, Verbänden und zum Teil auch Bürgerinitiativen ist durch Satzungen geregelt.

Unter Satzung wird die schriftlich niedergelegte Ordnung des Zusammenschlusses von Personen (z. B. in einem Verein oder einer Partei) verstanden. In ihr werden u. a. dessen Zweck und die Befugnisse seiner Organe geregelt (Vereinssatzung, Parteisatzung).

Davon sind zu unterscheiden die Satzungen, also Rechtsvorschriften, die ein dem Staat eingeordneter selbstständiger Verband, z. B. eine Gemeinde, zur Regelung seiner Angelegenheiten erlässt. Man spricht z. B. von der Hauptsatzung der Gemeinde, in der die Befugnisse und die Zusammenarbeit der verschiedenen Gemeindeorgane wie Bürgermeister und Gemeinderat geregelt sind.

Als Satzung gilt auch die Geschäftsordnung, d. h. die Ordnung eines Kollegialorgans wie z. B. der Parlamente. Auch in Organisationen gibt es zum Teil neben der Satzung noch eine Geschäftsordnung.

In den Satzungen von Parteien und Vereinen sind in der Regel auch die Geschäftsordnungsbestimmungen enthalten – also z. B. wer in welcher Form Beschlüsse fassen kann. Vor allem Neulinge in diesen Organisationen verzichten oft auf das Studium dieser Satzungen und damit auch auf ein Stück Einfluss. In den Satzungen oder Geschäftsordnungen wird der Ablauf der Sitzungen und Versammlungen, z. B. die Behandlung und Beschlussfassung der Anträge oder der Ablauf von Wahlen geregelt.

Zur Vorbereitung und Durchführung von Sitzungen und Versammlungen

T 53

TIPPS ZUM TUN

Organisatorische Vorbereitung
- Geeigneten Zeitpunkt und Ort festlegen.
- Teilnehmerkreis klären: Wer muss eingeladen werden?

Inhaltliche Vorbereitung
- Tagesordnung festlegen. Beachten Sie, dass mit der Reihenfolge der zu behandelnden Themen auch bestimmte Strategien verfolgt werden können.
- Materialien und Berichte bzw. Berichterstatter zu den einzelnen Punkten festlegen.

- Protokoll der letzten Sitzung muss in der Regel vorliegen.

Eröffnung, Begrüßung

- Teilnehmerliste herumgehen lassen; eventuell entschuldigte Personen mitteilen.
- Tagesordnung genehmigen lassen. Versammlung kann Tagesordnung ändern, zumindest deren Reihenfolge. Sind nach der Satzung oder Geschäftsordnung Dringlichkeitsanträge möglich?
- Protokoll der letzten Sitzung genehmigen lassen. Protokollanten für die Sitzung festlegen.

Durchführung

- Rednerliste führen. Alle zu Wort kommen lassen.
- Darauf achten, dass nur zum Thema gesprochen wird.
- Beabsichtigte Entscheidungen im Auge behalten. Mögliche Alternativen formulieren. Zwischendurch eventuell Diskussionsstand zusammenfassen.
- Bei Abstimmungen muss in der Regel zunächst über den weitestgehenden Antrag abgestimmt werden.
- Sitzung rechtzeitig beenden.
- Wenn ein Antrag gestellt ist, darf nur noch zu diesem Antrag gesprochen werden bzw. ein Gegenantrag, Abänderungsantrag oder Ergänzungsantrag gestellt werden.
- Der Leiter lässt in der Regel beim Vorliegen von mehreren Anträgen zunächst über den weitestgehenden Antrag abstimmen. Wenn der Leiter den Eintritt in die Abstimmung angesagt hat, kann zur Sache nicht mehr gesprochen werden, nur noch zum Abstimmungsverfahren.

Anträge zur Geschäftsordnung

Eine Meldung zur Geschäftsordnung unterbricht die Rednerliste, nicht aber den Redner. Anträge zur Geschäftsordnung, die in der Regel durch Heben von beiden Händen angezeigt werden, betreffen immer die Methode des Vorgehens. Sie können hilfreich sein, wenn sich die Gruppe an einem Punkt festgefahren hat, werden aber teilweise auch aus taktischen Gründen eingesetzt, z. B. um den Gang der Beratung zu beeinflussen.

Zu folgenden Punkten können im Allgemeinen Geschäftsordnungsanträge gestellt werden: Abschluss der Rednerliste, Ende der Debatte, Begrenzung der Redezeit, Unterbrechung der Debatte, Absetzung eines Punktes von der Tagesordnung, Vertagung der Debatte, Verweisung an einen Ausschuss, Antrag auf Abstimmung.

Wer einen Geschäftsordnungsantrag stellt, darf in der Regel zu dem Punkt, der eben beraten wird, nicht gesprochen haben. Diese Regel bietet einen Schutz davor, dass ein unliebsamer Gegner zum Schweigen gebracht wird. Der Leiter hat auch darauf zu achten, dass Geschäftsordnungsanträge nicht missbraucht werden, um Sachfragen zu diskutieren.

Protokoll – die Ergebnisse von Sitzungen, Versammlungen, Verhandlungen festhalten

T 54

TIPPS ZUM TUN

Der Verlauf oder auch das Ergebnis einer Sitzung oder Versammlung wird in der Regel durch einen Bericht festgehalten, der sich durch eine besondere Form auszeichnet: das Protokoll. Es dient der wirklichkeitsgetreuen Information des Lesers ohne persönliche Stellungnahme des Schreibers. Grundsätzlich ist zu unterscheiden zwischen Ergebnis- und Verlaufsprotokoll.

Das Ergebnisprotokoll hat folgende Bestandteile: Datum, Ort, Beginn und Ende der Sitzung, Teilnehmer, Vorsitz, Protokollführer, Tagesordnung, Ergebnisse. Die Anträge und Beschlüsse müssen in der Regel wörtlich und die Abstimmungsergebnisse in Zahlen wiedergegeben werden.

Ergebnis-protokoll

Das Verlaufsprotokoll berichtet dazu noch über den Verlauf der Beratungen mit wichtigen Stellungnahmen der Sitzungsteilnehmer. Der Protokollant sollte konzentriert zuhören und bei der Niederschrift möglichst objektiv berichten. Gesprächsbeiträge werden häufig in indirekter Rede wiedergegeben.

Verlaufsprotokoll

Das Protokoll ist nur gültig, wenn es vom Vorsitzenden und dem Protokollführer unterschrieben wurde und eine Anwesenheitsliste der Teilnehmer einer Sitzung beigefügt ist. Die aufgezeigte Form ist deswegen so bedeutsam, weil in den Protokollen wichtige Entscheidungen und Aufträge von Gremien (von der kleinsten Vereinsversammlung oder Parteikonferenz bis zum Bundestag) enthalten sind, die für die Zeitgenossen und für die Nachwelt von großer Bedeutung sein können.

Protokolle sind wichtige Dokumente

T 55

TIPPS ZUM TUN

Parteien und Politiker im Internet

Noch nie war es so einfach, sich schnell und umfassend über die Standpunkte der verschiedenen Parteien und Politiker zu informieren. Und das, ohne auf die zwischengeschalteten (traditionellen) Medien angewiesen zu sein. Alle Parteien und alle Jugendorganisationen sowie deren regionale Untergliederungen verfügen mittlerweile nicht nur über Internetauftritte, sondern sind auch in den zentralen Diensten des Web 2.0

Parteien im Web 2.0

vertreten. Sie haben ein Profil auf Facebook, unterhalten einen eigenen Videokanal auf YouTube und twittern in zunehmendem Maße (die entsprechenden Links dorthin findet man auf den Startseiten der jeweiligen Internetauftritte). Dasselbe gilt (zumindest) für die wichtigsten Politiker.

Direkt Kontakt
aufnehmen

Das bedeutet, dass es auch noch nie so einfach war, mit Parteien und Politikern über diese Kanäle direkt Kontakt aufzunehmen. Auf Portalen wie www.abgeordnetenwatch.de sieht man beispielsweise, wie die Bundestags- oder Landtagsabgeordneten aus dem eigenen Wahlkreis abgestimmt haben und kann öffentlich Fragen an sie richten. Mit dem Web 2.0 – häufig auch Soziales Web, soziale Medien oder Mitmach-Web genannt – hat sich das Internet (endgültig) von einem Verlautbarungs- zu einem Kommunikationsmedium weiterentwickelt. Auch wenn sich viele Parteien und Politiker mit diesem fundamentalen Wandel der Medienlandschaft noch schwertun, so zeigt sich doch an immer mehr Stellen, welches demokratische Potenzial im Mitmach-Web steckt.

Zum Weiterlesen:

Holtmann, Everhard (2012), Der Parteienstaat in Deutschland. Erklärungen, Entwicklungen, Erscheinungsbilder, Schriftenreihe der Bundeszentrale für politische Bildung Bd. 1289, Bonn (kann unter www.bpb.de bestellt werden).

Zum Vertiefen:

Decker, Frank / Neu, Viola (Hrsg.) (2013), Handbuch der deutschen Parteien, 2. Aufl., Springer VS, Wiesbaden.

Detterbeck, Klaus (2011), Parteien und Parteiensystem, UTB Taschenbuch, Konstanz.

Alemann, Ulrich von (2010), Das Parteiensystem der Bundesrepublik Deutschland, 4. Aufl., VS Verlag für Sozialwissenschaften, Wiesbaden.

Zum Surfen:

Online-Dossier „Parteien in Deutschland" der Bundeszentrale für politische Bildung: www.bpb.de/politik/grundfragen/parteien-in-deutschland.

Informationen zur politischen Bildung (Heft 292/2013): Parteiensystem der Bundesrepublik Deutschland: www.bpb.de/izpb/165169/parteiensystem-der-bundesrepublik-deutschland.

8.   Vereine und Verbände

Gesellschaftliche Aufgaben und Interessen wahrnehmen

„Eine Demokratie hat ihren Anspruch verwirkt,
wenn sie nicht in der Lage ist, Menschen mit Initiative
hervorzubringen. Zum Ehrenamt in der Demokratie
gehört ein Stück erfahrener und gelebter Solidarität."

*Rita Süssmuth (*1937),*
ehemalige Ministerin und Bundestagspräsidentin

Kurzübersicht

Nach den Parteien stellen Vereine und Verbände ein wichtiges Feld gesellschaftlich-politischen Engagements dar, das teils in Konkurrenz, teils in Verbindung mit Bürgerinitiativen und NGOs steht (Baustein 9). Der Baustein gibt einen Überblick über das Vereins- und Verbandswesen und die entsprechenden Formen politischer Beteiligung und Einflussnahme. Sehr verbreitet ist die Kritik an einem übermäßigen Einfluss der Lobbyisten. Das Grundrecht der Vereinigungsfreiheit alleine sorgt noch nicht dafür, dass alle Interessen angemessen berücksichtigt werden.

8.1 Die gesellschaftlichen und politischen Aufgaben der Vereine

Quelle

„Die Qualität einer Gesellschaft bemisst sich unter anderem daran, in welchem Ausmaß die Bürgerinnen und Bürger sich an öffentlichen Aktivitäten beteiligen und inwiefern sie zu freiwilligem Engagement bereit sind. Je höher dieses ist, desto gefestigter ist die ‚Zivilgesellschaft' als Kern einer modernen ‚Bürgergesellschaft'."

[Thomas Gensicke (2006), Bürgerschaftliches Engagement in Deutschland; in: Aus Politik und Zeitgeschichte Heft 12/2006, S. 9]

„Demokratie lebt vom Ehrenamt."

Theodor Heuss (1884-1963), erster Bundespräsident

Engagement in Vereinen

Während sich nur relativ wenige Bürgerinnen dazu entschließen können, einer Partei beizutreten, sagt der aktuelle Deutsche Freiwilligensurvey (FWS) aus, dass sich 71% der Bundesbürger in irgendeiner Weise öffentlich betätigen. Mehr als die Hälfte davon (36% der Bevölkerung) übernehmen ehrenamtliche Tätigkeiten. Dieses Engagement wird durch die soziale Umgebung und das Vorbild von Mitbürgern angestoßen. Laut der Vereinsstatistik gab es in Deutschland 2011 580.000 eingetragene Vereine. Zugenommen hat in den letzten Jahren die Zahl der Vereine in den Bereichen Umwelt/Natur, Kultur und Soziales. Infolge der DDR-Vergangenheit hatten die Bundesländer in Ostdeutschland zunächst eine geringere Vereinsdichte. Inzwischen haben sie fast das Niveau der westlichen Bundesländer erreicht.

Die Tabelle zeigt die Ergebnisse der FWS hinsichtlich des Bürgerengagements in 14 Bereichen. Für den Bereich „*Teilnehmende Aktivitäten*" lautete die Frage: „Es gibt vielfältige Möglichkeiten, außerhalb von Beruf und Familie irgendwo mitzumachen, beispielsweise in einem Verein, einer Initiative, einem Projekt oder einer Selbsthilfegruppe. Ich nenne Ihnen verschiedene Bereiche, die dafür in Frage kommen. Bitte sagen Sie mir, ob Sie sich in einem oder mehreren dieser Bereiche aktiv beteiligen."

Für den Bereich „*Freiwilliges Engagement*" lautete die Frage: „Uns interessiert nun, ob Sie in den Bereichen, in denen Sie aktiv sind, auch eh-

Bürgerengagement in einzelnen Bereichen (deutsche Bevölkerung ab 14 Jahren, Angaben in Prozent, Mehrfachnennungen)						
	Teilnehmende Aktivitäten			Freiwilliges Engagement		
Bereich	1999	2004	2009	1999	2004	2009
Sport / Bewegung	37	40	42	11,2	11,1	10,1
Freizeit / Geselligkeit	25	26	21	5,6	5,1	4,6
Kultur / Kunst / Musik	16	18	18	4,9	5,5	5,2
Sozialer Bereich	11	13	14	4,1	5,4	5,2
Kindergarten / Schule	11	12	13	5,9	6,9	6,9
Religion / Kirche	10	11	12	5,3	5,9	6,9
Berufliche Interessenvertretung	9	10	10	2,3	2,4	1,8
Natur / Umweltschutz	8	10	9	1,8	2,6	2,8
Jugendarbeit / Erwachsenenbildung	6	7	8	1,6	2,4	2,6
Lokales Bürgerengagement	5	7	7	1,3	2,1	1,9
Feuerwehr / Rettungsdienste	5	5	6	2,5	2,8	3,1
Politische Interessenvertretung	6	7	6	2,6	2,7	2,7
Gesundheit	5	5	5	1,2	0,9	2,2
Kriminalitätsprobleme	1	1	1	0,7	0,6	0,7

renamtliche Tätigkeiten ausüben oder in Vereinen, Initiativen, Projekten oder Selbsthilfegruppen engagiert sind. Es geht um freiwillig übernommene Aufgaben und Arbeiten, die man unbezahlt oder gegen geringe Aufwandsentschädigung ausübt. Sie sagten, Sie sind im Bereich ... aktiv. Haben Sie derzeit in diesem Bereich auch Aufgaben oder Arbeiten übernommen, die Sie freiwillig oder ehrenamtlich ausüben?

[Quelle: Bundesministerium für Familie Senioren, Frauen und Jugend (Hrsg.) (2010), Monitor Engagement. Freiwilliges Engagement in Deutschland. 1999 – 2004 – 2009. Kurzbericht des 3. Freiwilligensurveys, Berlin]

Die Vielfalt des Vereinswesens ist beeindruckend. Für kaum etwas gibt es keinen Verein. Allerdings ist Verein nicht gleich Verein. Dass ein Musikverein eine andere Rolle spielt als ein Sport- oder Kleintierzüchterverein,

Funktionen von Vereinen

ist offensichtlich. Im Allgemeinen werden den Vereinen folgende gesell-schaftliche Aufgaben zugeschrieben:

- kulturelle (z. B. Gesangsvereine, Theatergruppen);
- kommunikative (Förderung des Kontakts zwischen den Bürgern);
- soziale (Krankenpflegevereine, Jugend- und Altenclubs, kirchliche Organisationen);
- integrative (z. B. Eingliederung von Neubürgern).

Diese Funktionen werden sehr unterschiedlich wahrgenommen. So sind beispielsweise Sportvereine gegenüber ausländischen Mitbürgern sehr viel offener als etwa Gesangsvereine.

Individualisierung und Engagement

Fast alle Vereine spüren die Auswirkungen des gesellschaftlichen Trends der Individualisierung, d. h. der Schwächung (traditioneller) sozialer Bindungen. Hinzu kommt die durch die moderne Arbeitswelt immer stärker geforderte berufliche, zeitliche und örtliche Flexibilität. Diese Entwicklung hat zur Folge, dass die Bürgerinnen weniger bereit sind, längerfristig Ehrenämter in einem Verein zu übernehmen.

„Good government ... is a by-product of singing groups and soccer clubs."

Robert Putnam (1993), Making Democracy Work. Civic Traditions in Modern Italy, Princeton.

Karikatur: Burkhard Mohr

Politischer Einfluss

Auf der kommunalpolitischen Ebene haben die Vereine durchaus auch schon politische Aufgaben. So bestimmen z. B. die Sportvereine den Sportstättenbau einer Gemeinde mit. Politische Parteien versuchen, pro-minente Vereinsmitglieder als Kandidaten für die Gemeinderatswahl zu gewinnen. Nicht zuletzt lernen Vereinsfunktionäre bei ihrer Tätigkeit, mit Menschen und Entscheidungsverfahren umzugehen und damit die Anfänge des „politischen Geschäfts". Auf der regionalen und überregio-nalen Ebene schließen sich die Vereine immer mehr zu Verbänden zusam-men und nehmen dort stärker Einfluss auf die politischen Gremien.

Es ist schwierig, Vereine und Verbände begrifflich abzugrenzen, da Vereine vor allem im überörtlichen Bereich durchaus Verbandscharakter haben können. So sind z. B. die Sportvereine im Deutschen Olympischen Sportbund zusammengeschlossen, der die Interessen des Sports gegenüber den politischen Instanzen vertritt. Rein rechtlich gesehen besteht kein Unterschied zwischen Verein und Verband. Der Verband hat in der Regel die Rechtsform eines Vereins. Ihre Gründungsfreiheit stützt sich auf Art. 9 des Grundgesetzes.

Grenze zwischen Verein und Verband fließend

GG Art. 9 (Vereinigungsfreiheit)
(1) Alle Deutschen haben das Recht, Vereine und Gesellschaften zu bilden.
(2) Vereinigungen, deren Zwecke oder deren Tätigkeit den Strafgesetzen zuwiderlaufen oder die sich gegen die verfassungsmäßige Ordnung oder gegen den Gedanken der Völkerverständigung richten, sind verboten.
(3) Das Recht, zur Wahrung und Förderung der Arbeits- und Wirtschaftsbedingungen Vereinigungen zu bilden, ist für jedermann und für alle Berufe gewährleistet. (...)

Während sich die beiden ersten Absätze auf die allgemeine Vereinigungsfreiheit beziehen, hebt Abs. 3 die allgemeine Koalitionsfreiheit hervor, die Gewerkschaften und Arbeitgeberverbände und die ihnen zustehende Tarifautonomie schützt (siehe unten). Die eigentliche Rechtsform der Vereinigung ist im Bürgerlichen Gesetzbuch (BGB) geregelt. Das BGB enthält in den Paragraphen 21 bis 79 Vorschriften zu Aufbau, Gliederung und Mitgliederrechten. Wichtig für die Handlungsfähigkeit der Vereinigung ist die Form des „eingetragenen Vereins" (e. V.). Vereine, die nicht-wirtschaftliche Interessen verfolgen, können nach § 21 des BGB die Rechtsfähigkeit einer juristischen Person privaten Rechts erhalten. Das hat unter anderem zur Folge, dass der Vereinsvorstand berechtigt ist, im Auftrag des Vereins Rechtsgeschäfte zu tätigen, für die nur das Vermögen des Vereins haftet, nicht aber die einzelnen Mitglieder.

Rechtsfähigkeit

8.2 Die Verbände im Mehrebenensystem

Im Gegensatz zum Verein, der vor allem Dienstleistungen für seine Mitglieder erbringt, versucht ein Verband nach außen zu wirken. Verbände, die politisch aktiv sind, werden Interessenverbände, Interessengruppen oder *pressure groups* genannt. Sie betreiben Lobbyarbeit. Die Bezeichnung Lobby kommt von der Vor- und Wandelhalle des Parlaments, in der früher die Verbandsvertreter die Abgeordneten zu beeinflussen suchten. Innerhalb des politischen Systems werden den Verbänden folgende wichtige Aufgaben zugeschrieben:

Aufgaben der Interessenverbände

„Verbände allerorten. Sie begleiten uns von der Geburt bis zum Friedhof. Fast alles ist organisiert und verbandlich abgestützt."

*Ulrich von Alemann (*1944), Politikwissenschaftler*

Artikulation: Bildung und Formulierung von Interessen einer bestimmten sozialen Gruppe; dadurch werden auch wichtige Informationen (von Experten oder Betroffenen) in den politischen Prozess eingespeist;

Aggregierung: Bündelung und Zusammenfassung von unterschiedlichen Interessen innerhalb einer Gruppe durch internen Interessenausgleich; dabei werden schon viele Konflikte gelöst und damit das politische System entlastet, z. B. zwischen Groß- und Kleinbauern im Deutschen Bauernverband oder zwischen Arbeitern und Angestellten innerhalb des Deutschen Gewerkschaftsbundes;

Durchsetzung der Interessen gegenüber den politischen Instanzen.

Strategien der Einflussnahme

Um ihre Interessen durchzusetzen, wenden sich die Interessenverbände mit ihren Forderungen an die Parteien, Parlamente, Regierungen und Verwaltungen auf den verschiedenen Politikebenen. Sie betreiben Öffentlichkeitsarbeit – von Zeitungsanzeigen bis hin zu Demonstrationen – und suchen die Unterstützung von Presse, Rundfunk und Fernsehen, um öffentlichen Druck zu erzeugen. Es ist ihnen auch zum Teil gelungen, über die Mitgliedschaft in einer Partei ihre Vertreter in Parlamenten, Regierungen und Verwaltungen unterzubringen.

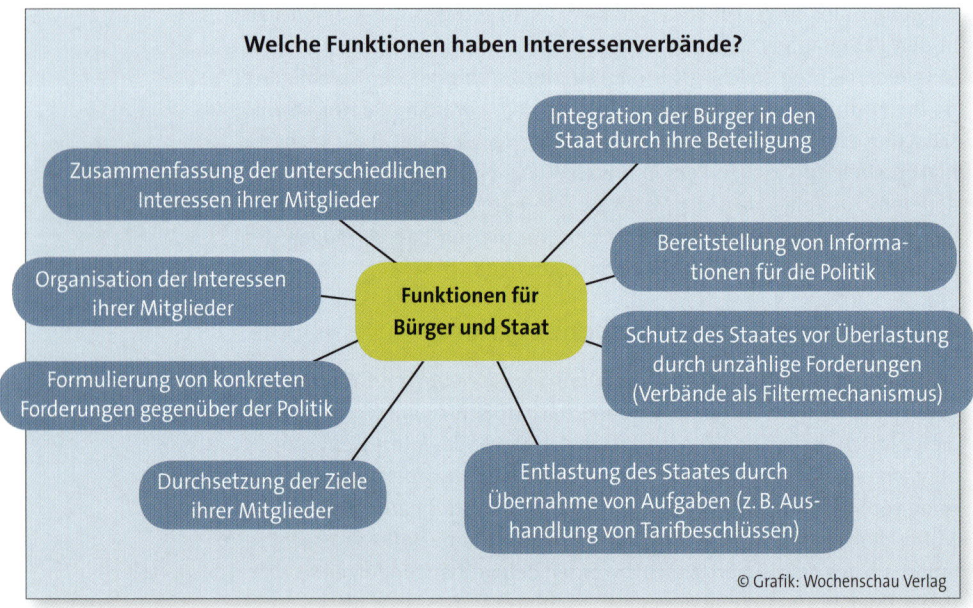

Welche Funktionen haben Interessenverbände?

Integration der Bürger in den Staat durch ihre Beteiligung

Zusammenfassung der unterschiedlichen Interessen ihrer Mitglieder

Bereitstellung von Informationen für die Politik

Organisation der Interessen ihrer Mitglieder

Funktionen für Bürger und Staat

Schutz des Staates vor Überlastung durch unzählige Forderungen (Verbände als Filtermechanismus)

Formulierung von konkreten Forderungen gegenüber der Politik

Durchsetzung der Ziele ihrer Mitglieder

Entlastung des Staates durch Übernahme von Aufgaben (z. B. Aushandlung von Tarifbeschlüssen)

© Grafik: Wochenschau Verlag

Karikatur: Gerhard Mester

In den Landtagen, dem Bundestag und dem Europäischen Parlament können Sie die Willensbildung z. B. in den Anhörungen der Ausschüsse oder durch direkte Kontakte mit jeweils wichtigen Abgeordneten (Ausschussvorsitzende, Berichterstatter) und dadurch beeinflussen, dass Verbandsvertreter Abgeordnete sind.

Parlamente als Adressaten

Natürlich ist es für die Interessengruppen besonders Erfolg versprechend, dort Einfluss zu nehmen, wo neue Gesetze ihren Ursprung haben. Auf nationaler Ebene ist das in der Regel die Ministerialverwaltung, auf europäischer Ebene die Kommission. Oft ist diese Zusammenarbeit institutionalisiert, d. h. die betroffenen Verbände werden in einem frühen Stadium der Vorbereitung von Gesetzentwürfen zur Stellungnahme eingeladen. Häufig sitzen Verbandsvertreter als Experten in wissenschaftlichen und fachlichen Beiräten.

Regierung und Verwaltung als Adressaten

Um Parteien zu beeinflussen, nutzen Interessenverbände unterschiedliche Instrumente. So sind viele Parteimitglieder gleichzeitig in Verbänden aktiv (z. B. Gewerkschafter in der SPD). Sie arbeiten dann beispielsweise in einschlägigen Arbeitsgruppen mit. Umstritten ist das Instrument der Parteispenden, besonders wenn sie in zeitlicher Nähe zu Entscheidungen liegen, die für den jeweiligen Verband oder ein Unternehmen bedeutsam sind.

Parteien als Adressaten

Auch auf der kommunalen Ebene nehmen Verbände Einfluss. Dort sind Bürgermeister, Gemeinderat und Verwaltung die Hauptadressaten der

Kommunale Ebene

Verbandswünsche. Auf dieser Ebene spielen persönliche Beziehungen und Kontakte eine noch größere Rolle.

Druckmittel und gegenseitige Abhängigkeit

Um ihre Interessen durchzusetzen, haben die Interessenverbände unterschiedliche Druckmittel. So gelten die Unternehmerverbände durch ihre großen finanziellen Mittel und die Gewerkschaften wegen ihrer zahlreichen Mitglieder und damit möglichen Wähler als mächtig, weil sie mit deren Hilfe Druck auf die politischen Parteien ausüben können. Andererseits sind Parteien, Parlamente, Regierungen und Verwaltungen auch von den Interessengruppen abhängig, da sie zunehmend auf die Spezialkenntnisse der Interessenvertreter und Verbandsbürokratien angewiesen sind.

Lobbyismus in Brüssel

Das gilt in besonderem Maße für die Organe auf europäischer Ebene, die bei der Vorbereitung von Entscheidungen unmöglich die Verhältnisse in 28 Mitgliedstaaten überschauen können. Seit Mitte der 1980er Jahre ist ein zunehmendes Lobbying bei den EU-Organen Rat, Parlament und vor allem Kommission zu verzeichnen. Das spiegelt zum einen die wachsende Bedeutung der Europäischen Union wider, zum zweiten handelt es sich um eine Reaktion der Interessenvertreter darauf, dass seit dieser Zeit auf europäischer Ebene immer weniger einstimmig entschieden wurde. Es reichte also nicht mehr, die eigene Regierung, die dann im Rat entschied und dabei gleichsam über ein Vetorecht verfügte, zum Adressaten zu machen. „Brüssel" wurde sehr schnell zu einer wichtigen Adresse für Interessenvertreter aller Art. Verbände schlossen sich zu europäischen Dachverbänden zusammen und unterhielten ebenso wie große Unternehmen Vertretungen in Brüssel. Auch die deutschen Bundesländer sind mit eigenen Vertretungen in Brüssel präsent. Außerdem sind sie im Ausschuss der Regionen vertreten, der neben dem Wirtschafts- und Sozialausschuss beratende Funktion hat und den Interessenverbänden Möglichkeiten bietet, ihre Anliegen in den Entscheidungsprozess im Mehrebenensystem einzubringen.

Die 24 deutschen Mitglieder des Europäischen Wirtschafts- und Sozialausschusses (Januar 2014)

Gruppe I: Arbeitgeber

- Clever, Peter: Mitglied der Hauptgeschäftsführung – Bundesvereinigung der Deutschen Arbeitgeberverbände (BDA)
- Dittmann, Bernd: Abteilungsleiter Europa – Bundesverband der Deutschen Industrie e.V. (BDI) Geschäftsführer
- Frank von Fürstenwerth, Jörg Freiherr: Vorsitzender der Hauptgeschäftsführung des Gesamtverbandes der Deutschen Versicherungswirtschaft e.V. (GDV) und geschäftsführendes Präsidiumsmitglied
- Frerichs, Göke: Mitglied des Präsidiums im Bundesverband des Deutschen Groß- und Außenhandels e.V. (BGA)
- Fried, Joachim: Leiter Wirtschaft, Politik, Regulierung, Deutsche Bahn AG
- Hepperle, Sabine: Leiterin der Vertretung des Deutschen Industrie- und Handelskammertages (DIHK) bei der EU
- Kienle, Adalbert: Ehemaliges Stellvertretender Generalsekretär des Deutschen Bauernverbands e.V. (DBV)
- Petersen, Volker: Stellvertretender Generalsekretär des Deutschen Raiffeisenverbandes e.V. (DRV)

Gruppe II: Arbeitnehmer

- Biermann, Egbert: Mitglied des geschäftsführenden Hauptvorstandes der Industriegewerkschaft Bergbau, Chemie, Energie (IG BCE)
- Bischoff, Gabriele: Abteilungsleiterin Europapolitik – DGB Bundesvorstand
- Duttine, Armin: Leiter EU-Verbindungsbüro ver.di
- Graf von Schwerin, Alexander: Deutscher Gewerkschaftsbund (DGB)
- Matecki, Claus: Mitglied des Geschäftsführenden Bundesvorstandes des Deutschen Gewerkschaftsbundes (DGB)
- Mund, Horst: Leiter des Funktionsbereichs Internationale Gewerkschaftsarbeit der IG Metall
- Rosenberger, Michaela: Stellvertretende Vorsitzende der Gewerkschaft Nahrung-Genuss-Gaststätten (NGG)
- Wilms, Hans-Joachim: Europabeauftragter der IG Bauen-Agrar-Umwelt

Gruppe III: Verschiedene Interessen

- Heinisch, Renate: Apothekerin – Repräsentantin der Bundesarbeitsgemeinschaft der Senioren-Organisationen (BAGSO) – Mitglied im Europäischen Parlament (1994-1999) – Vorsitzende Elternverein Baden-Württemberg e.V.

- Kessler, Jürgen: Professor für Deutsches, Europäisches und Internationales Handels-, Gesellschafts-, Arbeits- und Wirtschaftsrecht an der HTW Berlin, Direktor des Forschungsinstituts für Deutsches und Europäisches Immobilienwirtschafts- und Genossenschaftsrecht an der HTW Berlin, Vorsitzender des Verwaltungsrats der Verbraucherzentrale Berlin, Mitglied des Kuratoriums der Friedrich-Ebert-Stiftung
- Metzler, Arno: Hauptgeschäftsführer – Verband Beratender Ingenieure (VBI)
- Ribbe, Lutz: Direktor der Naturschutzpolitischen Abteilung der Umweltstiftung EuroNatur
- Schlüter, Bernd: Rechtsanwalt, Bundesarbeitsgemeinschaft der Freien Wohlfahrtspflege
- Schwannecke, Holger: Generalsekretär des Zentralverbands des Deutschen Handwerks (ZDH)
- Stöhr, Frank: Vorsitzender dbb tarifunion, Zweiter Vorsitzender dbb beamtenbund und tarifunion
- Wolf, Gerd: Beauftragter der Helmholtz-Gemeinschaft Deutscher Forschungszentren (HGF)

Verbandstypen

Die Interessengruppen in Deutschland lassen sich in folgende sechs Hauptgruppen einteilen:

- Vereinigungen im Wirtschaftsleben und in der Arbeitswelt (z. B. Bundesverband der Deutschen Industrie, Deutscher Gewerkschaftsbund, Berufsverbände, Verbraucherverbände),
- Vereinigungen im sozialen Bereich (z. B. Wohlfahrtsverbände wie Arbeiterwohlfahrt, Caritas, Rotes Kreuz, Mieterbund),
- Vereinigungen im Freizeitbereich (z. B. Deutscher Olympischer Sportbund, ADAC),
- Vereinigungen im Bereich der Kultur, Wissenschaft und Religion (z. B. Wissenschaftsverbände, PEN-Club, Kirchen),
- Vereinigungen im politischen Bereich (Bund für Umwelt und Naturschutz, Digitale Gesellschaft, ATTAC, Amnesty International und andere NGOs, siehe Baustein 9),
- Vereinigungen öffentlicher Körperschaften (z. B. Deutscher Städtetag, Landkreistag).

Sonderstellung der Kirchen

Zwei Kategorien von Verbänden kommt eine Sonderstellung zu, den Tarifpartnern und den Kirchen. Bei den beiden großen Kirchen, der Evangelischen Kirche Deutschlands (EKD) und der Katholischen Kirche, ist diese Sonderstellung historisch bedingt. Nach Art. 4 des Grundgesetzes sind die Freiheit des Glaubens, des Gewissens, des religiösen und weltanschaulichen Bekenntnisses und die freie Religionsausübung gewährleistet. Die evangelische und katholische Kirche genießen nach Art. 140 des Grundgesetzes weitergehende Rechte als die übrigen Interessengruppen. Die genannte Grundgesetzbestimmung verweist auf das Weitergelten von Artikeln der Weimarer Verfassung, wo unter anderem zu Religionsgesellschaften steht:

WRV Art. 137 (Religionsgesellschaften)

(2) Die Freiheit der Vereinigung zu Religionsgesellschaften wird gewährleistet.

(3) Jede Religionsgesellschaft ordnet und verwaltet ihre Angelegenheiten selbständig innerhalb der Schranken des für alle geltenden Gesetzes. (...)

Als Körperschaften öffentlichen Rechts haben die Kirchen die Rechtsetzungs-, Finanz- und Disziplinargewalt innerhalb ihres Bereichs. Sie dürfen z. B. Kirchensteuer erheben, die von der staatlichen Finanzverwaltung eingezogen wird. Sie haben zudem das Recht, bei der Gestaltung des Religionsunterrichts an öffentlichen Schulen und bei der Besetzung von Lehrstühlen an Universitäten mitzuwirken. Innerhalb der Gesellschaft nehmen die Kirchen eine Fülle von sozialen Aufgaben wie den Betrieb von Kindergärten, Krankenhäusern oder Altenheimen anstatt oder im Auftrag des Staates wahr.

Besondere öffentliche Rechte und Aufgaben

Innerhalb der Arbeitnehmerorganisationen nimmt der DGB (= Deutscher Gewerkschaftsbund) eine dominierende Stellung ein und beansprucht, als Einheitsgewerkschaft alle Arbeitnehmer zu vertreten. Allerdings hat der DGB, in dem die verschiedenen Industriegewerkschaften zusammengeschlossen sind, in den letzten Jahren etwa ein Drittel seiner Mitglieder verloren. Die Einzelgewerkschaften reagierten mit dem Zusammenschluss zu größeren Einheiten. 2001 haben sich die Deutsche Angestelltengewerkschaft (DAG), die Einzelgewerkschaften ÖTV, Postgewerkschaft, Handel/Banken/Versicherungen und die IG Medien zur größten Einzelgewerkschaft mit dem Namen ver.di (Vereinigte Dienstleistungsgewerkschaft) zusammengeschlossen. Ver.di hat die IG Metall vom ersten Platz innerhalb des DGB verdrängt.

Sonderstellung der Gewerkschaften und Arbeitgeberverbände

Die BDA (Bundesvereinigung der Deutschen Arbeitgeberverbände) ist ein Zusammenschluss privater Arbeitgeber, die sich vor allem um die Tarifpolitik kümmert, während der BDI (Bundesverband der Deutschen Industrie) stärker auf die Gesetzgebung einwirkt. Dazu kommt die Einflussnahme der einzelnen Industrieverbände wie z. B. der Pharmazeutischen Industrie.

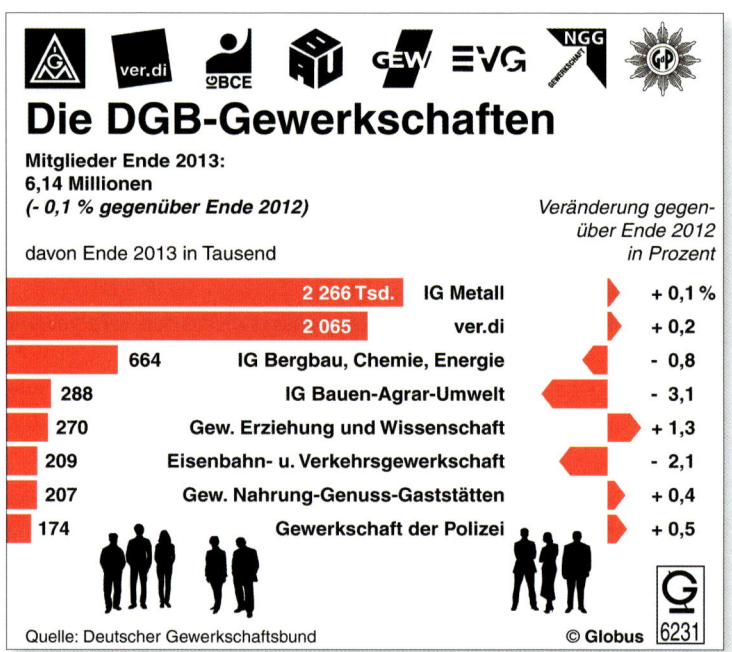

picture alliances – dpa

Tarifautonomie

Die besondere Stellung der Tarifpartner innerhalb der Verbände besteht darin, dass Gewerkschaften und Arbeitgeberverbände nicht nur – wie die anderen Interessengruppen – Einfluss auf die staatlichen Instanzen ausüben, sondern nach Art. 9 Abs. 3 des Grundgesetzes als Tarifpartner selbstständig (autonom) Löhne und Arbeitsbedingungen aushandeln können. Ihre Vereinbarungen sind rechtsverbindlich und können bei den Arbeitsgerichten eingeklagt werden. Das Ergebnis der Verhandlungen in den einzelnen Wirtschaftszweigen (z. B. Metallindustrie oder Öffentlicher Dienst) wird in Tarifverträgen festgelegt.

Gehalts- und Lohntarifverträge regeln Löhne und Gehälter, Ausbildungs-vergütungen, Zulagen und Zuschläge. Ihre Laufzeit beträgt mindestens ein Jahr. Mantel- oder Rahmentarifverträge regeln z. B. Arbeitszeit, Pausen, Arbeitsbedingungen, Urlaub, Kündigung und vermögenswirksame Leistungen. Sie gelten in der Regel mehrere Jahre.

Tarifverhandlungen

Tarifverträge können von beiden Seiten zum Ende der vereinbarten Laufzeit gekündigt werden. Die jeweils zuständigen Gewerkschaften (z. B. IG Metall) und Arbeitgeberverbände eines Tarifbezirks (z. B. Nordwürttemberg) treffen sich zu neuen Tarifverhandlungen. Kommt es zu einer Einigung, dann wird das entsprechende Ergebnis in der Regel auf die anderen

Tarifbezirke übertragen. Beim Scheitern kommt es zum Arbeitskampf, über dessen möglichen Verlauf das folgende Schaubild informiert.

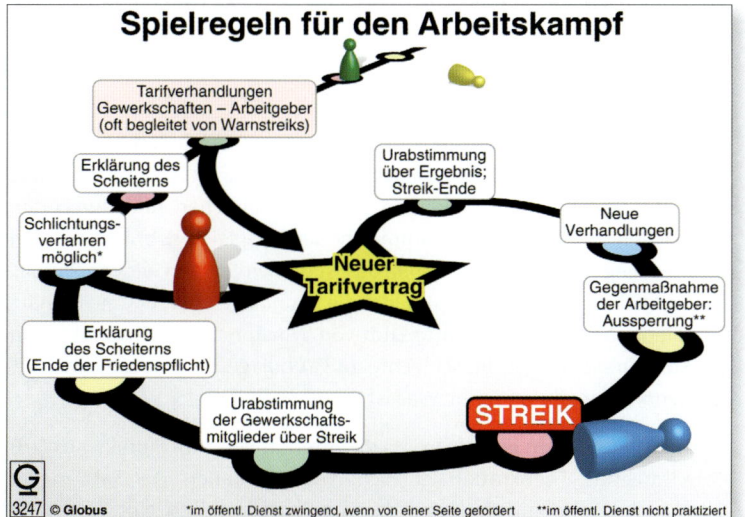

Spielregeln für den Arbeitskampf

„Mann der Arbeit aufgewacht. Und erkenne Deine Macht. Alle Räder stehen still, wenn dein starker Arm es will."

Georg Herwegh (1817-1875), Bundeslied des Allgemeinen Deutschen Arbeitervereins 1863

Eine wichtige Voraussetzung für einen Streik ist die Urabstimmung, bei der in der Regel drei Viertel aller Mitglieder der betroffenen Gewerkschaft zustimmen müssen. Ein Streik endet, wenn in neuen Verhandlungen ein Kompromiss gefunden wurde und in einer zweiten Urabstimmung mindestens ein Viertel der Gewerkschaftsmitglieder zustimmt.

Urabstimmung

Die Sonderstellung der Tarifpartner in Deutschland hat sich insgesamt bewährt. Die Gewerkschaften konnten auf diesem Weg in den ersten Jahrzehnten des Bestehens der Bundesrepublik Deutschland ein im Vergleich zu anderen Ländern relativ hohes Lohnniveau und sehr viele sonstige Leistungen für Arbeitnehmer durchsetzen. Außerdem hat das System der Tarifautonomie dazu beigetragen, dass es in Deutschland im Vergleich zu anderen Industrieländern seltener Streiks gibt und viele gesellschaftspolitische Probleme auf dem Verhandlungsweg gelöst werden können.

Bewertung der Tarifautonomie

8.3 Kritik am Einfluss der Lobbyisten

Im Allgemeinen wird das Wirken der Interessengruppen in der Öffentlichkeit kritisch beurteilt. Schon in den 1950er Jahren hat der Politikwissenschaftler Theodor Eschenburg vor der „Herrschaft der Verbände"

Übermäßiger Einfluss

picture alliances – dpa

gewarnt, und bis heute ist der Eindruck, die Lobbyisten verfügten über einen übermäßigen Einfluss, weitverbreitet. Gedacht wird dabei mei-stens an die Vertreter mächtiger Wirtschaftszweige wie „die Atomlobby" oder „die Pharmalobby", weniger an die „guten" Lobbyisten wie Tier- oder Umweltschützer. Diese Ablehnung des Lobbyismus bildet eine wichtige Quelle der Politikverdrossenheit.

Pluralismus als Grundlage der Gesellschaft

Dass alle Bürgerinnen sich zu Gruppen zusammenschließen können, um ihre Interessen zu vertreten, bildet die Grundlage unserer Gesellschaft. Dass die vorhandenen Interessen sich widersprechen und durch den politischen Prozess zu einem immer neuen Ausgleich gebracht werden müssen, liegt auf der Hand. Genau das ist gemeint, wenn wir von Pluralis-mus sprechen. Dieses Konzept bildet die Grundlage unserer Gesellschaft. In Anlehnung an das berühmte Zitat von Winston Churchill könnte man sagen: Pluralismus ist die schlechteste Grundlage für eine Gesellschaft, ausgenommen alle anderen. Was ist damit gemeint?

Schattenseiten des Pluralismus

Damit ist zum einen gemeint, dass die Alternativen zum Pluralismus (z. B. Totalitarismus, Theokratie) sich nicht bewährt haben. Der Satz macht aber auch darauf aufmerksam, dass es Schattenseiten gibt. So ist un-übersehbar, dass die „reine Lehre" des Pluralismus, man müsse nur dafür sorgen, dass sich *alle* vorhandenen Interessen frei zusammenschließen und artikulieren können, dann komme am Ende so etwas wie Gemein-wohl heraus, etwas naiv anmutet. Denn die Erfahrung zeigt, dass nicht alle Interessen über die gleiche Durchsetzungsfähigkeit verfügen.

Unterschiedliche Organisationsfähig-keit von Interessen

Die Politikwissenschaft spricht hier von der unterschiedlichen Organisa-tions- und Konfliktfähigkeit von Interessen. Während die Arbeitnehmer einer Branche über sehr ähnliche Interessen verfügen (z. B. höhere Löhne) und sich wie oben beschrieben in einer Gewerkschaft zusammenschlie-ßen können, um diese Interessen wirkungsvoll zu vertreten, gilt dies für andere Gruppen innerhalb der Gesellschaft nur bedingt oder gar nicht. Zu denken wäre hier etwa an alte Menschen, Kinder, Arbeitslose, Behinderte und vor allem an die kommenden Generationen. Da diese noch gar nicht auf der Welt sind, können sie sich nicht organisieren, um zu verhindern, dass weiterhin auf ihre Kosten gewirtschaftet wird.

Unterschiedliche Konfliktfähigkeit von Interessen

Aber selbst bei den organisationsfähigen Interessen hören die Probleme nicht auf, denn hier herrscht keine „Waffengleichheit". Manche Interes-sengruppen haben schlicht mehr Geld als andere, um professionelle Lob-byisten zu bezahlen, Broschüren in großer Auflage zu drucken, Empfänge zu veranstalten oder Büros in Berlin und Brüssel zu unterhalten. Man-che Gruppen haben die Möglichkeit, der Gesellschaft durch Streiks eine zentrale Leistung vorzuenthalten – zu denken wäre etwa an Lokführer –, andere könnten wochenlang streiken, ohne dass Auswirkungen für die Gesamtgesellschaft spürbar werden (z. B. Studierende). Es gibt also große Unterschiede hinsichtlich der Konfliktfähigkeit.

Nun könnte man zu dem Schluss kommen, dass die pluralistische Grundidee, auf den freien Zusammenschluss der Bürger mit ihren unterschiedlichen Interessen zu vertrauen, zu großer Ungerechtigkeit führt. Dieser Schluss liegt nahe, wenn man diesen Teilaspekt der gesellschaftlich-politischen Wirklichkeit *isoliert* betrachtet. Weitet man aber den Blick, dann sieht man, dass es eine Fülle von Gegenkräften gibt. Diese reichen von den Parteien (Baustein 7) und Parlamenten auf den verschiedenen Politikebenen über Grundrechte und Gerichte bis hin zu den Medien als vierter Gewalt und Kontrollorgan (Bausteine 3 und 4). Außerdem gibt es Mittel, um mehr Transparenz in die Welt des Lobbyismus zu bringen, etwa durch Lobbyregister in Berlin und Brüssel oder dadurch, dass Nebeneinkünfte der Parlamentarier sowie größere Parteispenden offengelegt werden müssen.

Gegenkräfte

Mehr Informationen dazu bietet die Website von LobbyControl (www.lobbycontrol.de), die mit Lobbypedia auch ein lobbykritisches Online-Lexikon umfasst: www.lobbypedia.de.

Gründung eines Vereins

Die folgenden Hinweise beziehen sich auf die rechtliche Seite einer Vereinsgründung, wie sie im Bürgerlichen Gesetzbuch (BGB) in den §§ 21-79 geregelt ist, also um die Eintragung eines Vereins in das Vereinsregister, das beim Amtsgericht geführt wird. Gemeint sind natürlich Vereine, deren Zweck nicht auf einen rein wirtschaftlichen Geschäftsbetrieb gerichtet ist.

Die Vorteile eines eingetragenen Vereins (e.V.) bestehen darin, dass er Träger von Rechten und Verbindlichkeiten sein kann, also z.B. mit dem Vereinsvermögen haftet, während bei nicht eingetragenen Vereinen jedes Mitglied mit seinem gesamten Vermögen haftet. Oft ist die Eintragung eines Vereins auch Voraussetzung für eine öffentliche Förderung, also für Zuschüsse von der Gemeinde, dem Landkreis oder Bundesland, und dafür, Fördergelder auf nationaler Ebene, bei der Europäischen Union oder bei anderen Geldgebern (Stiftungen etc.) beantragen zu können. Die Eintragung ist u.A. an folgende Voraussetzungen gebunden:

Vorteile eines eingetragenen Vereins

- Name, der ihn von anderen am Ort befindlichen Vereinen unterscheidet,
- Zweck und Sitz,
- Vorstand und Satzung,
- mindestens 7 Mitglieder.

Nähere Hinweise und Mustersatzungen sind bei der Gemeindeverwaltung, beim Amtsgericht oder bei einem Rechtsanwalt zu erhalten.

Gemeinnützigkeit

Außerdem empfiehlt es sich, bei dieser Gelegenheit beim Finanzamt, das in der Regel die näheren Auskünfte erteilt, auch die Gemeinnützigkeit zu beantragen. Deren Vorteil liegt vor allem darin, dass für Spenden eine Bescheinigung ausgestellt werden kann, die beim Lohnsteuerjahresausgleich oder bei der Einkommensteuererklärung berücksichtigt wird.

Entscheidungsprozesse innerhalb von Vereinen und Verbänden

Wie bei den Parteien ist auch die Willensbildung innerhalb von Vereinen und Verbänden durch eine Satzung und Geschäftsordnung geregelt. Beachten Sie daher die bereits in Tipp 52 dazu gegebenen Hinweise. Das gleiche gilt für die Vor- und Nachbereitung von Sitzungen und Versammlungen, die in den Tipps 53 und 54 behandelt werden.

Spielregeln für Verbandsvertreter

In den Beziehungen von Interessenvertretern zu Massenmedien, Parteien, Abgeordneten, Beamten und Angestellten der verschiedenen politischen Instanzen haben sich Verhaltensregeln herausgebildet, die sich für die Durchsetzung der Verbandsinteressen als besonders günstig erwiesen haben. Diese Regeln gelten in erster Linie für die Bundesebene; sie sind aber mit entsprechenden Modifikationen auch für die europäische, Landes- und kommunale Ebene gültig.

Der Lobbyist darf nicht nur als Bittsteller auftreten; er muss auch seinem Adressaten dadurch von Nutzen sein, dass er neue Informationen mitbringt. Parlamentarier und Beamte müssen, wenn sie von einem Interessenvertreter schriftlich oder mündlich informiert werden, den Eindruck haben, dass sie schnell hinzulernen und mehr wissen als andere. Das bedeutet für den Lobbyisten, immer „am Ball" zu bleiben und seinen „Partnern" in Verwaltung und Parlament frühzeitig neue wichtige Informationen zukommen zu lassen. Die Verbandsvertreter müssen möglichst früh erfahren, was geplant ist, um unverzüglich tätig werden zu können.

Geben und Nehmen

Eine Interessenvertretung ist nur dann wirkungsvoll, wenn sie auch die Auswirkungen auf andere Gruppen und die Gesamtgesellschaft berücksichtigt. Das muss sich auch in der Präsentation der Forderungen niederschlagen. Interessenvertreter dürfen keine überzogenen oder unrealistischen Forderungen stellen. Sie können durch solide, glaubwürdige Arbeit allmählich so viel Vertrauen aufbauen, dass man sie aufgeschlossen und aufmerksam anhört.

Vertrauen

Nichts wäre gefährlicher für einen Verbandsvertreter, als es mit Tricks und mit einem falschen Spiel zu versuchen.

Eine Interessengruppe soll eindeutig und selbstbewusst sagen, woran ihr liegt und worum es ihr geht, in welcher Richtung sie operiert. Wer die besseren Argumente hat und sich mit Sachkompetenz, Kreativität und – wenn möglich – auch mit Exklusivität hervortut, behauptet und bewährt sich als Lobbyist. Die Forderungen, ob schriftlich oder mündlich, sollen prägnant und präzise und zum richtigen Zeitpunkt vorgetragen werden. Die Zusicherung von Interessengruppen, dass sie präzise, sachlich fundierte Hilfestellung und vernünftige Lösungen für den Entscheidungsprozess anbieten wollen, würde hinfällig, wenn diese Mitwirkung nicht so weit wie möglich parteipolitisch neutral wäre.

Neutrale Informationen

Netzwerk

Der Erfolg in der Interessenpolitik hängt maßgeblich davon ab, dass man an den verschiedenen Entscheidungszentren die für ein Thema kompetenten Gesprächspartner kennt und sie im richtigen Augenblick zusammenführt. Es ist zweckmäßig, seine Anliegen möglichst unauffällig gegenüber Abgeordneten und Verwaltung zu vertreten. Wenn dies nicht nützt, ist es notwendig, sich zusätzlich an die Öffentlichkeit zu wenden. Es ist kompliziert, Geschenke zu machen und Gefälligkeiten zu erweisen. Man muss wissen, was man darf und kann. Spesenmachen gehört zwar auch zum Handwerk eines Lobbyisten, aber er muss dabei äußerst dezent vorgehen.

[leicht verändert und gekürzt nach: Klaus von Broichhausen (1982),
Knigge und Kniffe für die Lobby in Bonn, München, S. 18f.]

Zum Weiterlesen:

Lösche, Peter (2007), Verbände und Lobbyismus in Deutschland, Kohlhammer Verlag, Stuttgart 2007.

Zum Vertiefen:

Apin, Nina (2013), Das Ende der Ego-Gesellschaft. Wie die Engagierten unser Land retten, Berlin Verlag, München.

Burhoff, Detlef (2011), Vereinsrecht. Ein Leifaden für Vereine und ihre Mitglieder, 8. Aufl., NWB Verlag, Herne.

Hanns-Seidel-Stiftung (Hrsg.) (2010), Grundlagen der Vereinspraxis, 6. Aufl., München (kann kostenlos unter www.hss.de bestellt werden).

Kleinfeld, Ralf u. A. (Hrsg.) (2007), Lobbying. Strukturen – Akteure – Strategien, VS Verlag für Sozialwissenschaften, Wiesbaden.

Leif, Thomas / Speth, Rudolf (Hrsg.) (2006), Die fünfte Gewalt. Lobbyismus in Deutschland, VS Verlag für Sozialwissenschaften, Wiesbaden.

Michalowitz, Irina (2007), Lobbying in der EU, Facultas.wuv, UTB, Wien.

Rauschenbach, Thomas / Zimmer, Annette (Hrsg.) (2011), Bürgerschaftliches Engagement unter Druck? Analysen und Befunde aus den Bereichen Soziales, Kultur und Sport, Verlag Barbara Budrich, Opladen.

Olk, Thomas / Hartnuß, Birger (Hrsg.) (2011), Handbuch Bürgerschaftliches Engagement, Beltz Juventa, Weinheim.

Sauter, Eugen / Schweyer, Gerhard / Waldner, Wolfgang (2010), Der eingetragene Verein. Gemeinverständliche Erläuterung des Vereinsrechts unter Berücksichtigung neuester Rechtsprechung mit Formularteil, 19. Aufl., München.

Sebaldt, Martin / Straßner, Alexander (2004), Verbände in der Bundesrepublik Deutschland. Eine Einführung, VS Verlag für Sozialwissenschaften, Wiesbaden.

Winter, Thomas von / Willems, Ulrich (Hrsg.) (2007), Interessenverbände in Deutschland, VS Verlag für Sozialwissenschaften, Wiesbaden.

Wochenschau, Heft 1/2014: „Pluralismus" und Heft 2/2009 „Interessenvertretung in der Arbeitswelt", Wochenschau Verlag, Schwalbach/Ts.

Woyke, Wichard (Hrsg.) (2004), Verbände. Eine Einführung, Wochenschau Verlag, Schwalbach/Ts.

Zimmer, Annette (2007), Vereine - Zivilgesellschaft konkret, 2. Aufl., VS Verlag für Sozialwissenschaften, Wiesbaden.

Zum Surfen:

Im „Wegweiser Bürgergesellschaft" der „Stiftung Mitarbeit" findet man unter anderem Praxishilfen zur Mitarbeit in Vereinen: www.buergergesellschaft.de.

Aus Politik und Zeitgeschichte, Heft 19/2010 („Lobbying und Politikberatung"): www.bpb. de/apuz/32762/lobbying-und-politikberatung.

Aus Politik und Zeitgeschichte, Heft 12/2006 („Bürgerschaftliches Engagement"): www. bpb.de/apuz/29845/buergerschaftliches-engagement.

Die Website von LobbyControl beschäftigt sich kritisch mit allen Aspekten des Lobbyismus: www.lobbycontrol.de.

Lobbypedia ist ein lobbykritisches Online-Lexikon: www.lobbypedia.de.

9. Von lokalen Bürgerinitiativen zu globalen NGOs:

Sich für sich und andere einsetzen

„Selbstverwirklichung und Initiativen, die
anderen nutzen, werden in der zweiten Moderne
keine Gegensätze mehr sein."
Ulrich Beck (*1944), Soziologe

„Es ist ja ein großer Vorteil unserer Demokratie, dass
sie geradezu einlädt zur freien Organisation von
Menschen, die ein besonderes Anliegen umtreibt.
Und es ist prinzipiell ein Dienst an unserer Demokratie, poli-
tische Initiativen zu gründen und mitzuarbeiten."
Siegfried Schiele (2013), Demokratie in Gefahr?,
Wochenschau Verlag, Schwalbach/Ts., S. 97

Karikatur: Burkhard Mohr

Kurzübersicht

„Bürgerinitiativen sind die Marktlücken der parlamentarischen Demokratie."

Helmar Nahr (1931-1990), Ökonom

Bürgerinitiativen und NGOs ermöglichen bürgerschaftliches Engagement jenseits von Parteien und Verbänden. Sie unterscheiden sich von ihnen in ihren Zielen und durch ihre offeneren Strukturen. Diese Gruppierungen sind (noch) stärker als Parteien und Verbände auf Informationsbeschaffung und Öffentlichkeitsarbeit (Bausteine 3 und 4) angewiesen und haben unter anderem im Umgang mit der Verwaltung, in der Mitarbeit bei Planungen sowie in der Initiierung von Volksentscheiden und Bürgerbegehren (Bausteine 6 und 10-12) Aktionsschwerpunkte. Bei global tätigen NGOs kommen die Rollen des Welt- und Netzbürgers zum Tragen.

9.1 Bürgerinitiativen

Neben den politischen Parteien, Vereinen und Verbänden schließen sich Bürgerinnen seit Anfang der 1970er Jahre zunehmend zu Bürgerinitiativen zusammen, um ihre politischen Anliegen durchzusetzen, aber auch, um anderen zu helfen. Die Bereitschaft, sich eher in freien Initiativen als in den traditionellen politischen Organisationen zu engagieren, ist vor allem bei jüngeren Menschen größer. Vor dem Hintergrund der Tendenz zur Individualisierung wollen sich die Menschen nicht mehr langfristig an eine Organisation binden und setzen sich lieber für eine Sache ein, von der sie direkt betroffen sind und die sie selbst überschauen können. Dazu kommt die Einsicht, dass viele Probleme wie beispielsweise der Klimawandel zwar nur global zu lösen sind, aber (auch) lokales Handeln erfordern.

Quelle

„Die Modelle der großen bürokratisch organisierten politischen Parteien des letzten Jahrhunderts sind den jungen Generationen unattraktiv (...). Sie organisieren ihr Leben informeller; sie fügen sich den politischen Leitern nicht (...). Sie finden neue Möglichkeiten für ihr politisches Gefecht, wie beispielsweise in Form von neuen Bewegungen, social media usw. Am Ende dieses Prozesses könnte ein erneuertes frisches politisches Leben entstehen."

[Colin Crouch (2012), Neue Formen der Partizipation
als Markenzeichen der Postdemokratie?; in: Polis 3/2012, S. 12]

Begriffsbestimmung

Bürgerinitiativen sind spontane, zeitlich begrenzte, häufig lockere Zusammenschlüsse von Bürgerinnen, die sich von politischen Maßnahmen, Planungen, befürchteten Fehlentwicklungen z.B. im Bereich des Umweltschutzes, der Verkehrsentwicklung oder im sozialen Bereich betroffen fühlen und sich organisieren, um ihre Ziele und Interessen durch Selbsthilfe oder Öffentlichkeitsarbeit und durch politischen Druck auf die

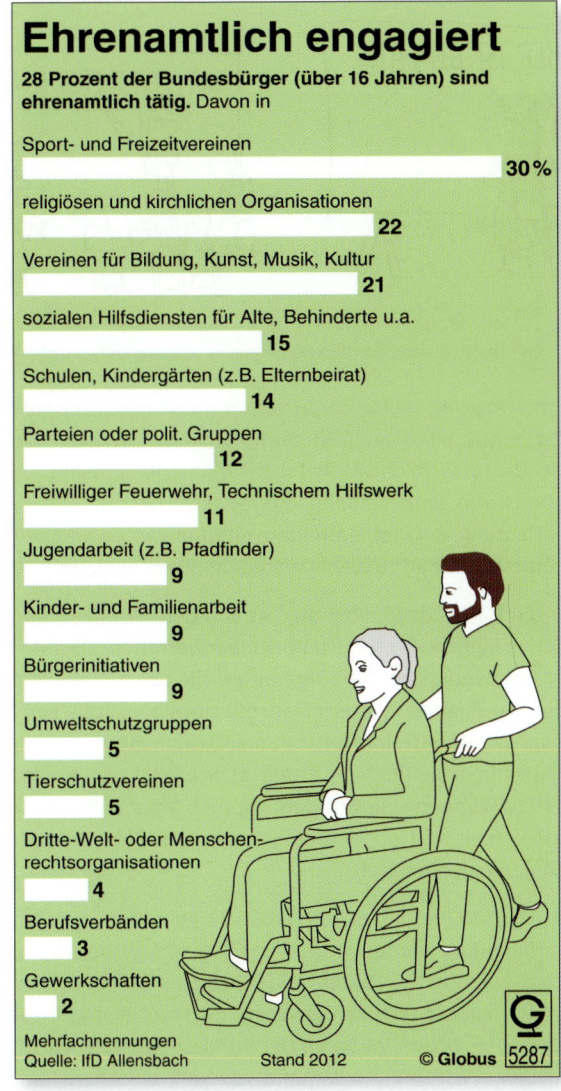

Ehrenamtlich engagiert

28 Prozent der Bundesbürger (über 16 Jahren) sind ehrenamtlich tätig. Davon in

Sport- und Freizeitvereinen
30 %

religiösen und kirchlichen Organisationen
22

Vereinen für Bildung, Kunst, Musik, Kultur
21

sozialen Hilfsdiensten für Alte, Behinderte u.a.
15

Schulen, Kindergärten (z.B. Elternbeirat)
14

Parteien oder polit. Gruppen
12

Freiwilliger Feuerwehr, Technischem Hilfswerk
11

Jugendarbeit (z.B. Pfadfinder)
9

Kinder- und Familienarbeit
9

Bürgerinitiativen
9

Umweltschutzgruppen
5

Tierschutzvereinen
5

Dritte-Welt- oder Menschenrechtsorganisationen
4

Berufsverbänden
3

Gewerkschaften
2

Mehrfachnennungen
Quelle: IfD Allensbach   Stand 2012   © **Globus** 5287

picture alliances – dpa

Entscheidungsträger (z. B. Parteien, Regierung und Verwaltung) durchzusetzen. Sie fühlen sich von den Parteien und Verbänden in ihren Anliegen
nicht mehr vertreten.

Die Zahl an Bürgerinitiativen, die in den 1970er Jahren besonders hoch
war, lässt sich nicht genau feststellen. Spitzenschätzungen für Deutschland liegen bei rund 50.000 Bürgerinitiativen mit etwa 1,5 Millionen

Umfang

Karikatur: Ivan Steiger

Mitgliedern. Über die Hälfte der Bevölkerung ist nach Umfragen zumindest bereit, eventuell in einer Bürgerinitiative mitzuwirken, was jedoch nichts über die tatsächliche Aktivität der Menschen aussagt. Diese neue Organisationsform unmittelbarer Interessenvertretung und Selbsthilfe ist zur Bearbeitung von Problemfeldern entstanden, die anscheinend von Parteien und Verbänden zu wenig wahrgenommen wurden.

Motive

Ungefähr die Hälfte der Teilnehmer ist von dem Problem, um das sich eine Initiative kümmert, selbst unmittelbar betroffen. Dies ist beispielsweise der Fall, wenn sich die Bürgerinnen für einen Kindergarten oder für Verkehrsberuhigung in ihrem Stadtteil einsetzen. Etwa ein Viertel ist zwar selbst nicht unmittelbar betroffen, trotzdem interessiert diese Menschen ein bestimmtes Problem grundsätzlich. So kann jemand – ohne dort selbst zu wohnen – gegen den Abbruch alter Wohnhäuser in den Innenstädten sein, weil er der Meinung ist, dass alte Gebäude gepflegt und erhalten werden müssen.

„Es gibt nichts Gutes, außer man tut es."

Erich Kästner (1899-1974), Schriftsteller

Während in den 1970er Jahren noch viele Bürgerinitiativen relativ isoliert wirkten, arbeiten sie heute zum Teil überregional zusammen und unterstützen sich gegenseitig. Besteht eine Bürgerinitiative längere Zeit, so nimmt sie, zumindest rechtlich gesehen, die Form eines eingetragenen Vereins an und wird zum Verband. Der Bundesverband Bürgerinitiativen Umweltschutz e. V. (BBU) und der politisch einflussreichere Bund für Umwelt und Naturschutz Deutschland e. V. (BUND) haben beispielsweise das Ziel, die verschiedenen Aktivitäten im Bereich des Umweltschutzes auf Bundesebene zu koordinieren. Die Website www.buergerinitiative.de versucht, sich zu einem Online-Verzeichnis deutscher Bürgerinitiativen zu entwickeln. Die bisherigen Einträge vermitteln einen Eindruck von der Vielfalt an Themen, mit denen sich Initiativen beschäftigen.

„Bürgerinitiativen vertreten das Volk gegenüber den Volksvertretern."

*Wolfgang Weidner (*1925), Journalist*

Aktionsformen

„Ein Spezifikum der Aktivitäten von Bürgerinitiativen besteht darin, dass sie sich unter Umgehung der üblichen institutionellen Vermittlungsinstanzen der Verbände, Parteien und Parlamente direkt an die zuständigen Planungs- und Genehmigungsbehörden wenden und diese – vor allem durch die Mobilisierung von Öffentlichkeit – unter Druck setzen. Sie verfügen über eine farbige Palette phantasievoller Dramatisierungsstrategien, zu denen sich die seit den 60er Jahren erprobten unkonventionellen Aktionsformen gesellen: Sit-in und Go-in, Demonstrationen und Betroffenenversammlungen, Plakataktionen und Unterschriftenkampagnen. Nicht selten zählt auch die begrenzte Regelverletzung (Selbstbezichtigung, unangemeldete Demonstrationen, Platzbesetzungen, Verkehrsbehinderungen, ‚Mahnwachen', Zahlungsboykotte u. a. m.) zu ihrem Handlungsinstrumentarium."

[Uwe Andersen / Wichard Woyke (Hrsg.) (2003), Handwörterbuch des politischen Systems der Bundesrepublik Deutschland, 5. Aufl., Lizenzausgabe für die Bundeszentrale für politische Bildung, Bonn, online: www.bpb.de/nachschlagen/lexika/ handwoerterbuch-politisches-system]

Quelle

„Aus Bewegungsgesellschaften sollen auch Beteiligungsgesellschaften werden, um einen sinnvollen Gebrauch vom „Wissen der Vielen" zu machen, das sich häufig nur in Form des Protests artikulieren kann."

Roland Roth (*1949), Politikwissenschaftler

Eine etwas andere Organisationsform bilden die sozialen Selbsthilfeorganisationen. Gruppen von Menschen aus dem kommunalen Bereich, dem Schul-, Arbeits- und Nachbarschaftsbereich bemühen sich selbstständig um die Verbesserung und Humanisierung der sozialen Infrastruktur. Sie nehmen sich in Bürgerinitiativen solcher Menschen an, die allein nicht in der Lage sind, ihre Interessen zu vertreten. Sie kümmern sich z. B. um die Probleme von alten Menschen, Jugendlichen und Nichtsesshaften. Die Website der Deutschen Arbeitsgemeinschaft Selbsthilfegruppen e. V. (DAG-SHG) bildet die erste Anlaufstelle für diese Thematik im Internet: www.dag-shg.de.

Soziale Selbsthilfegruppen

Aus den verschiedenen, meist spontan entstandenen Bürgerinitiativen sind inzwischen Soziale Bewegungen entstanden, die mit politischen Aktionen auf gesellschaftlich-politische, häufig auch globale Probleme und Gefahren wie Krieg, ökologische Risiken, Verletzung der Menschenrechte oder soziale Benachteiligungen (z. B. von Frauen) aufmerksam machen und entsprechende soziale und politische Veränderungen anstreben. Da es sich bei Sozialen Bewegungen um ein sehr umfassendes und kompliziertes gesellschaftliches und politisches Phänomen handelt, ist eine Begriffserklärung schwierig.

Soziale Bewegungen

Soziale Bewegung

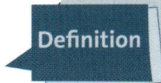

Definition

„Soziale Bewegungen sind dichte Netzwerke von Gruppen und Organisationen, die auf Grundlage einer gemeinsamen Identität sozialen Wandel herbeiführen, verhindern oder rückgängig machen wollen – meist mithilfe von Protest, der sich an klar definierte Gegner richtet."

[Priska Daphi (2012), Zur Identität transnationaler Bewegungen;
in: Aus Politik und Zeitgeschichte 25-26/2012, S. 43]

Neue Soziale Bewegungen

Man spricht im Unterschied zu den älteren (z. B. der Arbeiterbewegung) von den Neuen Sozialen Bewegungen. Zu ihnen zählen unter anderem die

- (neue) Friedensbewegung,
- Anti-Atomkraft-Bewegung,
- Ökologiebewegung,
- (neue) Frauenbewegung.

Bürgerbewegungen in der DDR

Nur in Grenzen vergleichbar mit den Bürgerinitiativen und sozialen Bewegungen sind die Bürgerbewegungen in der Auflösungsphase der DDR, die Proteste und große Demonstrationen initiierten. Sie bildeten die Basis der friedlichen Revolution, die zum Ende des SED-Regimes führte. In diesen Gruppen, die sich außerhalb des von der SED bestimmten Parteiensystems gebildet hatten, spielten Künstler, Wissenschaftler, Pfarrer der evangelischen Kirche und Schriftsteller eine führende Rolle.

9.2 NGOs – politisches Handeln in der Weltgesellschaft

Unscharfe Begriffe

Auf internationaler Ebene hat sich die Bezeichnung NGO für Organisationen der (globalen) Zivilgesellschaft eingebürgert. NGO steht als Abkürzung für **N**on-**G**overnmental **O**rganization (Nichtregierungsorganisation) und besagt lediglich, dass die betreffende Organisation von der Regierung unabhängig und weder politische Partei noch Wirtschaftsunternehmen ist (*non-profit organization*). Diese Kriterien treffen natürlich auch auf die im vorigen Abschnitt dargestellten Bürgerinitiativen zu. Es gibt keine scharfe begriffliche Trennung. Jede Bürgerinitiative und auch Vereine und Verbände könnten ebenso gut als NGO bezeichnet werden. Wir wollen aber den Begriff NGO – einem verbreiteten Sprachgebrauch folgend – für international operierende Organisationen reservieren, gewissermaßen für „Welt-Bürgerinitiativen" bzw. „Weltbürger-Initiativen".

Rio als Wendepunkt

Quelle

„Die Konferenz der Vereinten Nationen über Umwelt und Entwicklung (...), die 1992 in Rio de Janeiro stattfand, dürfte als Wendepunkt in die Geschichte der Weltpolitik eingehen. Hier bezog eine von den Mitgliedstaaten getragene UN-Institution ganz offen private Akteure in den politischen Prozess mit ein. Private Unternehmen, zusammengeschlossen im *Business Council on Sustainable Development* (BCSD), propagierten in

Rio erfolgreich marktwirtschaftliche Lösungen für ökologische Probleme, während ein buntes Bündnis gemeinnütziger Nichtregierungsorganisationen (*non-governmental organizations*, NGOs) nachhaltige Entwicklung mit der breiten Mobilisierung der Gesellschaften im Rahmen der Agenda 21 verknüpfen konnte. Spätestens seit dem Erdgipfel von Rio ist offenkundig, dass Weltpolitik längst nicht mehr nur eine Sache der durch Regierungen und internationale Organisationen vertretenen Staaten ist. Private Akteure spielen eine immer größere Rolle sowohl bei weltpolitischen Entscheidungsprozessen als auch bei der praktischen Umsetzung dieser Politik (...)."

[Hartwig Hummel (2001), Die Privatisierung der Weltpolitik. Tendenzen, Spielräume und Alternativen; in: Tanja Brühl u. a. (Hrsg.), Die Privatisierung der Weltpolitik. Entstaatlichung und Kommerzialisierung im Globalisierungsprozess, Dietz, Bonn, S. 22]

Während die internationale Politik früher eine Domäne der Staaten und der von ihnen getragenen internationalen Organisationen und Regime war, hat sich die Zahl der Akteure in den letzten Jahrzehnten erweitert. Insbesondere internationale NGOs sind zu einem wichtigen Mitspieler geworden und in vielen Politikfeldern als sachverständige Partner oder auch Dienstleister nicht mehr wegzudenken. So können sie beispielsweise nach Art. 71 der UN-Charta Konsultativstatus beim Wirtschafts- und Sozialrat der Vereinten Nationen (UNO) erlangen.

NGOs als Akteure der Weltpolitik

Die UNO schätzt, dass es etwa 50.000 NGOs gibt. Die Palette reicht von regionalen Initiativen bis zu weltweit tätigen Organisationen wie Greenpeace, Amnesty International, Ärzte ohne Grenzen, Reporter ohne Grenzen, ICANN, der Weltfrauenkonferenz oder den kirchlichen Hilfswerken wie Brot für die Welt und Misereor. Ihre wichtigsten und typischen Betätigungsfelder sind die Umwelt-, Menschenrechts- und Entwicklungspolitik. Das Spektrum ihrer Aktivitäten ist genauso vielfältig. Sie betreuen einzelne politische Gefangene und Verfolgte, führen konkrete Entwicklungsprojekte durch, regeln den Internetverkehr, beraten internationale Konferenzen, initiieren internationale Kampagnen, z. B. für das Verbot von Landminen, und organisieren Proteste bei Regierungsgipfeln der G8 oder der Welthandelsorganisation.

Vielfalt an NGOs

Bekannt geworden sind NGOs durch spektakuläre Aktionen wie den Greenpeace-Protest gegen den Walfang oder die Versenkung der ausgedienten Ölbohrplattform „Brent Spar" oder durch das Auftreten der freien Frauenorganisationen auf der Weltfrauenkonferenz in Peking. Sie werden aber in der Regel getragen durch zähe Alltagsarbeit ihrer Mitglieder vor Ort, z. B. durch die mitunter jahrelange Betreuung eines Gefangenen durch eine Ortsgruppe von Amnesty International. Bei Greenpeace, der bekanntesten

Vielfalt an Aktionsformen

Anti-Walfang-Aktion
von Greenpeace, Kiel.

Boris Rostami/Greenpeace.

dieser Gruppen, liegt der Fall etwas anders. Greenpeace ist keine traditionelle Mitgliederorganisation mit Strukturen, wie man sie aus Vereinen kennt. Weitgehend über Spenden finanziert, greift hier ein professionelles Führungsteam — unterstützt von wissenschaftlichen Experten — globale Umweltprobleme auf und versucht, den Protest dagegen möglichst öffentlichkeits-, und das heißt medienwirksam in Szene zu setzen.

Greenpeace-Aktionen

Quelle

Gerd Leipold, ehemaliger Geschäftsführer von Greenpeace International, beschreibt und analysiert Greenpeace-Aktionen in einem Gespräch in Buchform mit Walter Sittler:

„Greenpeace drückt seine Messages in Bildern und Szenen aus. Die Greenpeace-Aktionen sind, wenn man so will, wie Opern in wenigen Sekunden. Es ist immer auch großes Theater, große Unterhaltung. Das leuchtende Boot des kleinen Aktivisten vor dem Bug des riesigen, grauen Walfangschiffs, und zwischen beiden der ungeheure Rücken des Meeressäugers. Das mächtige Tier bedroht von der Harpune, und der Mut dessen, der sein Leben riskiert, um das des Wals zu schützen: Solche Szenen prägen sich ein (…). Die Kunst der Aktion besteht darin, zu wissen, wo die rote Linie ist — und sie dann bewusst und im richtigen Maß zu überschreiten. Wenn man sie nicht überschreitet, dann verändert man nichts. Und wenn man zu weit geht, wird man ignoriert oder für verrückt erklärt. Mit der richtigen Provokation aber verändert man Bewusstsein und beeinflusst die öffentliche Debatte. (…) Greenpeace-Aktionen sind von anderer Qualität als viele Aktionen von Bürgerbewegungen. Sie sind aufwendig, man braucht geschulte Leute wie Kapitäne, Chemiker, Biologen. Man braucht

Geld, Ressourcen, Logistik, Strategien – professionelle Strukturen. (...) Der Vorteil von Profi-Aktivisten in dieser Hinsicht liegt auf der Hand. Aber dafür haben Bürgerproteste eine ganz andere Legitimation und Stärke."

[Walter Sittler und Gerd Leipold (2013), Zeit, sich einzumischen. Vom Taksim-Platz nach Island. Begegnungen auf dem Weg ins Anthropozän, sagas edition, Stuttgart, S. 56-58]

NGOs bieten ein weites Betätigungsfeld für bürgerschaftliches Engagement. So beruht die Handlungsfähigkeit beispielsweise bei Greenpeace Deutschland auf den mehr als 580.000 Fördermitgliedern. Amnesty International hat mehr als 3 Millionen Mitglieder in 150 Ländern. In Deutschland unterstützen über 120.000 Menschen die Arbeit der Menschenrechtsorganisation. Die ehrenamtlichen Mitglieder sind in rund 650 Ortsgruppen organisiert. Da es den NGOs häufig um das Bewusstmachen und die Bekämpfung globaler Probleme wie Klimawandel, Migration oder Armut geht, kommt hier in besonderem Maße die Rolle des Weltbürgers zum Tragen.

Weltbürgerschaftliches Engagement

„Auf globaler Ebene sind nur wenige herausragende Individuen zu einem gewissen persönlichen Einfluss fähig. Die globalen Nichtregierungsorganisationen zeigen aber, dass man sich in Gruppen organisieren kann, die, kommunalen und regionalen Bürgerbewegungen analog, einen partizipatorischen Welt-Bürgersinn praktizieren."

[Otfried Höffe (1999), Demokratie im Zeitalter der Globalisierung, C. H. Beck, München, S. 347]

Quelle

Häufig bilden sich Netzwerke aus NGOs, beispielsweise um die Kräfte in Kampagnen zu bündeln. Besonders bekannt geworden sind neben der „Internationalen Kampagne zum Verbot von Landminen", die 1997 den Friedensnobelpreis erhalten hat, unter anderem die *clean clothes campaign* für fair produzierte Kleidung und „Jubilee 2000", eine Kampagne für den Schuldenerlass für die ärmsten Länder, an der sich alleine in Deutschland mehr als 1.000 Organisationen beteiligt haben. Manchmal entstehen aus solchen NGO-Netzwerken auch neue Organisationen, wie überhaupt die Grenzen zwischen Vereinen, Verbänden, Bürgerinitiativen und NGOs fließend sind.

Kampagnennetzwerke

Ein Beispiel hierfür wäre die globalisierungskritische Bewegung ATTAC. Der – etwas unglückliche – Name steht für die französische Abkürzung von „Vereinigung zur Besteuerung von Finanztransaktionen im Interesse der BürgerInnen". Die Organisation wurde 1998 in Frankreich gegründet und setzt sich heute als weltweite Bewegung für soziale und ökologische Gerechtigkeit im Globalisierungsprozess ein. In Deutschland bildet diese Bewegung mit starkem Aktionscharakter ein breites gesellschaftliches

ATTAC: „Eine andere Welt ist möglich"

Bündnis, das von sehr unterschiedlichen Verbänden, Initiativen und NGOs unterstützt wird (ver.di und GEW, BUND und Pax Christi, kapitalismuskritische Gruppen etc.).

Occupy: „Wir sind die 99 Prozent"

Ein weiteres Beispiel für eine solche transnationale Bewegung bildet die von „Occupy Wall Street" (OWS) ausgehende Occupy-Bewegung. Das englische Verb „to occupy" bedeutet „besetzen", und der Ursprung dieser Bewegung lag in der „Besetzung" des weltweit wichtigsten Finanzzentrums, der Wall Street in New York. Sie begann im Juli 2011 mit dem folgenden Aufruf auf der Website Adbusters, den Zuccotti Park neben der Börse zu besetzen: „OCCUPYWALLSTREET. Seid ihr bereit für einen Tahrir-Moment? Strömt am 17. September nach Lower Manhattan, baut Zelte, Küchen, friedliche Barrikaden und besetzt die Wall Street." Der Aufruf bezog sich explizit auf den Arabischen Frühling und verbreitete sich schnell in den sozialen Medien. In ähnlicher Weise wurde 2012 ein Camp vor der Europäischen Zentralbank in Frankfurt errichtet.

Eine kurze Darstellung der Occupy-Bewegung in Deutschland bietet das Kapitel „Wir hatten es irgendwann nicht mehr in Griff. Occupy und andere systemkritische Proteste" von Lars Geiges, Tobias Neef und Pepijn van Dijk; in: Stine Marg u.A. 2013, S. 178-216.

Auf Probleme aufmerksam machen

Der Bewegung ist es zum Teil gelungen, die Verselbstständigung des anscheinend unbeherrschbaren Finanzsektors und auf der anderen Seite die bestehende soziale Ungerechtigkeit und Ungleichheit, vor allem die Perspektivlosigkeit vieler Jugendlicher in verschiedenen Länder ins öffentliche Bewusstsein zu heben. Obwohl keine klaren Forderungen formuliert wurden, verpuffte die Bewegung nicht einfach, sondern war begrenzt erfolgreich, denn „Proteste und soziale Bewegungen geben wichtige Anstöße, damit sich institutionelle Politik nicht in geschäftiger Routine erschöpft, sondern sich rechtzeitig um neue Problemlagen kümmert, Fehlentwicklungen korrigiert und dabei nach gemeinsamen Wegen mit der Bürgerschaft sucht."

[Roland Roth (2012), Occupy und Acampada: Vorboten einer neuen Protestgeneration?; in: Aus Politik und Zeitgeschichte 25-26/2012, S. 37]

Der Zusammenhalt solcher transnationaler Bewegungen hängt nach Priska Daphi („Zur Identität transnationaler Bewegungen"; in: Aus Politik und Zeitgeschichte 25-26/2012, S. 43-48) von drei Faktoren ab:

• gemeinsame Deutungsmuster von Problemen, Zielen und Mitteln;
• kollektives Handeln, das ein Gemeinschaftsgefühl erzeugt und stärkt;

- aktive Netzwerke, die kontinuierlichen Informationsaustausch
  ermöglichen und persönliches Vertrauen stärken.

Der dritte Punkt verweist auf die Bedeutung, die dem Internet und besonders den Plattformen des Web 2.0 für diese Bewegungen zukommt.
Während es früher schwierig und teuer war, eine Gruppe zu gründen und
aufrechtzuerhalten, ist das heute *„ridiculously easy"* (kinderleicht), wie
Clay Shirky 2008 in seinem grundlegenden Buch zum Web 2.0 geschrieben hat („Here Comes Everybody. The Power of Organizing Without Organizations"). Neben der bereits erwähnten Rolle des Weltbürgers kommt
in diesem Kontext also auch die Rolle der Netzbürgerin in besonderem
Maße zum Tragen.

Web 2.0 als
Voraussetzung

Einen kurzen Überblick zum Thema Internetproteste bietet das Kapitel
„Vernetzt euch – das ist die einzige Waffe, die man hat" von Alexander
Hensel, Stephan Klecha und Christopher Schmitz; in: Stine Marg u. A.
2013, S. 265-298 sowie – mit Blick auf den Arabischen Frühling – das
Kapitel „Revolution 2.0? Die Bedeutung digitaler Medien für politische
Mobilisierung und Protest" von Jan Hanrath und Claus Leggewie; in: Stif-
tung Entwicklung und Frieden u. A. (Hrsg.) (2013), Globale Trends. Frieden
– Entwicklung – Umwelt, Fischer, Frankfurt/M., S. 157-172.

T 59

TIPPS ZUM TUN

Wie kann man Engagierte für bürgerschaftliche Initiativen oder Projekte gewinnen?

Die folgenden Hinweise geben Erfahrungen der Arbeitsgemeinschaft Bürgerschaftliches Engagement/Seniorengenossenschaften in Baden-Württemberg wieder, die für die Gründung von Selbsthilfegruppen und zum Teil auch von Bürgerinitiativen von Nutzen sein können.

Wozu kann man Bürger gewinnen?

- Für Aufgaben, von deren Wichtigkeit die gegenwärtigen Mitarbeiterinnen selbst überzeugt sind.
- Für Engagement, bei dem es um Solidarität und Hilfe zur Selbsthilfe geht.
- Für Aufgaben und Projekte, die zeitlich überschaubar und begrenzt sind.
- Für Aufgaben, die klar beschrieben und abgegrenzt sind.
- Für ein Engagement, über das man auch selbst bereichert wird.
- Für ein Engagement, über das auch gesprochen werden darf.
- Für Gruppen und Projekte, die fachlich begleitet sind.
- Für Gruppen und Projekte, bei denen der persönliche Austausch der Mitarbeiter untereinander einen festen Platz hat.
- Für Gruppen und Projekte, in denen Bürgerinnen mitbestimmen, Verantwortung übernehmen und eigene Ideen einbringen können.

Wen kann man gewinnen?

- Menschen, die zeitlich begrenzte Aufgaben übernehmen.
- Menschen, die klar beschriebene Einzelaufgaben übernehmen.
- Menschen, die sich für eine sinnvoll erscheinende Aufgabe engagieren wollen.
- Menschen, die bereit sind, sich von einer sozialen Aufgabe persönlich und auch zeitlich herausfordern zu lassen.
- Menschen, die sich gerade in einer Umbruchsituation befinden (Neubürger, Umgezogene, Witwen, Witwer, Mütter, deren Kinder aus dem Haus sind, Neurentner, junge Mütter, die ihren Beruf aufgegeben haben und zu Hause sind).

[Landschaft Bürgerschaftliches Engagement. Das Praxis-Handbuch der ARBES, Freiburg 1996, S. 180-182; gekürzte Fassung]

Die „Fünf-Wörter-Methode": Wie wir bei gesellschaftlichen und politischen Aktivitäten Prioritäten setzen können

T60

Diese Methode ist für ganz unterschiedliche Gruppen und Anlässe geeignet: z.B. bei einer Elternversammlung, bei der ersten Sitzung einer Bürgerinitiative oder des Ortsvereins einer Partei; immer wenn es darum geht, anstehende „offene Fragen" zu benennen, deren Dringlichkeitsgrad festzustellen und eine Rangordnung für die anzustrebenden Lösungen festzulegen.

1. Schritt: Schreiben Sie fünf Wörter auf, die für Sie die wichtigsten Probleme bzw. Aufgaben in Ihrer Gruppe, Gemeinde benennen.

2. Schritt: Diskutieren Sie in Ihrer Gruppe, in Ihrem Gremium über die verschiedenen Vorschläge mit dem Ziel, sich auf eine gemeinsame Fünfer-Liste zu einigen.

3. Schritt: Suchen Sie eine Einigung darüber, welches Thema Sie als erstes auf der gemeinsamen Fünferliste bearbeiten wollen. Sie können auch eine Prioritätenliste der fünf genannten Aufgaben aufstellen, die jedoch von Zeit zu Zeit überprüft werden sollte.

Hinweis: Beim ersten und zweiten Schritt sollten die verschiedenen Themen erläutert und deren Dringlichkeit begründet werden. Außerdem ist zu berücksichtigen, welche unterschiedlichen Interessen bei einem Problem berührt werden. Nicht zuletzt sollte geklärt werden, wer die anstehenden Probleme lösen bzw. darüber entscheiden kann und wie die Gruppe diesen Entscheidungsprozess beeinflussen kann.

Wie könnte eine Bürgerinitiative ablaufen?

T61

Das folgende Ablaufmodell zeigt einen Entscheidungsprozess, der von einer Bürgerinitiative in Gang gesetzt wurde. Deutlich werden an diesem Beispiel die organisatorischen Voraussetzungen einer Bürgerinitiative und ihr notwendiges Zusammenwirken mit Medien, Parteien, Fraktionen und Verwaltung. Außerdem wird einmal mehr deutlich, wie eng die verschiedenen Bausteine dieses Buches zusammenhängen und in der Praxis zusammenwirken. Allerdings kann das Modell nur einen von mehreren möglichen Entscheidungsprozessen vorstellen, die je nach Anlass, betroffenen Gruppen und Rahmenbedingungen unterschiedlich verlaufen können. So könnte die besagte Bürgerinitiative etwa in Phase 7 anstatt der angebotenen Kompromisslösung ein Bürgerbegehren mit dem Ziel eines Bürgerentscheids anstreben.

Phase 1: Einzelne Bürger empfinden bestehende Verhältnisse als misslich oder wollen die Verwirklichung öffentlicher Planungen verhindern.

Phase 2: Die Bürger betreiben Öffentlichkeitsarbeit: Flugblätter, Zeitungsanzeigen, Artikel in der Lokalzeitung über das strittige Thema.

Phase 3: Briefe an Verwaltung, Gemeinderat, Fraktionen und Parteien: auf diese erfolgt zunächst keine Antwort.

Phase 4: Gründung einer Bürgerinitiative (ein organisatorischer Rahmen wird geschaffen, Wahlen, Satzung), verstärkte Öffentlichkeitsarbeit, Mitstreiter werden gewonnen, Experten eingeschaltet (Gutachten, Expertenbefragungen); bei größerer Resonanz der Bürgerinitiative in der Öffentlichkeit:

Phase 5: Parteien schalten sich ein: größere Publizität, Abgabe von Presseerklärungen, Anfragen an die Verwaltung.

Phase 6: Verwaltung und Mehrheitsfraktion(en) suchen nach Kompromissmöglichkeiten.

Phase 7: Eine der Kompromisslösungen kann an die Stelle der ursprünglichen Planungskonzeption treten. Die Bürgerinitiative muss sich entscheiden, ob sie sich zufriedengeben und auflösen oder aber sich anderen Themen zuwenden will.

Gewaltfreie Aktionen: Prinzipien für eine Konfliktlösung

T 62

TIPPS ZUM TUN

Die Aktionsmethoden von Gruppen wie Greenpeace, Amnesty International oder der Friedensbewegung fußen zum Teil auf den Protestformen des zivilen Ungehorsams, die in der Auseinandersetzung um die Sklaverei und im Freiheitskampf der schwarzen Bevölkerung in den USA entwickelt wurden. Der Begriff „ziviler Ungehorsam" geht auf den amerikanischen Schriftsteller und Philosophen Henry David Thoreau (1817-1862) zurück, der es als gerechtfertigt ansah, als ungerecht eingeschätzte Gesetze oder solche, die einen Unrechtszustand stützen, bewusst und öffentlich zu übertreten.

Gewaltlose Mittel des Widerstandes wurden von Martin Luther King in der amerikanischen Bürgerrechtsbewegung und von Mahatma Gandhi im indischen Unabhängigkeitskampf entwickelt und erprobt: z.B. Nichtbefolgung von Gesetzen, Streiks, langsames Arbeiten, Boykotts, Go-ins, Sitzstreiks, Hungerstreiks, Blockadeaktionen. Von konservativen Politikwissenschaftlern wurde auf die Gefahr hingewiesen, dass der Ansatz des zivilen Ungehorsams auch zur Rechtfertigung von Gewalt missbraucht werde. Bei den bewussten Regelverstößen könne es auch zu Gewaltanwendungen kommen, wobei das Gewaltmonopol des Staates und der innere Frieden in Frage gestellt würden. Man spricht von der „Entgrenzung des Gewaltbegriffs".

Gewaltlose Modelle der Konfliktbearbeitung finden auch auf internationaler Ebene und bei militärischen Konflikten Anwendung mit dem Ziel, durch Gewaltprävention bzw. Gewaltbeendigung die Bedingungen für einen tragfähigen Frieden zu verbessern.

Mitarbeiter der Stiftung für Friedens- und Zukunftsforschung in Schweden haben angesichts des Krieges im ehemaligen Jugoslawien acht Prinzipien entwickelt, um Konflikte zu verstehen und zu lernen, gewaltfreie Lösungsmöglichkeiten zu finden. Diese Empfehlungen lassen sich auch auf innergesellschaftliche Konflikte übertragen:

Prinzipien einer Konfliktlösung

- Versuche Interessen zu erkennen und begnüge dich nicht mit offiziellen Erklärungen!
- Unterscheide zwischen den Menschen und dem Problem!
- Überlege dir viele Handlungsmöglichkeiten, bevor du dich entscheidest, was zu tun ist! Durchdenke nicht nur deinen eigenen Schritt, sondern eine Reihe von möglichen Schritten und Gegenbewegungen!
- Achte darauf, dass das Ergebnis allgemein verbindlichen Kriterien genügt.
- Es gibt mehrere Wahrheiten. Deine, ihre und vielleicht eine weitergehende.
- Beachte die Einheit von Ziel und Mittel.
- Halte dich an Prinzipien und baue darauf deine eigene Strategie auf. Verfolge nur solche Ziele, die für dich wie für die anderen gut sind, auch wenn die andere Seite sich nicht entsprechend verhält.
- Macht ist die Fähigkeit, die eigenen Ziele zu erreichen, nicht, andere zu bestrafen.

[zusammengestellt nach: Günther Gugel / Uli Jäger (1994), Gewalt muß nicht sein. Eine Einführung in friedenspädagogisches Denken und Handeln, Tübingen, S. 91]

„Wenn dich das Gesetz zum Arm des Unrechts macht, dann sage ich, brich das Gesetz."

Henry David Thoreau (1817-1862), Schriftsteller und Philosoph

Zum Weiterlesen:

Roth, Roland / Rucht, Dieter (Hrsg.) (2008), Die sozialen Bewegungen in Deutschland seit 1945. Ein Handbuch, Campus Verlag, Frankfurt/M. und New York.

Zum Vertiefen:

Brunnengräber, Achim u. A. (Hrsg.) (2005), NGOs im Prozess der Globalisierung. Mächtige Zwerge – umstrittene Riesen, VS Verlag für Sozialwissenschaften, Wiesbaden.

Frantz, Christiane / Martens, Kerstin (2006), Nichtregierungsorganisationen (NGOs), VS Verlag für Sozialwissenschaften, Wiesbaden.

Greenpeace Magazin (Hrsg.) (2007), NGO-Handbuch, Hamburg.

Heins, Volker (2002), Weltbürger und Lokalpatrioten. Eine Einführung in das Thema Nichtregierungsorganisationen, Leske + Budrich, Opladen.

Kern, Thomas (2008), Soziale Bewegungen. Ursachen, Wirkungen, Mechanismen, VS Verlag für Sozialwissenschaften, Wiesbaden.

Marg, Stine / Geiges, Lars / Butzlaff, Felix / Walter, Franz (Hrsg.) (2013), Die neue Macht der Bürger. Was motiviert die Protestbewegungen?, Rowohlt Verlag, Reinbek bei Hamburg.

Trumann, Jana (2013), Lernen in Bewegung(en). Politische Partizipation und Bildung in Bürgerinitiativen, transcript Verlag, Bielefeld.

Exemplarische Fallstudien:

Bardeau, Frédéric / Danet, Nicolas (2012), Anonymous. Von der Spaßbewegung zur Medienguerilla, Unrast Verlag, Münster.

Brettschneider, Frank / Schuster, Wolfgang (Hrsg.) (2013), Stuttgart 21. Ein Großprojekt zwischen Protest und Akzeptanz, Springer VS, Wiesbaden.

Sternstein, Wolfgang (2013), „Atomkraft – nein danke!" Der lange Weg zum Ausstieg, Brandes & Apsel, Frankfurt/Main.

Zum Surfen:

Aus Politik und Zeitgeschichte, Heft 25-26/2012 („Protest und Beteiligung"): www.bpb.de/apuz/138272/protest-und-beteiligung.

Aus Politik und Zeitgeschichte, Heft 6-7/2002 („Nicht-Regierungsorganisationen"): www.bpb.de/apuz/27104/nicht-regierungsorganisationen-ngos.

Fluter. Magazin der Bundeszentrale für politische Bildung, Heft 40/2011 („Protest"): www.fluter.de/de/protestieren/heft/9744/

Das Blog Netzdebatte umfasst viele interessante Beiträge zu den in diesem Kapitel angesprochenen Aspekten, beispielsweise den Beitrag von Judith Orland zu „Online-Campaigning" (18.11.2013) oder von Rainer Winter zu „Widerstand im Netz. Soziale Bewegungen von Seattle bis Occupy" (17.12.2013): www.bpb.de/dialog/netzdebatte/.

10. Extremismus

Gefahren für die Demokratie erkennen und bekämpfen

„Denn das Wort ist wahr, dass ein Extrem regelmäßig das entgegengesetzte Extrem auslöst. Das gilt so beim Wetter, in unseren Körpern und erst recht bei den Staaten."
Sokrates (469-399 v. Chr.), Philosoph

„Seit ich selbst Frau und Kind habe, mache ich mir natürlich auch mehr Gedanken, in was für einer Gesellschaft wir leben. Und es gibt Sachen, da muss man Gesicht zeigen, etwa gegen Rassismus, Extremismus und Terrorismus."
*Bülent Ceylan (*1976), Komiker und Kabarettist*

Kurzübersicht

Wenn es darum geht, sich gegen Extremismus zur Wehr zu setzen, sind alle Bürgerrollen angesprochen: Von der individuellen Zivilcourage über die Bürgerrolle auf lokaler, regionaler, nationaler und europäischer Ebene bis hin zum Wirtschafts-, Netz- und Weltbürger. Es geht um nichts weniger als um die Verteidigung der Menschenrechte als Grundlage des Zusammenlebens. Die in diesem Baustein kurz dargestellten „Extremismen" – Rechts-, Links- und islamischer Extremismus – wenden sich explizit gegen die fundamentalen Regeln des friedlichen Zusammenlebens.

10.1 Rechtsextremismus

Extremismus

Der Begriff extremistisch ist vom lateinischen Wort *extremus* abgeleitet, was „entferntest" oder auch „gefährlichst" bedeutet. So werden politische Strömungen, die sich am äußersten Rand des politischen Spektrums positionieren und grundlegende Werte und Regeln des demokratischen Verfassungsstaats in Frage stellen oder ablehnen, als extremistisch bezeichnet. In der wissenschaftlichen Diskussion ist umstritten, ob der Begriff als Oberbegriff für Rechts- und Linksextremismus geeignet ist.

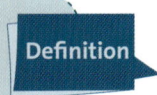

Rechtsextremismus

„Unter ‚Rechtsextremismus' verstehen wir die Gesamtheit von Einstellungen, Verhaltensweisen und Aktionen, organisiert oder nicht, die von der rassisch oder ethnisch bedingten sozialen Ungleichheit der Menschen ausgehen, nach ethnischer Homogenität von Völkern verlangen und das Gleichheitsgebot der Menschenrechts-Deklaration ablehnen, die den Vorrang der Gemeinschaft vor dem Individuum betonen, von der Unterordnung des Bürgers unter die Staatsräson ausgehen und die den Wertepluralismus einer liberalen Demokratie ablehnen und Demokratisierung rückgängig machen wollen."

[Hans-Gerd Jaschke; zit. nach Richard Stöss (2010), Rechtsextremismus im Wandel, 3. Aufl., Friedrich-Ebert-Stiftung, Berlin, S. 19]

Entwicklung

In der Geschichte der Bundesrepublik Deutschland hat es nach dem Ende der nationalsozialistischen Herrschaft 1945 immer wieder Gruppen mit rechtsextremistischem Gedankengut gegeben. Es gab immer wieder Versuche, sich in Parteien zu organisieren. Allerdings blieben rechtsextreme Parteien bisher auf Bundesebene erfolglos. Rechtsextreme Gruppierungen können vor allem in wirtschaftlichen Krisenzeiten Wähler ansprechen. So gelang es der Nationaldemokratischen Partei Deutschlands (NPD) während der wirtschaftlichen Rezession in den 1960er Jahren und seit 2004, in mehrere Landtage einziehen. Ähnlichen Zulauf bekamen rechte Parteien wie die Deutsche Volksunion (DVU) und die Republikaner in den 1990er Jahren in einzelnen Bundesländern.

Der NPD war es in der zweiten Hälfte der 1990er Jahre gelungen, in den neuen Bundesländern Fuß zu fassen. Sie ist seit 2004 in den Landtagen von Sachsen und Mecklenburg-Vorpommern vertreten und bildet zum Teil auch den organisatorischen Rückhalt für rechtsextremistische Skinheads und andere Gruppen. Mit einem Netzwerk von selbstständigen „Kameradschaften" entstanden auch neue Organisationsmodelle. In der ehemaligen DDR hatte es offiziell keinerlei rechtsextremistische Organisationen gegeben. Allerdings haben wir Kenntnis davon, dass dort unter einer Minderheit von Jugendlichen rechtsradikales Denken und Ausländerhass verbreitet war. Die Bildung rechtsradikaler Gruppen wurde jedoch durch den Staatssicherheitsdienst verhindert. So ist es nicht verwunderlich, dass gerade unter ostdeutschen Jugendlichen, die mit dem sozialen und politischen Wandel seit der Vereinigung Deutschlands nicht zurechtkommen, rechtsextremistisches Denken besonders stark verbreitet ist. Die folgenden Tabellen geben Hinweise zur Verbreitung von rechtsextremistischen Einstellungen:

Rechtsextremismus in Ostdeutschland

Tabelle 1: Geschlossenes rechtsextremes Weltbild

	2002	2004	2006	2008	2010
Gesamt	9,7	9,8	8,6	7,6	8,2
Ost	8,1	8,3	6,6	7,9	10,5
West	11,3	10,1	9,1	7,5	7,6

(Angaben in Prozent)

Tabelle 2: Rechtsextreme Einstellungen

	erwerbstätig	arbeitslos	Ruhestand
Befürwortung einer Diktatur	2,6	5,6	5,3
Chauvinismus	17,5	26,5	23,3
Ausländerfeindlichkeit	21,9	36,7	32
Antisemitismus	6,4	4,4	13,5
Sozialdarwinismus	3,1	5,6	6,5
Verharmlosung des Nationalsozialismus	2,2	4,4	4,9

(Angaben in Prozent)

Tabelle 2: Ausschnitt aus: Decker, Oliver/Kiess, Johannes/Brähler, Elmar 2012: Die Mitte im Umbruch. Rechtsextreme Einstellungen in Deutschland, Bonn, S. 41

Ursachen

Nicht nur in Deutschland stellt sich das Problem des Rechtsextremismus. Auch in anderen europäischen Staaten hat die Zahl der rechtsextremen Parteien und Gruppierungen zugenommen. Als Ursachen werden in wissenschaftlichen Untersuchungen unter anderem genannt:

- Umstrukturierung der Wirtschaft durch verstärkte Automatisierung und Technisierung, Verlust des Arbeitsplatzes oder die Angst davor;
- Verdrossenheit gegenüber den so genannten „etablierten" Parteien, denen man die Lösung der sozialen und wirtschaftlichen Probleme nicht zutraut (Politik- und Parteienverdrossenheit);
- Zukunftsängste, die durch die steigende Zahl der Zuwanderer und Asylbewerber hervorgerufen werden und mit scheinbar einfachen Lösungen wie „Ausländer raus" bekämpft werden.

Verbrechen

Seit Mitte der 1990er Jahre verübten rechtextremistische Gruppen Terroranschläge. Die Zahl der Gewalttaten gegenüber Ausländern – Körperverletzungen, Brandanschläge, Sachbeschädigung – nahmen in bedrohlichem Maße zu. 2012 wurden die Mordtaten der Zwickauer Terrorzelle entdeckt. 13 Jahre lang konnte eine Gruppe von Rechtsextremen weitgehend unbehelligt agieren und 10 Morde, vor allem an türkischen Mitbürgern, verüben.

10.2 Linksextremismus

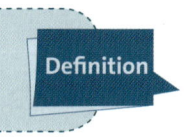

Definition

Linksextremismus ist ein Sammelbegriff für Strömungen und Ideologien, die im Kapitalismus das Grundübel unserer Gesellschaft sehen und die parlamentarische Demokratie ablehnen. Er äußert sich in antikapitalistischen Einstellungen und verschiedenen Spielarten des Anarchismus und Kommunismus.

Entwicklung

Bei der ersten Bundestagwahl im Jahr 1949 erhielt die Kommunistische Partei Deutschlands (KPD) 5,7% der Stimmen und entsandte zwölf Abgeordnete in den Bundestag, scheiterte jedoch 1953 an der 5%-Klausel. Die Partei wurde 1956 vom Bundesverfassungsgericht verboten, weil sie nach dessen Meinung das Ziel hatte, das demokratische politische System der Bundesrepublik zu beseitigen. 1968 wurde die Deutsche Kommunistische Partei (DKP) gegründet.

Terrorgruppen

Im Umfeld der studentischen Protestbewegung, die in dieser Zeit ihren Höhepunkt hatte, gab es eine Vielzahl von linksextremen Gruppierungen. Es kam vor allem zu Spannungen zwischen dem demokratischen Sozialismus der SPD und dem Extremismus von links. Gruppen wie die „Rote Armee Fraktion" (RAF) und die „Bewegung 2. Juni", die sich eindeutig für

Gewalt aussprachen, mündeten schließlich in den 1970er Jahren in Terroranschläge und Morde, unter anderem an Generalbundesanwalt Siegfried Buback und Arbeitgeberpräsident Hanns Martin Schleyer. Durch das Scheitern des Sowjetkommunismus in Osteuropa und der DDR hat der Linksextremismus wesentlich an Attraktivität verloren. Umstritten ist, ob Teile der Partei Die LINKE – wie z. B. die „Kommunistische Plattform" – noch zum Linksextremismus zu zählen sind. Die wichtigste Rolle innerhalb der immer noch vorhandenen, jedoch nicht zentral organisierten linksextremen Gruppierungen bilden die so genannten „Autonomen", die immer wieder durch gewalttätige Aktionen auffallen.

„Gewaltbereite Linksextremisten, die sich mehrheitlich als Autonome bezeichnen, grenzen sich in ihrem Selbstverständnis deutlich von anderen linksextremistischen Akteuren ab. Ihr Selbstverständnis ist geprägt durch eine Vielzahl von Anti-Einstellungen ('antifaschistisch', 'antikapitalistisch') und diffusen anarchistischen und kommunistischen Ideologiefragmenten ('Klassenkampf', 'Revolution')."

[Verfassungsschutzbericht 2012, S. 150]

10.3 Islamischer Extremismus

Mit den Terroranschlägen vom 11. September 2001 in den USA rückte mit einem Schlag die Bedrohung durch den islamistischen Terror ins Zentrum des (westlichen) Bewusstseins. Dessen Grundlage, der Islamismus, bildet kein einheitliches Phänomen, allen Gruppierungen gemeinsam ist jedoch der Missbrauch der Religion für freiheitsfeindliche politische Ziele. Obwohl nur eine kleine Minderheit der Muslime islamistisches Gedankengut vertritt, wird die öffentliche Wahrnehmung „des Islam" davon wesentlich beeinflusst, was in vielen westlichen Gesellschaften Vorurteile gegenüber Muslimen verstärkt und die Integration erschwert hat.

„Islamistische Ideologie geht von einer göttlichen Ordnung aus, der sich Gesellschaft und Staat unterzuordnen haben. Dieses ‚Islam'-Verständnis steht im Widerspruch zur freiheitlichen demokratischen Grundordnung. Verletzt werden dabei vor allem die demokratischen Grundsätze der Trennung von Staat und Religion, der Volkssouveränität, der Gleichstellung der Geschlechter sowie der religiösen und sexuellen Selbstbestimmung."

[Verfassungsschutzbericht 2012, S. 228]

Eine radikale und zugleich besonders rückwärtsgewandte Strömung des Islamismus bildet der Salafismus. Der Name dieser religiösen Abspaltung leitet sich vom arabischen as-salaf-as-salih ab, was so viel bedeutet wie „rechtschaffene Altvordere". Gemeint sind die ersten Generationen von

Salafismus

Muslimen in der Frühzeit der Religion, und das anachronistische Ziel der Salafisten ist es, deren „Islam" heute unverändert zu praktizieren. Wie bei allen islamistischen Gruppen gibt es auch bei den Salafisten gewaltfreie und gewaltbereite Anhänger, die in der Regel als „Jihadisten" (heilige Krieger, Gotteskrieger) bezeichnet werden. Laut Verfassungsschutzbericht (2012) ist der Salafismus sowohl in Deutschland als auch international die derzeitig dynamischste islamistische Bewegung.

Gefahren gehen vor allem von (teilweise sehr kleinen) Gruppen und Einzelpersonen aus, die ideologisch der „al-Qaida" nahestehen, auch wenn sie mit ihr nicht organisatorisch verbunden sind. Das Netzwerk islamistischer Gruppen ist hauptsächlich lose über einschlägige islamistische Internetplattformen und -foren vernetzt. Die Akteure in Deutschland sind schwer einzuordnen. Sie kommen zum Teil aus der zweiten oder dritten Einwandergeneration oder sind zum Islam Konvertierte, die unser demokratisches Wertesystem ablehnen („homegrown terrorism").

Homegrown terrorism

„Der Begriff ‚homegrown terrorism' tauchte in den 1990er Jahren erstmals in englischsprachigen Medien auf und hat sich inzwischen auch im wissenschaftlichen Diskurs etabliert. Der Begriff lässt sich unzulänglich mit ‚selbst herangezogene, im Land aufgewachsene' Terroristen übersetzen und meint Täter, die in westlichen Staaten geboren wurden bzw. sich seit ihrer Kindheit dort aufhalten und sozialisiert wurden und sich dann für transnational operierende Terrorgruppen rekrutieren ließen. Besondere Brisanz gewann der Begriff nach den Anschlägen in Madrid im März 2004 und vor allem in London im Juli 2005. Die Anschläge haben uns mehr als deutlich vor Augen geführt, dass der islamische Terrorismus nicht nur ein ‚importiertes' Phänomen ist, sondern aus dem Zusammenspiel von scheinbar integrierten Muslimen mit transnational operierenden Terrornetzwerken entstehen kann, die im Namen eines globalen Dschihad agieren."

[Siegfried Frech (2011), Radikalisierung und Terrorismus im Westen; in: Der Bürger im Staat, Heft 4/2011, S. 202]

Mechanismen der Radikalisierung

Um erfolgreich Prävention betreiben zu können, stellt sich die Frage, wie „normale" Menschen, meist junge Männer, zu islamistischen Terroristen werden. An den Anschlägen vom 11. September 2001 („9/11") waren junge Männer aus Hamburg beteiligt, die dort studierten und denen attraktive Lebenschancen offenstanden. Stattdessen nutzten sie ihre Fertigkeiten, um sich selbst und Hunderte Unschuldige in den Tod zu reißen. Dieser Frage geht das Heft 4/2011 der Zeitschrift „Der Bürger im Staat" unter dem Titel „Radikalisierung und Terrorismus im Westen" nach. Im einleitenden Beitrag des Herausgebers werden vier Gründe für die Radikalisierung junger Menschen identifiziert:

- „eine nur scheinbare Integration sowie ein Mangel an Zugehörigkeit zur Aufnahme- bzw. Mehrheitsgesellschaft;
- Perspektivlosigkeit und mangelnde materielle Teilhabechancen;
- Wut über die Kriege in Afghanistan und im Irak, die als Angriff auf die islamische Welt gewertet werden;
- das Gefühl, in der Folge von 9/11 eine entwürdigende und demütigende Behandlung erleben zu müssen."

[Siegfried Frech (2011), Radikalisierung und Terrorismus im Westen; in: Der Bürger im Staat, Heft 4/2011, S. 202]

10.4 Verbot extremistischer Parteien und Gruppierungen

Da sich die Weimarer Republik gegenüber extremen politischen Kräften als wehrlos erwiesen hatte, wurde in das Grundgesetz folgende Bestimmung aufgenommen:

GG Art.21

(2) Parteien, die nach ihren Zielen oder nach dem Verhalten ihrer Anhänger darauf ausgehen, die freiheitliche demokratische Grundordnung zu beeinträchtigen oder zu beseitigen oder den Bestand der Bundesrepublik Deutschland zu gefährden, sind verfassungswidrig. Über die Frage der Verfassungswidrigkeit entscheidet das Bundesverfassungsgericht.

Hohe Hürden

Eine Partei zu verbieten, stellt einen schwerwiegenden Eingriff in den demokratischen Prozess dar. Dass es diese Möglichkeit in Deutschland überhaupt gibt, ist eine Lehre aus der Geschichte. Man wollte eine „wehrhafte" oder „streitbare" Demokratie errichten. Allerdings wurden hohe Hürden für ein Parteiverbot errichtet. Nur das Bundesverfassungsgericht kann darüber entscheiden, und den Verbotsantrag beim Bundesverfassungsgericht können nur Bundestag, Bundesregierung oder Bundesrat stellen.

Bisherige Parteiverbote

1952 verbot das Bundesverfassungsgericht die rechtsextreme Sozialistische Reichspartei (SRP), eine Nachfolgeorganisation der NSDAP, und 1956 die Kommunistische Partei Deutschlands (KPD). 2003 scheiterte ein Verbotsantrag für die NPD beim Verfassungsgericht, weil V-Leute des Verfassungsschutzes in dieser Partei tätig waren (V-Leute sind Vertrauens- oder Verbindungsleute). 2013 ergriff der Bundesrat erneut die Initiative, um die NPD zu verbieten.

Verbote von Vereinen und Gruppen

Im Gegensatz zu den Parteien, die unter dem besonderen Schutz des Grundgesetzes stehen, können andere extreme Gruppierungen und Organisationen vergleichsweise einfach, nämlich von den Innenministern des Bundes oder der Länder, verboten werden. Damit ist in der Regel der Entzug des Vereinsvermögens verbunden. Gegen die Maßnahme können die zuständigen Verwaltungsgerichte angerufen werden.

Wichtiger als die Möglichkeit von Verboten ist die politische Auseinandersetzung mit dem verfassungsfeindlichen Gedankengut der extremistischen Parteien und Vereine durch alle demokratischen Kräfte, nicht zuletzt durch die Bürger.

Für die Auseinandersetzung mit dem Extremismus gibt es eine Fülle von Angeboten und Publikationen, in denen zahlreiche konkrete Tipps zu finden sind. Wir beschränken uns deshalb hier auf einige Hinweise und Fundstellen.

Informationen und Handlungsanleitungen durch die Ämter für Verfassungsschutz

T 63

TIPPS ZUM TUN

Das Bundesamt für Verfassungsschutz und die Landesämter für Verfassungsschutz haben die Aufgabe, Bestrebungen gegen die freiheitliche demokratische Grundordnung zu überwachen. Sie sammeln entsprechende Informationen und werten sie aus. Jährlich geben sie die Verfassungsschutzberichte heraus, die detaillierte Berichte und Zahlen enthalten. Außerdem bieten diese Ämter Handlungsanleitungen gegen den Links- und Rechtsextremismus sowie verschiedene Aussteigerprogramme an. Die Publikationen können direkt über die jeweiligen Websites bezogen oder heruntergeladen werden. Beim Bundesamt für Verfassungsschutz (www.verfassungsschutz.de) stehen beispielsweise neben dem Verfassungsschutzbericht unter anderem noch folgende Publikationen bereit:

- Symbole und Zeichen der Rechtsextremisten (Mai 2013)
- Rechtsextremisten und ihr Auftreten im Internet (August 2013)
- Islamismus: Entstehung und Erscheinungsformen (September 2013)

Angebote und Publikationen der Bundeszentrale für politische Bildung und der Landeszentralen für politische Bildung

Neben dem umfangreichen Online-Dossier zum Thema Extremismus (www.bpb.de/politik/extremismus), das Abschnitte zum Rechtsextremismus, Linksextremismus, Islamismus und Antisemitismus enthält, finden Sie auf der Website der **Bundeszentrale für politische Bildung** eine Fülle weiterer einschlägiger Angebote und Publikationen:

- Ausgaben der Zeitschrift „Aus Politik und Zeitgeschichte" (www.bpb. de/shop/zeitschriften/apuz), unter anderem:
  Heft 39/2000: „Rechtsextremismus"
  Heft 46/2001: „Extremismus"
  Heft 42/2005: „Rechtsextremismus"
  Heft 37/2007: „Fremdenfeindlichkeit und Gewalt"
  Heft 47/2008: „Extremistische Parteien"
  Heft 44/2010: „Extremismus"
  Heft 18-19/2012: „Rechtsextremismus"
  Heft 29-31/2013: „Deradikalisierung"
- Unterrichtsmaterialien zum Thema Rechtsextremismus: www.bpb.de/ lernen/themen-im-unterricht/rechtsextremismus
- Datenbank mit Initiativen gegen Rechtsextremismus (213 Einträge im Februar 2014): www.bpb.de/politik/extremismus/ rechtsextremismus/41934/initiativen-gegen-rechtsextremismus
- Eine Fülle von Büchern zu unterschiedlichen Aspekten des Themas, beispielsweise:
  Bundschuh, Stephan / Drücker, Ansgar / Scholle, Thilo (Hrsg.) (2012), Wegweiser Jugendarbeit gegen Rechtsextremismus. Motive, Praxisbeispiele und Handlungsperspektiven, Schriftenreihe der Bundeszentrale für politische Bildung Bd. 1245, Bonn.
  Dovermann, Ulrich (Hrsg.) (2011), Linksextremismus in Deutschland, Schriftenreihe der Bundeszentrale für politische Bildung Bd. 1135, Bonn.
  Geisler, Astrid / Schultheis, Christoph (2011), Heile Welten. Rechter Alltag in Deutschland, Schriftenreihe der Bundeszentrale für politische Bildung Bd. 1161, Bonn.
  Hasse, Julia / Rosenthal, Gregor (Hrsg.) (2013), Wider die Gleichgültigkeit! Aktiv gegen Rechtsextremismus: Perspektiven, Projekte, Tipps, Schriftenreihe der Bundeszentrale für politische Bildung Bd. 1396, Bonn.

Juergensmeyer, Mark (2007), Die Globalisierung religiöser Gewalt, Schriftenreihe der Bundeszentrale für politische Bildung Bd. 1020, Bonn.

Kraske, Michael / Werner, Christian (2008), ... und morgen das ganze Land. Neue Nazis, „befreite Zonen" und die tägliche Angst. Ein Insiderbericht, Schriftenreihe der Bundeszentrale für politische Bildung Bd. 684, Bonn.

Röpke, Andrea / Speit, Andreas (Hrsg.) (2013), Blut und Ehre. Geschichte und Gegenwart rechter Gewalt in Deutschland, Schriftenreihe der Bundeszentrale für politische Bildung Bd. 1341, Bonn.

Schmidt, Wolf (2012), Jung, deutsch, Taliban, Schriftenreihe der Bundeszentrale für politische Bildung Bd. 1279, Bonn.

Staud, Toralf (2007), Moderne Nazis. Die neuen Rechten und der Aufstieg der NPD, Schriftenreihe der Bundeszentrale für politische Bildung Bd. 566, Bonn.

Besonders empfehlenswert und anschaulich ist der folgende Band, der aus einer Kooperation der Landeszentrale für politische Bildung Nordrhein-Westfalen und dem Wochenschau Verlag hervorgegangen ist:

Glaser, Stefan / Pfeiffer, Thomas (Hrsg.) (2013), Erlebniswelt Rechtextremismus. Menschenverachtung mit Unterhaltungswert, Hintergründe – Methoden – Praxis der Prävention, Wochenschau Verlag, Schwalbach/Ts. (das Buch ist auch über die Bundeszentrale für politische Bildung erhältlich: Schriftenreihe Bd. 1381).

Zahlreiche Angebote gibt es auch bei den **Landeszentralen für politische Bildung** (LpB). Sie reichen von

- Filmen („Die NPD: Heimat, Hitler, Hass", LpB NRW) über
- Argumentationshilfen mit Widerlegungen rechtsextremer Thesen („Die Rechtsextremen sagen ...", LpB Thüringen) und
- Online-Dossiers („Demokratie und Extremismus", LpB Brandenburg) bis hin zu großen Projekten wie
- „Team meX. Mit Zivilcourage gegen Extremismus" der LpB Baden-Württemberg: www.team-mex.de.

Einen **Überblick** über die vielfältigen Angebote erhalten Sie, wenn Sie auf der Internetplattform für politische Bildung (www.politische-bildung.de) in das Suchfeld auf der Startseite „Extremismus" eingeben.

Hilfen zur direkten Thematisierung

Aktuelle politische Entwicklungen und bedrohliche Ereignisse im eigenen Umfeld können Gründe sein, den Rechtsextremismus in der Schule sowie in Jugend- und Erwachsenenbildung zu thematisieren. Hierzu folgende Literaturhinweise:

- *Hufer, Klaus-Peter* (2014), Argumente am Stammtisch. Erfolgreich gegen Parolen, Palaver und Populismus, 6. Aufl., Wochenschau Verlag, Schwalbach/Ts.
- *Virchow, Fabian / Dornbusch, Christian (Hrsg.)* (2008): 88 Fragen und Antworten zur NPD. Weltanschauung, Strategie und Auftreten einer Rechtspartei – und was Demokraten dagegen tun können, Wochenschau Verlag, Schwalbach/Ts.
- *Rieker, Peter* (2009), Rechtsextremismus: Prävention und Intervention. Ein Überblick über Ansätze, Befunde und Entwicklungsbedarf, Juventa Beltz, Weinheim / München.
- *Molthagen, Dietmar u. A. (Hrsg.)* (2008), Lern- und Arbeitsbuch gegen Rechtsextremismus. Handeln für Demokratie, Dietz, Bonn.
- *Politische Bildung* (2013), Populismus, Extremismus, Terrorismus, Heft 4/2013, Wochenschau Verlag, Schwalbach/Ts.
- *Kulick, Holger / Staud, Toralf (Hrsg.)* (2009), Das Buch gegen Nazis. Rechtsextremismus – Was man wissen muss und wie man sich wehren kann, Kiepenhauer und Witsch, Köln.
- *Wochenschau* (2013), Rechtsextremismus, 64. Jg. Nr. 2, März/April 2013, Sek.I

Außerdem bietet ein eigener Abschnitt auf der Website der Bundeszentrale für politische Bildung „25 Argumente gegen rechtsextreme Vorurteile" (www.bpb.de/argumente) von Ausschwitzlüge, Ausländerkriminalität, Autobahn über Befreite Zonen, Überfremdung bis hin zu Zionismus.

„Die rechtsextremistische Musikszene ist nach wie vor von herausragender Bedeutung. In Liedtexten werden offen oder unterschwellig Feindbilder und Ideologiefragmente vermittelt. Die Musik ist geeignet, insbesondere Jugendliche an die rechtsextremistische Szene heranzuführen und an sie zu binden."

[Verfassungsschutzbericht 2012, S. 54]

Mit den Gefahren **rechtsextremer Musik**, die eine besondere Anziehungskraft auf Jugendliche ausübt, beschäftigt sich folgendes Unterrichtspaket:

- *Schellenberg, Britta* (2011), Unterrichtspaket Demokratie und Rechtsextremismus. Auseinandersetzung mit Rechtsextremismus anhand rechtsextremer Musik, Wochenschau Verlag, Schwalbach/Ts.
- Mit dem gleichen Thema beschäftigt sich auch www.deine-cd-gegen-rechts.de.

Rechtsextremismus im Web 2.0

T 66

TIPPS ZUM TUN

„Zentrales Medium zur Verbreitung rechtsextremistischer Propaganda bleibt das Internet, das einen kontinuierlichen Bedeutungszuwachs verzeichnet. Es dient auch als szeneinternes Kommunikationsmittel und zur Vernetzung."

[Verfassungsschutzbericht 2012, S. 54]

Rechtsextreme nutzen das Internet zur Verbreitung ihrer Ideologie und zur Rekrutierung neuer Anhänger. Dabei gehen sie mittlerweile teilweise recht subtil vor. Rechtsextreme Seiten und Profile in Online-Netzwerken sind nicht mehr ohne Weiteres auf den ersten Blick als solche erkennbar. Codes und Symbole verschleiern die Aussagen (siehe www.dasversteck-spiel.de). Häufig werden anschlussfähige Themen wie Kindesmissbrauch (Facebook) oder die Verbundenheit mit einer Stadt oder Region („identitäre Bewegung") als Köder benutzt. Jugendgerechte „Formate" wie nächtliche Fackelzüge („Werde unsterblich") oder rechte Modemarken („Thor Steinar") sprechen Jugendliche in der Phase der Identitätssuche an.

Stößt man in Sozialen Netzwerken wie Facebook auf rechtsextreme Inhalte, kann man die Seite melden und damit beim Betreiber beantragen, dass sie gelöscht wird. Rechtsextremen Kommentaren kann man eigene Kommentare entgegensetzen. Außerdem gibt es zentrale Online-Beschwerdestellen, bei denen man rechtsextreme Inhalte und Seiten melden kann. Eine davon, zugleich eine der besten Informationsquellen zum Thema, ist www.hass-im-netz.info, ein Dienst von www.jugendschutz.net. Weitere Websites sind:

- www.netz-gegen-nazis.de
- http://no-nazi.net
- www.amadeu-antonio-stiftung.de
- www.schule-ohne-rassismus.org

Eine besonders wichtige Informationsquelle für alle problematischen Themen und Inhalte im Web, so auch für das Thema Rechtsextremismus, bildet „Die EU-Initiative für mehr Sicherheit im Netz" klicksafe.de. Auf der Website www.klicksafe.de finden sich umfangreiche Informationen, außerdem kann man kostengünstig Publikationen bestellen, z. B. die Materialien für den Unterricht „Rechtsextremismus hat viele Gesichter. Wie man Rechtsextreme im Netz erkennt – und was man tun kann" (Startseite > Themen > Problematische Inhalte: Rechtsextremismus).

Das Beratungsnetzwerk gegen Rechtsextremismus „kompetent vor Ort" hat 2013 die Publikation „Rechtsextremismus im Internet und in sozialen Netzwerken. Basiswissen und Methoden" von Alexander Schell und Aytekin Celik veröffentlicht, die online kostenlos zur Verfügung steht: www.kompetentvorort.de > Informationen > Literatur.

Historischer Zugang

T 67

TIPPS ZUM TUN

Wir gehen davon aus, dass die Kenntnis des Nationalsozialismus und seiner Verbrechen zur Immunisierung gegen aktuelle Versuchungen des Rechtsextremismus beitragen kann. Entsprechende didaktische Ansätze können neben der Vermittlung von geschichtlichem Wissen auch Besuche von Museen, Gedenkstätten, die Spurensuche im eigenen Umfeld und Gespräche mit Zeitzeugen umfassen.

Einen Überblick über lebensweltliche Zugänge mittels Filmen und methodische Hilfen bietet das Heft „Sehen, Deuten, Handeln" der Amadeu-Antonio-Stiftung. Das Online-Angebot der Bundeszentrale für politische Bildung umfasst neben umfangreichen Themendossiers (www.bpb.de/geschichte/nationalsozialismus) und zahlreichen Publikationen zum Nationalsozialismus auch eine Datenbank zu Erinnerungsorten.

Auseinandersetzung mit dem Linksextremismus

T 68

TIPPS ZUM TUN

Die Konrad-Adenauer-Stiftung bietet folgende Publikation an: Lang, Jürgen P. (2012), Für eine bessere Welt? Linksextremistische Argumentationsmuster, Sankt Augustin / Berlin. Den Text gibt es auch online unter http://www.kas.de/wf/de/33.31312. Folgende Aussagen werden einer Prüfung unterzogen:

- „Der Kapitalismus ist an allem schuld."
- „Das System muss weg."
- „Frei ist nur, wer es sich leisten kann."
- „Geld ist genug da, es ist nur ungerecht verteilt."
- „Der bürgerliche Staat ist ein Instrument des Kapitals."
- „Die Demokratie ist nur von rechts bedroht."

- „Die DDR war ein legitimer Staat."
- „Krieg löst kein Problem."
- „Gewalt ist ein legitimes Mittel."

Museen, Ausstellungen und Erinnerungsorte zur Auseinandersetzung mit dem Linksextremismus sind nicht sehr zahlreich. Neben Ausstellungen zum Terror der RAF (z. B. www.raf-ausstellung.de) ist hier die Gedenkstätte im ehemaligen Stasi-Gefängnis Berlin-Hohenschönhausen zu nennen. Sie möchte dazu anregen, sich nicht nur mit Stasi und DDR, sondern auch mit neuen Formen des Linksextremismus auseinanderzusetzen: www.stiftung-hsh.de.

Zum Weiterlesen:

Backes, Uwe / Gallus, Alexander / Jesse, Eckhard (Hrsg.) (2013), Jahrbuch Extremismus &
    Demokratie, Nomos, Baden-Baden (erscheint jährlich seit 1989).

Zum Vertiefen:

(siehe die Literaturangaben bei den Tipps zum Tun)

Zum Surfen:

Online-Dossier „Extremismus" auf der Website der Bundeszentrale für politische Bildung
    mit Abschnitten zum Rechtsextremismus, Linksextremismus, Islamismus und Anti-
    semitismus: www.bpb.de/politik/extremismus.

11. Mit Verwaltungsbehörden umgehen:

Bürger und Bürokratie als Partner

Der Genehmigungsantrag. In:
Beamticon: der Beamte in der
Karikatur, hrsg. von Peter Doll.
Herford 1988, S. 33

„Wir brauchen Büro-
kratien, um unsere
Probleme zu lösen.
Aber wenn wir sie
haben, hindern sie
uns, das zu tun, wofür
wir sie brauchen."

*Ralf Dahrendorf
(1929-2009),
Soziologe*

Kurzübersicht

Während sich die Bürgerinnen frei entscheiden können, ob sie zum Wählen gehen oder in eine Partei eintreten, kommen sie auf jeden Fall mit Verwaltungsbehörden in Berührung, um ihr alltägliches Leben bewältigen zu können. Deshalb ist es notwendig, dass sie nicht nur Aufgaben, Befugnisse und Verfahrensweisen der Verwaltung kennen, sondern auch wissen, wie sie mit Behörden umgehen können und sollen, und nicht zuletzt, wie sie sich gegen deren Entscheidungen und Maßnahmen wehren können. Bei Verwaltungsentscheidungen, die mehrere Personen betreffen, ist zu überlegen, ob nicht ein gemeinsames Vorgehen sinnvoll sein könnte, z. B. an die Öffentlichkeit zu gehen (Baustein 4) oder eine Bürgerinitiative zu starten (Baustein 9).

11.1 Bürger in einer verwalteten Welt

Allgegenwart der
Verwaltung

„Was nicht in den
Akten ist, ist nicht
in der Welt."

Sprichwort

„Von der Wiege bis zur Bahre: Formulare, Formulare." Dieser Spruch macht deutlich, dass es Bürger während ihres ganzen Lebens mit Verwaltungsvorgängen zu tun haben, die oft mit dem Ausfüllen von Formularen verbunden sind. Allerdings bleibt die Bürokratie nicht nur auf den staatlichen Bereich beschränkt: Wir finden sie genauso in Unternehmen, Versicherungen, Banken und Großorganisationen wie z. B. Verbänden. Der Soziologe Theodor W. Adorno sprach von einer verwalteten Welt.

Bürokratie

Das Wort Bürokratie (d. h. „Schreibtischherrschaft") entstand in der Mitte des 18. Jahrhunderts zunächst als Schimpfwort und Spottbezeichnung. Im positiven Sinne bedeutet Bürokratie eine fortgesetzte, planmäßige, formal geregelte Tätigkeit in Großorganisationen und Institutionen.

„Der Bürger stöhnt
zwar über die All-
macht der Bürokratie,
ohne die er aber in
einer modernen,
arbeitsteiligen,
industriellen Mas-
sengesellschaft nicht
existieren kann."

*Theodor Eschenburg
(1904-1999), Politik-
wissenschaftler*

Bürokratie wird meistens negativ bewertet. Als „bürokratisch" wird vor allem die engstirnige, streng formalisierte, die Wirklichkeit zu wenig beachtende Erledigung von persönlichen und gesellschaftlichen Angelegenheiten bezeichnet. Die einzelne Bürgerin erlebt den Staat mehr oder weniger als Verwaltung. Dabei sind die Verwaltungstätigkeiten sehr unterschiedlich, wie z. B. Ausstellung eines Personalausweises, Gaststättenerlaubnis, Steuerbescheid, Auszahlung der Sozialhilfe, Baugenehmigung. Die Verwaltung stellt die zentrale Tätigkeit des modernen Staates dar. „Herrschaft im Alltag ist primär Verwaltung", wie der Soziologe Max Weber formuliert hat. Sie ist der Politik, den Parlamenten und Regierungen auf den verschiedenen Ebenen sowie der Rechtsprechung untergeordnet. Allerdings wird nicht selten auf die Gefahr der Verwaltungsallmacht hingewiesen. Man spricht von einem Verwaltungsstaat.

Öffentliche bzw. staatliche Verwaltung

Staatliche Verwaltung erbringt öffentliche Dienstleistungen aller Art; sie bereitet die von den Parlamenten und Regierungen festzulegenden politischen Zielsetzungen vor, gestaltet sie und führt sie aus. Verwaltung wurde daher auch als „arbeitender Staat" oder die „organisierende Arbeit des Staates" (Lorenz vom Stein) bezeichnet.

Mit „Spott, Angst und Vertrauen" hat ein Verwaltungswissenschaftler die unterschiedlichen Haltungen der Bürgerinnen gegenüber der staatlichen Verwaltung charakterisiert. Gespottet wird über die zum Teil umständlichen Verfahren; Angst erzeugen die oft komplizierten rechtlichen Bestimmungen. Vor allem die Tatsache, dass die Verwaltungsverfahren in der Regel schriftlich durchgeführt werden, stößt auf Misstrauen, wenn nicht sogar auf Ablehnung. Einerseits haben wir Angst, uns durch eine schriftliche Erklärung, die dazu noch in den Akten aufbewahrt wird, endgültig festzulegen, andererseits gibt uns die Schriftlichkeit des Verfahrens eine gewisse Sicherheit, die uns vor willkürlichen Änderungen bewahrt. Trotz dieser Bedenken gibt es in der Bevölkerung auch viel Vertrauen, dass es die Verwaltung schon richtig macht. Die Bürger fühlen sich der Verwaltung nicht mehr so ausgeliefert wie früher. Rund zwei Drittel der Bevölkerung sind der Meinung, dass man sich mit staatlichen Verwaltungsbehörden anlegen soll und kann, wenn man sich im Recht fühlt.

Einstellungen gegenüber der Verwaltung

Karikatur: Machard

Professionelle Vertretung der Bürger gegenüber der staatlichen Verwaltung und ihre Folgen

„Schließlich verkehrt man, sobald es um wichtige Fragen geht, tunlichst durch professionelle Vermittler mit dem Staat. Über Berufsverbände und Gewerkschaften, Automobil
, Bürgerinitiativen, Mieter- und Hausbesitzerverband erfährt man von konkreten Rechtsvorschriften, durch sie lässt man Musterprozesse führen. Der private Bauherr führt den Behördenkrieg durch den Architekten, ein großer Teil der Einkommenssteuerverpflichteten bedient sich der Hilfe von Steuerberatern und Lohnsteuervereinen. Indem die Bürger auf diese Weise die hohen Informations- und Zeitkosten sowie die Prozessrisiken, die ihnen das komplexe Rechts- und Behördensystem der Bundesrepublik aufbürdet, durch Finanzierung von Organisationen und professionellen Vertretern tragbar gestalten, entzünden sich hier weniger Reibungsflächen zwischen Bürger und Staat als auf den ersten Blick zu erwarten. Zugleich kann sich daher umso ungestörter die Eigendynamik einer Regelungstechnik entfalten, die über Verständnis und Zugriffsmöglichkeiten des Durchschnittsbürgers hinausgeht. Bemühungen um Vereinfachungen und Deregulierungen haben bisher nur begrenzte Effekte gezeigt."

[Wolfgang Rudzio (2011), Das politische System der Bundesrepublik Deutschland, 8. Aufl., VS Verlag für Sozialwissenschaften, Wiesbaden, S. 394]

„Ein Formular ist, neben dem Schalter, das wirksamste Mittel, dem Bürger Respekt einzuflößen."

Werner Finck (1902-1978), Schauspieler und Kabarettist

Aufgabenbereiche der Verwaltung

Wir kommen der Bedeutung der Verwaltung, die auch Öffentlicher Dienst genannt wird, näher, wenn wir ihre Aufgaben beschreiben. Man kann folgende Bereiche unterscheiden

- *Ordnungsverwaltung:* Sie soll die innere und äußere Ordnung gewährleisten (z.B die Anordnung eines bestimmten Verhaltens im Straßenverkehr, Feststellung von Personalien, Ausstellung von Pässen und Visa, Erhebung von Zollgebühren).
- *Leistungsverwaltung,* z.B. Sicherstellung der Wohlfahrt des Einzelnen und der Allgemeinheit durch Gesundheitsvorsorge wie Impfung, Umweltschutzvorschriften, Hilfen für Bedürftige, kulturelle Förderungen.
- *Planende Verwaltung:* Sie arbeitet den politischen Führungsspitzen durch Informationen und Planungen (z.B. Raum-, Bildungs-, Finanzplanung) zu.
- *Verwaltungspersonal:* Die besondere Verantwortung der Angehörigen des öffentlichen Dienstes wird im Grundgesetz hervorgehoben.

GG Art. 33 (Öffentlicher Dienst, Berufsbeamtentum)

(4) Die Ausübung hoheitsrechtlicher Befugnisse ist als ständige Aufgabe in der Regel Angehörigen des öffentlichen Dienstes zu übertragen, die in einem öffentlich-rechtlichen Dienst- und Treueverhältnis stehen.

(5) Das Recht des öffentlichen Dienstes ist unter Berücksichtigung der hergebrachten Grundsätze des Berufsbeamtentums zu regeln und fortzuentwickeln.

Der öffentliche Dienst besteht in Deutschland aus drei Gruppen: den Arbeitern, Angestellten und Beamten. Den Letzteren sollen vor allem hoheitsrechtliche Aufgaben vorbehalten bleiben. Zu den „hergebrachten Grundsätzen des Berufsbeamtentums" (Art. 33 GG) rechnet man u.A. fachliche Vorbildung, hauptberufliche Tätigkeit, lebenslange Anstellung, Pflicht, Treue und Gehorsam gegenüber dem Dienstherrn und nicht zuletzt überparteiliche Amtsführung. Nach § 52 des Beamtengesetzes hat „der Beamte dem ganzen Volk, nicht einer Partei zu dienen. Er hat seine Aufgaben unparteiisch und gerecht zu erfüllen." Die Unabhängigkeit des Beamten wurde auch dadurch gesichert, dass er auf Lebenszeit ernannt wird, d.h. nur aufgrund eines Gerichtsurteils vor Erreichen der Altersgrenze entlassen werden kann, und dass er nach seiner Dienstzeit Anspruch

> „Die Vollbeschäftigung bei Behörden ist immer garantiert, denn Beamte schaffen sich gegenseitig so viel Arbeit, dass sie ständig genug zu tun haben."
>
> *Cyril Northcote Parkinson (1909-1993), Historiker und Publizist*

Berufsbeamtentum

Karikatur: Karl-Heinz Schoenfeld

auf Pension hat. Der Anteil der Beamten im über zwei Millionen Personen umfassenden öffentlichen Dienst beträgt etwa 35%. Es wird allerdings diskutiert, ob viele Aufgaben in der Verwaltung nicht auch von Angestellten erledigt werden könnten. So ist umstritten, ob das Lehramt an Schulen eine „hoheitliche Aufgabe" darstellt, die einen Beamtenstatus rechtfertigt. Weiterhin wird überlegt, wie man die Arbeitseffektivität der Verwaltung verbessern und die Kostenbelastung durch den öffentlichen Dienst (z.B. Pensionszahlungen) senken kann.

Im Grundgesetz heißt es seit 1994 in Art. 3 Abs. 2: „Der Staat fördert die tatsächliche Durchsetzung der Gleichberechtigung von Frauen und Männern und wirkt auf die Beseitigung bestehender Nachteile hin." Die-

Gleichstellung der Frauen

„Frauen müssen lernen, dass man die Macht nicht geschenkt bekommt. Man nimmt sie sich einfach."

Roseanne Barr (*1952), Schauspielerin

se Gleichberechtigung ist bisher nicht nur in der Gesellschaft allgemein, sondern auch im öffentlichen Dienst noch nicht erreicht worden. Die Statistik zeigt, dass Frauen im öffentlichen Dienst, vor allem in höheren Positionen, unterrepräsentiert sind.

Die Situation der Frauen soll unter anderem durch folgende Maßnahmen verbessert werden:

Fördermaßnahmen

- Frauenministerien auf Bundes- und Landesebene;
- Gleichberechtigungsgesetze;
- Frauenförderpläne, die z. B. folgende verbindliche Zielvorgaben haben:
  - den Frauenanteil in der Verwaltung zu erhöhen;
  - die Vereinbarkeit von Familie und Beruf durch Teilzeitarbeit, flexible Arbeitszeiten und Beurlaubung zu erleichtern sowie den beruflichen Wiedereinstieg und Fortbildungsmaßnahmen zu ermöglichen.

„Eine Frau wird an dem Tage dem Mann wirklich gleichberechtigt sein, an dem man auf einen bedeutenden Posten eine inkompetente Frau beruft."

Françoise Giroud (1916-2003), Schriftstellerin und Politikerin

In den meisten Kommunalverwaltungen gibt es inzwischen Frauenbeauftragte oder Gleichstellungsstellen. Sie bilden zum einen eine Anlaufstelle für die in der Verwaltung Beschäftigten, zum anderen informieren und beraten sie alle Bürgerinnen und Bürger bei Frauen- und Familienproblemen. Allerdings sind Kompetenzen, organisatorische Zuordnungen, finanzielle und personelle Ausstattungen innerhalb der Verwaltungen sehr unterschiedlich geregelt.

Gleichstellungsbeauftragte

Grundsätze zur Errichtung von Frauenbeauftragtenstellen

Oberste Maxime bei der Einrichtung von Frauenbeauftragtenstellen sollte sein:
- klarer Status
- klare Aufgaben
- klare Kompetenzen

Organisation/Ansiedlung:
- Enge Anbindung an das politische System, da es nicht vorrangig um die Erfüllung von Verwaltungsaufgaben geht.
- Einrichtung eines Frauenamtes, zumindest aber einer Stabsstelle bei der/dem Oberverwaltungsbeamtin/en.
- Ansiedlung und Eingruppierung der Frauenbeauftragten auf der Führungsebene (der Status entscheidet mit über Einflussmöglichkeiten).

Ausstattung:
- ausreichende personelle Besetzung
- eigenständiger Etat

Kompetenzen:
- Befugnisse mit tatsächlichen Kontrollfunktionen:

- Mitwirkungs- und Mitzeichnungsrecht bei Verwaltungs-, Kommu-
nalparlaments- und Ausschussvorlagen;
- Vetorecht;
- Informations- und Akteneinsichtsrecht;
- Rede- und Antragsrecht in allen Gremien des Kommunalparlaments;
- Recht zur eigenen Stellungnahme
- Mitwirkungs- und Mitentscheidungsrecht bei Personalentschei-
dungen.
- Weisungsunabhängigkeit von Gemeinderat und Verwaltungsspitze;
- eigenständige Öffentlichkeitsarbeit.

[Silvia Payer (1995), Der lange Weg zur Gleichberechtigung;
in: Handbuch Kommunale Politik, Stuttgart, II/Heft 14.1, S. 16]

11.2 Aufbau und Prinzipien der Verwaltung in Deutschland

Als föderaler Staat hat die Bundesrepublik keine Einheitsverwaltung; ihre
Verwaltung ist vielmehr auf drei Ebenen verteilt: Bundes-, Landes- und
Gemeindebehörden. Für die Bürgerin ist dieses System zum Teil schwer
zu durchschauen. Am meisten kommt sie mit den Kommunalbehörden
(Gemeinden und Landkreis) in Berührung, denen nach dem Grundgesetz
das Recht auf Selbstverwaltung garantiert ist:

GG Art. 28 Abs. 2

Den Gemeinden muss das Recht gewährleistet sein, alle Angelegenheiten der örtlichen Gemeinschaft im Rahmen der Gesetze in eigener
Verantwortung zu regeln.

Das Prinzip der „Allzuständigkeit" der Gemeinden ist durch viele Bundes-
und Landesgesetze eingeschränkt. Zu den kommunalen Aufgaben gehören u. a. die Bauleitplanung, Wasserversorgung, Abfallbeseitigung und
kulturelle Einrichtungen. Allerdings sind den Gemeinden von der Bundesebene Aufgaben übertragen worden (Auftragsangelegenheiten), die für
den Alltag der Bürgerin sehr wichtig sind. Darunter fällt etwa das Melde-
und Passwesen, also z. B. die Anmeldung von Geburten und Todesfällen
oder die Ausstellung von Personalausweisen und Pässen. Die folgenden
Übersichten zeigen die Fülle der Verwaltungsaufgaben der Gemeinden.

*Allzuständigkeit
der Gemeinden*

„Geht dir Rat aus,
geh aufs Rathaus."

*Inschrift am Frank-
furter Rathaus, dem
„Römer"*

Ein Teil der Gemeinden hat inzwischen alle Aufgaben, die den Bürger direkt
betreffen, in so genannten Bürgerämtern zusammengefasst. Alle Gemein-
deverwaltungen unterhalten Informationsstellen, bei denen Bürgerinnen
erfahren, an wen in der Verwaltung sie sich wenden können. Dazu kommen

*Bürgerämter /
Bürgerbüros*

zum Teil noch ehrenamtliche „Bürgerbüros", die den Einzelnen bei vielen Alltagsproblemen unterstützen, so auch beim Kontakt mit der Verwaltung.

Beispiel für eine Organisationsübersicht für Stadtverwaltungen

Chef der Verwaltung: Bürgermeister oder Stadtdirektor

1 Allgemeine Verwaltung	**6 Bauverwaltung**
10 Hauptamt	60 Bauverwaltungsamt
11 Personalamt	61 Stadtplanungsamt
12 Statistisches Amt	62 Vermessungs- und Katasteramt
13 Presseamt	63 Bauordnungsamt
14 Rechnungsprüfungsamt	64 Amt für Wohnungswesen
2 Finanzverwaltung	65 Hochbauamt
20 Stadtkämmerei	66 Tiefbauamt
21 Stadtkasse	67 Garten- und Friedhofsamt
22 Stadtsteueramt	**7 Verwaltung für öffentliche Einrichtungen**
23 Liegenschaftsamt	
24 Amt für Versicherungslasten	70 Stadtreinigungsamt
3 Rechts-, Sicherheits- und Ordnungsverwaltung	71 Schlacht- und Viehhof
	72 Marktamt
30 Rechtsamt	73 Leihamt
32 Amt für öffentliche Ordnung	74 Bäderamt
33 Einwohnermeldeamt	**8 Verwaltung für Wirtschaft und Verkehr**
34 Standesamt	
35 Versicherungsamt	80 Amt für Wirtschafts- und Verkehrsordnung
36 Feuerwehr	
37 Amt für Zivilschutz	81 Eigenbetriebe
4 Schul- und Kulturverwaltung	82 Forstamt
40 Schulverwaltungsamt	
41 Kulturamt	
5 Sozial- und Gesundheitsverwaltung	
50 Sozialamt	
51 Jugendamt	
52 Sportamt	
53 Gesundheitsamt	
54 Amt für Krankenanstalten	[Wolfgang Gisevius (1994), Leitfaden durch die Kommunalpolitik, Bonn, S. 55]
55 Ausgleichsamt	

Gemeindeaufgaben von A-Z

A	M
Abbruch von Gebäuden	Müllabfuhr
Abwasserbeseitigung	**N**
Altenbetreuung	Namensänderungen
An-/Ab- und Ummeldungen	Naturschutz
Aufgebot	**O**
Ausländerangelegenheiten	Obdachlose
B	Öffentlichkeitsarbeit
Baugenehmigungen	**P**
Beglaubigungen	Pachtwesen
Bestattungswesen	Passangelegenheiten
E	Personalausweise
Eheschließung	Polizeiliche Führungszeugnisse
Einbürgerungen	**R**
Entwässerung	Rentenanträge
F	Rentenversicherung
Fahrausweise für Schüler	**S**
Führungszeugnis	Schulangelegenheiten
Fundbüro	Sozialer Wohnungsbau
G	Sozialhilfe
Geburtenanmeldung	Sozialversicherung
Gewerbegenehmigungen	Spendenbescheinigungen
Grundstücksverwaltung	Sperrmüllabfuhr
H	Sportanlagen (Verwaltung)
Haushaltsbescheinigung für Kindergeld	Sportliche Ehrungen
	Sportförderung
Heizungsbeihilfen	**U**
Hundesteuer	Unterschriftsbeglaubigungen
K	**V**
Kinderausweise	Verkehrsplanung
Kindergärten	Versicherungskarten
L	**W**
Lärmbekämpfung	Wohngeld

Bundesländer als wichtigste Verwaltungsebene

Die Landesverwaltung führt die Gesetze aus, die im eigenen Landesparlament beschlossen werden. Der große Verwaltungs- und Personalaufwand der Bundesländer ergibt sich vor allem aus deren Zuständigkeit für die Bildungspolitik, also Schulen und Hochschulen, und für Justiz und innere Sicherheit (z. B. Polizei). Der Bund, der im Vergleich zu den Ländern mit einem relativ kleinen Verwaltungsapparat ausgestattet ist, kann die Länder auch beauftragen, bestimmte Aufgaben für ihn zu erfüllen. So wird z. B. der Bau von Autobahnen durch das Bundesministerium für Verkehr in Zusammenarbeit mit dem Land geplant, durch das die Autobahn führen soll. Das Bundesland erhält den Auftrag, die Durchführung der Bauarbeiten zu verwalten.

Verwaltung auf Bundesebene

Da die Bundesebene einen Teil ihrer Aufgaben an die Bundesländer und Gemeinden delegiert, ist sie, was die Verwaltung betrifft, weitgehend ohne Unterbau. Nur die Bundesministerien für Verteidigung und für Finanzen haben auf der Landes- und Gemeindeebene eigene Verwaltungen. In diesem Zusammenhang ist zu bemerken, dass der Bund die ursprünglich zur bundeseigenen Verwaltung gehörenden Bereiche Post und Bundesbahn zum großen Teil privatisiert hat.

europäische Ebene

Noch weniger Verwaltung gibt es auf europäischer Ebene. Die Rechtsakte der Europäischen Union werden in der Regel von den Verwaltungen der Mitgliedstaaten umgesetzt, in Deutschland also vor allem durch die Länder und Kommunen. Für hochspezialisierte Bereiche wurden unabhängige Behörden – wie etwa die EFSA (= European Food Safety Authority) für die Lebens- und Futtermittelsicherheit – oder Agenturen eingerichtet, beispielsweise ECHA (European Chemicals Agency), die technische, wissenschaftliche und administrative Aspekte bei der Registrierung, Bewertung und Zulassung von Chemikalien regelt.

Verwaltungsprinzipien

Verwaltungsvorgänge werden für den Bürger immer komplizierter. Um sie etwas durchschaubarer zu machen, erläutern wir einige wichtige Grundsätze, nach denen staatliche Verwaltungen funktionieren.

§ 35 Verwaltungsverfahrensgesetz

„Verwaltungsakt ist jede Verfügung, Entscheidung oder andere hoheitliche Maßnahme, die eine Behörde zur Regelung eines Einzelfalls auf dem Gebiet des öffentlichen Rechts trifft und die auf unmittelbare Rechtswirkung nach außen gerichtet ist."

Beispiele für Verwaltungsakte

Der Verwaltungsakt ist ein rechtlicher Begriff, der sich als solcher in behördlichen Schreiben nicht findet. Dort tritt er unter verschiedenen Bezeichnungen auf, z. B. als Bescheid, Genehmigung, Beschluss, Regelung,

Erlaubnis, Befreiung (z. B. Baugenehmigung, Bescheid über Sozialhilfe für eine Person, Steuerbescheid). Er ist also zu unterscheiden von einem Gesetz oder einer Verordnung, die nicht einen Einzelfall behandeln, sondern möglichst alle künftigen Fälle verbindlich regeln wollen.

Im Gegensatz zum Privatrecht, das die Beziehungen zwischen Bürgern regelt, die sich normalerweise gleichberechtigt gegenüberstehen, umfasst das öffentliche Recht alle Rechtsbeziehungen, die auf den Staat oder andere mit hoheitlicher Gewalt ausgestattete Stellen hin ausgerichtet sind. Während ein Bürger in privatrechtlichen Streitigkeiten seinen Anspruch gegenüber einem anderen nur mithilfe von Gerichten durchsetzen kann, stellt der Verwaltungsakt eine für die Bürgerin unmittelbar verbindliche Regelung dar. Allerdings gibt es für sie mehrere Möglichkeiten, sich dagegen zur Wehr zu setzen (siehe Tipps zum Tun).

Für die Bürger ist es oft schwer zu verstehen, dass bestimmte Behörden nur für bestimmte Fragen zuständig sind und dass sie oft nicht selbständig entscheiden können, sondern bei der Leitung eines Amtes oder bei der übergeordneten Behörde nachfragen müssen. Die einzelnen Behörden sind an festgelegte Zuständigkeiten gebunden und dürfen nur innerhalb ihrer Zuständigkeit handeln. Durch diese Regelung werden Doppelarbeit und Abstimmungsschwierigkeiten vermieden. Dies ist auch im Interesse der Bürger, die dann wissen, wer jeweils zu entscheiden hat. Auch innerhalb der Behörde sind die Entscheidungsbefugnisse einigermaßen klar geregelt. Für den Innenbereich gibt es eigene Verwaltungsvorschriften. Die letzte Weisungsbefugnis liegt in der Regel beim Behördenvorstand, der die Behörde nach außen vertritt und an dessen Weisungen sich alle Bediensteten halten müssen.

Zuständigkeit und Hierarchie

Der Verwaltung wird oft vorgeworfen, sie sei unbeweglich. Dieser zum Teil berechtigte Vorwurf ist daraus zu erklären, dass die Behörden nicht frei oder gar spontan entscheiden können. Die öffentliche Verwaltung ist an Recht und Gesetz gebunden. Nach dem Prinzip der Gesetzmäßigkeit der Verwaltung darf die Verwaltung erstens nicht gegen bestehende Gesetze verstoßen *(Vorrang des Gesetzes)*, zweitens benötigt die Verwaltung für den Eingriff in Belange der einzelnen Bürgerin eine gesetzliche Grundlage *(Vorbehalt des Gesetzes)*. Ein Bescheid einer Verwaltung z. B. über ein Bußgeld oder über die Ablehnung eines Antrags muss daher in der Regel einen Hinweis enthalten, in dem das Gesetz (bzw. die Rechtsverordnung), auf dem die Entscheidung beruht, mit Angabe der entsprechenden Paragraphen genannt wird.

Gesetzmäßigkeit der Verwaltung

Karikatur: Ben

Durch den Vorbehalt des Gesetzes wird deutlich, dass eine Behörde ohne gesetzliche Grundlage überhaupt nicht handeln kann. Durch den Vorrang des Gesetzes wird das Verwaltungshandeln selbst an Recht und Gesetz gebunden. Da für die Gesetze letztlich das Parlament zuständig ist, wird durch die genannten Prinzipien auch herausgestellt, dass die Verwaltung der Kontrolle durch das Parlament unterworfen ist. Die Gesetzesbindung der Verwaltung spielt auch im Verhältnis der Verwaltung zur Judikative eine Rolle. Die Verwaltungsgerichte können entscheiden, ob die Verwaltung im Einzelfall rechtmäßig gehandelt hat.

Ermessensspielraum   Da die Gesetze nicht jeden Einzelfall genau regeln können, wird der Behörde ein Ermessen eingeräumt. Eine Behörde kann z. B. entscheiden, ob eine Demonstration stattfinden darf oder nicht, wenn die Gefahr von Ausschreitungen besteht. Allerdings muss bei dieser Ermessensausübung das Prinzip der Verhältnismäßigkeit berücksichtigt werden. Ein Verbot einer Demonstration auf dem Marktplatz eines Ortes wäre wohl nicht gerechtfertigt, nur weil sich einige Anwohner in ihrer Ruhe gestört fühlen.

Allgemeine Ratschläge zum Umgang mit der Verwaltung

T 69

- Der Staat und seine Bediensteten sind für den Bürger da.
- Beamte haben auch Nerven, Vorgesetzte und eine oft schwierige Kundschaft.
- Formulare richtig auszufüllen, erfordert oft Fachwissen. Wenn Freunde nicht helfen können, gehen Sie – gut vorbereitet – in die Sprechstunde des Sachbearbeiters.
- Sachbearbeiter müssen Auskünfte erteilen und Sie beraten.
- Freundlichkeit hilft meistens weiter – notfalls aber auch eine Dienstaufsichtsbeschwerde.
- Vieles lässt sich telefonisch klären – merken Sie sich Namen und Telefonnummer Ihres Sachbearbeiters.
- Beantworten Sie Rückfragen zügig, sonst wandert Ihr Fall schnell ins unterste Fach, wo er erst einmal liegen bleibt.
- Staatsbedienstete haben auch Feierabend – kommen Sie nicht auf die letzte Minute.
- Wenn Sie – warum auch immer – auf eine Behörde wütend sind, überschlafen Sie den Antwortbrief. Beleidigungen helfen nicht weiter.
- Wenn alle Hilfsmöglichkeiten und vor allem der Rechtsweg erschöpft sind, bleibt als letzter Ausweg der Petitionsausschuss des Deutschen Bundestages, Ihres Landtages oder des Europäischen Parlaments (vgl. Tipps 6 und 7).

[nach: PZ, Wir in Europa, Nr. 79/1994]

> „Die Aktennotiz ist die Waffe des kleinen Mannes."
>
> *Konrad Adenauer (1876-1967), Bundeskanzler 1949-1963*

Professionelle Hilfe im Umgang mit der Verwaltung

T 70

Überlegen Sie, ob Sie professionelle Hilfe durch Vereine und Verbände, wie z.B. Grund- und Hausbesitzerverein, Mieterverbände, Automobilverbände, oder durch Experten wie Architekten oder Rechtsanwälte in Anspruch nehmen können. Überprüfen Sie Ihre Versicherungen, ob sie für den betreffenden Vorgang einen Versicherungsschutz genießen und daher kostenlos juristische Hilfe in Anspruch nehmen können.

T 71

Worauf Sie achten sollten, wenn Sie ein Schreiben von einer Behörde erhalten

Diese Liste kann nur Anhaltspunkte geben und nicht alle Fälle und Situationen abdecken.

Genau prüfen, worum es geht

- Lesen Sie das Schreiben unbedingt gründlich und achten Sie genau darauf, was die betreffende Behörde von Ihnen will.
- Wenn Sie einen Antrag gestellt haben und dieser abgelehnt wurde, stellen Sie fest, ob die Behörde vom richtigen Sachverhalt ausgegangen ist und ob Sie über genügend Argumente verfügen, die Sie im Rahmen eines Widerspruchs ins Feld führen könnten (siehe unten).

Unbedingt reagieren!

- Auch wenn ein Schreiben für Sie überraschend kommt, müssen Sie unbedingt reagieren und sich zumindest mit der Behörde in Verbindung setzen. Das gilt besonders für Zahlungsaufforderungen; sonst drohen bei Nichtzahlungen Mahnungen, Vollstreckungsmaßnahmen und zusätzliche Kosten.
- Verstehen Sie etwas nicht oder haben Sie noch Fragen, sprechen Sie persönlich oder telefonisch bei der Behörde vor (siehe unten).

Fristen beachten!

- Beachten Sie den Zeitpunkt, zu dem das Schreiben eingegangen ist, und welche Fristen für einen Widerspruch oder Einspruch vorgesehen sind. Wenn Sie diese nicht einhalten, so geht dies zu Ihren Lasten.

Rechtsmittelbelehrung lesen

- Fast alle behördlichen Schreiben enthalten eine Rechtsmittelbelehrung, die Sie sich genau durchlesen sollten. Überlegen Sie dann, wie Sie vorgehen wollen, und lesen Sie dazu die weiteren Tipps zum Tun in diesem Abschnitt durch.
- Prüfen Sie vor allem, ob Ihr möglicher Widerspruch auch aufschiebende Wirkung hat.
- Achten Sie auf die ordnungsgemäße Einlegung Ihres Widerspruchs.

Entschädigungsansprüche?

- Stehen Ihnen eventuell Entschädigungsansprüche zu?
- Haben Sie das Gefühl, die Behörde habe gegen die Amtspflichten verstoßen oder Entschädigungsansprüche können in Betracht kommen, sollten Sie einen Rechtsanwalt konsultieren (siehe unten).

[zusammengestellt nach Thomas Dahmen (1993), Bürger und Behörden, Köln, S. 162 ff.]

Fragen kostet nichts – Behörden müssen dem Bürger helfen

Wenn ich ein Anliegen gegenüber einer Behörde habe, ist es zunächst notwendig zu wissen, an wen ich mich wenden muss. Jedes Amt hat eine Stelle oder eine beauftragte Person, die dem Bürger entsprechende Auskünfte gibt. Die Behörden sind verpflichtet, den Bürger beim Umgang mit der Verwaltung mit Rat und Tat zu unterstützen.

Verwaltungsverfahrensgesetz § 25

Die Behörde soll die Abgabe von Erklärungen, die Stellung von Anträgen oder die Berichtigung von Erklärungen oder Anträgen anregen, wenn diese offensichtlich nur versehentlich oder aus Unkenntnis unterblieben oder unrichtig abgegeben oder gestellt worden sind. Sie erteilt, soweit erforderlich, Auskunft über die den Beteiligten im Verwaltungsverfahren zustehenden Rechte und die ihnen obliegenden Pflichten.

Es kann daher durchaus sinnvoll sein, bevor ich einen Antrag bei einer Behörde stelle, dort zunächst mündliche Erkundigungen einzuholen oder einen schon geschriebenen Antrag persönlich beizubringen. Dies gilt z. B. auch für die Abgabe von Steuererklärungen. Der entsprechende Beamte ist verpflichtet, auf mögliche Fehler, aber auch auf mögliche Steuervergünstigungen aufmerksam zu machen.

Wie schreibe ich einer Behörde?

Es gibt, wie wir gesehen haben, viele verschiedene Anlässe, sich an Behörden zu wenden. Sie können beispielsweise in einem Gesuch etwas beantragen oder Widerspruch gegen eine Verwaltungsentscheidung einlegen. Immer ist entscheidend, dass Sie vorher Zuständigkeit und Rechtslage erkunden. Alle größeren Behörden haben Stellen, die entsprechende Auskünfte geben. Außerdem ist es sinnvoll, sich schon vorher zu erkundigen, welche Gesetze und Richtlinien für Ihr Anliegen von Bedeutung sind. Das Schreiben enthält in der Regel folgende Teile:

- Name und Anschrift des Absenders, Ort und Datum;
- Anschrift der Behörde;
- Betreff: Stichwortartige Angabe des Anliegens – falls Sie sich auf ein Schreiben einer Behörde beziehen, geben Sie hier auch das Zeichen des Behördenschreibens an;
- Anrede;

Auf die Form kommt es an

- Gesuch, Beschwerde, Widerspruch usw. mit entsprechenden Begründungen;
- Grußformel und Unterschrift;
- Anlagevermerk – er ermöglicht ein rasches Überprüfen der einem Schreiben beigefügten Unterlagen;
- Kopie für Ihre Unterlagen.

Recht auf Akteneinsicht

T 74

TIPPS ZUM TUN

Jede Behörde ist nach § 29 des Verwaltungsverfahrensgesetzes verpflichtet, Bürgern Einsicht in die ihr Verfahren betreffende Akte zu gewähren. Das gilt aber nur, insoweit Sie diese kennen müssen, um Ihre Interessen wirksam zu vertreten. Die Behörde kann diese Akteneinsicht verweigern, etwa wenn die Geheimhaltungspflicht aus öffentlichem oder privatem Interesse Vorrang hat.

Gleichstellungsstelle, Frauenbeauftragte oder Frauenbüros als Anlaufstelle für die speziellen Anliegen der Frauen nutzen

T 75

TIPPS ZUM TUN

Durch die Gleichstellungsstellen und Frauenbeauftragten in den verschiedenen Bereichen der Verwaltung, vor allem bei der Gemeinde und beim Landkreis, erhalten die Frauen wichtige Informationen über alle sie betreffenden Fragen wie z. B. Probleme im Erwerbsleben und in der Familie, Kinderbetreuungseinrichtungen, Mutterschutz und Erziehungsgeld, Wiedereinstieg in den Beruf, Scheidung und Trennung, Wohnungsprobleme. Auch wenn die Frauenbeauftragte in vielen Fällen mangels Kompetenzen nicht selbst helfen kann, so wird sie in jedem Fall wissen, in welcher Form man sich an welche Stelle wenden muss. Nicht zuletzt kennt sie die Frauenorganisationen und Frauenprojekte am Ort und kann durch entsprechende Hinweise weiterhelfen.

Gegenvorstellung, Aufsichtsbeschwerde, Petition – sich mit formlosen Rechtsbehelfen gegenüber der Verwaltung Gehör verschaffen

T 76

TIPPS ZUM TUN

Wer von einer behördlichen Maßnahme betroffen ist, kann sich dagegen mit einem Rechtsbehelf zur Wehr setzen. Zu den formlosen Rechtsbehelfen zählen:

- die *Gegenvorstellung*, die auf vermeintliche Fehler in einem Verwaltungsakt hinweist und die Behörde zu einem bestimmten Verhalten bewegen, aber nicht zwingen will,
- die *Petition*, d.h. die „Bitte oder Beschwerde", die nach Art. 17 des Grundgesetzes jedem Bürger offensteht (siehe Tipp 6).

Bei der *Aufsichtsbeschwerde* unterscheidet man Fachaufsichts- und Dienstaufsichtsbeschwerde. Bei der Fachaufsichtsbeschwerde wendet man sich an die übergeordnete, d.h. die Aufsichtsbehörde, mit dem Ziel, die Maßnahme einer untergeordneten Behörde zu ändern oder aufzuheben. Mit der Dienstaufsichtsbeschwerde kann ein Bürger eine Behörde dazu veranlassen, das Handeln eines Bediensteten zu überprüfen und gegebenenfalls im Interesse des Bürgers zu korrigieren. Die Behörde ist verpflichtet, die Beschwerde sachlich zu prüfen und zu antworten, wenn auch ein ablehnender Bescheid nicht begründet werden muss.

Durch diese Rechtsbehelfe, die nicht an eine bestimmte Frist oder Form gebunden sind, können sich die Bürgerinnen bei einer Behörde Gehör verschaffen. Sie können verlangen, dass ihre Beschwerde entgegengenommen, geprüft und beantwortet wird. Allerdings können die Behörden dadurch nicht gezwungen werden, eine andere Sachentscheidung zu treffen. Sie können aber durchaus in begründeten Fällen schneller als förmliche Rechtsmittel, wie z. B. eine Klage, zum Erfolg führen, so dass man keineswegs von „Papierkorbbeschwerden" sprechen kann.

Widerspruch oder Klage – sich mit förmlichen Rechtsmitteln gegen Verwaltungsentscheidungen wehren

Wider-spruch

Wer von einem Verwaltungsakt betroffen ist bzw. durch ihn belastet wird, kann Widerspruch einlegen, und zwar bei der Behörde, die den entsprechenden Bescheid erlassen hat. Die Widerspruchsfrist beträgt in der Regel einen Monat. Oft ist dem Verwaltungsakt eine Rechtsmittelbelehrung beigefügt, die man unbedingt beachten muss. In dem Schreiben muss nicht zwingend das Wort Widerspruch enthalten sein, auch Wörter wie „Einspruch" oder „Protest" genügen.

Die Behörde wird durch den Widerspruch gezwungen, einen Verwaltungsakt im Hinblick auf seine Rechtmäßigkeit und Zweckmäßigkeit zu überprüfen und kann diesen durch einen neuen Bescheid ändern oder aufheben. Will eine Behörde einen Verwaltungsakt nur teilweise oder gar nicht aufheben, so erlässt zuweilen dieselbe Behörde, häufiger jedoch die nächsthöhere Behörde (Prinzip der Hierarchie), einen Widerspruchsbescheid.

Wenn dem Bürger durch Verwaltungshandeln konkrete Nachteile entstehen, so kann er dafür in bestimmten Fällen einen Ausgleich verlangen. Da das Ausgleichssystem für einen Nichtjuristen schwer nachvollziehbar ist, empfiehlt es sich – vor allem, wenn es um größere Beträge geht –, einen Rechtsanwalt zu Rate zu ziehen. Wenn z. B. ein Bürger durch rechtswidriges Handeln einer Gemeinde in seinem Eigentumsrecht nach Art. 14 GG beeinträchtigt wird, kann er einen Folgenbeseitigungsanspruch geltend machen. Der Staat haftet auch für schadensersatzpflichtiges Verhalten seiner Bediensteten. Im Innenverhältnis ist der Bedienstete seinem Dienstherrn zum Ersatz verpflichtet, sofern ihm Vorsatz oder Fahrlässigkeit nachgewiesen werden kann.

Klage

Erst nach Durchführung des Widerspruchsverfahrens kann beim Verwaltungsgericht geklagt werden. Dieses Klagerecht ist im Grundgesetz garantiert (GG Art. 19 Abs. 4). Wichtigste Klagearten sind die Anfechtungs- und Verpflichtungsklage. Die Anfechtungsklage hat das Ziel, einen Verwaltungsakt aufzuheben oder zu verändern. Mit der Verpflichtungsklage will der Kläger die Behörde zwingen, einen Verwaltungsakt, den sie abgelehnt oder unterlassen hat, zu erlassen. Die Anfechtungsklage, die innerhalb eines Monats nach Zustellung des Widerspruchsbescheides eingereicht werden muss, hat grundsätzlich aufschiebende Wirkung.

Die Bürgerin kann ihren Klageantrag auch ohne Rechtsanwalt einreichen. Allerdings ist bei schwierigen Fällen durchaus ein Rechtsbeistand

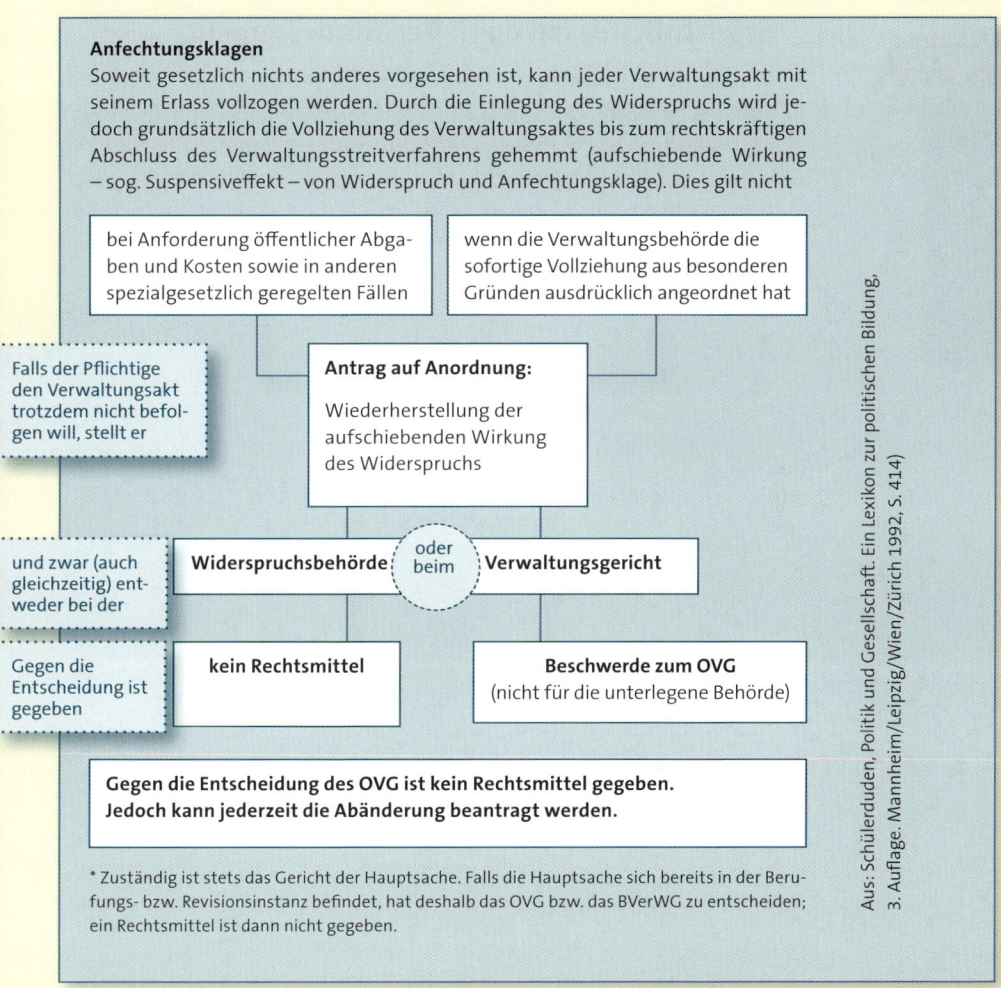

Anfechtungsklagen

Soweit gesetzlich nichts anderes vorgesehen ist, kann jeder Verwaltungsakt mit seinem Erlass vollzogen werden. Durch die Einlegung des Widerspruchs wird jedoch grundsätzlich die Vollziehung des Verwaltungsaktes bis zum rechtskräftigen Abschluss des Verwaltungsstreitverfahrens gehemmt (aufschiebende Wirkung – sog. Suspensiveffekt – von Widerspruch und Anfechtungsklage). Dies gilt nicht

| bei Anforderung öffentlicher Abgaben und Kosten sowie in anderen spezialgesetzlich geregelten Fällen | wenn die Verwaltungsbehörde die sofortige Vollziehung aus besonderen Gründen ausdrücklich angeordnet hat |

Falls der Pflichtige den Verwaltungsakt trotzdem nicht befolgen will, stellt er

Antrag auf Anordnung:

Wiederherstellung der aufschiebenden Wirkung des Widerspruchs

und zwar (auch gleichzeitig) entweder bei der

Widerspruchsbehörde oder beim **Verwaltungsgericht**

Gegen die Entscheidung ist gegeben

| **kein Rechtsmittel** | **Beschwerde zum OVG** (nicht für die unterlegene Behörde) |

Gegen die Entscheidung des OVG ist kein Rechtsmittel gegeben.
Jedoch kann jederzeit die Abänderung beantragt werden.

* Zuständig ist stets das Gericht der Hauptsache. Falls die Hauptsache sich bereits in der Berufungs- bzw. Revisionsinstanz befindet, hat deshalb das OVG bzw. das BVerWG zu entscheiden; ein Rechtsmittel ist dann nicht gegeben.

Aus: Schülerduden, Politik und Gesellschaft. Ein Lexikon zur politischen Bildung, 3. Auflage. Mannheim/Leipzig/Wien/Zürich 1992, S. 414)

zu empfehlen. Die örtlichen Anwaltsvereine können Ihnen einen entsprechenden Experten empfehlen. Wenn der Kläger seinen Prozess verliert, muss er die Gerichtskosten zahlen. Mittellose Bürger können Prozesskostenhilfe beantragen.

Neben den allgemeinen Verwaltungsgerichten gibt es für spezielle Bereiche besondere Verwaltungsgerichte. So sind bei sozialen Problemen, z. B. wenn es um die Zahlung von Arbeitslosenhilfe geht, die Sozialgerichte oder bei Steuerstreitigkeiten die Finanzgerichte zuständig.

T 78

TIPPS ZUM TUN

Streitfall: Dürfen auch Verbände klagen?

Wichtig ist, dass immer nur derjenige einen Verwaltungsakt anfechten darf, der beweisen kann, dass er in seiner eigenen Rechtssphäre verletzt ist. Umstritten ist die so genannte Verbandsklage, mit der z. B. Bürgerinitiativen vor allem im Umweltbereich die Interessen ihrer Mitglieder geltend machen können, obwohl sie als Person nicht unmittelbar betroffen sind. Einige Bundesländer haben ein Klagerecht für Naturschutzverbände bei geplanten Eingriffen in die Natur geschaffen.

Zum Weiterlesen:

Bogumil, Jörg / Holtkamp, Lars (2013), Kommunalpolitik und Kommunalverwaltung. Eine praxisorientierte Einführung, Schriftenreihe der Bundeszentrale für politische Bildung Bd. 1329, Bonn (kann unter www.bpb.de bestellt werden, auch kostenlos als eBook verfügbar).

Zum Vertiefen:

Bertelsmann Stiftung (Hrsg.) (2013), Bürger beteiligen! Strategien, Praxistipps und Erfolgsfaktoren für eine neue Beteiligungskultur in Behörden, Verlag Bertelsmann Stiftung, Gütersloh.

Birner, Otto J. / Treffer, Gerd (2001), Bürger und Behörden. Der Ratgeber zum richtigen Umgang mit Ämtern und Verwaltung, Bund-Verlag, Frankfurt/Main.

Bogumil, Jörg / Jann, Werner (2009), Verwaltung und Verwaltungswissenschaft in Deutschland. Einführung in die Verwaltungswissenschaft, 2. Aufl., VS Verlag für Sozialwissenschaften, Wiesbaden.

Dahmen, Thomas (1998), Umgang mit Ämtern und Behörden. Der ARD-Ratgeber Recht, Suhrkamp.

Franz, Thorsten (2013), Einführung in die Verwaltungswissenschaft, Springer VS, Wiesbaden.

Lorig, Wolfgang H. (Hrsg.) (2008), Moderne Verwaltung in der Bürgergesellschaft. Entwicklungslinien der Verwaltungsmodernisierung in Deutschland, Nomos, Baden-Baden.

Schmidt-Bleibtreu, Bruno / Dirnberger, Franz (1992), Rechtsschutz gegen den Staat, 4. Aufl., dtv, München.

Kommunalpolitik

Brandl, Uwe u. A. (Hrsg.) (2008), Praxiswissen für Kommunalpolitiker. Erfolgreich handeln als Gemeinde-, Stadt-, Kreis- und Bezirksrat, 3. Aufl., Jehle, Heidelberg.

Büchner, Hermann (2008), Rechtliche Grundlagen kommunaler Selbstverwaltung, Kommunalpolitischer Leitfaden Band 1, hrsg. von der Hanns-Seidel-Stiftung, München (kann kostenlos unter www.hss.de bestellt werden).

Frech, Siegfried / Weber, Reinhold (Hrsg.) (2009), Handbuch Kommunalpolitik, Kohlhammer, Stuttgart (dieses Handbuch widmet sich Baden-Württemberg, entsprechende Handbücher gibt es aber auch für andere Bundesländer, oft erhältlich bei der jeweiligen Landeszentrale für politische Bildung).

Günther, Albert / Beckmann, Edmund (2008), Kommunal-Lexikon. Basiswissen Kommunalrecht und Kommunalpolitik, Boorberg, Stuttgart (auch erhältlich bei einigen Landeszentralen für politische Bildung).

Klages, Helmut / Vetter, Angelika (2013), Bürgerbeteiligung auf kommunaler Ebene. Perspektiven für eine systematische und verstetigte Gestaltung, Edition Sigma, Berlin.

Kost, Andreas / Wehling, Hans-Georg (Hrsg.) (2010), Kommunalpolitik in den deutschen Ländern. Eine Einführung, 2. Aufl., VS Verlag für Sozialwissenschaften, Wiesbaden.

Naßmacher, Hiltrud / Naßmacher, Karl-Heinz (2007), Kommunalpolitik in Deutschland, 2. Aufl., VS Verlag für Sozialwissenschaften, Wiesbaden.

Schieren, Stefan (Hrsg.) (2010), Kommunalpolitik. Probleme und Potentiale der „Wiege der Demokratie". Eine Einführung, Wochenschau Verlag, Schwalbach/Ts.

Standardwerke zum Verwaltungsrecht

Bull, Hans Peter / Mehde, Veith (2009), Allgemeines Verwaltungsrecht mit Verwaltungslehre, 8. Aufl., C .F. Müller, Heidelberg.

Maurer, Hartmut (2011), Allgemeines Verwaltungsrecht, 18. Aufl., C. H. Beck, München.

Schweikhardt, Rudolf / Vondung, Ute (2010), Allgemeines Verwaltungsrecht, 9. Aufl., Kohlhammer, Stuttgart.

Zum Surfen:

Online-Dossier „Deutsche Demokratie" der Bundeszentrale für politische Bildung, entsprechende Unterabschnitte des Abschnitts „Bundespräsident, Regierung und Verwaltung": www.bpb.de/politik/grundfragen/deutsche-demokratie.

Bundesministerium des Innern: www.bmi.bund.de > „Moderne Verwaltung und Öffentlicher Dienst" sowie www.verwaltung-innovativ.de.

Zentrale Website der Bundesbehörden: www.bund.de.

Kommunalpolitik und -verwaltung

Aus Politik und Zeitgeschichte, Heft 7-8/2011 („Kommunalpolitik"): www.bpb.de/apuz/33476/kommunalpolitik.

Informationen zur politischen Bildung (2006) Heft 242: „Kommunalpolitik": www.bpb.de/izpb/10409/kommunalpolitik.

Themendossier „Kommunalpolitik" der Konrad-Adenauer-Stiftung (www.kas.de/wf/de/21.7/), unter anderem mit dem Abschnitt „e-Learning Kommunalpolitik": www.kas.de/wf/de/71.5504/.

KommunalAkademie der Friedrich-Ebert-Stiftung (http://fes-kommunalakademie.de/), unter anderem mit der Publikationsreihe „Grundwissen Kommunalpolitik".

Kommunalweb – das Portal für kommunale Forschung und Praxis des Deutschen Instituts für Urbanistik: www.kommunalweb.de.

12. Sich an Planungen beteiligen:

Formen der Bürgermitwirkung

„Politische Planung bezeichnet die Vorwegnahme politischer Zielvorstellungen mit der Absicht, durch eine methodische Verknüpfung von Zwecken, Zielen und Mitteln und einer Systematisierung von Handlungsabfolgen dazu beizutragen, die angestrebten Ziele optimal zu erreichen."

[aus: Klaus Schubert / Martina Klein (2011), Das Politiklexikon, 5. Aufl., Dietz, Bonn]

Kurzübersicht

Die Notwendigkeit, die zukünftige gesellschaftliche Entwicklung durch politische Planung zu gestalten, ist unbestritten. Noch nicht hinreichend geklärt ist, in welchem Maße und in welcher Form die Bürgerinnen und Bürger daran beteiligt werden können. In diesem Baustein werden wichtige Planungsprozesse, schon institutionalisierte bzw. formelle und neue, freiwillige bzw. informelle Formen der Bürgermitwirkung vorgestellt.

12.1 Planung – Ziele und Verfahren

"Nicht nachbedenken, sondern vorbedenken soll der weise Mann."

Epimarchos (5. Jh. v. Chr.), Komödiendichter

Mit Planung wird in Politik und Verwaltung versucht, künftige Entwicklungen und Bedürfnisse der Menschen zu erfassen, Zielvorstellungen festzulegen und vernünftige Weisungen und Regelungen für zukünftiges Handeln auszuarbeiten. Pläne werden auf allen politischen Ebenen aufgestellt, von EU, Bund, Ländern und Gemeinden. So gibt es für fast alle Politikbereiche Planungen wie z.B. Stadtentwicklungsplan, Bebauungsplan, Bildungsplan, Sozialplan, Verkehrsplan, Haushaltsplan, mittelfristiger Finanzplan.

Knappe Ressourcen

Planung ist auch deswegen wichtiger geworden, weil die Mittel immer knapper werden. Nicht nur die finanziellen Mittel sind knapp, auch andere Ressourcen wie Rohstoffe oder Landschaft. Im Interesse auch der künftigen Generationen muss bei einem Flächennutzungsplan oder einem Bebauungsplan darauf geachtet werden, dass die natürlichen Lebensgrundlagen erhalten bleiben.

Die 6 Phasen der Planung

- Begeisterung
- Verwirrung
- Ernüchterung
- Suche nach Schuldigen
- Bestrafung der Unschuldigen
- Auszeichnung der Nichtbeteiligten

Unbekannter Satiriker

In der Demokratie stellt sich die Frage: Wer kann, wer soll planen? Wer führt die Planungen durch, und wer kontrolliert deren Ausführung? In unserem politischen System werden Planungen weitgehend von der Verwaltung vorbereitet, die dabei natürlich auch mit privaten Firmen oder wissenschaftlichen Institutionen zusammenarbeitet.

Wer entscheidet?

Da Planung sehr kompliziert und zwangsläufig längerfristig angelegt ist, besteht die Gefahr, dass sie letztlich nur eine Angelegenheit von Experten bleibt. Entschieden wird zwar in den Parlamenten und politischen Vertretungen der verschiedenen Ebenen, aber diese sind zum Teil auf die Gutachten der Sachverständigen angewiesen. Noch schwieriger erweist sich die Mitwirkung der Bürger, für die die sehr umfangreichen Planungsmaterialien oft undurchsichtig und schwer nachvollziehbar sind.

Beteiligung der Betroffenen

Von fast allen Planungen sind die Bürgerinnen direkt oder indirekt betroffen, ohne dass sie dies zunächst wahrnehmen. Doch gibt es Planungsentscheidungen, die für den Einzelnen von sehr großer Bedeutung sein können. Ob bei einem Bebauungsplan das eigene Grundstück in das Baugebiet kommt oder nicht, kann für den Besitzer von großer wirtschaftlicher Bedeutung sein.

Es gibt inzwischen einige Politikbereiche, in denen die Mitwirkung der Bürger bei den Planungen gesetzlich vorgeschrieben ist. Wenn die Initiative von Regierung und Verwaltung ausgeht, spricht man von Top-down-Verfahren im Gegensatz zu Bottom-up-Verfahren, bei denen die Bürger die Initiative ergreifen. In diesem Zusammenhang werden immer mehr informelle Beteiligungsformen an diesen Entscheidungsprozessen entwickelt.

Top-down- und Bottom-up-Verfahren

Ein herausragendes Beispiel für die Notwendigkeit von Planung ist neben der Haushaltsplanung (siehe Baustein 13) die Raumordnung. In unserem föderativen System vollzieht sich diese Planung auf verschiedenen Ebenen – Bund, Länder, Regionen und Kommunen. Die folgende Tabelle macht die verschiedenen Planungsebenen, Planarten und die entsprechenden gesetzlichen Grundlagen deutlich.

Raumordnung

Hierarchie der Planungsebenen

Planungs-ebene	Planart	Gesetzliche Grundlage
Bund	Bundesraumordnungsprogramm	Raumordnungsgesetz
Länder	Landesentwicklungs-/raumordnungsprogramm, Landesentwicklungsplan	Landesplanungsgesetz
Region	Regionaler Raumordnungsplan, Regionaler Entwicklungsplan	Landesplanungsgesetz
Städte und Gemeinden	Stadtentwicklungsplan, Stadtentwicklungsprogramm, Stadtentwicklungskonzept	Keine gesetzliche Grundlage, lediglich informelle, auf Freiwilligkeit basierende Planung
	Bauleitplanung: Flächennutzungsplan, Bebauungsplan	Baugesetzbuch, früher Bundesbaugesetz

[Hierarchie der Planungsebenen, Handbuch Kommunale Politik, II/A.3.1, Stuttgart 1995, S. 7]

Besondere Mitwirkungsrechte für die Bürger wurden im Baugesetzbuch, das am 1. Juli 1987 in Kraft trat, festgelegt. Darin wird den Gemeinden die Aufgabe zugewiesen, Bauleitpläne aufzustellen. Bauleitpläne sind z. B.

Mitwirkungsrechte bei der Bauleitplanung

der Flächennutzungsplan als vorbereitender Bauleitplan und der Bebauungsplan als verbindlicher Bauleitplan.

§§

Bundesbaugesetzbuch § 1, Abs. 5

Die Bauleitpläne sollen eine geordnete städtebauliche Entwicklung und eine dem Wohl der Allgemeinheit entsprechende sozialgerechte Bodennutzung gewährleisten und dazu beitragen, eine menschenwürdige Umwelt zu sichern und die natürlichen Lebensgrundlagen zu schützen und zu entwickeln.

Flächennutzungsplan

Im Flächennutzungsplan werden die Grundentscheidungen über die Bodennutzung in den einzelnen Teilräumen des Gemeindegebiets getroffen, vor allem über die Frage, welche Flächen des Gemeindegebietes in Zukunft bebaut werden und welche freigehalten werden sollen. So kann ein Flächennutzungsplan erhebliche Auswirkungen auf die Entwicklung der Bodenpreise haben. Auch mögliche Gebiete für Gewerbe und Industrie, Sport und Freizeit oder auch Straßenführungen werden hier festgelegt.

„Pläne sind die Träume der Verständigen."

Ernst von Feuchtersleben (1806-1849), Arzt und Schriftsteller

Der Flächennutzungsplan muss mit der überörtlichen Raumplanung von Region, Land und Bund koordiniert werden. Durch ihn werden auch andere Planungsträger z. B. für Telefonleitungen oder Abfallentsorgungsanlagen eingebunden. Der zeitliche Planungshorizont beträgt in der Regel 10 bis 15 oder sogar 20 Jahre. Die durchschnittliche Aufstellungsdauer eines Flächennutzungsplanes beträgt fünf bis sechs Jahre, wobei Änderungen in kürzerer Zeit durchgeführt werden können. Der Flächennutzungsplan wird nicht als Satzung, sondern nur als verwaltungsinternes Planwerk vom Gemeinderat beschlossen. Er hat also für den einzelnen Bürger keine Rechtskraft, d. h. dieser kann daraus z. B. keinen Anspruch auf eine Baugenehmigung ableiten. Er ist jedoch für die Verwaltung bindend.

Bebauungsplan

Durch den Bebauungsplan wird für Teilgebiete einer Gemeinde der Flächennutzungsplan konkretisiert. Der Gemeinderat verabschiedet ihn als Satzung. Er enthält die rechtsverbindlichen Festsetzungen für die städtebauliche Entwicklung (Baugesetzbuch § 8 Abs. 1). Unter anderem wird Folgendes festgelegt:

- Art der Nutzung – also z. B. als reines Wohngebiet, Gewerbegebiet oder Mischgebiet;
- Bauweise – z. B. wie viele Geschosse erlaubt sind;
- bei Gewerbegebieten z. B. die Emissionshöchstwerte;
- auch nichtbauliche Nutzungen – z. B. als Grünfläche.

Mitwirkung ausdrücklich vorgesehen

Nach dem Baugesetzbuch handelt es sich bei dem Bebauungsplanverfahren um ein mehrstufiges Beratungsverfahren, in dem die Mitwirkung der

Bürgerinnen ausdrücklich vorgesehen ist (siehe Tipps zum Tun). Dieses Verfahren wird vor allem im Außenbereich der Gemeinden angewandt, also für die Straßenplanung, Kompost-, Sortier-, Bauschuttaufbereitungs- und Verbrennungsanlagen, Kraftwerke und militärische Anlagen. Anhörungsbehörde ist bei diesem Verfahren in der Regel das Regierungspräsidium bzw. – in Bundesländern, in denen es das nicht gibt – die Landesregierung.

Das Planfeststellungsverfahren ist dem Bebauungsplanverfahren ähnlich. Auch hier müssen die Betroffenen (also Gemeinden, Behörden, Unternehmen) in einem frühen Stadium in die Planung einbezogen werden. Der Plan wird öffentlich ausgelegt. Privatpersonen können Einwände gegen den Plan erheben. Es gibt auch einen Anhörungstermin. Gegen einen Planfeststellungsbeschluss kann Klage beim Verwaltungsgericht erhoben werden.

Planfeststellungsverfahren

Bei der Bauleitplanung müssen jeweils auch die so genannten Träger der öffentlichen Belange gehört werden. Öffentliche Belange sind z. B. Natur- und Landschaftsschutz, Energie- und Wasserversorgung, Denkmalschutz, aber auch die militärische Sicherheit.

Träger öffentlicher Belange

12.2 Bürgerbeteiligung bei Großprojekten

Bau der Elbphilharmonie in Hamburg

In den letzten Jahren hat sich gezeigt, dass große Bauvorhaben wie Stuttgart 21, der Bau des Flughafens Berlin-Brandenburg, der Ausbau der Flughäfen in Frankfurt und München sowie der Bau des großen Konzerthauses im Hamburger Hafen immer schwieriger wurden. Dabei stellte sich die Frage, ob die Bürgerbeteiligung als Bremse oder Chance wirkt. Offensichtlich ist, dass sich die Bürger durch diese großen Infrastrukturprojekte, vor allem wenn sie in der unmittelbaren Umgebung angesiedelt sind, bedroht fühlen und mit massiven Protesten reagieren. Man spricht vom NIMBY-Faktor („not in my backyard").

„Die Wissenschaft der Planung besteht darin, den Schwierigkeiten der Ausführung zuvorzukommen."

Luc de Clapiers, Marquis de Vauvenargues (1715-1747), Philosoph

Massive Proteste

Beteiligung unzureichend

Die schon vorhandenen institutionellen Beteiligungsstrukturen reichen offensichtlich nicht aus, um die Anliegen der Bevölkerung aufzunehmen. Nach der Politikwissenschaftlerin Patricia Nanz müssen daher frühzeitig informelle (gesetzlich nicht vorgeschriebene) Verfahren angeboten werden, die ergebnisoffen sind. Inzwischen gibt es eine Vielzahl von Methoden, die je nach Bedarf eingesetzt werden können (siehe Tipps zum Tun). Der Kommunikationswissenschaftler Frank Brettschneider spricht von „Legitimation durch Kommunikation", d. h. in allen Phasen der Projektplanung und -durchführung müssen die Vorhaben im Dialog mit der Bürgerschaft gerechtfertigt werden. Er warnt allerdings vor allzu großen Erwartungen: „Der Protest wird nie verschwinden, aber er wird weniger ideologisch und radikal."

Ansätze zur Verbesserung

Das Bundesministerium für Verkehr, Bau und Stadtentwicklung (BMVBS) hat 2012 ein „Handbuch für eine gute Bürgerbeteiligung bei der Planung von Großvorhaben im Verkehrssektor" veröffentlicht, das auf der Website des Ministeriums (www.bmvi.de) heruntergeladen werden kann und in dem verschiedene Formen der Bürgerbeteiligung bei Großprojekten vorgeschlagen werden. Auch die Landesregierung von Baden-Württemberg hat im Jahr 2014 einen entsprechenden Planungsleitfaden herausgebracht (siehe http://beteiligungsportal.baden-wuerttemberg.de).

Deliberative Verfahren

Damit wird ein Trend verstärkt, der schon seit einigen Jahren zu beobachten ist. Neben der institutionell gesicherten Beteiligung der Bürgerinnen bei der Bauplanung im weitesten Sinne sind in den letzten Jahren freie, also gesetzlich nicht vorgeschriebene Partizipationsformen entwickelt worden. Man spricht von dialogorientierten bzw. deliberativen Verfahren. Das lateinische Wort „deliberare" bedeutet abwägen, beratschlagen.

Dabei geht es um den Austausch von Informationen und Argumenten mit dem Ziel, (im Idealfall) eine einvernehmliche Lösung zu finden. Die Auswahl der beteiligten Bürger sollte nicht beliebig, sondern möglichst repräsentativ sein, beim Verfahren sollten unter anderem folgende Faktoren berücksichtigt werden:

Ziel: einvernehmliche Lösung

- Bürgerinnen müssen von der Bedeutung und Sinnhaftigkeit der politischen Teilhabe überzeugt sein;
- ein klar definiertes Ziel des Beteiligungsverfahrens;
- alle Informationen müssen frei zugänglich sein;
- ein Gestaltungsspielraum muss gewährleistet sein;
- verlässliches Feedback von den Entscheidern;
- klare Rollenaufteilung aller Akteure;
- professionelle Moderation;
- Kommunikation auf Augenhöhe.

Die verschiedenen Beteiligungsverfahren können sich auf fast alle Bereiche der Politik beziehen, neben der Bauleitplanung und Verkehrspolitik beispielsweise auch auf soziale Probleme wie Familien- und Altenpolitik oder auf die Umweltplanung.

Die verschiedenen Verfahren können ganz unterschiedliche Funktionen haben, wobei diese sich im konkreten Fall nicht immer genau trennen lassen. Bei den im Schaubild aufgezeigten Verfahren stehen die Einflussnahme auf die Öffentlichkeit und die Beratung von Entscheidungsträgern im Vordergrund. Um dabei Erfolg zu haben, müssen die Bürger auch entsprechend qualifiziert sein. Das schließt natürlich persönlichen Nutzen nicht aus.

Funktion der Beteiligung

Funktionen von Beteiligung

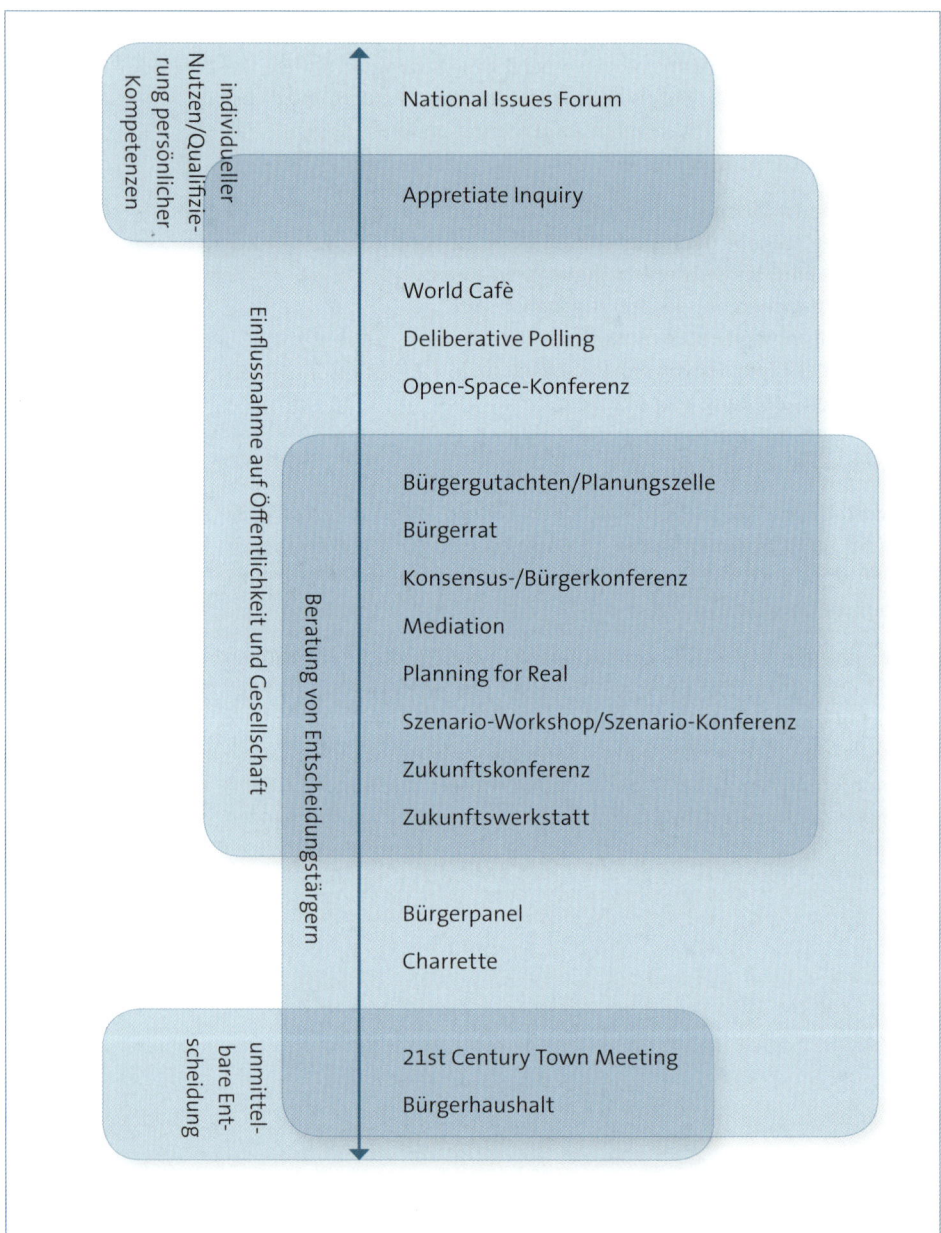

National Issues Forum

Appretiate Inquiry

World Cafè

Deliberative Polling

Open-Space-Konferenz

Bürgergutachten/Planungszelle

Bürgerrat

Konsensus-/Bürgerkonferenz

Mediation

Planning for Real

Szenario-Workshop/Szenario-Konferenz

Zukunftskonferenz

Zukunftswerkstatt

Bürgerpanel

Charrette

21st Century Town Meeting

Bürgerhaushalt

individueller Nutzen/Qualifizierung persönlicher Kompetenzen

Einflussnahme auf Öffentlichkeit und Gesellschaft

Beratung von Entscheidungstärgern

unmittelbare Entscheidung

in: Nanz, Patricia / Fritsche, Miriam: Handbuch Bürgerbeteiligung, S.121]

Bürgermitwirkung bei Bebauungsplänen

T 79

TIPPS ZUM TUN

Beispielhaft für die Bürgermitwirkung bei Bauleitplänen geben wir den Verfahrensablauf eines Bebauungsplans wieder.

1. *Aufstellungsbeschluss*: Einleitung des Verfahrens durch Beschluss und öffentliche Bekanntmachung eines Plankonzeptes.

2. *Bürgeranhörung*: Darstellung der Planung durch die Verwaltung in einer öffentlichen Veranstaltung, in der die Bürger Bedenken und Verbesserungsvorschläge vorbringen können, die von der Verwaltung protokolliert und bei der Formulierung des Auslegungsbeschlusses berücksichtigt werden sollen.

3. *Auslegungsbeschluss*: Auslegung des vom Gemeinderat beschlossenen detaillierten Planentwurfs. Bürger können in der Regel schriftlich ihre Bedenken und Anregungen vorbringen, die dem Gemeinderat zur Kenntnis gegeben werden.

4. *Satzungsbeschluss*: Nach Prüfung der vorgelegten Änderungswünsche der Bürgerinnen wird der Bebauungsplan als „Satzung", die für den Ort Gesetzescharakter hat, durch den Gemeinderat verabschiedet.

Bewertung

Die Bürgerbeteiligung bei einem Bebauungsplanverfahren sollte nicht überschätzt, aber auch nicht unterschätzt werden. Zwar können sich alle Bürgerinnen an der Beratung und Diskussion beteiligen, aber letztlich entscheidet der Gemeinderat. Auch hier gilt natürlich der Grundsatz „Gemeinsam sind wir stark": Wenn sich mehrere zusammentun, um eine Sache durchzusetzen, dann sind die Chancen größer.

Klage als letzte Möglichkeit

Wenn ein Betroffener mit seinen Bedenken und Anregungen nicht durchgekommen ist und wenn der Bebauungsplan auch von der Aufsichtsbehörde genehmigt wurde, bleibt noch der Weg zum Gericht. Allerdings ist dies ohne Hilfe eines Rechtsanwalts nicht möglich. Ein so genanntes Normenkontrollverfahren können diejenigen beantragen, die sich durch die Planung benachteiligt fühlen.

T 80

TIPPS ZUM TUN

Beiräte

Die so genannten Bürgerbeiräte sind ursprünglich in Städten gebildet worden, in denen Entscheidungen über wichtige Planungs- und Sanierungsentscheidungen zu fällen waren. Inzwischen gibt es auch Beiräte in anderen Bereichen wie z. B. Alten- oder Ausländerbeiräte. Die Beiräte haben nur beratende und kontrollierende Funktion. Ihr Einfluss hängt von einer Reihe von Kriterien wie Wahlmodus, Arbeitsweise, Zusammensetzung und Zuständigkeiten ab.

Beispiel Im Heidelberger Altstadtbeirat arbeiten unter dem Vorsitz des Oberbürgermeisters neben Vertretern der Kirchen, der Jugend und der Gemeinderatsfraktionen auch Sachverständige (Architekten, Kunsthistoriker), Interessenvertreter (Gewerkschaft, Mieterverein), Vertreter des Haus- und Grundeigentümervereins, des Altstadtvereins, des Hotel- und Gaststättengewerbes, der Fremdenverkehrsinstitutionen und Vertreter staatlicher Institutionen (Universität, Schulen) mit.

T 81

TIPPS ZUM TUN

Wie können frauenspezifische Belange berücksichtigt werden?

Frauenorganisationen fordern schon seit Jahren, dass ihre Interessen wie die der Träger öffentlicher Belange bei Planungen verstärkt berücksichtigt werden. Sie betonen, dass die Entscheidungsprozesse über öffentliche Planungen von Männern dominiert werden. Allerdings sind die Bedürfnisse der Frauen als Mütter, erwerbstätige Mütter, Arbeitslose, Ausländerinnen, Singles, karriereorientierte und alte Frauen sehr unterschiedlich.

Karikatur: rudi, Schwarzwälder Bote

In einer Veröffentlichung des Deutschen Städtetages wird jedoch zu Recht zu den Zielen der Stadtplanung gesagt: „Es geht nicht darum, nachzuforschen, welche Interessen nun exklusiv weiblich sind, sondern darum, die Lebensführung von Frauen in der Stadt zu erleichtern, die Lebensbedingungen von Frauen wie Männern in der Stadt möglichst gut zu gestalten."

Folgende Maßnahmen werden vorgeschlagen, damit die frauenspezifischen Belange bei der Stadtplanung besser berücksichtigt werden:

- Anerkennung der Frauenorganisationen als Träger öffentlicher Belange;
- höherer Frauenanteil in Fachgremien und Fachämtern;
- Frauenplanungsbeiräte, -arbeitskreise;
- Initiierung von Modellprojekten.

Verfahren und Methoden der Präsenzbeteiligung

Patricia Nanz und Miriam Fritsche beschreiben in ihrem Buch „Handbuch Bürgerbeteiligung" ausführlich die oben genannten deliberativen Verfahren, die sich gerade bei Planungen anbieten. Da das Buch über die Website der Bundeszentrale für politische Bildung kostenlos als pdf oder eBook zugänglich ist (www.bpb.de/shop/buecher/schriftenreihe/76038/handbuch-buergerbeteiligung), skizzieren hier wir hier nur exemplarisch zwei Verfahren: Planungszelle und Zukunftswerkstatt.

Planungszelle

„Die Planungszelle ist eine Gruppe von 25 im Zufallsverfahren ausgewählten Erwachsenen, die für eine Woche freigestellt und von der öffentlichen Hand bezahlt werden, um – assistiert von zwei Prozessbegleitern – Lösungsvorschläge für vorgegebene politische Problemstellungen zu erarbeiten."

[Peter C. Dienel (2002), Die Planungszelle. Der Bürger als Chance, VS Verlag für Sozialwissenschaften, Wiesbaden]

Karikatur: Kölner Stadtanzeiger

T 82

TIPPS ZUM TUN

T 83

TIPPS ZUM TUN

Um ein „Bürgergutachten" vorbereiten zu können, kann die Gruppe unter anderem Informationsbesprechungen, Hearings, Ortsbegehungen, Expertenanhörungen und Bewertungssitzungen durchführen. Die Ergebnisse der befristeten Arbeit werden den Entscheidungsträgern als Vorschläge bzw. „Bürgergutachten" vorgelegt.

Planungszellen haben an verschiedenen Orten in Deutschland vor allem Probleme der Stadtentwicklung und -sanierung, der Abfallbeseitigung und der Verkehrsplanung bearbeitet. Ein Vorteil dieses Verfahrens ist, dass durch das Zufallsprinzip eine einseitige Interessenvertretung verhindert wird und die sozial und politisch Aktiven nicht bevorzugt werden. Die berufliche Freistellung erlaubt eine effektive Mitarbeit. Allerdings können Planungszellen nur der Entscheidungsvorbereitung dienen.

Zukunftswerkstatt

Die Zukunftswerkstatt, die auch in Schule und Erwachsenenbildung mit Erfolg angewandt wird, ist sehr eng mit der Person des Zukunftsforschers Robert Jungk (1913-1994) verbunden. Die Zukunftswerkstatt ist eine Gruppe, die unterschiedlich zusammengesetzt sein kann und Lösungen für Zukunftsprobleme sowohl globaler als auch alltäglicher Art sucht. Ihr Kernstück ist folgendes Ablaufschema:

Die Doppelspirale deutet an, dass man dabei nicht nur mit dem Verstand, sondern auch mit dem Gefühl arbeitet. Nicht nur kritisches Denken, sondern auch Fantasie und Kreativität sind gefragt. Die Nachbereitungsphase soll dazu beitragen, dass die Zukunftswerkstatt nicht auf der Ebene eines intellektuellen Spielvergnügens bleibt, sondern in konkreten Ansätzen umgesetzt wird.

TIPPS ZUM TUN

T 84

„Planen heißt nicht festlegen, sondern offenhalten von Möglichkeiten für die Zukunft."

Walter Gropius (1883-1969), Architekt

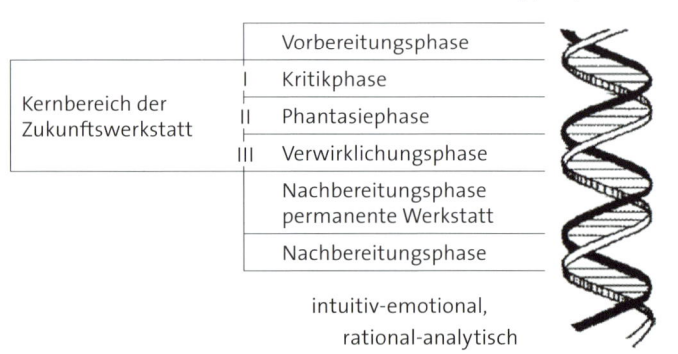

Die Phasen der Zukunftswerkstatt mit Doppelspirale

Kernbereich der Zukunftswerkstatt	Vorbereitungsphase
	I Kritikphase
	II Phantasiephase
	III Verwirklichungsphase
	Nachbereitungsphase permanente Werkstatt
	Nachbereitungsphase

intuitiv-emotional,
rational-analytisch

Robert Jungk/Norbert R. Müller: Zukunftswerkstätten. München 1989, S. 221

Online-Beteiligungsverfahren

Was internetgestützte Beteiligung betrifft, lassen sich stark vereinfacht zwei Dimensionen unterscheiden: E-Government und E-Partizipation. Während es bei E-Government im Wesentlichen darum geht, Verwaltungsvorgänge und öffentliche Dienstleistungen (auch) online anzubieten und damit „kundenfreundlicher" zu gestalten (Informationen und Download von Formularen auf Behörden-Websites, elektronische Steuererklärung etc.), geht es bei E-Partizipation um Beteiligung im eigentlichen Sinn.

Eine Mischform bilden Anwendungen wie die britische Website „fixmystreet" (Repariere meine Straße). Hier können Bürgerinnen online Schlaglöcher oder andere Probleme melden, die dann von der Verwaltung behoben werden. Damit ist beiden Seiten geholfen.

E-Government

E-Partizipation steht für internetgestützte Verfahren, die Bürger an politischen Entscheidungen beteiligen. Einige davon haben wir in anderen Bausteinen bereits kennengelernt, wie z. B. Online-Petitionen (siehe Baustein 2) oder elektronische Bürgersprechstunden von Abgeordneten (siehe Baustein 5). Auch Bürgerhaushalte (siehe Baustein 13) nutzen das Internet, um die Vorschläge aus der Bürgerschaft zu sammeln, zu diskutieren und zu bewerten.

E-Partizipation

Immer häufiger bieten Politiker – von der Bundeskanzlerin und dem amerikanischen Präsidenten über die Mitglieder der EU-Kommission bis hin zu einfachen Abgeordneten – die Möglichkeit an, mit ihnen zu chatten. In der Regel findet vorab online ein Auswahlprozess für die Fragen statt, die dann im Chat zur Sprache kommen.

Mit Politikern chatten

T 85

TIPPS ZUM TUN

Online-Konsultationen

Die Enquete-Kommission des Deutschen Bundestags „Internet und digitale Gesellschaft" hat die Bürgerinnen kontinuierlich als „18. Sachverständigen" in die Beratungen online einzubinden versucht (die Kommission bestand aus 17 Abgeordneten und 17 Sachverständigen, daher der Name). Die Bilanz lässt sich auf https://enquetebeteiligung.de nachlesen:

„Zwischen Februar 2011 und Januar 2013 sammelte die Enquete-Kommission Internet und digitale Gesellschaft des Deutschen Bundestages auf dieser Plattform Ideen, Anregungen und Meinungen zur Zukunft der digitalen Gesellschaft. Die Enquete-Projektgruppen ließen die Diskussionen und Vorschläge direkt in die laufende Arbeit einfließen. Die Ergebnisse

Internet-Enquete

T 86

TIPPS ZUM TUN

der Online-Bürgerbeteiligung dokumentierten sie detailliert in ihren Berichten. Zahlreiche Vorschläge wurden für die Berichte übernommen." Verwendet wurde hierfür die von dem Verein Liquid Democracy entwickelte Software adhocracy. Die Beteiligungsplattform hatte 12.578 Mitglieder, die 494 Vorschläge unterbreitet, 2.356 Kommentare verfasst und 14.603 Stimmen abgegeben haben.

Online-Konsultationen

Dieses Beispiel steht für die mit großem Abstand häufigste Form der E-Partizipation, nämlich für Online-Konsultationen, die zunehmend auf allen politischen Ebenen durchgeführt werden und ganz verschiedene Formen annehmen können. So bietet beispielsweise die Europäische Union im Internet Phasen des gemeinsamen Brainstormings an, um Ideen für eine neue Vision für das europäische Projekt zu entwickeln. Während sich zu diesem Thema alle Unionsbürgerinnen äußern können (bzw. könnten), gibt es auch andere Konsultationen, bei denen sich dem Laien nicht ohne Weiteres erschließt, um was es überhaupt geht. Zu denken wäre hier an die regelmäßig angebotene Möglichkeit für Bürger, betroffene Unternehmen und Verbände, zu geplanten Änderungen hochspezieller Regelungswerke wie etwa der REACH-Verordnung Stellung zu nehmen.

Demokratisches Potential des Web 2.0

„Das Internet ändert die Strukturen unserer Öffentlichkeiten, es ändert die Funktionsweisen politischer und gesellschaftlicher Kommunikationsprozesse, es macht es einzelnen einfacher, sich in politische Debatten einzumischen, es macht institutionelle Grenzen durchlässiger und Entscheidungsprozesse transparenter, es ist anders als die Massenmedien interaktiv und wird so auch genutzt: Das Internet hat das technische Potential für eine demokratische, partizipatorische Mediennutzung (...). Die Art und Weise, wie Nutzer im Web 2.0 interagieren und durch die gemeinsame Partizipation an den neuen digitalen Medien deren Möglichkeiten immer weiter ausdehnen − diese Art und Weise kommt den Vorstellungen, die sich die Denker der Moderne von einer demokratischen Kommunikationskultur gemacht haben, näher als alles, was wir bislang erlebt haben."

[Stefan Münker (2009), Emergenz digitaler Öffentlichkeiten. Die Sozialen Medien im Web 2.0, Suhrkamp, Frankfurt/M., S. 53-54, 76]

Zum Weiterlesen:

Nanz, Patrizia / Fritsche, Miriam (2012), Handbuch Bürgerbeteiligung. Verfahren und Akteure, Chancen und Grenzen, Schriftenreihe der Bundeszentrale für politische Bildung Bd. 1200, Bonn (kann unter www.bpb.de heruntergeladen werden).

Zum Vertiefen:

Beck, Kurt / Ziekow, Jan (Hrsg.) (2011), Mehr Bürgerbeteiligung wagen. Wege zur Vitalisierung der Demokratie, VS Verlag für Sozialwissenschaften, Wiesbaden.

Bertelsmann Stiftung (Hrsg.) (2013), Bürger beteiligen! Strategien, Praxistipps und Erfolgsfaktoren für eine neue Beteiligungskultur in Behörden, Verlag Bertelsmann Stiftung, Gütersloh.

Bogumil, Jörg / Holtkamp, Lars (2013), Kommunalpolitik und Kommunalverwaltung. Eine praxisorientierte Einführung, Schriftenreihe der Bundeszentrale für politische Bildung Bd. 1329, Bonn (kann unter www.bpb.de bestellt werden, auch kostenlos als eBook verfügbar).

Dienel, Peter C. (Hrsg.) (2005), Die Befreiung der Politik, VS Verlag für Sozialwissenschaften, Wiesbaden.

Dienel, Peter C. (2009), Demokratisch, praktisch, gut. Merkmale, Wirkungen und Perspektiven von Planungszellen und Bürgergutachten, Dietz, Bonn.

Hill, Hermann (Hrsg.) (2010), Bürgerbeteiligung. Analysen und Praxisbeispiele, Nomos, Baden-Baden.

Holtkamp, Lars / Bogumil, Jörg / Kißler, Leo (2006), Kooperative Demokratie. Das demokratische Potenzial von Bürgerengagement, Campus, Frankfurt/M. und New York.

Kersting, Norbert (Hrsg.) (2008), Politische Beteiligung. Einführung in dialogorientierte Instrumente politischer und gesellschaftlicher Partizipation, VS Verlag für Sozialwissenschaft, Wiesbaden.

Klages, Helmut / Vetter, Angelika (2013), Bürgerbeteiligung auf kommunaler Ebene. Perspektiven für eine systematische und verstetigte Gestaltung, Edition Sigma, Berlin.

Schwarting, Gunnar (2009), Den kommunalen Haushaltsplan richtig lesen und verstehen. Leitfaden für Rat und Verwaltung, 4. Aufl., Erich Schmidt, Berlin.

Voss, Kathrin (Hrsg.) (2014), Internet und Partizipation. Bottom-up oder Top-down? Politische Beteiligungsmöglichkeiten im Internet, Springer VS, Wiesbaden.

Zum Surfen:

Der „Wegweiser Bürgergesellschaft" ist ein umfangreiches Online-Angebot der Stiftung Mitarbeit zu allen Themen rund um Bürgerbeteiligung. Für die Themen dieses Abschnitts besonders relevant: www.buergergesellschaft.de > Politische Teilhabe > Modelle und Methoden der Bürgerbeteiligung.

Website des Bundesnetzwerks Bürgerschaftliches Engagement: www.b-b-e.de.

Aktive Bürgerschaft: Kompetenzzentrum für Bürgerengagement der Volksbanken Raiffeisenbanken: www.aktive-buergerschaft.de/aktive_buergerschaft.

Informationen zur politischen Bildung (2006) Heft 242: „Kommunalpolitik": www.bpb.de/izpb/10409/kommunalpolitik.

Aus Politik und Zeitgeschichte, Heft 7-8/2011 („Kommunalpolitik"): www.bpb.de/apuz/33476/kommunalpolitik.

Aus Politik und Zeitgeschichte, Heft 44-45/2011 („Demokratie und Beteiligung"): www.bpb.de/apuz/59700/demokratie-und-beteiligung.

Studie des Kompetenzzentrums Öffentliche Wirtschaft, Infrastruktur und Daseinsvorsorge e.V. der Universität Leipzig aus dem Jahr 2013: „Optionen moderner Bürgerbeteiligung bei Infrastrukturprojekten"; Download ausgehend von folgender Seite: www.wifa.uni-leipzig.de/kompetenzzentrum/startseite/mitteilung/article/optionen-moderner-buergerbeteiligungen-bei-infrastrukturprojekten.html.

13. Bürgerhaushalt

Können Bürger bei der Finanzplanung mitentscheiden?

„Der Haushalt ist der Nerv des Staates. Daher muss er den profanen Augen der Untertanen entzogen werden."
Kardinal Richelieu (1585-1642),
Erster Minister unter Ludwig XIII.

„Die Bürgerhaushalte stellen eine wichtige Möglichkeit für Bürgerinnen und Bürger dar, sich zwischen den Wahlen zu beteiligen."
Thomas Krüger (*1959),
Präsident der Bundeszentrale für politische Bildung

Kurzübersicht

"Der Staatshaushalt ist ein Haushalt, in dem alle essen möchten, aber niemand Geschirr spülen will."

Werner Finck (1902-1978), Kabarettist, Schauspieler und Schriftsteller

In den Haushaltsplänen, die vom Bundestag, den Landtagen und Gemeindevertretungen beschlossen werden, sind die Einnahmen und Ausgaben festgelegt. Sie gelten als „in Zahlen geronnene Politik". Zunehmend werden die Bürgerinnen vor allem auf der Gemeindeebene in Form von Bürgerhaushalten stärker an diesem Entscheidungsprozess beteiligt. In diesem Baustein werden die Möglichkeiten und Grenzen von Bürgerhaushalten aufgezeigt.

13.1 Haushaltspläne

Zu den wichtigsten Plänen in der Politik gehören die Haushaltspläne. Darunter versteht man die vollständige Aufstellung der Einnahmen und Ausgaben von Bund, Ländern und Gemeinden. Der Haushaltsplan, den man auch Budget nennt, wird meistens für ein Jahr (in manchen Bundesländern und Gemeinden für zwei Jahre) aufgestellt. Er muss mit Einnahmen und Ausgaben ausgeglichen sein, wobei Kredite als Einnahmen gewertet werden. Im Budget wird deutlich, welche Schwerpunkte die Politik setzt und welche Mittel dafür aufgewendet werden.

Mittelfristige Finanzplanung

Haushaltspläne können heute die finanzielle Situation von Bund, Ländern und Gemeinden nicht mehr zureichend wiedergeben, da viele Entscheidungen langfristige finanzielle Folgen haben. Daher werden auf allen politischen Ebenen mittelfristige Finanzplanungen erstellt, die eine längerfristige Vorschau auf die Entwicklung der Finanzen ermöglichen sollen. Vor diesem Hintergrund können dann Prioritäten für zukünftige Investitionen festgelegt werden.

"Budgetkontrolle ist Entschleierung. Man sagt, Zahlen regieren die Welt. Das ist gewiss. Zahlen zeigen, wie regiert wird."

Kurt Hennig (1886-1956), Finanzwissenschaftler

Die Haushaltspläne auf der Ebene des Bundes und der Bundesländer werden von Regierung und Verwaltung vorbereitet und danach von den Parlamenten, die auch deren Ausführung überwachen, als Gesetz verabschiedet. Für den einzelnen Bürger ist es kaum möglich, diese Entscheidungsprozesse zu beeinflussen. Am ehesten ist dies noch möglich über Parteien, deren Vertreter im Parlament sitzen, oder über die großen Interessengruppen, die wiederum auf das Parlament bzw. auf Regierung und Verwaltung zugehen (siehe Bausteine 7 und 8).

"Haushaltsplanung ist die Kunst, ein Fass ohne Boden zum Überlaufen zu bringen."

Werner Mitsch (1936-2009), Aphoristiker

Die Staatsverschuldung ist in den letzten Jahren sehr gestiegen, in Deutschland auf rund 2 Billionen Euro. Um diese zu begrenzen, darf der Bund ab 2016 nur noch begrenzt Schulden aufnehmen, um seinen Haushalt zu finanzieren, die Bundesländer dürfen ab 2020 keine Schulden mehr machen. Diese Schuldenbremse haben Bundestag und Bundesrat durch eine Grundgesetzänderung, also mit Zweidrittelmehrheit beschlossen.

Schuldenbremse

Neuerdings können die Bürgerinnen online die Einnahmen und Ausgaben im Bundeshaushalt und in den Haushalten der Bundesländer nachvollziehen und Kommentare abgeben. Die entsprechende Website für den Bundeshaushalt ist www.bundeshaushalt-info.de. Allerdings gibt es noch keinerlei Mitwirkungsmöglichkeiten in diesem Bereich. Der Verein „Mehr Demokratie" spricht von einem „Finanztabu für Bürger".

Finanztabu für Bürger?

Auf der Gemeindeebene verabschieden die Gemeindevertretungen die Haushaltspläne als Satzung. Am ehesten haben die Bürger hier die Möglichkeit, an der Planung mitzuwirken. Dazu ist es zunächst notwendig, den bisherigen Haushaltsplan einzusehen und ihn zu verstehen, was für einen Laien nicht einfach ist. Eine Besonderheit der kommunalen Haushalte ist die Unterscheidung zwischen Vermögens- und Verwaltungshaushalt. Der Vermögenshaushalt umfasst alle Einnahmen und Ausgaben, die das Vermögen einer Gemeinde beeinflussen können, also die investen Ausgaben und Einnahmen – z. B. Grundstücksgeschäfte der Gemeinde oder kommunale Neubauten. Im Verwaltungshaushalt sind alle Ausgaben enthalten, die kein Vermögen schaffen, sondern zur Erhaltung des Gemeindeeigentums und der Verwaltung (z. B. Personalkosten) notwendig sind. Zu dessen Einnahmen gehören Steuern wie z. B. die Gewerbesteuer oder Gebühren. Die bereits verabschiedeten Haushaltspläne sind öffentlich zugänglich und bei der Verwaltung, in öffentlichen Bibliotheken und auch im Internet einzusehen.

Haushaltplan auf Gemeindeebene

13.2 Bürgerhaushalt

Der Bürgerhaushalt, der auch partizipativer Haushalt oder Beteiligungshaushalt genannt wird, hat das Ziel, die Bürgerinnen an der Planung von öffentlichen Ausgaben und Einnahmen – vor allem auf der Ebene der Städte und Gemeinden – zu beteiligen. Den ersten Bürgerhaushalte gab es 1989 im brasilianischen Porto Allegre. Am Anfang standen Quartiersversammlungen, die sich an den lebensweltlichen Grenzen der Stadtbewohner, vor allem auch der benachteiligten Bevölkerungsgruppen, orientierten. Seit 2002 gibt es Stadtkonferenzen, die eine gesamtstädtische Perspektive und Verantwortung stärken sollen. Inzwischen ist die Idee des Bürgerhaushalts in der ganzen Welt, wenn auch in verschiedenen Formen, realisiert worden. Grundsätzlich ist dabei zu unterscheiden, ob die Bürger selbst über den Haushalt entscheiden können, ob sie eigene Vorschläge einbringen oder ob die Verwaltung nur beraten dürfen.

„Radikal sind Bürgerhaushalte, weil sie in das ‚Allerheiligste' der repräsentativen Demokratie, das Budgetrecht der Parlamente, eindringen."
*Roland Roth (*1949), Politikwissenschaftler*

Bürgerhaushalte in Deutschland

In Deutschland wird in der Regel das letztere, also das konsultative oder deliberative Verfahren angewandt. Nach dem 6. Statusbericht über die

Bürgerhaushalte in Deutschland aus dem Jahr 2013 sind 274 Kommunen in der Karte für Bürgerhaushalte erfasst (siehe www.buergerhaushalt.org > Information > Statusberichte). Über die Beteiligungsmöglichkeiten heißt es in dem Bericht: „In keiner der erfassten Kommunen können Bürger tatsächlich über den gesamten oder einen Teil des Haushalts entscheiden. Dies ist der rechtlichen Lage in Deutschland geschuldet, der zufolge die Entscheidungshoheit immer beim Rat der Stadt liegen muss."

Phasen des Bürgerhaushalts

Folgende Phasen eines Bürgerhaushalts können unterschieden werden:

- *Information*: Die Bürgerinnen werden über die Haushaltsplanung durch Presse, Broschüren, Internet usw. informiert. Dabei werden die einzelnen Teilbereiche des Haushalts differenziert dargestellt.
- *Konsultation*: In dieser Phase können die Bürger zum Haushalt und seinen Teilbereichen Stellung nehmen, indem sie mit Gemeinderat und Verwaltung diskutieren, eigene Vorschläge für Investitionen und Sparmaßnahmen einbringen oder Prioritäten festlegen. Die Konsultation kann über schriftliche oder telefonische Befragung, Stellungnahmen im Internet, öffentliche Versammlungen usw. erfolgen (Beispiele: siehe Tipps zum Tun). Zum Teil ist es durchaus möglich, dass sie über Alternativen abstimmen können. Allerdings ist der Gemeinderat an dieses Votum nicht gebunden.
- *Rechenschaft*: Die Vertreter der politischen Institutionen und Verwaltung geben Rechenschaft darüber, welche Vorschläge der Bürgerinnen umgesetzt werden, welche nicht und warum.

Quelle

Bürgerhaushalt als Weiterentwicklung der Demokratie

„Beim Bürgerhaushalt werden Bürgerinnen und Bürger aktiv an der kommunalen Entscheidungsfindung beteiligt und treten in einen unmittelbaren Kommunikationsprozess mit Verwaltung und Politik. Die Kommunen dagegen holen sich die beste Expertise, die es gibt: nämlich die der unmittelbar Betroffenen. So gewinnen auch Verwaltung und Politik an Bürgernähe und zusätzlicher Legitimation. Die Bürgerinnen und Bürger gewinnen ihrerseits Vertrauen in Politik und Verwaltung durch die erlebte unmittelbare Möglichkeit der Einflussnahme auf wichtige strategische und operative finanzpolitische Entscheidungen. Auf diese Art und Weise wird unsere bewährte repräsentative Demokratie weiterentwickelt, eben durch das intensive Zusammenspiel der Bürgerinnen und Bürgern einerseits und der Politik andererseits."

[Thomas Krüger, Präsident der Bundeszentrale für politische Bildung, in einer 2010 gehaltenen Rede, siehe www.bpb.de/presse/51107/buergerbeteiligung-staerkt-die-demokratie]

Die Bürgerhaushalte haben zwar das Interesse an der kommunalen Finanzplanung geweckt und diese durchsichtiger gemacht. Kritisiert wird
jedoch, dass die Bürgerinnen zwar Vorschläge einbringen, aber letztlich
nicht entscheiden können. Zum Teil können auch Wunschvorstellungen
geweckt werden, die nachher nicht erfüllt werden können. Roland Roth,
der sich in seinem 2010 erschienenen Buch „Bürgermacht" durchaus
für Bürgerhaushalte einsetzt, kritisiert zudem: „Bürgerhaushalte werden aktuell als Einsparinstrument ins Spiel gebracht." Er kommt zu dem
skeptischen Schluss: „Viele Versuche, die Beteiligung der Bürgerschaft an
den Haushaltsplanungen zu stärken, wirken halbherzig, der Umsetzungs-
aufwand hält sich in Grenzen, die Ergebnisse bleiben eher bescheiden"
(S. 193 f.).

Grenzen des
Bürgerhaushalts

T 87

TIPPS ZUM TUN

Zentrale Anlaufstelle im Internet

Wichtige Hinweise und Beispiele für Bürgerhaushalte finden Sie unter www.buergerhaushalt.org, der zentralen Anlaufstelle für alle Fragen rund um dieses Verfahren. Über diese Website werden auch Beratungsgespräche zur Einführung von Bürgerhaushalten und entsprechende Vor-Ort-Informationen angeboten. Außerdem wird darin über verschiedene Formen von Bürgerhaushalten in der ganzen Welt berichtet. Herausgeber sind die Bundeszentrale für politische Bildung und die Servicestelle Kommunen in der Einen Welt / Engagement Global.

T 88

TIPPS ZUM TUN

Kriterien zur Beurteilung von Bürgerhaushalten

Im 6. Statusbericht zu Bürgerhaushalten in Deutschland vom Januar 2013 (siehe www.buergerhaushalt.org > Informationen > Statusberichte) entwickelt die Autorin Nina Schröter Kriterien zur Beurteilung von Bürgerhaushalten. Unter diesem Begriff sind nämlich folgende sehr unterschiedliche Verfahrenstypen zusammengefasst:

- *Typ 1: Information* – die Bürger werden über die Haushaltsplanung durch eigens für sie aufbereitete Broschüren, über das Internet und mittels Informationsveranstaltungen informiert. Eine Konsultation ist nicht oder nur in Ansätzen vorgesehen.
- *Typ 2: Beschluss* – die Einführung eines Bürgerhaushalt wurde durch den Gemeinderat beschlossen.
- *Typ 3: Vorform* – die Bürgerinnen können zwar z. B. durch E-Mails, Online-Formulare oder standardisierte Briefe Vorschläge für den kommunalen Haushalt machen, es gibt aber keine interaktiven Diskussionsmöglichkeiten über den Haushalt.
- *Typ 4: Einführung* – der Bürgerhaushalt wird zum ersten oder zweiten Mal durchgeführt. Die Öffentlichkeit wird nicht nur über den Haushalt informiert, sondern auch konsultiert. Die Bürgerschaft hat die Möglichkeit, eigene Vorschläge einzubringen, Verwaltungsvorschläge zu bewerten und zu diskutieren. Nicht zuletzt muss der Gemeinderat oder die Verwaltung Rechenschaft darüber abgeben, ob und wie die Vorschläge berücksichtigt wurden.
- *Typ 5: Fortführung* – der Bürgerhaushalt wird zum dritten Mal oder häufiger durchgeführt und ist zum festen Bestandteil des Haushaltsplanungsverfahrens geworden.

Weitere Unterscheidungsmerkmale können sein:

- ob der gesamte Haushalt oder nur Haushaltbereiche zur Diskussion stehen;
- ob die Bürger Vorschläge für Investitionen oder Sparmaßnahmen oder beides machen können;
- ob die Beteiligung vor Ort, also durch Diskussionsveranstaltungen, per Post, Fax, SMS oder vornehmlich über das Internet oder entsprechende Kombinationsmöglichkeiten möglich ist.

Beispiel Stuttgart

T 89

TIPPS ZUM TUN

Fahrplan für den Bürgerhaushalt in Stuttgart:
- *1. Phase:* Die Bürgerinnen können im Netz, telefonisch oder schriftlich Vorschläge machen. Sie müssen ihren Namen angeben. Die Vorschläge werden jedoch anonymisiert. In den Stadtbezirken gibt es Informationsveranstaltungen. Die Stadtkämmerei berät die Bürger in allen Fragen des Haushalts.
- *2. Phase:* Jetzt können die für jeden einsehbaren Vorschläge bewertet werden. Hierzu müssen sich die Teilnehmer anmelden. Telefonische Bewertungen sind nicht möglich, um Manipulationen zu verhindern.
- *3. Phase:* Die 100 meistgenannten Vorschläge werden von der Verwaltung geprüft. Die Bezirksbeiräte können Stellungnahmen abgeben. Die Fraktionen des Gemeinderats erhalten die Liste zur Beratung.
- *4. Phase:* Der Gemeinderat berät und beschließt öffentlich den Haushalt.
- *5. Phase:* Die Bürgerinnen werden über die Ergebnisse informiert.

Bislang wurden in Stuttgart zwei Bürgerhaushalte durchgeführt: 2011 und 2013. Die Stadt hat die Zahlen zum Online-Dialog veröffentlicht:

„Der Bürgerhaushalt ist eine nicht-repräsentative Umfrage zur Auseinandersetzung der Bürger mit dem Geld der Stadt."

Fritz Kuhn (*1955), Oberbürgermeister von Stuttgart

Bürgerhaushalt	2011	2013
Vorschläge	1.745	2.943
Kommentare	5.150	14.172
Bewertungen	243.403	952.580
Teilnehmer	8.983	26.992

Weitere Informationen und aktueller Stand unter www.buergerhaushalt-stuttgart.de.

Zum Weiterlesen:

Franzke, Jochen / Kleger, Heinz (2010), Bürgerhaushalte. Chancen und Grenzen, Edition Sigma, Berlin.

Zum Vertiefen:

Günther, Albert (2007), Der Bürgerhaushalt. Bestandsaufnahme – Erkenntnisse – Bewertung, Boorberg, Stuttgart.

Herzberg, Carsten (2009), Von der Bürger- zur Solidarkommune. Lokale Demokratie in Zeiten der Globalisierung, VSA, Hamburg.

Masser, Kai / Pistoia, Adriano / Nitzsche, Philipp (2013), Bürgerbeteiligung und Web 2.0. Potentiale und Risiken webgestützter Bürgerhaushalte, Springer VS, Wiesbaden.

Nanz, Patrizia / Fritsche, Miriam (2012), Handbuch Bürgerbeteiligung. Verfahren und Akteure, Chancen und Grenzen, Schriftenreihe der Bundeszentrale für politische Bildung Bd. 1200, Bonn (kann unter www.bpb.de heruntergeladen werden).

Roth, Roland (2010), Bürgermacht. Eine Streitschrift für politische Partizipation, edition Körber-Stiftung, Hamburg (auch erhältlich als Lizenzausgabe für die Bundeszentrale für politische Bildung, Schriftenreihe Bd. 1229, Bonn 2012).

Sintomer, Yves / Herzberg, Carsten / Röcke, Anja (2010), Der Bürgerhaushalt in Europa – eine realistische Utopie? Zwischen partizipativer Demokratie, Verwaltungsmodernisierung und sozialer Gerechtigkeit, VS Verlag für Sozialwissenschaften, Wiesbaden.

Zum Surfen:

Die Website schlechthin zum Thema ist www.buergerhaushalt.org.

Der „Wegweiser Bürgergesellschaft" umfasst einen eigenen Abschnitt zum Bürgerhaushalt: www.buergergesellschaft.de > Politische Teilhabe > Beteiligung in der Kommune > Bürgerhaushalt.

Auf der Website der Bundeszentrale für politische Bildung kann die Broschüre „Bürgerhaushalt in Großstädten. Arbeitsmaterialien für die Umsetzung" von Carsten Herzberg (Bonn 2005) als pdf heruntergeladen werden: www.bpb.de/files/UHQF3Q.pdf.

14. Bürger als Verbraucher im Weltmarkt:

Durch bewussten Konsum Nachhaltigkeit fördern

„In der Zivilgesellschaft wird sich ein Zivilkapitalismus durchsetzen. Er baut auf einer neuen Mündigkeit der Bürger auch in materiellen Fragen, der umso unabhängiger ist, desto mehr er ‚seine Ökonomie' selbst bestimmen kann. Zivilkapitalismus ist eine weitere Stufe der Aufklärung – und zwar diesmal jener in wirtschaftlichen Lebensfragen. (...) Wir sind die Gesellschaft. Und wir sind die Märkte. Das ist Zivilkapitalismus."

Wolf Lotter (*1962),
Gründungsmitglied und Essayist des Wirtschaftsmagazins
brand eins, Autor von „Zivilkapitalismus. Wir können auch
anders", Pantheon Verlag, München, 2013

Kurzübersicht

Der abschließende Baustein rückt die Rolle der Wirtschaftsbürgerin in den Mittelpunkt. Was und wie wir konsumieren, hat im Zeitalter der Globalisierung unmittelbare Auswirkungen auf Mitbürger überall in der Weltgesellschaft. Orientierung für einen verantwortlichen Umgang mit den begrenzten Ressourcen der Erde bietet das Leitbild der Nachhaltigkeit. Mit ihm befassen wir uns im ersten Abschnitt, um dann im zweiten Abschnitt und den Tipps zum Tun Hinweise dazu zu geben, wie man nachhaltig handeln kann.

14.1 Nachhaltigkeit als Leitbild

„Mit größerer Entfernung wurde sie immer kleiner. Schließlich schrumpfte sie auf die Größe einer Murmel – der schönsten Murmel, die man sich vorstellen kann", so beschreibt 1971 James Irwin, Astronaut der Apollo 15-Mission, den Blick auf unseren Planeten. Dieser Blick aus dem Weltall auf das „Raumschiff Erde" hat nicht nur das Wissen um die Schönheit, sondern vor allem auch das Bewusstsein für die Begrenztheit und Zusammengehörigkeit entscheidend befördert. Beide Aspekte – die Begrenztheit der Erde und ihrer Ressourcen sowie die Zusammengehörigkeit innerhalb des globalen Systems, die wechselseitige Abhängigkeit aller Systemteile – sind entscheidend für das Leitbild Nachhaltigkeit.

Begriff Nachhaltigkeit   Ursprünglich stammt der Begriff Nachhaltigkeit aus der Forstwirtschaft und steht für eine Waldbewirtschaftung, bei der die Produktionskraft des Waldes und die jeweilige Holzernte so in Einklang miteinander stehen, dass langfristig ein möglichst hoher Holzertrag gewährleistet ist, Boden und Standort jedoch nicht beeinträchtigt werden. So wird beispielsweise immer nur so viel Holz geschlagen, wie durch Wiederaufforstung nachwachsen kann. Die unmittelbar einsichtige und leicht verständliche Maxime lautet: Von den Erträgen leben, nicht von der Substanz!

Dieses ökologische Prinzip lässt sich auf die verschiedensten Ressourcen und Ökosysteme bis hin zur Erdatmosphäre ausdehnen – immer geht es um einen zukunftsfähigen Umgang mit den Ressourcen. Sehr allgemein und bis heute wirkungsmächtig wurde Nachhaltigkeit 1987 von der UN-Kommission unter Leitung der früheren norwegischen Ministerpräsidentin Gro Harlem Brundtland in Anlehnung an Lester Brown, den Gründer des Worldwatch Instituts (www.worldwatch.org), definiert: „Den Bedürfnissen der heutigen Generation zu entsprechen, ohne die Möglichkeiten künftiger Generationen zu gefährden, ihre eigenen Bedürfnisse zu befriedigen."

Definition der Brundtland-Kommission

Mit dem „Erdgipfel", der Konferenz über Umwelt und Entwicklung in Rio de Janeiro im Jahr 1992, setzte sich das Prinzip der Nachhaltigkeit endgültig als globales Leitbild durch. In den Folgejahren erfuhr das Prinzip allerdings eine starke Ausdehnung in Richtung eines „magischen Dreiecks der Nachhaltigkeit", das neben dem ökologischen Gleichgewicht auch die Eckpunkte „ökonomische Sicherheit" und „soziale Gerechtigkeit" umfasst. Zum Umweltschutz von der lokalen bis zur globalen Ebene traten soziale und ökonomische Ziele. Darunter hat die begriffliche Klarheit gelitten, was den ehemaligen Direktor des UN-Umweltprogramms (UNEP) und früheren deutschen Umweltminister Klaus Töpfer zu dem Ausspruch veranlasste: „Wenn einem nichts anderes mehr einfällt, spricht man von einer ‚nachhaltigen Entwicklung'."

Ausweitung zum „magischen Dreieck der Nachhaltigkeit"

Dieses Zitat lässt auch erkennen, dass sich die Ausdehnung der Bedeutung von Nachhaltigkeit in einer scheinbar kleinen begrifflichen Verschiebung niedergeschlagen hat: Statt von Nachhaltigkeit war nun meistens von „nachhaltiger Entwicklung" die Rede. So haben die Vereinten Nationen das Jahrzehnt von 2005 bis 2014 zur Dekade „Bildung für nachhaltige Entwicklung" ausgerufen. Die Liste an Jahresthemen, die von der Deutschen UNESCO-Kommission für die Dekade vorgeschlagen wurden, verdeutlicht die thematische Breite:

„Nachhaltige Entwicklung"

- Konsumverhalten und nachhaltiges Wirtschaften
- Kulturelle Vielfalt
- Gesundheit und Lebensqualität
- Wasser- und Energieversorgung
- Biosphärenreservate als Lernorte
- Welterbestätten als Lernorte
- Nachhaltigkeitslernen in der Wissensgesellschaft
- Bürgerbeteiligung und „good governance"

- Armutsbekämpfung durch nachhaltige Entwicklungsprojekte
- Gerechtigkeit zwischen den Generationen: Menschenrechte und ethische Orientierung

[Hamburger Erklärung der Deutschen UNESCO-Kommission zur Dekade der Vereinten Nationen „Bildung für nachhaltige Entwicklung" vom 11. Juli 2003]

Widerspruch in sich Doch zurück zum Begriff der Nachhaltigkeit, der ursprünglich das neue Leitbild, das Ziel, die regulative Idee bezeichnete. Fast unmerklich hat sich die Terminologie (und nicht nur sie) verschoben. Wenn nicht gleich von *green economy* oder *green growth* die Rede ist, dann spricht man nun von „nachhaltiger Entwicklung". „Nachhaltigkeit ja – nachhaltige Entwicklung nein", so lautet die Kritik an der mittlerweile allgegenwärtigen Kombination der beiden Konzepte Nachhaltigkeit und Entwicklung. Grund für die Ablehnung sind Vorbehalte gegenüber dem Konzept „Entwicklung". Es mit Nachhaltigkeit kombinieren zu wollen, bedeute einen Widerspruch in

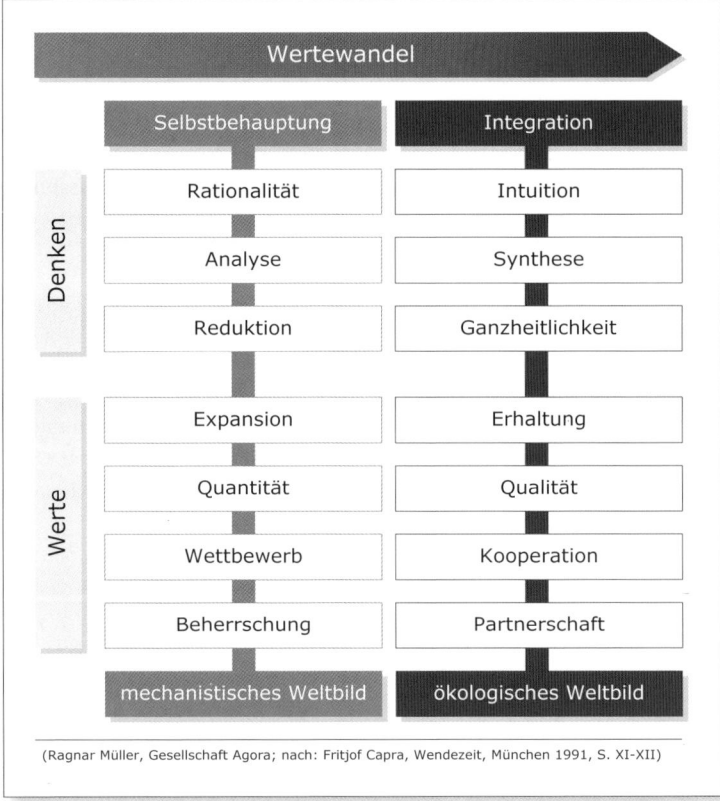

(Ragnar Müller, Gesellschaft Agora; nach: Fritjof Capra, Wendezeit, München 1991, S. XI-XII)

sich. Während Nachhaltigkeit zur neuen ökologischen Weltsicht gehöre, entstamme der Entwicklungsbegriff einer mechanistischen Weltsicht.

„Darüber hinaus", so Wolfgang Sachs, Wissenschaftler am Wuppertal Institut für Klima, Umwelt und Energie (www.wupperinst.org), „wurde mit der Verknüpfung von ‚nachhaltig' und ‚Entwicklung' ein Terrain sprachlicher Ambivalenz geschaffen. Das neue Konzept verschob auf subtile Weise den geometrischen Ort der Nachhaltigkeit von der Natur auf Entwicklung; während sich zuvor ‚nachhaltig' auf erneuerbare Ressourcen bezogen hatte, bezieht es sich jetzt auf Entwicklung. Mit dieser Verschiebung änderte sich die Wahrnehmung; die Bedeutung von Nachhaltigkeit verlagerte sich von Naturschutz auf Entwicklungsschutz. Angesichts der Tatsache, dass Entwicklung konzeptionell zu einer leeren Hülse geworden war, war das, was nachhaltig bleiben sollte, unklar und strittig. Daher sind in den folgenden Jahren alle Arten von politischen Akteuren, selbst glühende Verfechter des Wirtschaftswachstums, in der Lage gewesen, ihre Absichten in den Begriff ‚nachhaltige Entwicklung' zu kleiden. Der Begriff wurde somit bald selbst-referentiell, wie eine von der Weltbank angebotene Definition treffend bestätigt: ‚Was ist nachhaltig? Nachhaltige Entwicklung ist Entwicklung, die anhält.'"

Bedeutungs-verlagerung

[Wolfgang Sachs (2002), Nach uns die Zukunft. Der globale Konflikt um Gerechtigkeit und Ökologie, Brandes & Apsel, Frankfurt/M., S. 65]

Will man trotz dieser Kritik auf die etablierte Kombination „nachhaltige Entwicklung" nicht verzichten, kann man nicht umhin, den Entwicklungsbegriff näher zu bestimmen und vom Entwicklungsbegriff der Modernisierungstheorie abzugrenzen. Anregungen hierzu gibt das Schaubild auf der folgenden Seite.

„Entwicklung" als umstrittener Begriff

Nachhaltigkeit ist einfach und kompliziert zugleich. Zum einen verstehen wir intuitiv, wovon die Rede ist: „Man darf die Kuh nicht schlachten, von der man morgen wieder Milch haben will", sagt der Volksmund. Zum anderen fällt es uns aber schwer, uns eine wirklich nachhaltige Gesellschaft vorzustellen. Praktisch alles müsste sich ändern, nicht zuletzt wir selbst. Diese Dimension droht angesichts der Diskussion um „Entwicklung" und *green growth* in den Hintergrund zu geraten. Darauf weist Ulrich Grober, Autor des Buches „Die Entdeckung der Nachhaltigkeit", seit vielen Jahren hin:

Nachhaltigkeit als neuer zivilisatorischer Entwurf

„Neue Technologien sind wichtig für eine nachhaltige Entwicklung. Andere Lebensstile auch."

*Angelika Zahrnt (*1944), Mitglied des Rates für Nachhaltige Entwicklung*

„Viel hängt davon ab, ob es gelingt, den Begriff zu schärfen und die Idee zu entfalten, also ihr ganzes Spektrum und ihr volles Potential ins Spiel zu bringen. Nachhaltigkeit ist weit mehr als ein technokratischer Reißbret-

Wandel des Entwicklungsbegriffs

	altes Entwicklungs-verständnis:	neues Entwicklungs-verständnis:
Problem?	Unterentwicklung in Entwicklungsländern	Fehlentwicklung im Norden und im Süden
Perspektive	vor allem ökonomisch	ökonomisch, sozial und ökologisch
Strategie	nachholende Entwicklung der Dritten Welt	Neuorientierung im Norden und im Süden
Mittel	ökonomisches Wachstum plus Entwicklungshilfe von außen	ökologischer und sozialer Umbau im Norden und Süden, dabei Hilfe für den Süden
Leitbild	westliche Wohlstandsgesellschaften	ein zu entwickelndes Modell für nachhaltige Entwicklung
	nachholende Entwicklung	**nachhaltige Entwicklung**

(Ragnar Müller, Gesellschaft Agora, leicht verändert nach: Dritte-Welt-Haus Bielefeld)

tentwurf zur intelligenteren Steuerung des Ressourcen-Managements, mehr als ein Begriff aus der Retorte von Club of Rome, Weltbank und UNO. Schubkraft bekommt die Idee, sobald sie als ein neuer zivilisatorischer Entwurf wahrgenommen wird, als ein neuer Entwurf, der allerdings in unseren Traditionen und in der menschlichen Psyche verwurzelt ist. Tradition und Innovation müssen keine Gegensätze sein. Ein gemeinsamer Vorrat an Werten, Ideen und Träumen ist eine wichtige kulturelle Ressource."

[Ulrich Grober (2001), Die Idee der Nachhaltigkeit als zivilisatorischer Entwurf; in: Aus Politik und Zeitgeschichte 24/2001, S. 3]

14.2 Nachhaltig handeln

„Wenn unsere Welt nachhaltiger laufen soll, sind alle Menschen in ihrer Lebensführung und -gestaltung betroffen und gefordert. Um sich an solchen Suchprozessen – denn das bedeutet Nachhaltigkeit im konkreten Fall – zu beteiligen, braucht es ein hohes Maß an selbstreflexiver, sozialer und politischer Kompetenz bei jeder/jedem Einzelnen und die Bereitschaft und die Fähigkeit, über den eigenen persönlichen engen Bereich hinaus (...) mitzuwirken."

[Martin K., Erwachsenenbildner; in: umwelt & bildung 3/2004, S. 5]

Bedenkt man die Tragweite des Nachhaltigkeitsprinzips, wie sie im vorigen Abschnitt angeklungen ist, wird deutlich, dass nachhaltiger Konsum nur einen Aspekt unter vielen darstellt, wenn auch einen wichtigen und einen, der sich unmittelbar umsetzen lässt. Vieles von dem, was in den bisherigen Bausteinen behandelt wurde, kann ebenfalls unter den Oberbegriff „nachhaltig handeln" fallen, von der Beeinflussung der Meinungsbildung (Baustein 4) über die Mitarbeit in Parteien, Vereinen, Verbänden, Bürgerinitiativen und NGOs (Bausteine 7-9) bis zur Beteiligung an Planungen, Online-Konsultationen und Bürgerhaushalten (Bausteine 11-13).

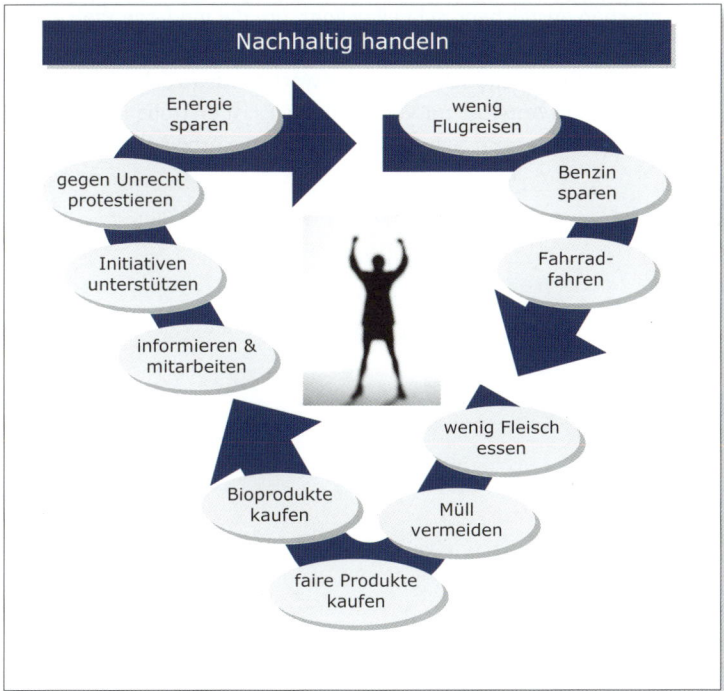

„Die Ökonomie des guten Lebens besteht aus einer naturverträglichen Kombination maßvollen Konsums und immaterieller Güter."

Toblacher Thesen 1997

Auf die Umsetzung kommt es an

Alle Bürgerrollen, wie sie im einleitenden Baustein unterschieden wurden, sind betroffen — vom Staats- über den EU-Bürger bis hin zum Welt-, Netz- und Wirtschaftsbürger. In diesem abschließenden Kapitel wollen wir ergänzend zu den bisherigen Bausteinen den nachhaltigen Konsum und damit die Rolle als Wirtschaftsbürgerin in den Mittelpunkt stellen.

Dabei müssen wir uns auf wenige Beispiele und Hinweise beschränken. Einige der im Schaubild dargestellten Handlungsmöglichkeiten wurden bereits in anderen Bausteinen vertieft (informieren & mitarbeiten, Initiativen unterstützen, gegen Unrecht protestieren), andere sind selbsterklärend (Energie sparen, Fahrrad fahren, Müll vermeiden usw.). Das Wissen um die Sinnhaftigkeit all dieser Handlungen ist zwischenzeitlich weitverbreitet, problematisch ist der — bekanntlich außerordentlich lange — Weg vom Hirn zur Hand. Es scheitert an der Umsetzung. „Was kann ich schon tun!", lautet häufig die resignierte Reaktion auf globale Probleme wie Klimawandel oder Armut. Hierauf hat Fritz Schumacher, Vorreiter der Ökologiebewegung und Autor des 1975 erschienenen Buches „Small is Beautiful" folgende pragmatische Antwort parat:

„Die Zukunft ist die Zeit, in der du bereust, dass du das, was du heute tun kannst, nicht getan hast."

Leo Tolstoi (1828-1910), Schriftsteller

„Können wir uns darauf verlassen, dass eine Wende von ausreichend vielen Menschen ausreichend schnell gelingt, um die moderne Welt zu retten? Diese Frage wird oft gestellt, doch wie auch immer die Antwort ausfällt, sie wird irreführend sein. ‚Ja' als Antwort würde zu Selbstgefälligkeit führen, ‚Nein' als Antwort zur Verzweiflung. Es ist erstrebenswert, diese Verwirrungen hinter sich zu lassen und sich an die Arbeit zu machen."

Nachhaltiger Konsum im Überblick

TIPPS ZUM TUN

T 90

Der folgende Text aus einer Veröffentlichung der Bundesregierung erläutert Hintergründe und gibt praktische Hinweise zum nachhaltigen Konsum:

„Nachhaltiger Konsum ist (...) ein sehr vielschichtiges und themenübergreifendes Handlungsfeld. Eine Änderung des Konsumverhaltens ist ein Prozess, an dem eine Vielzahl gesellschaftlicher Gruppen beteiligt ist. Neben den privaten Haushalten als maßgeblicher Verbrauchergruppe sind auch die öffentliche Hand, die Wirtschaft, Bildungseinrichtungen, NGOs und eine Fülle weiterer Gruppen angesprochen. Dabei obliegt es auch der öffentlichen Hand, geeignete Rahmenbedingungen zu schaffen, der Prozess hingegen muss in erster Linie durch die Initiative und das Engagement der unterschiedlichen Verbraucher getragen werden.

Eine Änderung der Konsumgewohnheiten setzt zunächst einmal einen tiefgreifenden Wandel von Wertvorstellungen und Lebensstilen voraus. Änderungen im Denken und Handeln der Konsumenten können von der öffentlichen Hand jedoch nicht erzwungen werden. Die Realisierung neuer und nachhaltiger Konsumstile erfordert aus diesem Grund in einem ersten Schritt eine umfangreiche Informations-, Aufklärungs- und Beratungsarbeit (...). Für den Verbraucher müssen Produkte und Transportwege transparenter werden, die Preise ‚die ökologische Wahrheit' sagen und umweltschonende Alternativen aufgezeigt werden.

Erst in einem zweiten Schritt stellt sich dann die Frage, mit welchen konkreten Maßnahmen ein nachhaltiges Konsumverhalten umgesetzt werden kann. Folgenden Handlungsbereichen (...) wird dabei eine wesentliche Rolle zugewiesen:

Abfallvermeidung und -verwertung

- Förderung von Recycling auf Produktions- und Verbraucherebene
- Verwendung von Mehrweg- und Nachfüllsystemen
- Vermeidung aufwendiger Verpackungen
- Begünstigung der Einfuhr umweltverträglicher Produkte
- Hausmülltrennung / sortierte Abfallentsorgung
- Kauf langlebiger Produkte

Energie- und Wasserverbrauch

- Verbreitung (...) umweltfreundlicher Technologien
- Förderung von Forschung und Entwicklung im Bereich umweltverträgliche Energien

„30-40 Prozent aller Umweltprobleme sind direkt oder indirekt auf die vorherrschenden Konsummuster zurückzuführen."

Umweltbundesamt (Hrsg.) (1997), Nachhaltige Konsummuster und postmaterielle Lebensstile, Berlin

„Wenn wir eine globale Katastrophe verhindern wollen, müssen wir irgendetwas Radikales tun – und ich meine wirklich tun. Aber ich glaube nicht, dass wir das machen werden. Ich glaube, wir sind nicht mehr zu retten."

Stephen Emmott, Fazit seines Buches „Zehn Milliarden" (Suhrkamp, Berlin, 2013)

- (stärkere) Nutzung erneuerbarer Energien
- Verringerung von Wasserverbrauch und Wasserbelastung
- stärkere Nutzung energie- bzw. wassersparender Geräte

Mobilität
- Umsteigen auf verbrauchsärmere Verkehrsmittel
- Umsteigen auf öffentliche Verkehrsmittel

Ernährung
- Erhöhung des Anteils an regionalen Produkten
- Bevorzugung von Lebensmitteln aus ökologischem Anbau und artgerechter Tierhaltung
- Kauf von fair gehandelten Produkten
- Einkauf von Produkten der Saison

umweltfreundliche Beschaffung
- Weitergabe von gebrauchten Produkten
- Bevorzugung von Produkten mit Ökosiegeln
- Miet-, Secondhand- und Tauschangebote ('leihen statt besitzen', Tauschringe)
- gemeinsame Nutzung langlebiger Gebrauchsgüter ('Car Sharing')"

[Bundesministerium für Umwelt, Naturschutz und Reaktorsicherheit (Hrsg.) (2002), Umweltpolitik. Lokale Agenda 21 und nachhaltige Entwicklung in deutschen Kommunen, 10 Jahre nach Rio: Bilanz und Perspektiven, Berlin, S. 127-129]

Ernährung, Mobilität und Wohnen als zentrale Handlungsfelder

„Eine Umsteuerung der gegenwärtigen Konsum- und Produktionsstrukturen in Richtung Nachhaltigkeit ist nicht im Selbstlauf zu erwarten. Nachhaltiger Konsum erfordert eine bewusste Marktentwicklung, welche die Angebots- und die Nachfrageseite ebenso berücksichtigt wie die Institutionen und infrastrukturellen Rahmenbedingungen des nachhaltigen Konsums.

Da die Preise auf den meisten Konsumgütermärkten die wahren Kosten und Risiken sowie die Kosten zukünftiger Generationen nicht angemessen abbilden, gehen von dem marktwirtschaftlichen Spiel von Angebot und Nachfrage zu wenige Impulse für einen nachhaltigen Konsum aus. Im Gegenteil: Vielfach werden auf den Märkten die falschen Anreize gesetzt, werden eine Geiz-ist-geil-Mentalität und ein nicht mehr zukunftsfähiger Konsumismus gefördert.

Nachhaltiger Konsum ist eine komplexe gesellschaftliche und politische Gestaltungsaufgabe, an der eine Vielzahl von Akteuren zu beteiligen ist. Sie sollten sich auf Handlungsfelder konzentrieren, die aus der Perspektive der Nachhaltigkeit und der die Menschheit zentral bedrohenden

Klimakatastrophe einen besonders schnellen und gravierenden Innovationsschub benötigen. Dies sind vor allem – so die einhellige Expertenmeinung – die Bereiche Ernährung, Mobilität und energieeffizientes Wohnen."

[Ingo Schoenheit (2009), Nachhaltiger Konsum;
in: Aus Politik und Zeitgeschichte 32-33/2009, S. 25]

Sich bei der Bundeszentrale und den Landeszentralen für politische Bildung informieren

T91

TIPPS ZUM TUN

Die wichtigste Voraussetzung für nachhaltigen Konsum (und nachhaltiges Verhalten generell) ist, dass man möglichst gut informiert ist. Das Angebot der Bundeszentrale für politische Bildung (www.bpb.de) sowie der Landeszentralen (z.B. www.politische-bildung.nrw.de) umfasst Bücher, Materialien und Dossiers zu den Themen Umwelt(politik) bzw. Nachhaltigkeit, die sich zu einer hervorragenden Informationsquelle summieren. Die Nutzung der Online-Angebote ist kostenlos, die Bücher können gegen eine geringe Bereitstellungspauschale bestellt werden.

Das Online-Dossier „Umwelt" (www.bpb.de/gesellschaft/umwelt/dossier-umwelt) behandelt unter anderem folgende Themen: Geschichte der deutschen Umweltpolitik, Bildergalerie zu bedrohten Tierarten, Umwelt und Verbraucher, Regenwald, ökologische Landwirtschaft, Artenvielfalt, Umweltorganisationen. Das Online-Dossier „Klimawandel" (www.bpb.de/gesellschaft/umwelt/klimawandel) widmet sich unter anderem folgenden Themen: Wetter – Klima – Klimawandel, Betroffene des Klimawandels, Klimaszenarien, Mensch & Wetter, Bioenergie.

Das Heft 287 „Umweltpolitik" aus der Reihe „Informationen zur politischen Bildung" kann kostenlos bestellt werden, steht aber auch online zur Verfügung (www.bpb.de/izpb/8968/umweltpolitik). Themen sind unter anderem: Umweltbewusstsein und Umweltverhalten, Leitbild der Nachhaltigen Entwicklung, Klimawandel und Klimaschutz, Industrie im Spannungsfeld von Ökonomie und Ökologie, Balanceakt zwischen Ernährung und Naturschutz – die Landwirtschaft. Auch die wöchentlich erscheinende Zeitschrift „Aus Politik und Zeitgeschichte" widmet sich regelmäßig Umweltthemen. Diese Zeitschrift kann kostenlos bestellt werden, steht aber auch online zur Verfügung (www.bpb.de/shop/zeitschriften/apuz). Einschlägige Titel der letzten Jahre waren unter anderem:

- Heft 32-33/2009: Konsumkultur
- Heft 32-33/2010: Klimawandel

- Heft 28-30/2011: Gemeingüter
- Heft 27-28/2012: Wohlstand ohne Wachstum?
- Heft 34-36/2013: Politische Grundwerte (mit einem Aufsatz von Lothar Probst zum Thema „Nachhaltigkeit als politischer Wert")

Von den zahlreichen **Büchern** zum Thema sind die folgenden Veröffentlichungen besonders hervorzuheben:

Jackson, Tim (2012), Wohlstand ohne Wachstum. Leben und Wirtschaften in einer endlichen Welt, Lizenzausgabe für die bpb, Schriftenreihe Band 1280, Bonn.

Plöger, Sven (2012), Gute Aussichten für morgen. Wie wir den Klimawandel bewältigen und die Energiewende schaffen können, Lizenzausgabe für die bpb, Schriftenreihe Band 1296, Bonn.

Radkau, Joachim (2011), Die Ära der Ökologie. Eine Weltgeschichte, Lizenzausgabe für die bpb, Schriftenreihe Band 1090, Bonn.

Weder, Dietrich Jörn (2012), Umwelt: Bedrohung und Bewahrung, bpb Zeitbilder, Bonn.

Enquete-Kommission „Wachstum, Wohlstand, Lebensqualität"

T 92

TIPPS ZUM TUN

Der Schlussbericht der Enquete-Kommission des Deutschen Bundestages „Wachstum, Wohlstand, Lebensqualität" bildet einen wichtigen Debattenbeitrag und eine Fundgrube zu Informationen rund um Nachhaltigkeit und nachhaltigen Konsum. Er kann über die Website der Bundeszentrale für politische Bildung heruntergeladen werden: www.bpb.de/shop/buecher/schriftenreihe/175745/schlussbericht-der-enquete-kommission. Die Kommission hatte den Auftrag, den Stellenwert von Wachstum für Wirtschaft und Gesellschaft zu ermitteln, einen ganzheitlichen Wohlstands- und Fortschrittsindikator zu entwickeln und die Möglichkeiten und Grenzen der Entkopplung von Wachstum, Ressourcenverbrauch und technischem Fortschritt auszuloten. Sie schlägt einen neuen Begriff von Wohlstand und eine neue Wohlstandsmessung vor, die neben dem materiellen Wohlstand auch soziale und ökologische Dimensionen von Wohlstand einbezieht.

Blogs zum Thema Nachhaltigkeit

Eine wichtige und vor allem sehr aktuelle Informationsquelle zum Thema Nachhaltigkeit bilden Blogs. So haben bedeutende Magazine und
Zeitungen eigene Blogs zu diesem zentralen Zukunftsthema eingerichtet.
An erster Stelle wäre hier das Blog „WiWo Green" der Wirtschaftswoche
zu nennen (http://green.wiwo.de), aber auch Zeit Online unterhält einen
lesenswerten Blog mit dem Titel „Grüne Geschäfte" (http://blog.zeit.de/
gruenegeschaefte). In der Online-Version der Frankfurter Allgemeinen
gibt es eine Debattenseite zur Nachhaltigkeit (www.faz.net/aktuell/feuil-
leton/debatten/nachhaltigkeit), die Süddeutsche bietet eine Themensei-
te zum Klimawandel (www.sueddeutsche.de/thema/Klimawandel). Außerdem bloggen auch Wissenschaftler, beispielsweise die Klimaforscher
Stefan Rahmstorf und Andreas Levermann vom Potsdam-Institut (www.
pik-potsdam.de) sowie der Meeresforscher Martin Visbeck im Blog „Kli-
malounge" (www.scilogs.de/klimalounge). Unter dem gleichen Dach, den
SciLogs von „Spektrum der Wissenschaften" gibt es auch noch die Blogs
„Öko-logisch" (www.scilogs.de/oeko-logisch) und „Umweltforsch" (www.
scilogs.de/umweltforsch).

WWF-Studie: Klimawandel auf dem Teller

2012 hat der World Wide Fund for Nature (WWF) die Studie „Klimawandel auf dem Teller" vorgestellt, die über die WWF-Website www.wwf.
de heruntergeladen werden kann. Das zentrale Ergebnis: „Würden die
deutschen Bundesbürger ihren Fleischkonsum auf ein gesundes Maß
reduzieren und weniger Lebensmittel auf den Müll werfen, könnten pro
Jahr 67 Millionen Tonnen an Treibhausgasemissionen eingespart werden. (…) ‚Wer in der Mittagspause statt Schinkenbrötchen oder Hamburger, die Pasta mit Tomatensauce oder Ratatouille wählt, betreibt aktiven
Klimaschutz', fasst Tanja Dräger de Teran, WWF-Referentin Klimaschutz
und Ernährung die Ergebnisse der Studie (…) zusammen. ‚Selbst wenn
jeder Bundesbürger nur einmal pro Woche auf Fleisch verzichten würde,
könnte das noch zu einer jährlichen Einsparung von rund neun Millionen
Tonnen Treibhausgas-Emissionen führen. Das entspricht umgerechnet 75
Milliarden PKW-Kilometern.'"

[Pressemitteilung vom 13.11.12,
www.wwf.de/2012/november/klimawandel-auf-dem-teller]

Hilfe beim Einkauf: Nachhaltiger Warenkorb

Der bekannteste Ratgeber für nachhaltigen Konsum ist „Der Nachhaltige Warenkorb", der vom Rat für Nachhaltige Entwicklung (www.nachhaltig-keitsrat.de) erstellt und regelmäßig aktualisiert wird. Dabei handelt es sich um eine knapp 100-seitige Broschüre, die man bestellen oder als pdf herunterladen kann. Außerdem stehen die Informationen auch online unter www.nachhaltiger-warenkorb.de zur Verfügung (mittlerweile auch als App).

Der Einkaufsführer deckt sowohl die *täglichen Einkäufe* (Lebensmittel, Textilien, Kosmetik etc.) als auch die *seltenen Einkäufe* (Haushaltsgeräte, TV, PC, Reisen etc.) und *großen Anschaffungen* (Auto, Möbel, Geldanlage etc.) ab. Ein großer Vorzug besteht auch darin, dass die vielen verschiedenen Labels und Siegel einer Prüfung unterzogen und diesbezüglich Empfehlungen ausgesprochen werden, was der Orientierung der Verbraucher sehr dienlich ist.

So sind beispielsweise Begriffe wie „Naturkosmetik" oder „Fairer Handel" (siehe nächster Tipp) nicht geschützt. Für beides gibt es viele Labels, aber nur wenige sind verlässlich. Möchten Sie wirklich „Naturkosmetik" kaufen, dann weist Sie der „Nachhaltige Warenkorb" darauf hin, dass Sie erst dann sicher sein können, wenn sich auf dem Produkt entweder das Label von NaTrue oder das Prüfzeichen „BDIH – kontrollierte Naturkosmetik" befindet.

Fair Trade

Nachhaltig in allen drei Dimensionen (Ökologie, Wirtschaft, Soziales) sind Produkte mit dem Label „Fair Trade" und GEPA, die es schon länger in den „Dritte Welt Läden" (heute: Weltladen – www.weltladen.de) und zunehmend auch in anderen Geschäften zu kaufen gibt. Was mit Kaffee, Tee und Schokolade begonnen hat, umfasst mittlerweile ein breites Sortiment an fair produzierten und gehandelten Produkten. Weitere Informationen liefern www.fairtrade.de und www.fairtrade-deutschland.de.

CSR – Verantwortung der Unternehmen

„Entgegen einer verbreiteten Vorstellung vollzieht sich das globale Wirtschaftsgeschehen nicht auf unregulierten, ‚freien' Märkten, sondern benötigt eigene rechtliche und institutionelle Regulierungen. So gibt es in vielen Bereichen – von der Staatsverschuldung bis zum Walfang, von der Nahrungsmittelproduktion bis zu technischen Normen für die Computerbranche – Gremien und Institutionen, in denen solche Regeln und Sanktionen ausgehandelt werden. Jede dieser rund 300 Einrichtungen hat ihre eigene Geschichte und Arbeitsweise. Neben den wichtigen transnationalen Konzernen der Branche beteiligen sich daran Regierungsvertreter einflussreicher und interessierter Nationalstaaten, aber zunehmend auch NGO-Vertreter aus den jeweils tangierten Feldern (wie etwa Klimaschutz, Verbraucherbelange, Arbeitsstandards). Die Auseinandersetzung mit den dabei erzielten Regelungen, die Praxis des blaming and shaming von Verstößen durch NGOs und die ‚Politik mit dem Einkaufswagen' haben zur Politisierung des Verhältnisses von Konsumenten und Unternehmen beigetragen. Mit Boykottaktionen und unternehmenskritischen Kampagnen, aber auch durch den gezielten Einkauf von ‚fairen' Produkten üben heute Kunden in beachtlicher Zahl und zuweilen durchaus erfolgreich Druck auf Unternehmen aus. Soziale Unternehmensverantwortung (Corporate Social Responsibility, CSR) und Unternehmen als gute Bürger (Corporate Citizenship, CC) lauten die Antworten vieler Unternehmen auf diese neuen Herausforderung durch globale konzernkritische Mobilisierungen. Ihre Praxis schwankt zwischen Symbolpolitik (greenwashing) und respektablen Initiativen, der gewachsenen sozialen und ökologischen Verantwortung von Unternehmen für die globale Entwicklung gerecht zu werden."

[Roland Roth (2012), Occupy und Acampada: Vorboten einer neuen Protestgeneration?; in: Aus Politik und Zeitgeschichte 25-26/2012, S. 40]

Nachhaltige Geldanlage

Wer seine Ersparnisse nicht nur rentabel, sondern auch sinnvoll anlegen möchte, steht vor dem Problem, dass nachhaltige Geldanlagen gar nicht so einfach zu finden sind. Man kommt nicht umhin, sich Informationen beschaffen zu müssen. Abhilfe können neben den Websites www.ecoreporter.de und www.nachhaltiges-investment.org folgende Bücher schaffen:

Deml, Max / Blisse, Holger (2011), Grünes Geld. Das Handbuch für ethisch-ökologische Geldanlagen 2012/13, Hampp, Stuttgart.

Schwanfelder, Werner (2012), Wie Sie Profit machen und nebenbei die Welt verbessern. Gewinnbringend und nachhaltig investieren, Ludwig, München.

T 96

TIPPS ZUM TUN

Nachhaltiger Tourismus

Seit 1998 ist der internationale Tourismus mit Einnahmen über 500 Milliarden US-Dollar die größte Exportindustrie der Welt. Tatsächlich setzt die Branche aber noch deutlich mehr um, denn zu den 700 Millionen Auslandsreisen kommen noch 2,3 Milliarden Touristen, die ihren Urlaub zu Hause verbringen. Die Weltorganisation für Tourismus (UNWTO – www2. unwto.org) schätzt die Gesamteinnahmen auf jährlich 1,7 Billionen US-Dollar.

Auf dem Weg hin zu einer nachhaltigen Weltgesellschaft spielt diese Wachstumsbranche deshalb eine wichtige Rolle. Und tatsächlich werben die großen Tourismuskonzerne seit einigen Jahren mit Begriffen wie „Ökotourismus" oder „sanfter Tourismus". Das darf aber, so Norbert Suchanek, nicht darüber hinwegtäuschen, dass „ungehindert drei für die Umwelt und die soziale wie ökonomische Situation in den Entwicklungsländern gefährliche Tourismustrends" zunehmen, nämlich der Trend zu immer mehr Fernreisen, immer mehr All-inclusive-Reisen und immer mehr Kreuzfahrtreisen. Die problematischen Folgen dieser Trends zeigt der Autor unter anderem in folgendem Aufsatz auf:

Suchanek, Norbert (2001), Die dunklen Seiten des globalisierten Tourismus. Zu den ökologischen, ökonomischen und sozialen Risiken des internationalen Tourismus; in: Aus Politik und Zeitgeschichte 47/2001.

Wer sich über nachhaltigen Tourismus informieren will, kann sich beispielsweise folgende Online-Angebote anschauen:

- Beim „Forum Anders Reisen", einem Zusammenschluss von rund 130 kleineren deutschen Reiseveranstaltern mit dem Fokus Nachhaltigkeit, findet man in einer Datenbank direkt nachhaltige Reiseangebote: http://forumandersreisen.de.
- Die UNWTO hat dem Bereich „Sustainable Development of Tourism" einen eigenen Bereich im Rahmen des Internetauftritts gewidmet: http://sdt.unwto.org/en.
- Die britische NGO TourismConcern setzt sich für „ethischen Tourismus" ein. Auf der Website finden sich Unterrichtsmaterialien und Hinweise, was wir alle als Touristen (besser) machen können: www.tourismconcern.org.uk.
- Die Website „Green Travel" bezeichnet sich selbst als „Das Portal für umweltbewusstes Reisen" und listet unter anderem eine Vielzahl von Umweltsiegeln auf, die beim Planen einer Reise von Nutzen sein können: www.green-travel.de.

Start-ups wie Get Neutral

„Gut für mich. Besser für alle." – mit diesem Claim möchte das Start-up „Get neutral" (www.get-neutral.com) uns auf spielerische Weise mittels einer App zum nachhaltigen Konsum animieren. Einer der Gründer erklärt die Geschäftsidee in einem Interview mit dem Magazin „Gründerszene" so: „Für Verbraucher bietet Get neutral eine mobile Online-Plattform, um spielerisch nachhaltige Angebote zu entdecken und einfach auszuprobieren. Für Unternehmen bieten wir Technologie und Know-how für die Vermarktung nachhaltiger Angebote sowie die interne und externe Kommunikation ihrer Nachhaltigkeitsstrategie." Get neutral ist ein Beispiel für viele Start-up-Unternehmen, die nachhaltige Ziele mit der Nutzung des Web als (potenziell) globaler Plattform verbinden. Entsprechende Bemühungen gibt es natürlich auch und gerade im Non-Profit-Sektor.

T 98

TIPPS ZUM TUN

Nutzen statt Besitzen

In immer mehr Großstädten gehört Carsharing zum Alltag und macht auf einen Trend weg vom Besitzen und hin zum Nutzen aufmerksam. Die Heinrich-Böll-Stiftung (www.boell.de), deren Website für alle hier angesprochenen Themen einschlägig ist, hat beim Wuppertal Institut für Klima, Umwelt, Energie (http://wupperinst.org) eine Studie hierzu in Auftrag gegeben. In der Studie „Nutzen statt Besitzen" geht es um das Potenzial des weltweiten Trends *collaborative consumption"*. Auf der entsprechenden Webseite (www.boell.de/de/nutzenstattbesitzen), die viele weiterführende Informationen enthält, heißt es:

T 99

TIPPS ZUM TUN

„Anhand der drei Beispiele Kleidertausch, Werkzeugverleih und Chemieleasing geht die Studie der Frage nach, welche Potenziale zur Reduktion des Ressourcenverbrauchs im Konzept ‚Nutzen statt Besitzen' enthalten sind. In einem weiteren Teil wird untersucht, wie diese Formen des ‚Nutzen statt Besitzen' kommuniziert werden müssen, um sie möglichst bekannt zu machen und Menschen für eine Veränderung ihres Konsumstils zu motivieren. Abschließend wollen wir mit einem ganzen Bündel von Handlungsempfehlungen zeigen, wie alte und neue Pioniere des Teilens, Nutzens und Tauschens unterstützt werden können."

Entsprechende Ansätze zum ressourcenschonenden Teilen gibt es schon lange, nun sind aber mit Web 2.0 und vor allem der mobilen Internetnutzung Kommunikations- und Koordinationsmöglichkeiten hinzugekommen, die solche Ansätze in ungeahntem Maß befördern können. Aus der Mitfahr-*Zentrale* früherer Tage ist das *Netzwerk* BlaBlaCar geworden.

Zum Weiterlesen:

Hahn, Martina / Herrmann, Frank (2012), Fair einkaufen – aber wie? Der Ratgeber für Fairen Handel, für Mode, Geld, Reisen und Genuss, 4. Aufl., Brandes & Apsel, Frankfurt/Main. zugehöriger Blog: http://faireinkaufenaberwie.blogspot.de/

Zum Vertiefen:

Bauman, Zygmunt (2009), Leben als Konsum, Hamburger Edition, Hamburg.

Greenpeace Magazin (Hrsg.) (2011), Tu was! 77 Tipps für eine bessere Welt, Hamburg.

Grober, Ulrich (2013), Die Entdeckung der Nachhaltigkeit. Kulturgeschichte eines Begriffs, Kunstmann, München.

Grunwald, Armin / Kopfmüller, Jürgen (2012), Nachhaltigkeit, 2. Aufl., Campus, Frankfurt/M. / New York.

Hutter, Claus-Peter / Blessing, Karin / Köthe, Rainer (2012), Grundkurs Nachhaltigkeit. Handbuch für Einsteiger und Fortgeschrittene, oekom, München.

Miegel, Meinhard (2010), Exit. Wohlstand ohne Wachstum, Propyläen, Berlin.

Paech, Niko (2012), Befreiung vom Überfluss. Auf dem Weg in die Postwachstumsökonomie, oekom, München.

Pufé, Iris (2012), Nachhaltigkeit, UVK, Konstanz / München.

Reller, Armin / Holdinghausen, Heike (2013), Wir konsumieren uns zu Tode. Warum wir unseren Lebensstil ändern müssen, wenn wir überleben wollen, Westend, Frankfurt/M.

Ullrich, Wolfgang (2012), Habenwollen. Wie funktioniert die Konsumkultur?, 3. Aufl., Fischer, Frankfurt/M.

Welzer, Harald / Rammler, Stephan (Hrsg.) (2012), Der FUTURZWEI Zukunftsalmanach 2013. Geschichten vom guten Umgang mit der Welt, Fischer, Frankfurt/M.

Welzer, Harald / Wiegandt, Klaus (Hrsg.) (2012), Perspektiven einer nachhaltigen Entwicklung, Fischer, Frankfurt/M.

Welzer, Harald / Wiegandt, Klaus (Hrsg.) (2013), Wege aus der Wachstumsgesellschaft, Fischer, Frankfurt/M.

Zum Surfen:

In den Tipps zum Tun findet sich eine Vielzahl an Surftipps. Besonders hervorgehoben seien nochmals die Online-Dossiers der Bundeszentrale für politische Bildung zu den Themen „Umwelt" (www.bpb.de/gesellschaft/umwelt/dossier-umwelt) und „Klimawandel" (www.bpb.de/gesellschaft/umwelt/klimawandel) sowie die Website des Rats für Nachhaltige Entwicklung (www.nachhaltigkeitsrat.de), von der aus man auch zum „Nachhaltigen Warenkorb" gelangt.

Die folgende Liste führt die zitierte Literatur und die Literaturempfeh-
lungen aus allen Bausteinen zusammen.

Ackermann, Paul (1998), Bürgerrolle in der Demokratie als Bezugsrahmen für politische
    Bildung; in: Breit, Gotthard / Schiele, Siegfried, Handlungsorientierung im Politikun-
    terricht, Wochenschau Verlag, Schwalbach/Ts., S. 13-34.

Alemann, Ulrich von (2010), Das Parteiensystem der Bundesrepublik Deutschland, 4.
    Aufl., VS Verlag für Sozialwissenschaften, Wiesbaden.

Andersen, Uwe / Woyke, Wichard (Hrsg.) (2013), Handwörterbuch des politischen
    Systems der Bundesrepublik Deutschland, 7. Aufl., Springer VS, Wiesbaden.

Apin, Nina (2013), Das Ende der Ego-Gesellschaft. Wie die Engagierten unser Land
    retten, Berlin Verlag, München.

Aus Politik und Zeitgeschichte, folgende Hefte:

        Heft 39/2000: „Rechtsextremismus"
        Heft 46/2001: „Extremismus"
        Heft 6-7/2002: „Nicht-Regierungsorganisationen"
        Heft 42/2005: „Rechtsextremismus"
        Heft 10/2006: „Direkte Demokratie"
        Heft 12/2006: „Bürgerschaftliches Engagement"
        Heft 37/2007: „Fremdenfeindlichkeit und Gewalt"
        Heft 47/2008: „Extremistische Parteien"
        Heft 32-33/2009: „Konsumkultur"
        Heft 19/2010: „Lobbying und Politikberatung"
        Heft 32-33/2010: „Klimawandel"
        Heft 44/2010: „Extremismus"
        Heft 1-2/2011: „Postdemokratie?"
        Heft 4/2011: „Parlamentarismus"
        Heft 7-8/2011: „Kommunalpolitik"
        Heft 28-30/2011: „Gemeingüter"
        Heft 44-45/2011: „Demokratie und Beteiligung"
        Heft 7/2012: „Digitale Demokratie"
        Heft 18-19/2012: „Rechtsextremismus"
        Heft 25-26/2012: „Protest und Beteiligung"
        Heft 27-28/2012: „Wohlstand ohne Wachstum?"
        Heft 38-39/2012: „Parlamentarismus"
        Heft 29-31/2013: „Deradikalisierung"
        Heft 34-36/2013: „Politische Grundwerte"
        Heft 48-49/2013: „Bundestagswahl 2013"

Backes, Uwe / Gallus, Alexander / Jesse, Eckhard (Hrsg.) (2013), Jahrbuch Extremismus &
    Demokratie, Nomos, Baden-Baden.

Bardeau, Frédéric / Danet, Nicolas (2012), Anonymous. Von der Spaßbewegung zur
    Medienguerilla, Unrast Verlag, Münster.

Bauman, Zygmunt (2009), Leben als Konsum, Hamburger Edition, Hamburg.

Baumann, Andreas / Gläser, Martin / Kegel, Thomas / Schellmann, Bernhard (2013), Handbuch Medien. Medien verstehen, gestalten, produzieren, 6. Aufl., Europa-Lehrmittel.

Beck, Kurt / Ziekow, Jan (Hrsg.) (2011), Mehr Bürgerbeteiligung wagen. Wege zur Vitalisierung der Demokratie, VS Verlag für Sozialwissenschaften, Wiesbaden.

Bertelsmann Stiftung (Hrsg.) (2013), Bürger beteiligen! Strategien, Praxistipps und Erfolgsfaktoren für eine neue Beteiligungskultur in Behörden, Verlag Bertelsmann Stiftung, Gütersloh.

Besand, Anja / Sander, Wolfgang (Hrsg.) (2010), Handbuch Medien in der politischen Bildung, Wochenschau Verlag, Schwalbach/Ts.

Birner, Otto J. / Treffer, Gerd (2001), Bürger und Behörden. Der Ratgeber zum richtigen Umgang mit Ämtern und Verwaltung, Bund-Verlag, Frankfurt/Main.

Bogumil, Jörg / Holtkamp, Lars (2013), Kommunalpolitik und Kommunalverwaltung. Eine praxisorientierte Einführung, Schriftenreihe der Bundeszentrale für politische Bildung Bd. 1329, Bonn.

Bogumil, Jörg /Jann, Werner (2009), Verwaltung und Verwaltungswissenschaft in Deutschland. Einführung in die Verwaltungswissenschaft, 2. Aufl., VS Verlag für Sozialwissenschaften, Wiesbaden.

Brandl, Uwe u.a. (Hrsg.) (2008), Praxiswissen für Kommunalpolitiker. Erfolgreich handeln als Gemeinde-, Stadt-, Kreis- und Bezirksrat, 3. Aufl., Jehle, Heidelberg.

Breit, Gotthard (2012), Politische Beteiligung durch Politikunterricht?; in: Weißeno, Georg / Buchstein, Hubertus (Hrsg.), Politisch Handeln. Modelle, Möglichkeiten, Kompetenzen, Schriftenreihe der Bundeszentrale für politische Bildung Bd. 1191, Bonn.

Breit, Gotthard / Massing, Peter (2001), Die Rückkehr des Bürgers in die politische Bildung, Wochenschau Verlag, Schwalbach/Ts.

Brettschneider, Frank / Schuster, Wolfgang (Hrsg.) (2013), Stuttgart 21. Ein Großprojekt zwischen Protest und Akzeptanz, Springer VS, Wiesbaden.

Broichhausen, Klaus von (1982), Knigge und Kniffe für die Lobby in Bonn, München.

Brunnengräber, Achim u.a. (Hrsg.) (2005), NGOs im Prozess der Globalisierung. Mächtige Zwerge – umstrittene Riesen, VS Verlag für Sozialwissenschaften, Wiesbaden.

Büchner, Hermann (2008), Rechtliche Grundlagen kommunaler Selbstverwaltung, Kommunalpolitischer Leitfaden Band 1, hrsg. von der Hanns-Seidel-Stiftung, München.

Bull, Hans Peter / Mehde, Veith (2009), Allgemeines Verwaltungsrecht mit Verwaltungslehre, 8. Aufl., C.F. Müller, Heidelberg.

Bundesministerium des Innern (2013), Verfassungsschutzbericht 2012, Berlin.

Bundesministerium für Familie Senioren, Frauen und Jugend (Hrsg.) (2010), Monitor Engagement. Freiwilliges Engagement in Deutschland. 1999 – 2004 – 2009. Kurzbericht des 3. Freiwilligensurveys, Berlin.

Bundesministerium für Umwelt, Naturschutz und Reaktorsicherheit (Hrsg.) (2002), Umweltpolitik. Lokale Agenda 21 und nachhaltige Entwicklung in deutschen Kommunen, 10 Jahre nach Rio: Bilanz und Perspektiven, Berlin.

Bundschuh, Stephan / Drücker, Ansgar / Scholle, Thilo (Hrsg.) (2012), Wegweiser Jugendarbeit gegen Rechtsextremismus. Motive, Praxisbeispiele und Handlungsperspektiven, Schriftenreihe der Bundeszentrale für politische Bildung Bd. 1245, Bonn.

Burhoff, Detlef (2011), Vereinsrecht. Ein Leifaden für Vereine und ihre Mitglieder, 8. Aufl., NWB Verlag, Herne.

Crouch, Colin (2012), Neue Formen der Partizipation als Markenzeichen der Postdemokratie?; in: Polis 3/2012.

Dahmen, Thomas (1998), Umgang mit Ämtern und Behörden. Der ARD-Ratgeber Recht, Suhrkamp.

Daphi, Priska (2012), Zur Identität transnationaler Bewegungen; in: Aus Politik und Zeitgeschichte 25-26/2012.

de Nève, Dorothée / Olteanu, Tina (Hrsg.) (2013), Politische Partizipation jenseits der Konventionen, Verlag Barbara Budrich, Opladen u.a.

Decker, Frank / Neu, Viola (Hrsg.) (2013), Handbuch der deutschen Parteien, 2. Aufl., Springer VS, Wiesbaden.

Deml, Max / Blisse, Holger (2011), Grünes Geld. Das Handbuch für ethisch-ökologische Geldanlagen 2012/13, Hampp, Stuttgart.

Der Bürger im Staat (2011), Radikalisierung und Terrorismus im Westen, Heft 4/2011, Landeszentrale für politische Bildung Baden-Württemberg, Stuttgart.

Der Bürger im Staat (2013), Bundestagswahl 2013, Heft 3/2013, Landeszentrale für politische Bildung Baden-Württemberg, Stuttgart.

Detjen, Joachim (2009), Die Werteordnung des Grundgesetzes, VS Verlag für Sozialwissenschaften, Wiesbaden.

Detjen, Joachim (2012), Verfassungswerte. Welche Werte bestimmen das Grundgesetz?, Schriftenreihe der Bundeszentrale für politische Bildung Bd. 742, Bonn.

Detterbeck, Klaus (2011), Parteien und Parteiensystem, UTB Taschenbuch, Konstanz.

Dienel, Peter C. (2002), Die Planungszelle. Der Bürger als Chance, VS Verlag für Sozialwissenschaften, Wiesbaden.

Dienel, Peter C. (2009), Demokratisch, praktisch, gut. Merkmale, Wirkungen und Perspektiven von Planungszellen und Bürgergutachten, Dietz, Bonn.

Dienel, Peter C. (Hrsg.) (2005), Die Befreiung der Politik, VS Verlag für Sozialwissenschaften, Wiesbaden.

Dörner, Andreas / Vogt, Ludgera (Hrsg.) (2012), Unterhaltungsrepublik Deutschland. Medien, Politik und Entertainment, Schriftenreihe der Bundeszentrale für politische Bildung Bd. 1258, Bonn.

Dovermann, Ulrich (Hrsg.) (2011), Linksextremismus in Deutschland, Schriftenreihe der Bundeszentrale für politische Bildung Bd. 1135, Bonn.

Erler, Gisela (2013), Gemeinsam gestalten – Bürgerbeteiligung lebt vom Mitmachen; in: Deutschland & Europa Heft 65/2013.

Eschenburg, Theodor (1996), Staat und Gesellschaft in Deutschland. 3. Aufl., Stuttgart.

Franck, Norbert (2012), Praxiswissen Presse- und Öffentlichkeitsarbeit. Ein Leitfaden für Verbände, Vereine und Institutionen, 2. Aufl., VS Verlag für Sozialwissenschaften, Wiesbaden.

Frantz, Christiane / Martens, Kerstin (2006), Nichtregierungsorganisationen (NGOs), VS Verlag für Sozialwissenschaften, Wiesbaden.

Franz, Thorsten (2013), Einführung in die Verwaltungswissenschaft, Springer VS, Wiesbaden.

Franzke, Jochen / Kleger, Heinz (2010), Bürgerhaushalte. Chancen und Grenzen, Edition Sigma, Berlin.

Frech, Siegfried (2011), Radikalisierung und Terrorismus im Westen; in: Der Bürger im Staat, Heft 4/2011.

Frech, Siegfried / Weber, Reinhold (Hrsg.) (2009), Handbuch Kommunalpolitik, Kohlhammer, Stuttgart.

Geiges, Lars / Neef, Tobias / Dijk, Pepijn van (2013), „Wir hatten es irgendwann nicht mehr in Griff." Occupy und andere systemkritische Proteste; in: Marg, Stine / Geiges, Lars / Butzlaff, Felix / Walter, Franz (Hrsg.), Die neue Macht der Bürger. Was motiviert die Protestbewegungen?, Rowohlt Verlag, Reinbek bei Hamburg, S. 178-216.

Geisler, Astrid / Schultheis, Christoph (2011), Heile Welten. Rechter Alltag in Deutschland, Schriftenreihe der Bundeszentrale für politische Bildung Bd. 1161, Bonn.

Gensicke, Thomas (2006), Bürgerschaftliches Engagement in Deutschland; in: Aus Politik und Zeitgeschichte Heft 12/2006.

Gerhardt, Volker (2007), Partizipation. Das Prinzip der Politik, C. H. Beck, München.

Gisevius, Wolfgang (1994), Leitfaden durch die Kommunalpolitik, Bonn.

Glaser, Stefan / Pfeiffer, Thomas (Hrsg.) (2013), Erlebniswelt Rechtextremismus. Menschenverachtung mit Unterhaltungswert, Hintergründe – Methoden – Praxis der Prävention, Schriftenreihe der Bundeszentrale für politische Bildung Bd. 1381, Bonn.

Greenpeace Magazin (Hrsg.) (2007), NGO-Handbuch, Hamburg.

Greenpeace Magazin (Hrsg.) (2011), Tu was! 77 Tipps für eine bessere Welt, Hamburg.

Grober, Ulrich (2001), Die Idee der Nachhaltigkeit als zivilisatorischer Entwurf; in: Aus Politik und Zeitgeschichte 24/2001.

Grober, Ulrich (2013), Die Entdeckung der Nachhaltigkeit. Kulturgeschichte eines Begriffs, Kunstmann, München.

Grunwald, Armin / Kopfmüller, Jürgen (2012), Nachhaltigkeit, 2. Aufl., Campus, Frankfurt/Main / New York.

Gugel, Günther / Jäger, Uli (1994), Gewalt muß nicht sein. Eine Einführung in friedenspädagogisches Denken und Handeln, Tübingen.

Günther, Albert (2007), Der Bürgerhaushalt. Bestandsaufnahme – Erkenntnisse – Bewertung, Boorberg, Stuttgart.

Günther, Albert / Beckmann, Edmund (2008), Kommunal-Lexikon. Basiswissen Kommunalrecht und Kommunalpolitik, Boorberg, Stuttgart.

Hachmeister, Lutz (Hrsg.) (2008), Grundlagen der Medienpolitik. Ein Handbuch, Schriftenreihe der Bundeszentrale für politische Bildung Bd. 695, Bonn.

Hahn, Martina / Herrmann, Frank (2012), Fair einkaufen – aber wie? Der Ratgeber für Fairen Handel, für Mode, Geld, Reisen und Genuss, 4. Aufl., Brandes & Apsel, Frankfurt/Main.

Hanns-Seidel-Stiftung (Hrsg.) (2010), Grundlagen der Vereinspraxis, 6. Aufl., München.

Hanrath, Jan / Leggewie, Claus (2013), Revolution 2.0? Die Bedeutung digitaler Medien für politische Mobilisierung und Protest; in: Stiftung Entwicklung und Frieden / Institut für Entwicklung und Frieden (Hrsg.), Globale Trends. Frieden – Entwicklung – Umwelt, Fischer, Frankfurt/Main, S. 157-172.

Hartmann, Martin / Funk, Rüdiger / Nietmann, Horst (2012), Präsentieren. Präsentationen: zielgerichtet und adressatenorientiert, 9. Aufl., Beltz, Weinheim/Basel.

Hasse, Julia / Rosenthal, Gregor (Hrsg.) (2013), Wider die Gleichgültigkeit! Aktiv gegen Rechtsextremismus: Perspektiven, Projekte, Tipps, Schriftenreihe der Bundeszentrale für politische Bildung Band 1396, Bonn.

Heins, Volker (2002), Weltbürger und Lokalpatrioten. Eine Einführung in das Thema Nichtregierungsorganisationen, Leske+Budrich, Opladen.

Hensel, Alexander / Klecha, Stephan / Schmitz, Christopher (2013), „Vernetzt euch – das ist die einzige Waffe, die man hat". Internetproteste; in: Marg, Stine / Geiges, Lars / Butzlaff, Felix / Walter, Franz (Hrsg.), Die neue Macht der Bürger. Was motiviert die Protestbewegungen?, Rowohlt Verlag, Reinbek bei Hamburg, S. 265-298.

Herzberg, Carsten (2009), Von der Bürger- zur Solidarkommune. Lokale Demokratie in Zeiten der Globalisierung, VSA, Hamburg.

Heußner, Hermann K. / Jung, Otmar (Hrsg.) (2011), Mehr direkte Demokratie wagen. Volksentscheid und Bürgerentscheid: Geschichte – Praxis – Vorschläge, 3. Aufl., Olzog Verlag, München.

Hill, Hermann (Hrsg.) (2010), Bürgerbeteiligung. Analysen und Praxisbeispiele, Nomos, Baden-Baden.

Höffe, Otfried (1999), Demokratie im Zeitalter der Globalisierung, C. H. Beck, München.

Höffe, Otfried (2004), Wirtschaftsbürger, Staatsbürger, Weltbürger. Politische Ethik im Zeitalter der Globalisierung, C. H. Beck, München.

Höffe, Otfried (2009), Ist die Demokratie zukunftsfähig? Über moderne Politik, C. H. Beck, München.

Holtkamp, Lars / Bogumil, Jörg / Kißler, Leo (2006), Kooperative Demokratie. Das demokratische Potenzial von Bürgerengagement, Campus, Frankfurt/Main und New York.

Holtmann, Everhard (2012), Der Parteienstaat in Deutschland. Erklärungen, Entwicklungen, Erscheinungsbilder, Schriftenreihe der Bundeszentrale für politische Bildung Band 1289, Bonn.

Hufer, Klaus-Peter (2014), Argumente am Stammtisch. Erfolgreich gegen Parolen, Palaver und Populismus, 6. Aufl., Wochenschau Verlag, Schwalbach/Ts.

Hummel, Hartwig (2001), Die Privatisierung der Weltpolitik. Tendenzen, Spielräume und Alternativen; in: Tanja Brühl u.a. (Hrsg.), Die Privatisierung der Weltpolitik. Entstaatlichung und Kommerzialisierung im Globalisierungsprozess, Dietz, Bonn.

Hutter, Claus-Peter / Blessing, Karin / Köthe, Rainer (2012), Grundkurs Nachhaltigkeit. Handbuch für Einsteiger und Fortgeschrittene, oekom, München.

Hutter, Swen / Teune, Simon (2012), Politik auf der Straße: Deutschlands Protestprofil im Wandel; in: Aus Politik und Zeitgeschichte 25-26/2012.

Informationen zur politischen Bildung (hrsg. v. Bundeszentrale für politische Bildung), folgende Hefte:
Heft 242: „Kommunalpolitik"
Heft 279: Europäische Union
Heft 284: Demokratie
Heft 287: Umweltpolitik
Heft 292: Parteiensystem der Bundesrepublik Deutschland
Heft 295: Parlamentarische Demokratie
Heft 297: Menschenrechte
Heft 305: Grundrechte
Heft 309: Massenmedien
Heft 318: Föderalismus in Deutschland

Jackson, Tim (2012), Wohlstand ohne Wachstum. Leben und Wirtschaften in einer endlichen Welt, Schriftenreihe der Bundeszentrale für politische Bildung Bd. 1280, Bonn.

Jarren, Otfried / Donges, Patrick (2011), Politische Kommunikation in der Mediengesellschaft. Eine Einführung, 3. Aufl., VS Verlag für Sozialwissenschaften, Wiesbaden.

Jung, Otmar (2011), Erfahrungen mit direkter Demokratie in Deutschland und der Schweiz; in: Deutschland & Europa, Heft 62/2011, S. 18-25.

Juergensmeyer, Mark (2007), Die Globalisierung religiöser Gewalt, Schriftenreihe der Bundeszentrale für politische Bildung Bd. 1020, Bonn.

Kern, Thomas (2008), Soziale Bewegungen. Ursachen, Wirkungen, Mechanismen, VS Verlag für Sozialwissenschaften, Wiesbaden.

Kersting, Norbert (Hrsg.) (2008), Politische Beteiligung. Einführung in dialogorientierte Instrumente politischer und gesellschaftlicher Partizipation, VS Verlag für Sozialwissenschaft, Wiesbaden.

Kielmansegg, Peter Graf (2013), Die Grammatik der Freiheit. Acht Versuche über den demokratischen Verfassungsstaat, Nomos, Baden-Baden.

Klages, Helmut / Vetter, Angelika (2013), Bürgerbeteiligung auf kommunaler Ebene. Perspektiven für eine systematische und verstetigte Gestaltung, Edition Sigma, Berlin.

Kleinfeld, Ralf u.a. (Hrsg.) (2007), Lobbying. Strukturen – Akteure – Strategien, VS Verlag für Sozialwissenschaften, Wiesbaden.

Klotzki, Peter (2012), So halte ich eine gute Rede. In 7 Schritten zum Publikumserfolg, 2. Aufl., dtv, München.

Kornelius, Bernhard / Roth, Dieter (2004), Politische Partizipation in Deutschland. Ergebnisse einer repräsentativen Umfrage, Verlag Bertelsmann Stiftung, Gütersloh.

Korte, Karl-Rudolf (2013), Wahlen in Deutschland, Bundeszentrale für politische Bildung, Bonn.

Kost, Andreas (2008), Direkte Demokratie, VS Verlag für Sozialwissenschaften, Wiesbaden.

Kost, Andreas (Hrsg.) (2005), Direkte Demokratie in den deutschen Ländern. Eine Einführung, VS Verlag für Sozialwissenschaften, Wiesbaden.

Kost, Andreas / Wehling, Hans-Georg (Hrsg.) (2010), Kommunalpolitik in den deutschen Ländern. Eine Einführung, 2. Aufl., VS Verlag für Sozialwissenschaften, Wiesbaden.

Kraske, Michael / Werner, Christian (2008), ...und morgen das ganze Land. Neue Nazis, „befreite Zonen" und die tägliche Angst. Ein Insiderbericht, Schriftenreihe der Bundeszentrale für politische Bildung Bd. 684, Bonn.

Kulick, Holger / Staud, Toralf (Hrsg.) (2009), Das Buch gegen Nazis. Rechtsextremismus – Was man wissen muss und wie man sich wehren kann, Kiepenhauer und Witsch, Köln.

Landeszentrale für politische Bildung Baden-Württemberg (Hrsg.) (2013), Bürgerbeteiligung in Deutschland und Europa, Deutschland & Europa, Heft 65.

Lang, Jürgen P. (2012), Für eine bessere Welt? Linksextremistische Argumentationsmuster, Konrad-Adenauer-Stiftung, Sankt Augustin / Berlin.

Leif, Thomas / Speth, Rudolf (Hrsg.) (2006), Die fünfte Gewalt. Lobbyismus in Deutschland, VS Verlag für Sozialwissenschaften, Wiesbaden.

Limbach, Jutta (2003), Die Demokratie und ihre Bürger. Aufbruch zu einer neuen politischen Kultur, C. H. Beck, München.

Lorig, Wolfgang H. (Hrsg.) (2008), Moderne Verwaltung in der Bürgergesellschaft. Entwicklungslinien der Verwaltungsmodernisierung in Deutschland, Nomos, Baden-Baden.

Lösche, Peter (2007), Verbände und Lobbyismus in Deutschland, Kohlhammer Verlag, Stuttgart 2007.

Lotter, Wolf (2013), Zivilkapitalismus. Wir können auch anders, Pantheon Verlag, München.

Marg, Stine / Geiges, Lars / Butzlaff, Felix / Walter, Franz (Hrsg.) (2013), Die neue Macht der Bürger. Was motiviert die Protestbewegungen?, Rowohlt Verlag, Reinbek bei Hamburg.

Marschall, Stefan (2011), Das politische System Deutschlands, 2. Aufl., UVK Verlagsgesellschaft, Konstanz.

Masser, Kai / Pistoia, Adriano / Nitzsche, Philipp (2013), Bürgerbeteiligung und Web 2.0. Potentiale und Risiken webgestützter Bürgerhaushalte, Springer VS, Wiesbaden.

Massing, Peter (Hrsg.) (2005), Direkte Demokratie. Eine Einführung, Wochenschau Verlag, Schwalbach/Ts.

Maurer, Hartmut (2011), Allgemeines Verwaltungsrecht, 18. Aufl., C. H. Beck, München.

Meckel, Miriam (2008), Aus Vielen wird das Eins gefunden – wie Web 2.0 unsere Kommunikation verändert; in: Aus Politik und Zeitgeschichte 39/2008.

Menasse, Robert (2012), Der Europäische Landbote. Die Wut der Bürger und der Friede Europas oder Warum die geschenkte Demokratie einer erkämpften weichen muss, Paul Zsolnay Verlag, Wien.

Merkel, Wolfgang (2011), Volksabstimmungen: Illusion und Realität; in: Aus Politik und Zeitgeschichte, Heft 44-45/2011, S. 47-55.

Meyer, Thomas (2001), Mediokratie. Die Kolonisierung der Politik durch die Medien, Suhrkamp, Frankfurt/Main.

Michalowitz, Irina (2007), Lobbying in der EU, Facultas.wuv, UTB, Wien.

Miegel, Meinhard (2010), Exit. Wohlstand ohne Wachstum, Propyläen, Berlin.

Model, Otto / Creifelds, Carl (2012), Staatsbürger-Taschenbuch. 33. Aufl., C.H. Beck, München (auch erhältlich als Lizenzausgabe für die Bundeszentrale für politische Bildung, Schriftenreihe Band 1271, Bonn).

Moeckli, Silvano (2013), Direkte Demokratie. Spieler, Spielverläufe, Spielergebnisse, Rüegger Verlag, Zürich/Chur.

Molthagen, Dietmar u.a. (Hrsg.) (2008), Lern- und Arbeitsbuch gegen Rechtsextremismus. Handeln für Demokratie, Dietz, Bonn.

Moorstedt, Tobias (2008), Jeffersons Erben. Wie die digitalen Medien die Politik verändern, Suhrkamp, Frankfurt/Main.

Mörschel, Tobias / Efler, Michael (Hrsg.) (2013), Direkte Demokratie auf Bundesebene. Ausgestaltung direktdemokratischer Verfahren im deutschen Regierungssystem, Nomos Verlag, Baden-Baden.

Moser, Heinz (2010), Einführung in die Medienpädagogik. Aufwachsen im Medienzeitalter, 5. Aufl., VS Verlag für Sozialwissenschaften, Wiesbaden.

Müller, Ragnar / Plieninger, Jürgen / Rapp, Christian (2013), Recherche 2.0. Finden und Weiterverarbeiten in Studium und Beruf, Springer VS, Wiesbaden.

Münker, Stefan (2009), Emergenz digitaler Öffentlichkeiten. Die Sozialen Medien im Web 2.0, Suhrkamp, Frankfurt/Main.

Nanz, Patrizia / Fritsche, Miriam (2012), Handbuch Bürgerbeteiligung. Verfahren und Akteure, Chancen und Grenzen, Schriftenreihe der Bundeszentrale für politische Bildung Band 1200, Bonn.

Naßmacher, Hiltrud / Naßmacher, Karl-Heinz (2007), Kommunalpolitik in Deutschland, 2. Aufl., VS Verlag für Sozialwissenschaften, Wiesbaden.

Negt, Oskar (2010), Der politische Mensch. Demokratie als Lebensform, Steidl, Göttingen.

Niedermayer, Oskar (2011), Parteimitglieder in Deutschland: Version 2011. Arbeitshefte a. d. Otto-Stammer-Zentrum, Nr. 18, FU Berlin.

Nohlen, Dieter (2013), Wahlrecht und Parteiensystem. Zur Theorie und Empirie der Wahlsysteme. 7. Aufl., Verlag Barbara Budrich, UTB.

Olk, Thomas / Hartnuß, Birger (Hrsg.) (2011), Handbuch Bürgerschaftliches Engagement, Beltz Juventa, Weinheim.

Paech, Niko (2012), Befreiung vom Überfluss. Auf dem Weg in die Postwachstumsökonomie, oekom, München.

Passig, Kathrin / Lobo, Sascha (2013), Internet – Segen oder Fluch, Schriftenreihe der Bundeszentrale für politische Bildung Bd. 1315, Bonn.

Paust, Andreas (2005), Arbeitshilfe Bürgerbegehren und Bürgerentscheid. Ein Praxisleitfaden, 2. Aufl., hrsg. von Stiftung Mitarbeit, Bonn.

Payer, Silvia (1995), Der lange Weg zur Gleichberechtigung; in: Handbuch Kommunale Politik, Stuttgart, II/H.14.1.

Pickel, Susanne (2012), Das politische Handeln der Bürgerinnen und Bürger – ein Blick auf die Empirie; in: Weißeno, Georg / Buchstein, Hubertus (Hrsg.), Politisch Handeln. Modelle, Möglichkeiten, Kompetenzen, Schriftenreihe der Bundeszentrale für politische Bildung Band 1191, Bonn.

Plöger, Sven (2012), Gute Aussichten für morgen. Wie wir den Klimawandel bewältigen und die Energiewende schaffen können, Schriftenreihe der Bundeszentrale für politische Bildung Bd. 1296, Bonn.

Pohl, Kerstin / Massing, Peter (Hrsg.) (2013), Politische Partizipation. Theoretische Konzepte und empirische Befunde, Politische Bildung Heft 3/2013.

Politische Bildung (2013), Bundestagswahl 2013. Kontinuität und Wandel, Heft 1/2013, Wochenschau Verlag, Schwalbach/Ts.

Politische Bildung (2013), Populismus, Extremismus, Terrorismus, Heft 4/2013, Wochenschau Verlag, Schwalbach/Ts.

Pufé, Iris (2012), Nachhaltigkeit, UVK, Konstanz / München.

Radkau, Joachim (2011), Die Ära der Ökologie. Eine Weltgeschichte, Schriftenreihe der Bundeszentrale für politische Bildung Bd. 1090, Bonn.

Rath, Christian (2013), Der Schiedsrichterstaat. Die Macht des Bundesverfassungsgerichts, Verlag Klaus Wagenbach, Berlin.

Rauschenbach, Thomas / Zimmer, Annette (Hrsg.) (2011), Bürgerschaftliches Engagement unter Druck? Analysen und Befunde aus den Bereichen Soziales, Kultur und Sport, Verlag Barbara Budrich, Opladen.

Reller, Armin / Holdinghausen, Heike (2013), Wir konsumieren uns zu Tode. Warum wir unseren Lebensstil ändern müssen, wenn wir überleben wollen, Westend, Frankfurt/Main.

Richardson, Will / Mancabelli, Rob (2011), Personal Learning Networks. Using the Power of Connections to Transform Education, Solution Tree Press.

Rieker, Peter (2009), Rechtsextremismus: Prävention und Intervention. Ein Überblick über Ansätze, Befunde und Entwicklungsbedarf, Juventa Beltz, Weinheim / München.

Röpke, Andrea / Speit, Andreas (Hrsg.) (2013), Blut und Ehre. Geschichte und Gegenwart rechter Gewalt in Deutschland, Schriftenreihe der Bundeszentrale für politische Bildung Bd. 1341, Bonn.

Roth, Roland (2010), Bürgermacht. Eine Streitschrift für politische Partizipation, edition Körber-Stiftung, Hamburg.

Roth, Roland (2012), Occupy und Acampada: Vorboten einer neuen Protestgeneration?; in: Aus Politik und Zeitgeschichte 25-26/2012.

Roth, Roland / Rucht, Dieter (Hrsg.) (2008), Die sozialen Bewegungen in Deutschland seit 1945. Ein Handbuch, Campus Verlag, Frankfurt/Main und New York.

Rudzio, Wolfgang (2011), Das politische System der Bundesrepublik Deutschland, 8. Aufl., VS Verlag für Sozialwissenschaften, Wiesbaden.

Sachs, Wolfgang (2002), Nach uns die Zukunft. Der globale Konflikt um Gerechtigkeit und Ökologie, Brandes & Apsel, Frankfurt/Main.

Sarcinelli, Ulrich (2011), Politische Kommunikation in Deutschland. Medien und Politikvermittlung im demokratischen System, 3. Aufl., VS Verlag für Sozialwissenschaften, Wiesbaden.

Sarcinelli, Ulrich (Hrsg.) (1998), Politikvermittlung und Demokratie in der Mediengesellschaft, Schriftenreihe der Bundeszentrale für politische Bildung Band 352, Bonn.

Sauter, Eugen / Schweyer, Gerhard / Waldner, Wolfgang (2010), Der eingetragene Verein. Gemeinverständliche Erläuterung des Vereinsrechts unter Berücksichtigung neuester Rechtsprechung mit Formularteil, 19. Aufl., München.

Schellenberg, Britta (2011), Unterrichtspaket Demokratie und Rechtsextremismus. Auseinandersetzung mit Rechtsextremismus anhand rechtsextremer Musik, Wochenschau Verlag, Schwalbach/Ts.

Schiele, Siegfried (2013), Demokratie in Gefahr?, Wochenschau Verlag, Schwalbach/Ts.

Schieren, Stefan (Hrsg.) (2010), Kommunalpolitik. Probleme und Potentiale der „Wiege der Demokratie". Eine Einführung, Wochenschau Verlag, Schwalbach/Ts.

Schiller, Theo (2002), Direkte Demokratie. Eine Einführung, Campus Verlag, Frankfurt/Main und New York.

Schmidt, Jan-Hinrik (2013), Social Media, Springer VS, Wiesbaden.

Schmidt, Jan-Hinrik (2013), Soziale Medien und das Partizipationsparadox; in: Deutschland & Europa Heft 65/2013.

Schmidt, Manfred G. (2011): Das politische System Deutschlands. Institutionen, Willensbildung und Politikfelder, 2.Aufl., C.H. Beck, München.

Schmidt, Wolf (2012), Jung, deutsch, Taliban, Schriftenreihe der Bundeszentrale für politische Bildung Bd. 1279, Bonn.

Schmidt-Bleibtreu, Bruno / Dirnberger, Franz (1992), Rechtsschutz gegen den Staat, 4. Aufl., dtv, München.

Schmitt-Beck, Rüdiger (Hrsg.) (2012), Wählen in Deutschland, Politische Vierteljahresschrift Sonderheft 45, Nomos, Baden-Baden.

Schoenheit, Ingo (2009), Nachhaltiger Konsum; in: Aus Politik und Zeitgeschichte 32-33/2009.

Schreier, Christian (2013), Protest bis zur letzten Instanz – Massenverfassungsbeschwerden beim Bundesverfassungsgericht; in: de Nève, Dorothée / Olteanu, Tina (Hrsg.), Politische Partizipation jenseits der Konventionen, Verlag Barbara Budrich, Opladen u.a.

Schubert, Klaus / Klein, Martina (Hrsg.) (2011), Das Politiklexikon, 5. Aufl., Dietz, Bonn.

Schwanfelder, Werner (2012), Wie Sie Profit machen und nebenbei die Welt verbessern. Gewinnbringend und nachhaltig investieren, Ludwig, München.

Schwarting, Gunnar (2009), Den kommunalen Haushaltsplan richtig lesen und verstehen. Leitfaden für Rat und Verwaltung, 4. Aufl., Erich Schmidt, Berlin.

Schweikhardt, Rudolf / Vondung, Ute (2010), Allgemeines Verwaltungsrecht, 9. Aufl., Kohlhammer, Stuttgart.

Sebaldt, Martin / Straßner, Alexander (2004), Verbände in der Bundesrepublik Deutschland. Eine Einführung, VS Verlag für Sozialwissenschaften, Wiesbaden.

Seifert, Josef W. (2011), Visualisieren, Präsentieren, Moderieren, 30. Aufl., Gabal, Offenbach.

Seipel, Michael u.a. (1997), Triumph der Bürger!, München.

Shirky, Clay (2008), Here Comes Everybody. The Power of Organizing Without Organizations, Penguin.

Sintomer, Yves / Herzberg, Carsten / Röcke, Anja (2010), Der Bürgerhaushalt in Europa – eine realistische Utopie? Zwischen partizipativer Demokratie, Verwaltungsmodernisierung und sozialer Gerechtigkeit, VS Verlag für Sozialwissenschaften, Wiesbaden.

Sittler, Walter / Leipold, Gerd (2013), Zeit, sich einzumischen. Vom Taksim-Platz nach Island. Begegnungen auf dem Weg ins Anthropozän, sagas.edition, Stuttgart.

Staud, Toralf (2007), Moderne Nazis. Die neuen Rechten und der Aufstieg der NPD, Schriftenreihe der Bundeszentrale für politische Bildung Bd. 566, Bonn.

Sternstein, Wolfgang (2013), „Atomkraft – nein danke!" Der lange Weg zum Ausstieg, Brandes & Apsel, Frankfurt/Main.

Stöss, Richard (2010), Rechtsextremismus im Wandel, 3. Aufl., Friedrich-Ebert-Stiftung, Berlin.

Sturm, Roland / Pehle, Heinrich (2012): Das neue deutsche Regierungssystem. Die Europäisierung von Institutionen, Entscheidungsprozessen und Politikfeldern in der Bundesrepublik Deutschland, 3. Aufl., Springer VS, Wiesbaden.

Suchanek, Norbert (2001), Die dunklen Seiten des globalisierten Tourismus. Zu den ökologischen, ökonomischen und sozialen Risiken des internationalen Tourismus; in: Aus Politik und Zeitgeschichte 47/2001.

Sühl-Strohmenger, Wilfried (Hrsg.) (2012), Handbuch Informationskompetenz, de Gruyter, Berlin/Boston.

Süss, Daniel / Lampert, Claudia / Wijnen, Christine W. (2013), Medienpädagogik. Ein Studienbuch zur Einführung, 2. Aufl., Springer VS, Wiesbaden.

Thedieck, Franz (2013), Die Europäische Bürgerinitiative und die Möglichkeiten und Grenzen der Bürgerbeteiligung in der EU; in: Deutschland & Europa, Heft 65/2013.

Tiefenbach, Paul (2013), Alle Macht dem Volke?. Warum Argumente gegen Volksentscheide meistens falsch sind, hrsg. von Mehr Demokratie e.V., VSA: Verlag, Hamburg.

Tiemann, Guido / Treib, Oliver / Wimmel, Andreas (2011), Die EU und ihre Bürger, UTB, facultas wuv, Wien.

Trumann, Jana (2013), Lernen in Bewegung(en). Politische Partizipation und Bildung in Bürgerinitiativen, transcript Verlag, Bielefeld.

Ullrich, Wolfgang (2012), Habenwollen. Wie funktioniert die Konsumkultur?, 3. Aufl., Fischer, Frankfurt/Main.

Umweltbundesamt (Hrsg.) (1997), Nachhaltige Konsummuster und postmaterielle Lebensstile, Berlin.

Virchow, Fabian / Dornbusch, Christian (Hrsg.) (2008): 88 Fragen und Antworten zur NPD. Weltanschauung, Strategie und Auftreten einer Rechtspartei – und was Demokraten dagegen tun können, Wochenschau Verlag, Schwalbach/Ts.

Voss, Kathrin (Hrsg.) (2014), Internet und Partizipation. Bottom-up oder Top-down? Politische Beteiligungsmöglichkeiten im Internet, Springer VS, Wiesbaden.

Weder, Dietrich Jörn (2012), Umwelt: Bedrohung und Bewahrung, Zeitbilder, Bundeszentrale für politische Bildung, Bonn.

Weidenfeld, Werner (2013), Die Europäische Union, 3. Aufl., W. Fink, Stuttgart.

Weiler, Hans N. (2009), Bildung im Zeitalter ihrer technischen Reproduzierbarkeit; in: Schlüter, Andreas / Strohschneider, Peter (Hrsg.), Bildung? Bildung! 26 Thesen zur Bildung als Herausforderung im 21. Jahrhundert, Berlin-Verlag.

Weißeno, Georg / Buchstein, Hubertus (Hrsg.) (2012), Politisch Handeln. Modelle, Möglichkeiten, Kompetenzen, Schriftenreihe der Bundeszentrale für politische Bildung Band 1191, Bonn.

Welzer, Harald / Rammler, Stephan (Hrsg.) (2012), Der FUTURZWEI Zukunftsalmanach 2013. Geschichten vom guten Umgang mit der Welt, Fischer, Frankfurt/Main.

Welzer, Harald / Wiegandt, Klaus (Hrsg.) (2012), Perspektiven einer nachhaltigen Entwicklung, Fischer, Frankfurt/Main.

Welzer, Harald / Wiegandt, Klaus (Hrsg.) (2013), Wege aus der Wachstumsgesellschaft, Fischer, Frankfurt/Main.

Winter, Thomas von / Willems, Ulrich (Hrsg.) (2007), Interessenverbände in Deutschland, VS Verlag für Sozialwissenschaften, Wiesbaden.

Wittwen, Andreas (1995), Infotainment. Fernsehnachrichten zwischen Information und Unterhaltung, Bern u.a.

Wochenschau (Wochenschau Verlag, Schwalbach/Ts.), folgende Hefte:
Interessenvertretung in der Arbeitswelt (2009)
Das politische System Deutschlands (2010)
Die EU (2011)
Demokratie und politische Beteiligung (2011)
Demokratie in der Gemeinde (2012)
Das politische System der BRD (2013)
Medien (2013)
Rechtsextremismus (2013)
Wahlen (2013)
Pluralismus (2014)

Woyke, Wichard (2013), Stichwort: Wahlen. Ein Ratgeber für Wähler, Wahlhelfer und Kandidaten, 12. Aufl., Springer VS, Wiesbaden.

Woyke, Wichard (Hrsg.) (2004), Verbände. Eine Einführung, Wochenschau Verlag, Schwalbach/Ts.

Zimmer, Annette (2007), Vereine − Zivilgesellschaft konkret, 2. Aufl., VS Verlag für Sozialwissenschaften, Wiesbaden.

Dr. **Paul Ackermann**, em. Professor an der Pädagogischen Hochschule Ludwigsburg, ist nicht nur durch zahlreiche Veröffentlichungen im Bereich der Politikwissenschaft und der politischen Bildung ausgewiesen, sondern hat auch – unter anderem als Hochschulrektor, Kreisrat, ehrenamtlicher Bezirksbürgermeister und in Projekten bürgerschaftlichen Engagements – praktische politische Erfahrungen gesammelt.

Dr. **Ragnar Müller** ist Geschäftsführer der Gesellschaft Agora in Stuttgart. Als Politikwissenschaftler und politischer Bildner widmet er sich den Themen EU, Globalisierung und Web 2.0. Als Mitbegründer und Vorstandsmitglied der NGO Pharos Stuttgart/ Sarajevo führt er internationale Bildungsprojekte im Bereich Demokratie-, Friedens- und Menschenrechtserziehung durch. Er lehrt an Hochschulen und in der Hochschuldidaktik.